Wilm von Elbwart
Schlesische Novellen

Zum Andenken an unseren Vater
Wilm von Elbwart

Deine Breslauer Kinder

Wilm von Elbwart

Schlesische Novellen

herausgegeben von Wolf von Elbwart

Laumann-Verlag Dülmen

Umschlagbild:
Ansichtskarte Prauss/Krs. Strehlen –
o. l. Dorfansicht, o. r. das Gräfl. Schloß,
u. l. Oberförsterei, u. r. Postamt

Copyright © 1993 by Laumann-Verlagsgesellschaft, 4408 Dülmen
Gesamtherstellung: Laumann Druck KG, 4408 Dülmen
Buchbinderische Verarbeitung:
Galerie und Buchbinderei N. Terbeck, 4420 Coesfeld
ISBN 3-87466-190-3

Inhalt

Kurze Biographie *7*

Heimat in der Ferne *9*

Das Oderlied *13*

Hammerschlag *89*

Der Sieger *146*

Das Dorf ohne Sonne *251*

Das Wunder *300*

Die letzte Tür *352*

Im Herzen Schlesiens, zwischen Berg und Ebene, bin ich unweit des Zobten geboren und aufgewachsen: in Prauß, im früheren Kreise Nimptsch. In Strehlen und später in Reichenbach u. d. Eule besuchte ich das Gymnasium. Mein Vater, Forstmann von Beruf und Leidenschaft, brachte mir das Wandern bei. Es gibt in Schlesien zwischen Isergebirge und Altvater, zwischen den Trebnitzer Höhen und der Hohen Mense keinen Berg, den ich nicht kenne, kaum einen Waldweg, den ich nicht gewandert bin in Sommern und Wintern, bei Tage oder Nacht. Die Bergwege könnte ich heute noch kartengetreu zeichnen. Die Flüsse und Seen erfuhr ich mir mit dem Paddelboot.

Vom Wandern, von der Landschaft her kam ich zum Schreiben, freilich später erst, in Breslau. Nach dem ersten Weltkriege hörte ich dort Kunst- und Kulturgeschichte und Germanistik. Nach einem kurzen Versuch, Kaufmann zu werden, wurde ich Schreiber – bei Zeitungen und Zeitschriften, später auch bei der »Schlesischen Funkstunde«, die dann Reichssender Breslau wurde. Aber 1935 wollte man mich dort nicht mehr. Meine Vorträge waren zu »bündisch«, meine Hörfolgen, Reportagen und Hörspiele zu wenig glaubenstreu, wie man das damals verstand. So wurde ich wieder Schreiber: diesmal in einer Behördenkanzlei.

Schon vorher – ich glaube 1930 und 1932 – waren zwei schmale Bände in einem kleinen Verlage erschienen: der eine enthielt Naturbetrachtungen und -schilderungen, der andere Philosophistereien über das Naturerlebnis. Nun aber, als

Kanzleischreiber, trieb es mich weiter, ich schrieb Romane; auch in ihnen stand im Vordergrund die Natur. Den ersten, einen Bergroman, las ich auszugsweise in unserer Literarischen Vereinigung vor (sie tagte in der Schmiedebrücke allmonatlich) und fand einen Verleger. Werner Steinberg, damals selbst ein »junger« Schriftsteller, protegierte mich. Weitere Romane und große Novellen entstanden; da kam der Krieg dazwischen. Einer meiner Romane erschien trotzdem noch, und zwar im allerletzten Augenblick: zu Weihnachten 1944. Ich habe es erst lange nach dem Kriege erfahren. Nach dem Kriege, da war ich »Flüchtling«, war Bahnbetriebsarbeiter in Braunschweig, versuchte dies und jenes, bis ich wieder zur Zeitung kam. Seit 1956 lebe ich in Frankfurt am Main, war zunächst Redakteur und bin jetzt freier Journalist. Für die Musen bleibt wenig Zeit; das aktuelle Tagesereignis steht im Vordergrund. Es beansprucht den Menschen ganz, wenn auch das Ergebnis mit dem Tage verfliegt.

Pläne –? Nun ja, es liegt einiges im Schreibtisch, nur die Muße fehlt, es (im doppelten Wortsinne!) herauszubringen.

Ende der durch meinen Vater verfaßten Biographie. Als ältester Sohn habe ich diesen besagten Schreibtisch, an dem ich vor vielen Jahren schon über meinen Schularbeiten brütete, vom Vater nach dessen Tode im Mai 1983 übernommen. Er steht jetzt in meinem Arbeitszimmer. Es hat mir sehr viel Mühe und Arbeit gemacht, die teilweise handschriftlich verfaßten Manuskripte zu entschlüsseln und aufzuarbeiten. Ein kleiner Teil ist fertig, den ich der geneigten Leserschaft sehr empfehlen kann.

Heimat in der Ferne

Wind, du wehst von der Heimat her,
Der fernen, die mich geboren;
Wind, du machst das Herz mir schwer,
Denn die Heimat, die ist verloren.

Stehen auch fremde Sterne
Heute über mir,
Heimat, in aller Ferne
Bleibe ich stets in dir.
Mein Herz und meine Gedanken
Lassen nie dich los,
Allzu tief versanken
Sie, Heimat, in deinem Schoß.

Ihr Blumen, habt ihr noch den gleichen Duft,
Der mich als Kind einst berauschte?
Als ich des Jugendlandes Luft
Mit diesem Lande vertauschte?

Stehen auch fremde Sterne
Heute über mir,
Heimat, in aller Ferne
Bleibe ich stets in dir.
Mein Herz und meine Gedanken
Lassen nie dich los,
Allzu tief versanken
Sie, Heimat, in deinem Schoß.

Nicht Fernweh war es, nicht Jagd nach dem Glück,
Das mich zwang, die Heimat zu lassen;
Nicht meines allein – unser aller Geschick,
Das trieb mich auf fremde Straßen.

Stehen auch fremde Sterne
Heute über mir,
Heimat, in aller Ferne
Bleibe ich stets in dir.
Mein Herz und meine Gedanken
Lassen nie dich los,
Allzu tief versanken
Sie, Heimat in deinem Schoß.

Ihr Vögel, noch singt ihr das gleiche Lied,
Das ihr uns einstmals gesungen;
Und was wir tragen in Sinn und Gemüt,
Das ist uns noch längst nicht verklungen.

Stehen auch fremde Sterne
Heute über mir,
Heimat, in aller Ferne
Bleibe ich stets in dir.
Mein Herz und meine Gedanken
Lassen nie dich los,
Allzu tief versanken
Sie, Heimat, in deinem Schoß.

Wehe, du Wind von der Heimat her,
Der fernen, die ich einst besessen;
Und sehe ich sie nie wieder mehr,
Bleibt ewig sie unvergessen.

Stehen auch fremde Sterne
Heute über mir,
Heimat in aller Ferne
Bleibe ich stets in dir.
Was wir im Herzen tragen,
Wird ewig unser sein;
Solang unsre Herzen schlagen,
Heimat, sind wir dein.

Das Oderlied

16. 7., Breslau

Das also wird das Logbuch sein unserer Paddelfahrt die Oder abwärts und zum Rudener See, das Tagebuch eines Lebens, drei Wochen in Boot und Zelt.

Im Winter schon fiel das erste Wort darüber zwischen uns, als Scherz zunächst; wurde zur Sehnsucht, zur Hoffnung und schließlich zum festen Plan, der seitdem alle unsere Gespräche beherrschte. Fred und Gertrud haben im vorigen Jahre diese Fahrt schon einmal gemacht, sie kennen den Strom und den See, kennen die Leutchen dort, kleine Bauern auf sandigem Heideboden. Mir aber ist sie neu. Was wird sie mir bringen? Immer schon hatte mich diese Frage wochenlang in Atem gehalten, ehe ich eine große Fahrt, sei es in die Berge oder zu Wasser, begann.

Eine Schande ist es schon: mein Boot schwamm die Donau hinunter bis tief nach Rumänien hinein; ich habe es die Theiß abwärts durch die wilden Schnellen, durch den Urwald der Karpaten gesteuert, habe den Rhein befahren, den Inn, die Weser, die Weichsel weit durch Polen hindurch; ich träumte im ostpreußischen Seekranz und sah die weißen Wolken über den mecklenburgischen Gewässern; die ost- wie die westfriesischen Inseln habe ich besucht und bin sogar nach Helgoland gepaddelt – nur die Oder kenne ich nicht, denn meine Wochenendfahrten zehn Kilometer stromauf- oder stromabwärts von Breslau aus, wie kann ich das rechnen? Gewiß kenne ich den Oderwald von der Strachate bis Lanisch und Magareth genau, auch den unterhalb Breslaus an der Weide- und Weistritzmündung, aber das ist doch immerhin so herzlich wenig, daß ich mich dessen kaum rühmen darf. Es ist dasselbe wie mit dem Zobten, dem »schienen blooen Hübel«, in dessen Umkreis mein Leben bisher verlief: alle namhaften Berge Deutschlands hatte ich bestiegen und manchen Drei- bis Viertausender von der Steiermark bis Frankreich dazu, ehe ich den Berg besuchte, der mir täglich vor Augen stand, den ich in dreiviertelstündiger Bahnfahrt jederzeit hätte erreichen können. Und als ich mich dann endlich, ein erwachsener Mensch schon, dazu errafft hatte, da erschien er mir fast der schönste von allen, die ich je besucht.

Morgen also beginnt die Fahrt. Alles ist bereit. Da wir mit dem Frührot aufbrechen, bleibe ich heute in Freds Haus zur Nacht. Wir wollen noch einmal die langen Listen durchgehen, die wir durch Monate aufgestellt und immer wieder verbessert haben, damit ja nichts Nötiges vergessen und nichts Überflüssiges mitgeschleppt werde. Ich habe meine Erfahrung darin, Fred aber auch; und da wir noch nie zusammen gepaddelt haben trotz unserer jahrelangen Freundschaft, glauben wir diese Erfahrungen einander nicht recht, und es gab und gibt da mancherlei Streit. Aber Gertrud, Freds Frau, verstand immer, rechtzeitig zu vermitteln. Und schließlich waren wir ja als erwachsene Menschen vernünftig. So hat Fred zuletzt doch eingesehen, daß für den Bauern Scholz, auf dessen Land wir zelten werden, zwei Kistchen Zigarren zu viel sind, daß eine vollauf genügt. Die zweite hatten wir denn auch schon während der Beratungen sorgfältig aufgeraucht. Auch sah er ein, wobei Gertrud mich lebhaft unterstützte, daß wir die Laute mitnehmen sollten. Ich wiederum erklärte mich damit einverstanden, daß Gertrud in meinem Boote sitzen sollte, weil Fred die gesamten Vorräte, hauptsächlich aus guten Konserven bestehend, übernahm. Dabei wäre es mir lieber gewesen, ich hätte, wie ich es seit je gewohnt bin, allein paddeln können. Aber Fred meinte, über sein braunes Indianergesicht grinsend, an dem alles zu groß scheint, die Augen, die fast über dem allzubreiten Mund hängende Hakennase, die Ohren, doppelt auffällige an dem schmalen, trotz allem kleinen Kopf: »Ich bin froh, meine Alte mal los zu sein.«

Wie gesagt, wir sind uns in allem einig geworden. Und unsere Aufregung ist die der Kinder vor der Weihnachtsbescherung. Die beiden kennen ja tatsächlich nur die Oder, keinen anderen Strom. Höchstens noch die nächsten Nebenflüsse, in denen sie mir durchaus über sind. Und außerdem kennen sie eben die faule Obra und die lange Reihe der Seen, die sie durchfließt.

Ich aber, als »weltbefohrenen dschungen Maan, nöch?«, will nach dieser Vorrede das Logbuch so beginnen, wie ein Expeditionstagebuch auszusehen hat.

Zunächst also:

Weg und Ziel: von Breslau oderabwärts – etwa 250 km bis Tschicherzig, dann obraaufwärts etwa 60 km, durch den Jeschaner zum Rudener See. Fahrtdauer fünf bis sechs Tage, am Ziel Aufenthalt etwa acht Tage, Heimkehr weiter obraaufwärts zum Schlesiersee, dort Abbau der Boote, Rückreise mit der Bahn nach Breslau.

Zweck: Faulsein, Licht, Luft, Sonne und Mondscheinromantik abseits der Kultur, Erholung von Großstadtleben und Beruf, Erforschung unbekannter Landstriche.

Teilnehmer: Expeditionsleiter, Kommandant des Flagschiffes und Versorgungsminister Fred. Sein Vertreter, gleichzeitig Kommandant und Steuermann des zweiten Bootes, Tagebuchführer, Musikmeister, Botaniker, Zoologe, Astronom usw. ich. Smutje und alles übrige einschließlich unnützem Ballast Gertrud (Ich muß das Buch sorglich vor ihr hüten, sonst geht es über Bord!). Ferner Strupp, der Hund, der winters stets an meiner Schispitze und so manches Mal die Welt von hoch oben sah, jetzt wieder, auch seit Jahren gewohnt, am Bugflaggstock hängend. Er kennt ein gut Teil Europas, ist faustgroß, aus Plüsch und in jeder Beziehung schon sehr, sehr mitgenommen.

Fahrzeuge: der Klepperzweier (Flaggschiff) »Pinnagel« (nach einem verrückten schlesischen Kartenspiel, das zu erlernen mich Fred mit ebensoviel Ausdauer wie wenig Erfolg gezwungen hatte; er gewann immer, vielleicht war das der Grund), Baujahr etwa 1914, also ein ehrwürdiger Veteran, und der Kettezweier »Gewa«, ebenfalls nicht mehr neueste Type, aber seetüchtig, wie mancher Sturm und manche Klippe in Strom und Meer bezeugen können. Beide Boote vielfach geflickt, aber tadellos in Schuß.

Bewaffnung: eine Holzkanone auf dem Bug des Flaggschiffes, ein Weltkriegsseitengewehr zum Holzspalten, ein Holzhammer zum Einschlagen der Zeltpflöcke, außerdem Taschenmesser, Eßbestecke und zwei Feuerzeuge; Fotoapparat und sechs Filme; ein Füllfederhalter.

Start: Breslau-Wilhelmshafen, Bootshaus, 17. 7., 4.30 Uhr.

Sonstiges: zwei Zelte, Bootstisch und vier Stühle (einen zur Reserve, denn Gertrud hat gern Unglück mit nicht ganz bruchfestem Material); Spritkocher, Decken, Kissen, ausreichend Proviant; (nach meiner Meinung zu wenig) Tabak, zehn Rollen (ach, wie schreibe ich es?) in regelmäßigen Abständen perforiertes Papier, um die Kultur nicht ganz zu vergessen; Laute und Mundharmonika; und – eben sonstiges.

Fred ruft schon eine Weile, ich solle helfen, die Zelte zusammenzulegen, Trude schreit, sie habe sich beim Brotschneiden in den Finger geschnitten. Also:

»Ahoi, Pinnagel!« und »Ahoi, Gewa!«

17. 7., vormittags, Breslau

Start pünktlich eine halbe Stunde Verspätung. Gertrud war nicht fertig, natürlich. Wir liegen vor der ersten Schleuse. Fred ist an Land, je Nase 6, je Boot 20 Pf Schleusengeld zu zahlen. Gertrud mault; ich habe sie beschimpft, weil sie sich beim Umtragen am Strauchwehr so ungeschickt anstellte. Die Boote sind so voll und schwer, daß sie kaum handbreit über Wasser liegen. Außerdem – aha, Fred, du heimtückischer – »saut« Gertrud, d. h. sie spritzt mit den Paddeln, meine Spritzdecke ist immer ein kleiner See. Ich werde es ihr schon abgewöhnen – aber wie?

Die Sonne meint es gut mit uns. Fred kommt zurück. Gleich werden die Schleusentore aufgehen. Mit uns wartet ein ganzer Zug von Schleppkähnen. Müssen sehen, wie wir nach vorn kommen.

In der Schleuse.

Es ist gelungen, wir liegen gleich hinter dem Schlepper. Merkwürdiges Gefühl, wie die roten Mauern rechts und links immer höher wachsen, darüber die Häuser versinken, die Dächer, die Essen der Fabriken, nun nur noch ein blauer Himmel über uns und ein paar weiße Wolken. Es riecht nach Öl, Rauch, Algen und Teer, tausend Erinnerungen werden in dem Geruche wach. Gleich öffnet sich vor uns das haushoch gewordene Tor.

Nächste Schleuse.

Gemeinheit, das Wärterhaus liegt am jenseitigen Ufer, die Brücke überspannt hier die alte Oder und zwei Kanäle: und hier war ausgerechnet ich dran, zahlen zu gehen. Dauerlauf hin, Dauerlauf zurück, dabei die Angst, daß Gertrud Unsinn gemacht haben und gekentert sein kann.

Keine Boote! Schon in der Schleuse?? Der rote »Pinnagel« ganz vorn. Und die grüne »Gewa«? Natürlich zwischen zwei Kähne geklemmt, natürlich!! Wilde Turnerei, Sprung von Kahn zu Kahn, Fluchen und Lachen der Schiffer. Gertrud macht Rehaugen und läßt die Lippe hängen. »Mensch«, schreit sie, wie ich mich sachte, sachte ins taumelnde Boot schiebe. Weiter geht's –.

Mittagsrast.

Alle Schleusen liegen hinter uns – Gott sei Dank! Breslau, die Großstadt, die wir hassen und dennoch lieben, liegt als Dreckwolke hinter uns. Noch ist viel Verkehr auf dem Strom, Rauch, Ruß, öliges Wasser, aber gegenüber haben wir bereits Wald, Oderwald.

Gertrud war entsetzt über meine Fahrweise bei entgegenkommenden Schleppzügen: mit hoher Fahrt durch die Bugwelle, Steuer herum, ran bis auf knappe Bootslänge. Dort, in dem schmalen Streifen ablaufenden Wassers gleitet das Boot fast von allein. Nur muß man eben gut aufpassen, bei den verschiedenen Breiten der Schleppkähne liegt dieser fördernde Streifen verschieden; kommt man dem Kahn nur armlang zu nahe, dann reißt einen der Sog ganz heran und ade Sonnenlicht, ade Boot. Man kann den rechten Abstand nicht sehen, man muß ihn fühlen an den Schenkeln, die an der Bootshaut die Strömung spüren, und am Steuerdruck. Das lernt man nicht, das »erfährt« man sich. Um aber steuern zu können, muß das Boot ständig eigene Fahrt haben, und hierbei sogar eine ganze Menge. Das konnte Gertrud nicht begreifen in ihrer Aufregung – »nicht so dicht heran, Walter!!« schrie sie in einem fort –, und Angst hob ihr das Paddel hoch, bis mir die Geduld riß, ich den Fuß vom Steuerkranz nahm und ihr ebenso einfach wie unmißverständlich darunter durch in den untersten Rücken trat. Das half. Fred wich solchen Lagen bis ganz in die Tiefe der Buhnen aus. Er hatte zuerst versucht, mich zu belehren.

Die Arme ganz lahm, und das Kreuz tut weh. Aber das gibt sich spätestens am dritten Tage, ich kenne das. Gertrud hat die ersten Anzeichen von Sonnenbrand auf den Schultern und die ersten Blasen an den Händen.

Das Essen war kurz und knapp. Heute wird noch nicht gekocht.

Fred treibt zum Aufbruch. Er will wieder an den gleichen Plätzen zelten, wo sie es im Vorjahre getan haben. Wir sind wegen Schleusenpechs zwei Stunden später dran als sie damals. Er ist der Admiral, ich muß mich fügen, wenn auch die Pfeife noch nicht aus ist.

Abends.

Vorgesehenen Punkt glücklich erreicht. Todmüde. Zelte stehen, Suppe kocht.

Gertrud habe ich wegen des »Sauens« belehrt. Als auf meinem Spritzdeck wieder so ein rechter See schlackerte, habe ich es ganz plötzlich hinten hochgerissen. Die ganze Fontäne über Gertruds sonnenheißen Rücken!! Wie ein Fiedelbogen bog sie sich hinten über, ihr Paddel hing über Bord. Es war nicht leicht, das schwankende Boot auszugleichen, es war fast wie in den tollsten Stromschnellen der Theiß. Fred wäre vor Lachen auch fast gekentert, erst mal, als er die Wirkung sah, zum zweiten, als ich ihm den Grund erklärte. Gertrud war wütend und wollte aussteigen. Aber ich bin Steuermann, und die Oder ist tief. Über eine Stunde bleib ich trocken. Sie wird es schon lernen.

Noch steht rot der Abendschein vor uns. Aber es lockt uns nicht; auch nicht das Lied, das uns Oder und Wind leise singen. Wir kriechen ins Zelt. Lebe wohl, Breslau, vor zwei Wochen siehst du uns nicht wieder.

Gute Nacht.

18. 7., früh, sehr früh

Kaum geschlafen diese Nacht; es war ein unverzeihlicher Fehler, die Zelte unter einer Zitterpappel aufzubauen. Das Gewisper, Getuschel, Geflüster! Wie soll da einer schlafen, der höchstens den Lärm der Straßenbahnen, das Hupen der Autos und Quietschen der Bremsen gewohnt ist – so rächt sich die Großstadt an den treulosen Ausreißern. Im Nachbarzelt schnarcht Fred. Dazwischen Gertruds tiefe Atemzüge. Nun, sie wohnen ja in der Siedlung Zimpel zwischen Gärten und Bäumen, ich aber hause mitten in der Stadt und habe den Stolz Breslaus, das elfstöckige Postscheckamt, zur Nachbarschaft.

Die Stirne spannt von der gestrigen Sonne, und die Hände, des Paddels noch nicht wieder gewohnt, brennen. Außerdem tun die Arme weh, ich spüre sämtliche Muskeln, und der Rücken schmerzt von dem harten Lager. Also müßte ich mich doch als normaler Mensch eigentlich nach Hause sehnen, wo ich mir alles nach bester Bequemlichkeit eingerichtet habe –? Was ist der Mensch doch für ein merkwürdiges Geschöpf!

Die Zelttür auf! Ein kühler, frischer Sommermorgen steht über dem kupfernen Spiegel des Flusses. Dort, wo noch nicht allzufern die blaudunstige Silhouette des rauchenden Breslau mit seinen Schornsteinen, Essen und Türmen steht, hängt seitlich am rosa sich färbenden Horizont der Morgenstern mit hellem Gefunkel. Gegenüber aber wölbt sich noch nachtblau der Schatten der Erde am Himmel, und punktfein, dicht am Verlöschen, sind dort noch einige Sterne. Aus dem blinkenden Wasser, dessen Strömung sachte rauscht, steigen in den grasdunklen Buchten der Buhnen feine Rauchfahnen auf, als koche darunter auf tausend Nixenherden das Frühmahl.

Im Schilfe pfeifen ein paar Vögel; im Walde antworten andere. Die Wiesen liegen silbern im Tau. Über den Oderdamm schauen dunkelschattig die Kronen der Eichen und Erlen. Jetzt beginnt gerade über mir eine Amsel ihr Morgenlied. Still raunende Begleitung dazu rauscht die Pappel. Kühl ist es, mich fröstelt. Ein kurzer Lauf zum Damm und wieder zurück wird mir helfen.

Plumpen, schlafenden Riesenfischen gleich liegen die Boote bäuchlings neben den Zelten. Obwohl es eigentlich Gertruds Sache ist, will ich heute den Morgenkaffee machen. Die Sonne ist schon hoch. Ihre flachen Strahlen überdecken das Bild von Breslau ganz. Das soll mir Symbol sein! Ein Mensch wie ich, auf dem Lande geboren, im Dorf die frühen Jahre verlebt mit ihren Spielen, aller schönen Erinnerungen voll, taugt nicht zur Großstadt. Die gehauenen Steine der Straßen, die toten, sperren dich ab von der lebenden Erde, an den engen Häuserwänden stößt der Blick sich wund. Und das Ohr verlernt über dem Lärm der Maschinen die heimlicheren Laute des Lebens. Das Dicht an Dicht der Menschen, dieses Über- und Untereinander in den vielstöckigen Häusern macht das Herz müde und die

Seele stumpf. Zeigt allen, die von Vergnügen zu Vergnügen taumeln und von Geschäft zu Geschäft, solch einen Morgen in seiner Klarheit und Frische, solch einen Morgen in Silber und Grün und Blau und Gold, damit sie lernen, nicht ihr Selbst und dessen Gier so wichtig zu nehmen! Sich selbst ausgeliefert zu sein, das ist es, was sie fürchten, was sie fürchten müssen. Denn den meisten wäre es der Untergang. Daß auch das andere ein Untergang ist, ein viel schmählicherer dazu, spüren sie nicht, weil die Stadt sie willig betäubt und ihre Bilanzen ihn nicht ausweisen.

Sieh dir eine Großstadt im werdenden Morgen an! Als müsse sie nach lärmvoll krampfhaftem Scheinleben aus grauem Scheintode erweckt werden. Sieh nur die Menschen an, die um solche Stunde heimkehren von ihren Vergnügungen: müde, ausgeleert, wandelnde Leichname! Oder die, die zu gleicher Zeit an ihre Arbeit eilen: verdrossen, hoffnungslos, selbst mehr Maschine als Mensch, Krone und Herr der Schöpfung!! Und dann – erlebe solch kommenden Morgen; du siehst, du hörst, du fühlst und du schmeckst die Natur, die nicht untertan ist dem Menschen, ihm nicht einmal Freund ist oder Helfer, wie sie nach stillem Schlafe erquickt die Augen der jungen Frühe aufschlägt.

Nun, als ich die Augen noch einmal über den Strom hob, da ist fern im Süden mit den steigenden Strahlen der Sonne ein anderes Wahrzeichen aufgestanden: Im zarten Aquarellton zwischen Blau und Lila steht dort der Zobten als flaches Dreieck am Himmel. Das ist der Mittelpunkt, um den dieses Land Gottes schwingt, und nicht die große Stadt.

Der Kaffeetopf singt. Richtig: »Uahhh –«, macht es im Zelt. »Aufstehen, Trude.«

»Mensch, laß mich schlafen«, brummt sie unwillig.

Mittags.

Wir liegen beträchtlich unter der gestrigen Streckenleistung. Kein Wunder, das ist am zweiten Tag meist so. Erst am dritten hat sich der Körper an die Anstrengung gewöhnt. Dafür ist aber dieser dritte Tag stets der kritische: da haben Seele und Gemüt den Muskelkater. An solchen dritten Tagen entscheiden sich erst Leistungsfähigkeit und Kameradschaft, auf den Schiern, im Felsen, beim Wandern, im Boot. Und bei jeder anderen Tätigkeit ebenso. Nun, wir drei kennen uns ja lange genug –.

Gertrud trägt über dem Badeanzug ein Sporthemd. Nicht, weil sie ihre Figur verbergen wollte, sondern der Sonne wegen. Der breite Gartenstrohhut steht ihr ganz neckisch. Von weitem muß sie aussehen wie ein schwimmender Pilz. Ich bin krebsrot, wie es blonden Menschen immer geht, aber Sonnenbrand kriege ich nicht, das weiß ich. Nicht einmal hoch in den Gletschern habe ich ihn gehabt. Meine Haut ist Kummer gewöhnt und bräunt schnell. Aber dennoch: Öl, Öl und noch einmal Öl. Was ich anfasse, hat Flecken. Die Suppe schmeckt nach Hautöl. Sogar die Pfeife. Schlimm ist das. Fred mit seiner dunklen Indianerhaut kümmert sich nicht viel um Sonne und Sonnenöl.

Ulkig sieht Gertrud aus, wenn sie sich bückt: denn auch dabei drückt sie die Knie durch und hält das Kreuz hohl. Dadurch entsteht so ein merkwürdiger rechter Winkel. Was haben wir heute früh über sie gelacht, als sie an dem morastigen Ufer ihre bürgerlich gewohnte Morgenwäsche, auf die wir Männer leichtfertig verzichteten, halten wollte. Einen großen flachen Stein trug sie vor sich her, um darauf trocken zu stehen. Patsch! ließ sie ihn fallen am Wasserrande. Ein markerschütternder Schrei. Wir fahren hinterm Zelt vor, weil wir Schreckliches vermuteten – da steht sie, ein rückwärts gespannter Bogen von den Zehen bis zum Kinn: vom Kinn bis zu den

Zehen bespritzt mit feinem, zähem Oderschlamm, gefleckt wie ein Leopard!!

»Möhhh –!« blökte sie in den Himmel hinauf, empört über ihr tragisches Geschick und unser diabolisches Gelächter. Wo sie nur diese Vokabel her hat? Sie stieß sie auch aus, als ich sie heute noch zweimal mit der Spritzdecke taufte. »Möhhh –!«, und dazu das Kinn hochgereckt, daß man's richtig die Kehle hochmeckern sieht.

Fred schläft uns ein Mittagsschläfchen vor, und das wollen wir dann auch halten, weil es der Admiral befiehlt.

Ganz weit in der Ferne, nun schon etwas hinter uns gerückt, begleitet uns der Zobten, seit wir Breslau verließen. Der Költschen neben seinem etwas schiefgezogenen Dreieck, der Trabant, reicht eben noch über die Kimm; der größere Bruder auf der anderen Seite, der Geiersberg, ist vom Hauptgipfel verdeckt. Zobten, Schlesiens Berg, Mittelpunkt, dem das ganze Land zu Füßen liegt. Mit seiner Rundschau, die die horizontweit gespannte Sudetenkette ebenso umfaßt wie des Stromes fruchttragende Ebene, wohl Deutschlands eindrucksvollster Berg. Zobten, Heiligtum aus grauer Vorzeit, voller Sagen, voller Geschichte!

Aber ich will jetzt auch schlafen. Leise singt die Oder ihr Lied.

Abends.

Fünfzehn Kilometer unter der vorgesetzten Tagesleistung – es wird immer schlimmer. Der Admiral tobt. Lassen wir ihn toben. An unserer Versäumnis war hauptsächlich der Gewitterguß schuld, der uns mit seinen Gegenböen gerade überraschte, als wir gemächlich durch Maltsch plätscherten. Regen und kein Schirm an Bord! Auf der Hinterhand kehrt und durch spitz aufgetriebene Widerwellen zurück und unter das weit gewölbte

Heck eines Schleppkahnes. Trocken saßen wir ja darunter, soweit wir nicht schon naß waren, und selbstverständlich waren wir längst naß. Gertrud mit ihren frischen Dauerwellen hatte einen echten Negerschädel. Dafür war alles um uns voll Teer, denn der Kahn war frisch gestrichen. Warum auch nicht? Teer ist gesund.

Auf der nahen Fähre versuchten zwei Knechte, mit den wild werdenden Kühen fertig zu werden. Unter den Hausdächern standen verregnete Weiber, einige hatten die Röcke über den Kopf geschlagen. Es machte uns nichts aus, denn sie trugen genügend Unterröcke.

Kein trockener Platz zum Zelten. Alles quietschnaß. Und die Hände und Boote immer noch voll Teer. Schöne Schweinerei. Die Heringe halten in dem Morast nicht. Kaum ist ein Zelt aufgerichtet, bläst der Wind das andere zusammen. Wir sind müde zum Umfallen, und es ist empfindlich kalt. Das Leben so dicht an der Natur ist nicht immer leicht und angenehm. Liegt das aber an der Natur – oder an uns??

Trude hat heißen Tee fertig. Preis ihr!

Der Abendhimmel spielt sich noch einmal richtig auf. Der schwarze Wolkenvorhang hebt sich langsam vor einer glühenden Röte, erst einen schmalen Streifen, der immer breiter klafft, dann sich hinter dem dunklen Saume her bis zum Zenit schiebt. Vor dem widerspiegelnden Wasser, dicht am Buhnenkopf, auf einem Faschinenstoß sitzen als dunkle Schatten die Kameraden Arm in Arm, über sich die Lohe und rings umflossen von ihr. Gertrud singt ein altes Wanderlied leise vor sich hin, es weht mit dem Abendwinde sachte an mir vorbei. Unrecht ist es doch, daß Fred seine Frau mit hat, und ich bin allein. Ich nehme also die Laute in den Arm und singe allem zum Hohne ein trotziges Landsknechtlied so recht laut in den

Abendfrieden hinein. Es macht nicht wärmer, es tröstet auch nicht, aber ich fühle mich erleichtert, weil ich mich nicht der weichmütigen Stimmung unterworfen habe.

19. 7., mittags

Ich hatte schon recht mit dem »kritischen dritten Tag«. Es ist wirklich einer, und er gibt zu allen Besorgnissen Anlaß. Am liebsten ließe ich das Schreiben Schreiben sein. Aber was soll ich allein im Walde? Vor mich hinstarren und »böse« spielen wie ein kleiner Junge? Wir sind nämlich alle drei böse, und da bin ich ein Stück abseits gegangen, um die beiden dabei nicht zu stören.

Beim Frühstück schon fing es an, nein vorher! Der Wind – er weht auch jetzt noch recht kräftig, aber den Himmel hat er rein geblasen – hatte Freds Zelt über dem noch Schlafenden eingedrückt. Ich hatte nach alter Gewohnheit mein Morgenbad schon hinter mir – es war bannig frisch! –, und ich mußte mächtig lachen über das Schlagen und Stoßen unter dem schlaffen Zelt und die Flüche, ehe sich als erster Fred, die Kehrseite voran, dabei den ganzen Trümmerhaufen mitzerrend, hervorschob. Die Folge meines Gelächters und einiger kritischer Bemerkungen über Zeltbau, Verhalten bei Unfällen usw. war eine unfreundliche Aufforderung, die Freds Körperhaltung durchaus, meinem Appetit dagegen gar nicht entsprach. Verschnupft überließ ich es ihm, seine treue Ehehälfte in den Trümmern seines Hauses zusammenzusuchen und wieder Ordnung zu schaffen; ich machte mich daran, mit betonter Gleichgültigkeit – das mußte ihn besonders reizen, ich wußte es! – mein Zelt abzubauen und recht sorgfältig im Boot zu verstauen. Er murmelte allerlei von Kameradschaftlichkeit und gegenseitigem Helfen, aber ich überhörte es geflissentlich, weil mir sonst auch die Galle übergelaufen wäre. Schließlich erklärte er, dort drüben im Dorfe, dessen Giebel über den Damm hersahen, Eier und Milch zum Frühstück holen zu wollen, und ging ab, uns die ganze Schlamperei überlassend.

Der Spritkocher war nicht zum Brennen zu bewegen, Gertrud maulte über ihren »Alten«; und als er endlich wiederkam, da kochte das Wasser für die Eier noch nicht, das Zelt war noch nicht zusammengelegt; Brummen und Knurren herüber und hinüber. Endlich legte Gertrud jedem sein Ei neben die Brote. Wir saßen etwas abseits in einem flachen Hohlweg, wo der Wind nicht so hinfaßte.

»Sind sie auch weich?« fragte Fred.

»Selbstverständlich«, knurrte Gertrud.

Freds Ei war hart. Ich stand auf und ging ein Stückchen den Weg entlang, weil ich den Ehekrieg nicht aus nächster Nähe miterleben wollte.

Gertrud, halb weinend: »Da, nimm meins!«

Fred: »Deins will ich nicht –«, hörte ich hinter mir.

Irgend etwas Helles flog mir am Ohr vorbei und klatschte in die Büsche. Fred überholte mich rennend und sprang dem hellen Dinge nach. Da kollerte es – ein Stein? – an mir vorüber und blieb trudelnd vor meinen Füßen in der Wagenspur liegen: kein Stein, sondern das zweite Ei, nun von Gertrud geworfen. Ich wartete, ob das dritte auch käme, aber es kam nicht. Ich hörte nur Gertruds Schluchzen. Fred kam zurück, gelbweißen Brei an den Fingern, den er sich wütend in den Mund stopfte.

Schweigend geschah der Aufbruch, schweigend die Fahrt. Jeder starrte vor sich hin, die Boote hielten mindestens fünfzig Meter Abstand. Gertrud schluckte noch einmal auf. Fred paddelte, als müsse er die ganze Oder hinter sich schaufeln. Ein Schleier sprühte um ihn. Ich fiel mehr und mehr ab, denn ich dachte nicht daran, mich seiner Wut wegen abzuhetzen. Gertrud hatte an beiden Händen große Blasen, so lief die »Gewa« nur mit halber Kraft.

Zur Mittagsrast neuer Streit: Fred, der »auf uns Bummler stundenlang hatte warten müssen«, wollte am rechten Ufer anlegen, ich am linken. Einigen mußten wir uns, ich hatte zwar den Kocher, er aber den Proviant an Bord. Also waren seine Argumente die stärkeren.

»Reis mit Tomaten« stand auf der Büchse, aber es schmeckte arg angebrannt. Warum, verdammt noch mal, hätte das Essen auch nicht anbrennen sollen an solch einem Tage??

Ich sitze also im Walde. Eichen und Erlen, viel Untergebüsch. Was für gewaltige Eichen! Sie haben sich Raum geschaffen, daß sie wie dichte Lauben sind. Die Sonne flimmert hindurch. Solche Stämme bis zwei Meter Durchmesser hat man schwarz versteint aus dem Strome gezogen, wo sie vielleicht Jahrtausende gelegen haben. In der Museumsvilla »Neisser« in Breslau auf der Parkstraße gibt es eine wundervolle Dielung davon.

Breslau: Ich kann mir vorstellen, daß Schlangen und Krebse, wenn sie ihre alte Haut ablegen, auch mürrisch und übellaunig sind. Wir sind jetzt, an diesem »dritten Tage«, in ähnlicher Lage: unsere Großstadthaut, dieser Zivilisationsfirnis mit seinen Gewohn- und Gewohntheiten, ist uns zu eng geworden und geplatzt.

Nun sind wir wehr- und schutzlos allen schlimmen Einflüssen preisgegeben, ehe die neue Haut wieder fest ist. Das ist wohl das ganze Geheimnis solcher »Krisen« – und vieler anderer bis hinein in das Leben ganzer Völker auch.

Ach, wie schön und angenehm ist es doch, wenn man sich alles so gut erklären kann! »Denn dazu ward ihm der Verstand gegeben.« Zum Teufel mit dem Verstand! Ein Gramm Herz ist wertvoller als ein Kilo Gehirnmasse. Verstand, kalte Berechnung, das ist Großstadt, der Kopf; der Leib, der diesen Kopf ernähren muß und ihm Blut und Halt gibt, das ist das weite Land, das Herz. Wir sind dabei, von Kopf auf Herz umzuschalten. Aber die Kupplung knirscht noch, die Zahnräder greifen noch nicht recht ineinander. Ist wohl zuviel Staub der Gewöhnung, Sand der Bequemlichkeit dazwischen. Das gibt Reibung und manchmal auch Funken. Werden wir einen Brand verhüten können? Ich will noch weiter ein Stück durch den schönen Sonnenwald, das wird besser sein als dieses blöde Grübeln.

Abends.

Ich muß ein neues Expeditionsmitglied, vielmehr einen leider nur vorübergehenden Gast vorstellen, das Mädchen Barbara. Der Himmel hat ihn uns gesandt. Nein, mir, mir hat er ihn erscheinen lassen als Stern in der Trübsal. Gertrud hat auf den »Pinnagel« übersiedeln müssen, Grund zu neuer scharfer Auseinandersetzung. Denn ich habe, ohne erst die hohe Leitung anzufragen, diesen Gast aufgenommen. Und das kam so:

Wie ich heute mittag so durch den Wald stolpere, hier eine Himbeere, dort eine ganze Handvoll, komme ich auf eine kleine Lichtung. Und dort liegt im Grase etwas Weißes schlafend ausgestreckt, daß ich fast darauf getreten wäre. Die Zweige auseinanderhaltend, erstarre ich: ein langes, schlankes, braunes Bein in derbem Schuh, das andere ist angewinkelt, so daß ich sogar ein Stück von dem ebenso braunen Schenkel unterm blauen Tuchrock sehe, eine graue Leinenbluse, und dahinter ein Gesicht, das ich trotz der Sonnenbräune nur als hell bezeichnen kann. Halblanges Haar, von der Blondheit zwischen

Lindenblüte und reifem Korn, unterm Kopf ein recht stattlicher Rucksack. Eine Wanderin im Schlafe. Akaziengebüsch schickt ganze Honigwolken durch die Luft, die Sonne flirrt in den Blättern; in der Ferne ruft der Kuckuck. Ich stehe und staune. Zu unerwartet überfiel mich dieses Bild. Ein Mädchen sorglos schlafend im Walde! Und ich sehe gar nicht, daß es die Augen geöffnet hat und mich anschaut, ohne sich zu rühren. Wie sie endlich laut auflacht, ist es zu spät, die Zweige zusammenschlagen zu lassen und heimlich wieder zu verschwinden. Wie ein dummer Junge! denke ich und bin schon wieder wütend. Auf mich, auf die Fremde, auf den wunderschönen Wald, auf die Sonne, den Wind.

Da ist sie aufgestanden, steht groß und schlank vor mir und streicht sich die Haare zurecht. Kraus und wirr stehen sie ihr um das schmale Gesicht. Sprach ich zuerst oder sie? Ich weiß es nicht mehr. Der Wald war voller Vögel, die sangen. Und Blumen blühten überall, wo nur ein Strahl Sonne hinreichte. In ausgetrockneten Wasserläufen, die sich als sumpfige Gräben durch den Wald zogen, standen stolze, gelbe Schwertlilien zu Tausenden.

Alles war ein Wunder, wie verzaubert war alles!

Sie wollte oderabwärts bis zum Bober wandern und den entlang zu seinem Ursprung, ins Riesengebirge hinauf. Drei Wochen sollte die Fahrt dauern. »Allein?« fragte ich überflüssigerweise.

»Ja, allein, wie Sie sehen. Ich fand mir keinen Kameraden, mit dem zu wandern und zu schweigen lohnte.«

Mutig hielt ich dem prüfenden Blick aus hellen Augen stand. »Und Sie?« fragte sie.

»Mein Boot liegt drüben an der Oder, ich will zur Obra, zum Rudener See.« Und dann stotterte ich etwas zusammen, einen

Vorschlag, der doch eher eine Bitte war: sich für drei Tage bis Tschicherzig mir anzuvertrauen oder besser meinem Boote oder gar für die ganze Fahrt bis zum See –? Wieder der prüfende, wägende Blick.

»Aber wir bleiben beim ›Sie‹«, – das war Zusage und gleichzeitig eine deutliche Schrankensetzung. »Bis Tschicherzig.«

Für mich aber, als wir zum Strome zurückgingen, sie trug ihren gewiß nicht leichten Rucksack selbst, klang das so: Wir bleiben beim ›Sie‹ bis Tschicherzig. Und dann, Barbara? frage ich mich immer wieder. Sie heißt Barbara, ich erfuhr es im Laufe des Nachmittags.

Es gab erstaunte, ja verblüffte Gesichter, als wir zu den Booten kamen. Auch bei Barbara. Ich stellte sie (der Einfachheit und – ehrlich! – der Feigheit halber) als alte Bekannte vor – »ach Gott, wie lange kennen wir uns schon!« seufzte sie komisch, meine Lüge mit einem Seitenblick deckend, die Schlange, und mich damit erst recht in Verlegenheit setzend – und bat Fred mit einer überlegenden Ruhe, die mich viel Anstrengung kostete, Gertrud bis Tschicherzig in sein Boot zu übernehmen. Brummiges Hin und Her. Ich rührte natürlich nicht mit einem Wort an den Vorkommnissen der Frühe.

Barbara – Schlange, Schlange! Was sammelst du für feurige Kohlen auf mein wehrloses Haupt! – erklärte: »Ich will Ihnen nicht zur Last fallen und ordne mich selbstverständlich gänzlich unter. Meine Verpflegung habe ich selbst, nur um den Transportraum bitte ich.«

Freds faltiges Gesicht erhellte sich plötzlich, sein beweglicher Karpfenmund kaute gewaltig: »Wozu große Umpackerei? Ich nehme das Fräulein zu mir ins Boot.«

Aber da protestierte Gertrud schamlos. »Das möchte dir so passen!« Und mit ihrem herzlich gewinnenden Lächeln streckte sie Barbara die Hand hin: »Ich gehe zu meinem Alten. Der ist mein Spritzen schon gewöhnt, nicht wahr, Walter?« So belohnt sich jede Erziehung. –

Wir hatten ja nicht nur einen Reservestuhl, sondern sogar ein Reservepaddel mit. Und schon nach wenigen Schlägen waren Barbara und ich in einem Takt, als säßen wir schon jahrelang hintereinander in einem Boot. Gertrud konnte es sich – o Weiblichkeit! – nicht verbeißen, uns herüberzurufen: »Daß du uns von dieser Bekanntschaft noch nie erzählt hast, Walter!«, mit einer derart heimtückischen Betonung des »dieser«, daß Barbara sich fragend zu mir umwandte: »Sie scheinen also recht viele Bekanntschaften zum Prahlen zu haben?« Ich lachte nur und trieb das Boot schneller. Auch sie legte sich gewaltig ins Zeug. Bald waren wir weit voraus. Der »Pinnagel« kam nicht mit, denn Gertrud mit ihren aufgerissenen Händen zählte nicht sonderlich. Was Fred wiederum weidlich ärgerte. Aber sie schienen den Morgen nicht mehr erörtern zu wollen.

Barbara trägt einen dunkelbraunen Badeanzug, der den Rücken frei läßt. Vorn ist ein gelbes *B* eingestickt, und so kam ich auf ihren Namen. Sie war erst etwas verwundert, daß ich ihn erriet, aber Brigitte hätte nicht zu ihr gepaßt und Berta schon gar nicht. So wie sie aussah, konnte sie eben nur Barbara heißen. Barbara –.

Singe, Oder, dein Lied! Ich fuhr durch die herrliche Wachau, durch die sengende, großartig-öde Pußta, ich kenne die wilderhabene Bergwelt des Oberinn und die wildere der Theiß, die Rebenhügel und Burgen am Rhein, die grünen, grünen Marschen der Unterweser und die melancholischen Kiefernwälder Polens, die die Weichsel mit ihren wandernden Sandbänken begleiten: Singe, Oder, dein Lied! Der Ströme schönster, bist du unbekannter, unbesungener, du Oder Schlesiens!

Wie dein Wald dich kränzt mit seinen Eichen und Aspen! Wie früchteschwer die Felder von den Hügeln herab dir entgegenfließen – siehst du die Wellen, die der Wind über die gilbenden Ähren streicht, Barbara?, sage, singe ich stumm dem blanken Rücken zu, dessen Muskeln unter straffer Haut bei jedem Paddelschlage vor mir spielen, dem Kopf, um den das Haar in der Sonne sprüht. O, daß ich ein Dichter wäre, dich, Oder, und deine heimliche, leise Schönheit recht zu besingen! Heimat, Heimat! Schön sein mag es überall, lockend ist jede Fremde, und doch ist es das »Alilant«, das Elend gegenüber dir. Da – siehst du, die Störche kreisen über dem Walde! Nein, Reiher sind es. Silbergrau, den Hals edel zurückgebogen, ziehen sie ruhig dahin. Oder, singe dein Lied – aus deinem Wald erstand mir die Gefährtin dieses und der kommenden Tage.

Die Krisis ist überwunden, der alte, großstädtische Adam ist abgestreift, irgendwo hinter uns ist er liegengeblieben mit seinen eitlen Bedürfnissen. Das neue Erleben, das ersehnte, ist über uns gekommen. Nicht nur über mich, auch über Gertruds und Freds Gesichtern lag das neue Licht. Das zeigte sich deutlich am Abend, als wir einhellig unsere Zelte aufbauten. Nicht so dicht aneinander wie bisher allerdings, das ergab sich ganz wie von selbst. Und Barbara tat, als sei es selbstverständlich und die einfachste Sache von der Welt, mit einem ihr doch fremden Menschen zusammen im Zelt zu schlafen. Groß genug ist es ja, sogar bedeutend größer als das andere. Sie hatte ursprünglich von Dorf zu Dorf wandern wollen. Sie aß ihre Brote, Gertrud hatte uns eine Suppe gekocht, eine Erbsensuppe mit kleinen Speckstücken drin. Etwas angebrannt war sie ja wieder, aber keiner sagte etwas. Sie bot Barbara einen Becher voll, denn Teller hatten wir nur drei, schöne, rote aus Bakelit wie das ganze Geschirr. Sie nahm ihn gerne und schnitt für jeden noch ein Stück ihrer Wurst hinein.

Und dann unter grün verdämmerndem Himmel machten wir noch einen weiten Gang über die Wiesen, über denen ein opalnes Nebeltuch schon lag, den Damm entlang, tauchten hinein in den dunklen Wald, bis wir an ein Dorf kamen, aus dem lustiger Sang tönte und Hundegebell. Die Luft war warm und aller Düfte voll. Am Himmel hoch über uns erglänzte als erster Stern Jupiter, und im Dorfe drüben kam aus einzelnen Häusern warmer Lichtschein. Wir standen und schauten hinüber und fühlten uns etwas verlassen und heimatlos vor den ferne leuchtenden Fenstern, bis wir uns wieder des Stolzes unserer Freiheit bewußt wurden, und lachten über die, die hinter dumpfen Mauern ihren Tag verbringen.

Wir standen noch eine ganze Weile und sahen zu den Häusern hinüber. Dann kehrten wir um. Unnötig zu sagen, daß Barbara sich bei mir eingehängt hatte.

Als die Jüngeren gingen wir voraus, unter »elterlicher« Aufsicht.

Gertrud summte leise vor sich hin: Es dunkelt schon in der Heide –.

Dankbar fühlte ich Barbaras nahe Wärme. Es war ein schönes Ausschreiten Seite an Seite mit ihr. Auf dem Strom, der unfern als helles Band die dunkle, kühlduftende Erde durchschnitt, als sei sie aufgespalten und ein Streifen des vergehenden Abendrotes leuchtete durch den Riß, heulte ein Schlepper. Dumpf wie Herzschlag der Nacht klang das Stampfen seiner Maschine. Auf einer Viehkoppel standen dunkel wie Urwelttiere einige Kühe. Barbara erschrak, als sie sich rührten, und drängte sich leicht an mich. Schönes Gefühl, als Beschützer erkannt zu werden.

Kurz vor den Zelten sagte Barbara plötzlich: »Gut, daß ich den Schlafsack mit habe.« Unsere Gedanken hatten sich rätselhaft begegnet. Es würde nicht ganz leicht sein, hatte ich nämlich eben überlegt, ihr ein einigermaßen bequemes Lager zu bauen. Und von Fred und Gertrud konnte ich nicht gut verlangen, daß sie Decken opferten. Aber Fred bot ganz von sich aus eine an, und eine hatte Barbara selbst mit. Ich besaß drei, Kissen hatten wir eine Menge mit. So löste sich auch das Problem. Wir wären noch lange nicht schlafen gegangen, hätte Fred nicht an den zeitigen Aufbruch gemahnt. Denn gegen Mittag wurde es zu heiß auf dem Wasser.

Ich war immerhin etwas aufgeregt, und das ist auch zu verstehen, nicht wahr?

Fred und ich machten noch einen kleinen Gang am Wasser entlang. Kühl war der Sand unter den nackten Fußsohlen, und auch von dem leise ziehenden Strome wehte es kühl.

»Was war bloß los mit uns heute?« fragte er.

»Der dritte Tag, Fred, die Häutung sozusagen, die Mauser.«

»Magst recht haben.« Nach einer Weile: »Wie lange bleibt sie bei uns? Die ganze Fahrt?« Ich wußte, wen er meinte.

»Nein, von Tschicherzig ab will sie weitertippeln zum Bober und dann ins Riesengebirge.«

»So, dann ist es gut. – Und du?«

»Ich? – Wozu die Frage? Ich paddle zum Rudener See.«

Pause. Wir kehrten um. Fred zog dicke Wolken aus seiner Pfeife. »Ich fürchtete schon, du könntest uns untreu werden. Es hätte Gertrud wie mir leid getan.«

Ich sah ihn nur an, wir sprachen nicht mehr darüber. Sind doch feine Kerle, die beiden.

Von der Firststange des Zeltes baumelt die Laterne, ihr Licht reicht eben hin, daß ich auf meinem Lager schreiben kann. Daneben hängt wie allabendlich mein Plüschhund. Ja, ja, Strupp, heute sind wir zu dritt. Sei nicht eifersüchtig und bleib mir gut. Im nachtblauen Dreieck der Zelttür stehen einige Sterne. Nachtfalter taumeln herein, ihre Schatten tanzen gespenstisch auf der grauen Leinwand. Nur armweit zur Rechten liegt Barbara. Sie hat die Hände unterm Kopf und schaut über sich. Manchmal spüre ich, daß sie mich betrachtet. Ob sie es bereut, mit uns, mit mir gefahren zu sein und damit ihre Allein-Freiheit aufgegeben zu haben?

In langen Wellen geht ein leiser Nachtwind über uns, das Zeltdach flappt manchmal ein wenig. Pfeifende Flügelschläge in der Höhe. »Wildenten«, sage ich, da Barbara fragend hersieht. Froschruf von ferne, versunkene Glocken. Und fernab ein Hundegebell, seltsam läutend anzuhören. Manchmal auch ein unbekannter Laut.

Es riecht nach Kalmus und feuchten Wiesen. Auch Linden- und Akazienduft ist dabei, obschon es doch dafür eigentlich zu spät im Jahre ist.

Ich möchte am liebsten die ganze Nacht so schreiben, nur um die Nähe des Kameraden zu spüren. Denn Kameraden sind, die sich am Wege treffen. Für lange Zeit, für einen Tag, manchmal für Stunden nur. Ich kenne viele solcher Kameraden. Und von jedem nahm ich ein Stück auf meinem Wege mit, und jedem gab ich etwas von mir. Was gibt es Schöneres, was Menschenwerteres als solch freie Kameradschaft ohne jede Bindung und Verpflichtung?

Barbara ist mir so vertraut, wie ein Mensch dem Menschen nur vertraut sein kann. Macht das ein gleicher Rhythmus im Blute? Kennte ich sie schon viele Jahre, wäre sie mir dann bekannter als jetzt, da ich noch nichts von ihr weiß als ihren Vornamen und wie ihr Auge leuchtet in der Freude. Eine gläserne Wand ist immer da, peinvoll und quälend oft, aber nie zu brechen. Selbst in den heißesten Stunden nicht, die es gibt zwischen Mann und Weib. – Es ist kein Begehren in mir, nicht einmal ein Wunsch. Nur das stille Glück, das Wissen um Heimat und Kameradschaft brennt hell in mir und mag mir alle Müdigkeit scheuchen.

Ich überlese noch einmal, was ich bisher schrieb. Und sehe, daß ich vieles vergaß. Die Aufregung der ersten Tage ließ Auge und Herz nicht Zeit genug, aufzunehmen und zu vermerken. Wir begegneten manchem Lastzug und wechselten mit den Schiffern Gruß und Frage nach dem Wohin und Woher; wir sahen staunend über einem Meer von Wipfeln das barocke Wunder des Klosters Leubus herübergrüßen und freuten uns noch mehr über das kleine Kirchlein, das schmucklos auf steilem Gipfel hoch über dem Strome steht; wir sahen einmal in der Dunkelheit wie ein Lichtwunder einen der Breslauer Lustdampfer mit seinen bunten Lampengirlanden vorüberziehen, hörten die Passagiere lärmen und singen und bedauerten nicht, als der Spuk der Stadt an der nächsten Biegung verschwand, aber wir schimpften über den Qualm und Ruß, den er uns hinterlassen hatte. Wir sahen Wolkentürme aufwachsen um Mittag und lautlos wieder vergehen, sahen ferne Regenvorhänge ziehen, erlebten in und an dem Wasser mancherlei, was des Erzählens wert gewesen wäre. Heute, da der Friede im Herzen sich dem äußeren wieder angeglichen hat, fällt mir das alles ein.

Und wenn ich erst überlese, was ich heute niederschrieb! Wenn ich weiter so ausführlich berichte, dann wird das Buch bald voll sein. Aber es gibt ja nicht jeden Tag eine Barbara –.

Ich muß zu ihr hinüberblicken. Sie ist eingeschlafen. Ruhig geht ihr Atem. Gleichmäßig hebt und senkt sich die Decke über ihrer Brust. Ihre schmale, schlanke Hand liegt darauf. Der Daumen hat ein verhältnismäßig kurzes, breites Vorderglied, wie ich es immer bei Menschen fand, deren Herz und Gemüt dem Verstande die Waage halten.

Gute Nacht, Barbara.

20. 7., morgens

Wie ich in der frühen Morgendämmerung aufblicke, bin ich allein. Sauber geschichtet liegen Decken und Kissen. Wäre der fremde Rucksack nicht da, müßte ich glauben, ich habe Barbara nur geträumt. Plätschern im Fluß; sie badet und pfeift einen Schlager dabei.

Übrigens: sie schlief gestern abend nicht, als ich die Lampe löschte. In der Dunkelheit fühlte ich ihre Hand, die die meine suchte: »Ich danke Ihnen, Walter, daß Sie mich mitnahmen. Oder bereuen Sie es?« Wir flüsterten noch einiges. Sie hat eine warme Stimme, die manchmal ganz dunkel klingen kann.

Mittags.

Die drei haben sich zum Mittagsschlaf niedergetan, Barbara auch, nachdem sie wie selbstverständlich die Pflicht des Abwaschens übernommen hat. Eigentlich war ich dran; aber sie erledigte es gründlich und schnell mit Sand, Gras und Sachkenntnis. So habe ich Zeit zu schreiben.

Lebhafter ist hier die Landschaft am Strom, der, immer wieder nach Norden ausbiegend, die Hügelketten des niederschlesischen Landrückens durchbricht. Auf sachten Wellen trägt sie grüne und gelbe Felder, Waldstücke und Wiesenflecken. Städtchen auf hohem Ufer: Köben, Beuthen, das »Kuh-Beuthen« zum Unterschiede von der oberschlesischen

Industriestadt. Beide Örtchen, eng um niedere, dicke Kirchtürme gedrängt, machen einen geradezu mittelalterlich-fränkischen Eindruck. Wenig schön freilich die Müllplätze am Uferrand. Und die Kanäle, die sich blasig und grau in den Strom ergießen, riechen gar nicht gut. Wir sehen, rasch vorübergleitend – die Oder hat durch die Regenfälle der vergangenen Wochen im Gebirge fast einen Meter Überwasser, daher die schnelle, gut tragende Strömung –, in steil ansteigende Gäßchen hinein, sehen die Menschen dort gehen, sehen Geschäfte und Schauläden; es ist wie eine Erinnerung an eine schon vergessene, fremde Welt. Ganze Reihen von Schleppkähnen gingen zu Berge; die Bug- und Heckwellen, unsere tief liegenden Boote gewaltig schaukelnd, brachten Abwechslung und Spritzer an Bord.

Heute hat Barbara ihren Muskelkatertag. Wir sagen nichts dazu, wir grinsen nur schadenfroh und verständnisvoll. Heute früh bei ihrem Morgenbade hatte ich sie mächtig erschreckt, als sie mit ruhigen, langen Stößen den Buhnenkopf umschwamm und ich plötzlich hinter den Büschen hervor mit einem Hechtsprung dicht vor ihr ins Wasser schoß. Wir vollführten dann mit Jagen und Spritzen einen solchen Lärm, daß Fred ganz verstört aus dem Zelte sprang. Er hatte gemeint, sagte er, Seeräuber seien im Angriff.

Sagte ich, daß Barbaras Körper ganz ebenmäßig gebräunt ist, nicht viel heller als das Braun des knappen Badeanzuges? Und überall trägt sie einen Flaum feinster blonder Härchen, daß sie, gegen die Sonne stehend, wie von einer hellen Aureole umflossen scheint. O Barbara, soll es morgen wirklich unser letzter Tag sein?

Ja, sieh, so undankbar ist der Mensch, so verdirbt er sich die Freude am unverhofften Geschenk. Sollte ich nicht lieber singen: Morgen, Barbara, haben wir noch einen Tag –? Das sei eine Frage des Standpunktes? – o nein, sondern des Lebensgefühles, der Lebenshaltung: der große Unterschied, ob man das schnelle Vergehen des Schönen im voraus betrauert oder sich der werdenden Erinnerung freut. Denn bleibend ist nur eines im Leben: eben die Erinnerung. Oder wenn man es so nennen will, es klingt reifer, sozusagen wertbeständiger: die Erfahrung. Seht das Positive in allem, ihr Freunde!

Ein halber Tag bleibt uns noch, dann ein ganzer und noch einmal ein halber, Barbara. Das ist sehr viel, wenn jede Minute angefüllt ist, wenn man sie aufgereiht trägt als lange, funkelnde Kette aus vielen, vielen einzelnen Perlen.

Singe, Oder, dein Lied! Es hat so viele Strophen, und eine ist immer köstlicher als die andere.

Das jenseitige Ufer – das drübige, sagt der Schlesier – ist ganz von hohen Bäumen abgeschlossen, kaum liegt ein Streifen Sandes davor. Der Strom macht gerade hier eine seiner großen Biegungen, und so ist auch vor und zurück kein Ausblick, man könnte an einen großen See im Walde denken, wäre das Ziehen der Wellen nicht. Und in diesem Grün, direkt aus dem Wasser aufwachsend mit wuchtigen Pfeilern, steht das hohe, graue Mauerwerk des Schlosses Carolath mit seinen zwei barock aufgeschwungenen Giebeln. Bis obenhin ist der Efeu gerankt, aus seinem dunklen Grün spiegeln die Fenster das Himmelsblau. Kühl abweisend, in sich selbst geschlossen ist das hohe Gebäude, als schaue es von der Höhe seiner Jahrhunderte verächtlich auf uns vorübergleitende Eintagsfliegen herab. Kühl und stolz scheint hier auch der Strom, er duldet uns nur als flüchtige Gäste. Und eben deswegen hat es seinen Reiz, dieser Ablehnung den Trotz entgegenzustellen, gerade hier zu rasten, sich eines zu pfeifen und mit lautem Zuruf das mürrische Echo zu wecken. Doch, auch wir sind wer! Auch wir haben Geltung und Anspruch, sogar mit unseren alten, verschlissenen Booten!!

Barbara fragte mich, woher ich den großen, roh vernähten Riß im Verdeck habe. Ich erzählte, gewiß, ich prahlte ein wenig damit, es machte mir Freude, ihre staunenden Augen und ein kleines bißchen Ehrfurcht zu ernten, wie mich damals mitten in den Schnellen und Klippen der Theiß ein Strudel unversehens quer gegen zwei Felsbrocken geschlagen habe und der Ast eines ebenfalls angetriebenen Baumes, sich da ins Boot bohrend, mich vor dem Kentern und vielleicht vor Schlimmerem bewahrt habe. Es war eine wilde, menschenleere und -feindliche Landschaft zwischen himmelhohen Felsenwänden, kein Hahn hätte nach mir gekräht, wäre ich dabei abgeblieben; und abends beim Schein meines einsamen Lagerfeuers, da hätte ich das Leck geflickt, so gut es eben ging.

Und da die Schramme stammt vom Inn; jener gebrochene Spant von Helgoland; und dort das winzige Loch, das hat eine Kugel geschlagen, vielleicht war sie verirrt, vielleicht aber auch hat sie mir gegolten, auf der Weichsel vor drei Jahren, dicht vor der Mündung des San – ja, Barbara, wir haben viel hinter uns, ich und meine »Gewa«. Und Strupp, der am Flaggstock baumelt, der hat sogar schon einige Male die Viertausender-Grenze unter sich gelassen, an der Bernina, am Matterhorn und Monte Rosa. Im stillen Segelflugzeug ist er schon über Zobten und Schneekoppe gekreist, und beim Autorennen »Durch Schlesiens Berge« sind ihm hundertfünfzig Kilometer Fahrtwind um die stumpfe Nase gebraust. Ja, staune nur, Barbara, du hast nicht nur einen fast berühmten Wasserwanderer vor, nein, meist hinter dir, sondern auch einen Pionier des schlesischen Schilaufes! Über manchen Berg der schönen, schönen Heimat habe ich als erster die Doppelspur gezogen, manch altes Weiblein schlug ein Kreuzzeichen, wenn ich vor stäubender Schneewolke über die Hänge schoß. In Breslau schüttelten die Leute mitleidig die Köpfe, die Kinder liefen lachend mir nach, wenn ich mit den rätselhaften Latten zur Bahn ging. Und die Polizei wies mich mit Strafandrohung wegen der geschulterten Bretter vom Bürgersteig, da ich mit dem »Gefährt« auf die Straße gehöre! Heute freilich sind das »olle Kamellen«, heute gehört's zum guten Ton, winters in die Berge zu fahren. Vor siebzig Jahren war's eine Heldentat, vor sechzig Jahren noch eine Narrheit. So wandelt sich die Welt. Staune nur, Barbara! Du meinst, Schilauf sei die schönste aller Körperübungen? Es gibt noch eine herrlichere. Siehst du dort drüben die Weihe kreisen, ruhig, ohne einen Flügelschlag, erkennst du, wie sie sich mit jedem Kreise höher hebt in den sonnenflimmernden Azur? So kreisen, als gelte das Gesetz der Schwere nicht mehr, lautlos, ohne Mühe, das ist das Schönste von allen. Nicht dem Geist, nicht der Kraft, nicht der Gewandtheit, sondern dem Instinkt, dem feinsten Gefühl folgend im Segelflugzeug, jeden Nerv geöffnet der Strömung der Luft, vorahnend den unbekannten Gesetzen hingegeben! Mit den Vögeln, mit den Wolken um die Wette, eins mit den gewaltig klaffenden Schwingen, tiefsten Geheimnissen lauschend und ihnen jedes bißchen Kraft ablistend oder auch abtrotzend, hängend zwischen den blauen Fernen oder auch zwischen dunkel geballten Gewitterwolken schleudernd – o Barbara, das ist Leben.

So malt die Erinnerung jeden Tag des Lebens neu, und keinen kannst du je mehr verlieren.

Gefahr, Barbara –? Leben wir nicht stündlich in Gefahren, wenn wir auch nur die Großstadtstraße überschreiten? Und da sind es Gefahren, die, überwältigen sie uns unversehens, keinen

Einsatz lohnten. Und der Einsatz, nur der ist das Entscheidende, nur Einsatz bringt Gewinn, der höchste den höchsten. Was also wäre das Leben wert ohne Gefahr? Nur das ist wertvoll, was ständig zu verlieren wir bereit sein müssen. Schätzen wir darum leichtsinnig die Fremde höher als die Heimat, weil die uns unverlierbar erscheint? Eine Frage, die ans Tiefste im Menschen rührt –.

Schau, zwischen Versicherungen und Vorbehalten fließt unser Leben kümmerlich dahin, dieses schöne Leben, das stark sein will und froh! Und so schaffen wir uns die jämmerlichen Sensationen der Wettkämpfe, bei denen wir doch nichts weiter als zahlende Zuschauer sind – oder aber die starken und frohen des Paddelns, des Schilaufes, des Kletterns und des Fliegens, wo unser Herz allein Antrieb ist und Sporn, wo keine Belohnung, kein Beifall uns erwartet oder, versagen wir, höchstens ein spöttisches oder zorniges Achselzucken!

Ich glaube, die Mittagsstunde ist vorüber, wir müssen weiter.

Abends.

Unser Admiral sprach uns seine Anerkennung aus. Nicht nur, daß wir die seit vorgestern verlorenen Kilometer aufgeholt haben, wir liegen sogar mehr als zehn Kilometer vor unserem Programm! Aber wir sind ehrlich genug einzugestehen, daß wir es nicht aus freiem Willen geschafft haben. Vielmehr hat uns ein Gewitter gejagt. Aber stolz können wir dennoch sein, denn wir waren schneller: es hat uns nicht eingeholt! Doch eigentlich war es auch wieder nicht ganz unser eigenes Verdienst. Das klingt so nach kompliziertem Seelenleben, nicht wahr? Es ist nur halb so verwickelt. Man lese:

Zwischen den Bäumen brütet bei unserem Aufbruch eine geradezu mörderische Hitze. Sogar das Wasser erschien uns warm wie Bouillon. Es lud keineswegs zum Bade. Wir hielten uns dicht am Ufer im Schatten, so gut es ging. Aber dann traten die Bäume zurück; und weit voraus überm Horizont, über den hitzezitternden Feldern standen ganze Ketten wattiger Wölkchen, als seien sie auf eine Schnur aufgezogen, Schaumflocken auf Glasplatten genau ausgerichtet zum Trocknen gestellt; sie wuchsen in beängstigender Eile näher und näher, und immer neue Reihen tauchten hinter ihnen auf. Es war ein interessantes Schauspiel, und es fesselte uns auch eine Zeitlang. Kein Windhauch, kein Vogelruf. Sogar das Wasser schien verstummt und troff wie Blei von den Paddelblättern. Kamen wir denn überhaupt von der Stelle? Der Schweiß biß in die Augen, und auf Barbaras Samtrücken stand Perle an Perle. Wie fahl alles Grün erschien!

Die Wölkchen vor uns, die höchsten vordersten schon zu Wolken geballt mit dunklen Tiefen und glühweißen Rändern, hitzesengend, schoben sich immer näher herauf. Und wir trieben ihnen genau entgegen. Dort, weit voraus sind Dächer – ob wir sie noch erreichen. Weit vorgebeugt mit raschen, langen Schlägen, offenen Mundes laut atmend, löffelten wir wie verzweifelte Galeerensklaven das dickflüssige Wasser hinter uns. Aber die Wolkenschatten, über die abfallenden Hügel auf uns zulaufend, waren geschwinder. Nun zog der erste, die Sonne verdunkelnd, über uns hinweg, und er brachte eine kühlende Brise mit sich. Dann war die Sonne wieder da und mit ihr die lähmende Luftstille. Dort kam der nächste Schattenfleck. Rasch, damit wir seine kurze Kühlung erreichen! Dieses Haschen nach jedem bißchen Schatten wurde ein launiges Spiel, es brachte uns rasch vorwärts. Aber jetzt –? Die nächste Wolke schleppt einen fransig grauen, die Ferne hüllenden Vorhang – Regen!! Bord an Bord dahinstiebend, sehen wir uns erschrocken an. Da nimmt der Fluß das neckische Spiel auf: in scharfer Kurve biegt er nach Norden aus, wir begreifen, legen uns doppelt in die Riemen, und nach Minuten schon ist es entschieden: ätsch, Wolke, weit hinter uns querst du machtlos rauschend den Strom! Und mußt uns sogar noch einen flüchtigen Regenbogen malen der Anstrengung zum Lohne. Was schert uns dein Zorn mit Blitz und Gekrach! Hinter uns, hinter uns zieht es vorbei und verhallt. Wolke auf Wolke noch versucht uns zu überrennen, aber immer ist der Strom mit uns im Bund, immer gelingt es uns, gerade noch ein wenig schneller zu sein und die nächste Krümmung zu erreichen. Ist der Schauer vorüber, dann schwenkt der Fluß jedesmal wieder nach Westen ein, den anstürmenden Wolken entgegen. Ich sah, wie bei jedem Blitzschlag, der hinter uns her knatterte, über Barbaras Rücken ein nervöses Frösteln lief. Aber sie lachte gleich mir, und das beruhigte mich.

Singe, Oder, dein Lied: Machtvoller klang es heute als bisher. Du führst nicht nur den lyrischen Ton. Dunkel wie Stahl waren deine Wellen und forderten unsere letzte Kraft, verlangten den Wettstreit, der aussichtslos schien. Wie sie mitglühten, die Wellen, im lohenden Widerschein, als müßten wir mitten durchs Feuer hindurch! Wie sie uns den Gischt über das schweißheiße Gesicht sprühten im Ansturm der Böen! Und trugen uns doch sicher wie je, daß wir frei und stolz auflachten, als der Himmel seine dunklen Heere erschöpft hatte und die Sonne wieder über die dampfenden Felder schien.

Fern von uns blauten neue Höhenzüge herauf, die gleichen, zu denen du dich nun niedersenkst, strahlendes Licht.

Diese selige Gleiten hinein in die Flammen der flachen Strahlen, die alles Wasser entzünden, dieses lässige Sichtreibenlassen mit müden Gliedern in das sich rötende Gold des nahen Abends. Zwei Sonnen stehen vor uns, am Himmel die eine, die andere im Wasser, und mitten zwischen beide zielt unser Bug. Müssen nicht die Augen stumpf werden vor so viel Licht? Gerne feiern die Paddel, und die letzten Tropfen rinnen von den breiten Blättern wie Gold ins Gold. Leise, zufrieden glucksen die Wellen an der Bootshaut und streicheln zärtlich an den Schenkeln entlang. Ja, du fühlst den Strom, fühlst seine dunkle Gewalt körperlich und als guten, vertrauenswerten Freund. Es ist, als sei auch das Boot, dieses Gerippe aus federndem Holze und Leinen, lebendig und atme den frischen Duft, der von den Wiesen herüberzieht. Barbaras Hände streichen durch das Wasser und ziehen kleine, blaugoldene Wirbel nach.

Mit einem stummen Lächeln zieht Barbara die Laute zwischen ihren Beinen aus dem Bugraum und reicht sie mir über die Schulter. Die Saiten sind ein wenig verstimmt, als ich prüfend einen Akkord darüber streiche. Fred, hinter uns, macht ein paar Paddelschläge, und Gertrud faßt meinen Dollbord. Boot an Boot treiben wir so in den sinkenden Abend hinein und singen unsere stillen, heimlichen Lieder. Die Boote drehen sich langsam, lautlos in der Strömung, wir treiben seitlich und einmal auch mit dem Rücken nach vorn. Weit hinter uns stehen die Wolken, erglühen in Gold und röten sich langsam, bis sie ins kühle Grau hinein verblassen. Später noch werden sie weiß vor der tiefen Bläue stehen, wie Schemen, die keinen mehr schrecken.

»Es dunkelt schon in der Heide –«, sang ich, während die Frauen in den Zelten die Lager bereiten. Ja, wir haben heute den ersten Wacholder gesehen, denn bei Carolath tritt die schlesische Heide bis an den Strom.

Die Zelte stehen auf hohem Ufer und geben einen weiten Blick ins dunkelnde Land. Nur ganz fern schimmern ein paar Lichter auf. Sonst ist es, als seien wir allein auf der Erde.

Wir werden gut schlafen heute.

21. 7., mittags

Wir hatten so gut geschlafen, daß wir es verschliefen. Nicht einmal zu unserem Morgenbad sind wir gekommen, Barbara und ich. Gertrud scheint einen unglücklichen Tag zu haben. Beim hastigen Frühstück kippte ich im losen Sande mit meinem Stuhle um. Natürlich (!) quetschte ich dabei ihren großen Zeh. Er ist ganz dick und geschwollen. Sie schimpfte nicht schlecht über unser rohes Gelächter, nur Barbara hatte Mitleid und machte ihr einen kunstgerechten Verband. Nun hält Gertrud den armen Zeh hoch aufgereckt, so daß es aussieht, als trüge sie einen Champignon vor sich her. Dann, beim Einsteigen – ich notierte wohl schon, wie sie sich immer mit steifen Knien und steifem Kreuze bückt –, hätte sie Fred fast zum Kentern gebracht. Wem könnte solches geschehen außer dir, Gertrud?

Wie herrlich sind wir doch schon den Erfordernissen einer städtischen Zivilisation entwöhnt! In Glogau legten wir zwischen Eisenbahn- und Straßenbrücke an, da wir kein Brot mehr hatten. Fred, im Trainingsanzug, ging einkaufen, Barbara schloß sich ihm an. Oben auf der Brücke gehen Männer in dunklen Anzügen mit Hüten auf dem Kopfe ernsthaft einher, und Frauen in hellen, wehenden Sommerkleidern. Wir besehen uns das und staunen: Gibt's denn so etwas noch? Diese bleichen Gesichter, die Stöckelschuhe, Bratenrock und Zylinder? Das ist eine andere Welt als die, in der wir uns bewegen. Sicher staunen die dort oben ebenso zu uns herunter und denken: eine andere Welt – aber eher haben sie Veranlassung zum Neide als wir. Es kommt eben auf den Standpunkt an. Nicht das Oben oder Unten ist das Entscheidende, sondern das Innen oder Außen. Und darin fühlen wir uns bergehoch überlegen, und das wohl mit Recht.

Rechts am Ufer, überwachsen von Weiden und Gebüsch, aus allen Fugen blühend, liegt ein altes friderizianisches Befestigungswerk, Wälle, Kasematten, ein runder, niederer Turm. Sie werden wohl noch Jahrhunderte überdauern. Links schauen hochmütige, vierstöckige Klinkerhäuser herüber, modernste Wohnmaschinen, wahrscheinlich mit allen erdenklichen Schikanen. Auch da ist es Sache des Standpunktes, was Dauer hat und Wert.

Gertrud im Nebenboot sagte plötzlich: »Eine wirklich nette Bootsfrau, die du dir angeschafft hast.«

»Wieso angeschafft?« fragte ich zurück, ich hatte eben ein wenig gedöst, »sie ist mir zugefallen.«

»Ein Zufall also?«

»Ein Glück, Gertrud.«

Da kommen schon die beiden zurück, Fred unter jedem Arm ein Kommißbrot und außerdem den Kanister voll Wasser, Barbara, in Bluse und Rock mit nackten, braunen Beinen und hellem Haar über dunklem Gesicht, ein umfangreiches Paket vorsichtig tragend. »Was ist denn das?« fragt Gertrud und macht im Boot einen langen Hals.

»Ich weiß es selbst nicht«, sagt Fred, Barbara lacht nur: »Es wird nichts verraten.«

Sorgsam verstaut sie es auf ihren Knien und zieht die Spritzdecke darüber. »Es darf nicht naß werden.« Ich meine etwas zu riechen, so etwas Duftiges, Leckeres, Gebackenes, und überlege eben, ob ich zur Gewalt oder Überredung greifen soll, da befiehlt Fred den Start.

Abends.

Zeitig legten wir heute an und bauten die Zelte auf. Die Sonne steht noch hoch. Wir wollen heute sozusagen schon Abschied nehmen von der Oder, da wir sie morgen vormittag verlassen. Abschied auch von Barbara –.

Fred packt den Koffer aus. Bis zum Abendessen ist es doch noch Zeit.

»Gertrud, einen Kaffee, aber einen ganz steifen«, befiehlt er.

»Heute ist doch erst Freitag –.«

»Trotzdem – Bohnenkaffee, habe ich gesagt.«

Und nun erscheint Barbara und trägt Kuchen. Einen ganzen Berg: Streuselkuchen, Zuckerkuchen, Spritzgebackenes, Blätterteigiges, Tortenstückchen – Barbara, Mädchen, hast du eine ganze Bäckerei aufgekauft?? Oder willst du beweisen, daß man die Zivilisation, wenn man an ihr geleckt hat, daß man die Stadt doch nicht in Bausch und Bogen verdammen darf?

Fred ist gut dran mit seinem breiten Mund, er kann so ein Streuselstück quer hineinschieben. Aber auch ich schaffe gewaltig, und klein und kleiner wird der Berg. Gertrud redet nach kluger Hausfrauenart etwas von Einteilen, und morgen sei auch noch ein Tag; aber ehe sie mit ihrer Predigt fertig wird – wenn sie sich nicht daranhält, kommt sie zu kurz, und versuche einer zu reden, wenn er den Mund voller Streusel hat! –, lohnt das Einteilen schon nicht mehr. Wir Männer hatten uns nicht mal Zeit gelassen, gegen ihre Worte zu protestieren.

»Ihr Bande«, schimpft Gertrud, »jetzt habt ihr uns alles weggefressen.« Mag sie zetern, wir stopfen schnell die letzten

Tortenstückchen nach, springen auf, da sie einen dürren Ast erzieherisch schwingt, und fort sind wir. Es gibt eine laute, lustige Jagd am Strand entlang, durch Schilf und Weiden, quer in die Wiese hinein und wieder zum Strand – batschdich! Gertrud ist mit dem Pilz am Fuß ausgeglitten und rollt längelang durch den Schlamm. »Natürlich – die Trude!« rufen Fred und ich aus einem Mund. Noch ehe sie aufspringen kann, rollen wir sie vollends ins Wasser und »spülen sie ab«. Gurgelnd ersticken Schimpfworte und Protest. Aber da liege ich schon neben ihr, und im nächsten Augenblick schießt Fred in ganz merkwürdiger Haltung neben mir in die Flut. Barbara, der Geschlechtsgenossin beispringend, hat uns so temperamentvoll attackiert. Es blieb tatsächlich kein Auge trocken, denn ich erwischte den Unband am Beine, und auch sie mußte auf Grund.

Wir machten einen Lärm wie hundert übermütige Kinder und wühlten die ganze Oder um. Die Sonne blinkerte über das Wasser hin, und Kiebitze, die wir auf der Wiese aufgescheucht, schrien dazwischen.

Schön sah Gertrud aus mit ihren Dauerwellen, und auch Barbara hatte einen Donnerkopf. Mund und Nase waren uns voller Sand, und es gab im Strudelloch vor der Buhne ein richtiges Vollbad, ehe wir als saubere gesittete Menschen dem feuchten Elemente wieder entstiegen.

Barbara beklagte sich, ich hätte so derb zugefaßt, daß sie an Armen und Beinen blaue Flecken haben werde. Ich benutzte den Vorwurf, sie ausgiebig zu streicheln, bis sie mir lachend auf die Finger schlug.

Nach dem Abendessen, das sehr festlich sein soll – Fred gibt eine Büchse Pflaumen frei! –, wollen wir noch einen langen Spaziergang machen.

Drei Strophen sang die Oder heute: die herrische mit Blitz und Sturm, die übermütige und was für eine zum Abend? Es ist unser letzter, Barbara. –

Spätnachts.

Es ließ mich nicht einschlafen; so habe ich, sorgsam abgeschirmt, die Zeltlampe noch einmal angebrannt und schreibe; denn ich muß noch die letzte heutige Strophe der Oder festhalten. Wie fasse ich ihn nur, diesen verträumten Ton, der wie ein Volkslied klingt von Scheiden und Meiden, vom letzten Kuß und – vielleicht! – vom Wiedersehn?

Es ist so still, so still; nur die Grillen feilen an der Nacht, und manchmal flüstert eine Welle lauter; eine Stille, die man greifen könnte, um aus ihr ein schlafendes Mädchenantlitz zu formen. So still ist es, daß Barbaras Herzschlag an den meinen klingt; so still, daß ich das Rinnen der Silberadern tief in der Erde zu vernehmen glaube und daß der Sang der Sterne die Blumen zum Schlafen bringt. –

Barbara –

Gibt es das, daß man einen Menschen erst seit wenigen Tagen – laß mich rechnen: seit sechzig Stunden!! – kennt und ihn dennoch so tief in sich aufgenommen hat, als schritte man seit einem Leben nebeneinander hin? Daß man nichts von ihm weiß, nicht einmal Name und Elternhaus, und dennoch ihn als Teil der eigenen Seele spürt? Ja, muß ich sagen, das gibt es, denn ich habe es erfahren, ich erfahre es in Schmerz und Seligkeit.

Mit Liebe oder Verliebtheit hat das nichts, aber auch gar nichts gemein. Nur ein neues Auge ist mir erschlossen worden, ein zweites Herz brennt in mir, daß ich alles Geschaute und Gefühlte, alles Schaubare und Fühlbare doppelt inbrünstig aufzunehmen vermag, daß ich viel heißer spüre, was es heißt:

Leben! Was das ist: Heimat! Was das bedeutet: Freund! Und Kamerad!

Das ist es –.

Wir taten also unseren Gang, und es tat sich wie von selbst, daß Fred und Gertrud einen anderen Weg gingen als wir. Zum Wald hinüber gingen wir, zur Rechten ein Kornfeld, dessen Ähren schwer und stolz sich vor uns neigten. Wir gingen schweigend, wie es unsere Gewohnheit – was, Gewohnheit! – unser Wesen ist, Hand hatten wir in Hand gefaßt und schauten hinein in den hellen Himmel über den Wipfeln, auf die Wiese hinaus, wo drei Rehe ästen, hinüber zu dem Höhenzug, der abendblau Himmel und Erde schied. Vom Strome her riefen Schlepper, wie Urwelttiere sich rufen mochten einst über einsame Weiten hin, und fern strich ein Zug Reiher durch das Abendgold. Und die Grillen sangen. Was brauchten wir Worte? Was der eine dachte, das wußte der andere auch; und was der fühlte, ging in lebendigem Strom von Herz zu Herz. Wozu also sprechen und das Gespinst verwirren, was uns umwob?

Und dann, während grauweiß der Nebel sich über das Stromufer schob, über dem als lange dunkle Fahne, sachte nur verwehend, der Rauch der Schiffe schwebte, saßen wir an der hohen Waldkante und sahen zu, wie der Himmel verglühte und erlosch, wie überall die blaue Dämmerung sich erhob und des Tages hellere Farben ertränkte.

»Barbara –?« fragte ich leise, jedes laute Wort wäre eine Entweihung gewesen, hätte den Zauber gebrochen.

»Ja –?« Es war nur ein Hauch, fernher geweht.

»Sehen wir uns wieder?«

»Vielleicht, Lieber«, aber ihre Augen hatten einen fernen Schein, ob sie sich auch leicht gegen meine Schulter lehnte. Da faßte ich sie um und drehte sie zu mir. »Barbara«, drängte ich, »wir müssen uns wiedersehen.«

Wie ein Erwachen war es da in ihr, ich spürte unter meinen Händen die leise Abwehr: »Ich weiß es nicht –.«

Ich ließ sie los, traurig und ziellos flatterten meine Gedanken.

Wir standen auf und gingen durch die schon taunasse Wiese – wie es kühl um die Beine strich – zum Flusse hinüber. Bis zu den Knien reichte uns der Nebel, unter dem die Blumen und Gräser wie ertrunken lagen. Es war, als zögen wir leise Strudel hinter uns her, als seien wir unversehens von der dunklen, festen Erde hinübergetreten in ein blasseres, gespenstisches Zwischenreich. Barbara mochte ähnliches spüren, denn sie nahm meinen Arm und drängte sich schutzsuchend an mich. So klein und zart und schmal schien sie mir wie noch nie.

Und dann standen wir am Strom, auf einer vom hohen Wasser überronnenen Buhne, und vor unseren Füßen sangen eilig die Wellen mit Wirbel und Schwall: »Vorbei«, sangen sie, »vorüber –«, es war wie ein kleines, sehnsüchtiges, ein wenig trauriges Lied. Es gibt kein Verweilen, alles rinnt aus einer Ewigkeit in die andere hinein.

»– und was jetzt ist, einst war es –«, sagte ich die dunkelsinnige Zeile Christian Morgensterns.

Barbara wandte sich mir zu, und als ich den Arm um ihre kühle Schulter legte, ließ sie den Kopf langsam hintenübersinken, daß ich ihr Haar auf dem bloßen Arm spürte; groß und offen waren ihre Augen, als ich sie küßte, und ich sah darin den ersten Stern des Abends widerfunkeln. Oder leuchtete er aus ihrer Seele herauf? Als aber mein Kuß drängender und heißer wurde, da schob sie mich sachte von sich, so nur mit einem

Finger gegen meine Brust, aber es lag eine unbezwingbare Kraft darin. So standen wir, und mir brausten Strom und Blut in Ohr und Herzen.

»Barbara –«, bat ich wieder.

Doch sie schüttelte nur stumm den Kopf und sah mich wieder groß und lange an. Aber den Stern suchte ich vergeblich in ihren Augen. Dafür erglänzte ihr Haar immer heller – als ich zurückschaute, war über der dunklen Waldkulisse der Mond erschienen. Ein dunkler Schattenstreifen, wie ein Abgrund entlang dem hohen, buschbestandenen Ufer, trennte uns von der grünsilbernen Erde. Barbara hatte mir die Hand leicht auf den Arm gelegt und schaute gleich mir in die spinnenden Mondstrahlen. »Diese Stunde, Walter, – wir wollen sie nie vergessen«, sagte sie dann. Und ich stand allein. Ich sah ihre Gestalt über die dunkle Brücke der Buhne, auf beiden Seiten vom Silberlicht umflossen, gehen, sah sie aufgesogen werden von der Dunkelheit, verschwinden. Nicht einmal einen Schritt vernahm ich mehr; noch lange stand ich und sah dem Spiel der Wellen zu, die vor meinen Füßen wie gehämmertes Silber waren. »Vorüber«, flüsterten sie, »vorbei –.«

Mein Boot hätte ich nehmen mögen und davontreiben auf dem noch hellen Fluß, in dem die Sterne spielten und vergehen in der Nacht. –

Singe, Oder, singe dein dunkles Lied, singe das Lied der Heimat, das Lied der ewigen Unrast, das Lied von der Heimkehr in das stillere Reich des Herzens. – –

Es muß gegen Morgen schon sein; kühl geht mir der Atem vom Mund, und draußen rühren sich die ersten Vögel.

Ich muß noch einmal nach Barbara sehen, muß den Mund betrachten, der mich küßte – und schäme mich, die Schlafende zu beschauen, als beraube ich sie, die wehrlos liegt. –

Wie tief versank der Abend in mir, daß er so ferne scheint wie ein verlöschender Stern? Doch der Stern bleibt am Himmel, auch wenn dein Auge ihn nicht sieht. So ruht auch jene Stunde am Strom – vorüber, vorbei – auf dem Grunde meiner Seele.

22. 7., morgens

Der Aufbruch verzögerte sich, weil am »Pinnagel« einer der Kiel-streifen sich gelöst hat. Fred ist dabei, ihn sorgfältig festzukleben.

Es tut ein bißchen weh, daß Barbara ganz unbefangen lacht und mit uns ihre Scherze treibt wie ein übermütiges Kind. Galt ihr der gestrige Abend so wenig, ließ er sie so unberührt, daß sie an mir vorübergehen kann, als gelte ich ihr nicht mehr als Fred oder Gertrud? Ruhig spricht sie davon, wie sie von Tschicherzig weiterwandern wolle, bei Bauern übernachtend oder in Dorfwirtshäusern. In Mauer an der Talsperre hat sie Verwandte; dort will sie einen Tag rasten, sie wird mit Kuchen und Festlichkeit erwartet. Und dann will sie nach Schreiberhau, will die Häuser Hermann Stehrs und Hauptmanns besuchen, und dann über den Kamm nach der Schneekoppe; in Krummhübel warten ebenfalls Bekannte auf sie. –

»Barbara«, unterbreche ich ihr heiteres Schwatzen, »wann meinen Sie in Krummhübel zu sein?« Ich frage nur so, noch ohne bestimmte Absicht.

»Am zweiten August muß ich da sein, da wird dort Geburtstag gefeiert. – Nicht meiner!« schüttelt sie gleich den Kopf, weil sie meine Frage spürt, und fährt fort: »Und ich will bis zum vierten dort bleiben.« Und wendet sich schon wieder ab. O, ich bin böse mit ihr, ich werde mich ihr gewiß nicht mehr aufdrängen! O Barbara. –

Fred ist fertig, wir brechen auf. Zum letzten Male sehe ich Barbara mit ihren langen Beinen in mein Boot steigen, habe den samtigen Rücken vor mir, das helle Haar.

Etwas später.

Wir haben noch einmal anlegen müssen, da Gertrud unbedingt an Land verlangte und es sich bei der Gelegenheit herausstellte, daß Freds Boot Wasser zog. Wir haben es nochmals ganz auspacken und trocknen müssen und haben dann den Kielstreifen heruntergerissen und neu geklebt. Nun liegen wir und warten, bis er fest ist.

»Barbara«, bat ich vorhin unterwegs und war verlegen wie ein Schulbub, »wenn ich nach Krummhübel käme – am dritten August?« Überrascht wandte sie sich um: »Walter – wirklich das wäre schön. Noch einmal mit Ihnen wandern, durch den schönen Bergwald dort –.«

Ich schlug ihr den Treffpunkt vor: die Eulenklippe am Eingang des Melzergrundes, gar nicht zu verfehlen, wenn man die Straße von Krummhübel herüber nach Wolfshau kommt. Dort will ich sitzen und warten. Am 3. August, nachmittags zwei Uhr.

Übermütig legten wir einen tollen Spurt vor in dem immer noch steigenden, rasch ziehenden Wasser. Die Buhnenköpfe waren kaum zu erkennen, sie sind hoch überspült. Mit tiefliegendem Boot heißt das scharf aufpassen. Wir pfiffen uns eins und sangen uns Verschiedenes, bis Freds SOS-Ruf uns erreichte.

Die Waldhügel vor uns sind schon sehr nahe, sie haben sich fast zu kleinen Bergen ausgewachsen. Vor ihnen entlang fließt die Obra; wo sie an die Oder stoßen, sie in scharfem Winkel ablenkend, wird Barbara uns verlassen.

Mittags an der Obra.

Es war eine wehmütige Weise, die uns die Oder sang. –

Aber jäh schwoll sie an zu Gefahr und Trutz.

Wir, das heißt Barbara und ich, kreuzten zum linken Ufer hinüber, um eine knappe Biegung des Stromes zu schneiden. Fred, rechts bleibend, rief uns zu: »Dreihundert Meter voraus an Steuerbord die Obra-Mündung!«

Ich nahm also die Bootsnase wieder nach rechts, da kam uns in rascher Fahrt ein Schleppzug entgegen. Ein abschätzender Blick: er war so lang, daß er uns weit stromabwärts gedrängt hätte, und dann mit dem schweren Boot sich wieder zurückarbeiten? – Vor ihm noch den Fluß queren? Schon schien der Abstand zu knapp. –

»Schaffen wir's, Barbara?«

»Los!« Sie griff kräftig aus. Mit dir, Barbara, kann ich das Tollste wagen, du bist nicht bange.

Zwei Bootslängen vor dem hochschäumenden Bug des Schleppers querten wir, der Schiffer schrie uns etwas zu: ich will das Boot eben wieder stromab nehmen, die hohe, anlaufende Bugwelle zu schneiden – da rauscht ein noch höherer Bug eines den Schlepper überholenden Raddampfers dicht vor uns. Für einen Schlag setzt mir das Herz aus. Aber Barbaras Beispiel reißt mich mit. Das Steuer durchgetreten!

Wir kommen keuchend frei. Um Handbreiten ging es. Neue Gefahr, bösartiger noch: wir schossen genau auf den überspülten, jenseitigen Buhnenkopf zu, und da ist schon die doppelte Bugwelle, die uns zum Kentern bringen muß, wenn sie uns noch breitseits trifft!

Verzweifelt gebe ich Gegensteuer: wenn das Boot nicht

rasch genug folgt, wenn unsere Eigenfahrt nicht bedeutend größer ist als die Geschwindigkeit der fast reißenden Strömung, wenn es mir nicht gelingt, genau über der Buhne die uns entgegenlaufende Welle zu treffen, damit sie uns darüberhebt – wenn!, wenn!!, wenn!!! –, dann gibt es Bruch.

Barbara hatte alles begriffen. Jeden Paddelschlag begleitete sie mit einem hellen Schrei, wie Artisten sich anfeuern, ihr Paddel biegt sich fast durch, das Boot fliegt herum, ich peile – jetzt, jetzt Welle und Buhne –, ich verzögere stemmend ein ganz klein wenig, die Lage zu korrigieren, nun hebt sich das Boot im Wasserdruck, bäumt sich fast, Gischt geht klatschend über uns hin, krampfhaftes Lauschen: Knirscht der Kiel? Kracht der Rumpf??, als rutschten wir über eine Gleitbahn, schiebt das Boot ins ruhige Wasser hinein.

Barbara schüttelt die Tropfen aus den Haaren und sieht mich an mit strahlenden Augen, in denen gleichwohl die ungeheure Anstrengung zu erkennen ist; ich zwinge mich dazu, sie fröhlich anzulachen: wir sind gerettet. Der am Ufer glucksend entlanglaufende Sog schaukelt uns noch ein bißchen – sonst schiene das allein uns gefährlich genug!

Jetzt auch erst höre ich Fred und Gertrud schreien, und mir wird bewußt, daß ich sie dauernd hatte rufen hören, nur war uns keine Zeit geblieben, uns darum zu kümmern. Wo sind sie? Dort, zwei Buhnen zurück, entdecken wir sie endlich, sie sind beide ausgestiegen und halten den »Pinnagel« fest. Sie hatten sich nicht einmal dicht am Ufer auf die hohen Wellen einlassen wollen, die wir mitten im Strom zwischen Gerammtwerden und Auflaufen und Kentern hatten bestehen müssen.

»Ohne dich, Barbara, hätte ich es nicht geschafft!« lachte ich, endlich befreit.

»Aber Sie hätten doch –.«

»Wieso ›Sie‹? ›Du‹, Barbara!« unterbrach ich. Sie sah mich verständnislos an.

Ich zeigte voraus: »Dort ist Tschicherzig. Und vorgestern sagtest du, bis dahin wollten wir beim ›Sie‹ bleiben. Also –?« Ich war ausgestiegen, zog das Boot mit dem Bug auf den Sand und half ihr heraus.

»Also –?« blitzte sie mich fragend, übermütig an.

»Also müssen wir rasch Brüderschaft schließen, Mädchen«, erklärte ich mit dem tiefsten Brustton der Überzeugung und hielt sie fest.

»Das heißt –?« O du Kobold, als wüßtest du nicht genau, was ich meinte!

Sie wand sich und lachte, bog sich in meinen Armen weit zurück und hielt die flache Hand vorm Mund; und dann, als unsere Gesichter sich bei dem komischen Ringkampfe nahe waren, zog sie die Hand plötzlich weg und küßte mich Überraschten, der ganz vergaß, sie festzuhalten. Und fort war sie, der Übermut, der Unband. Laut lachend entwischte sie mir in die Weiden hinein. »Richtig, immer gib es ihr!« sagte Freds Stimme. »Na, aber hier vor allen Leuten«, meinte Gertrud verweisend. Alle lachten sie mich aus, weil ich so dämlich dastand, und indessen trieb die »Gewa« schon zwei Längen weit vom Ufer. Barbara machte einen Satz und brachte den Ausreißer wieder heran. Zehn Minuten später bogen wir in das stille, glasklare Wasser der faulen Obra ein und legten in einem kleinen Bootshafen unter überhängenden Obstbäumen an. Dicht hinter dem Zaun steigt der Berg an mit dunklen Fichten. Es sind die ersten Nadelbäume, die wir sehen. Ihr harziger Duft läßt uns tiefer atmen.

Fred liegt ausgestreckt im Grase, Gertrud macht das Essen zurecht, Barbara packt ihren Rucksack zusammen. Ab und zu schaut sie zu mir herüber, der ich auf einer Bank hocke und schreibe. Ich wage nicht, sie anzuschauen, ich fürchte, daß ich zu heulen begänne.

Nun wollen wir essen, es ist Barbaras Henkersmahlzeit, doch mir ist, als sollte ich gehenkt werden und nicht sie. Dann wollen wir noch den Berg hinter uns besteigen, und dann –.

Eine Stunde später.

Barbara ist fort. Was soll ich mehr noch schreiben als diese drei Worte: Barbara ist fort. Und doch muß ich weiter schreiben, wie ja auch die Erde oder das Leben nicht gleich stillestand, als wir uns zum letzten Male die Hand gaben. Ich kann ihr nicht einmal nachschauen, denn zwischen uns steht der Berg. Aber immer noch ist es der gleiche Himmel, der über uns sich spannt.

Zu viert haben wir oben gestanden auf diesem Berge, waren langsam, Schritt um Schritt, quer durch den Wald auf nadelglattem, weichem Boden gestiegen. Verstreut über die Hänge liegen Sommerhäuschen und kleine Villen, und in großen, eingefriedeten Gärten, die in Stufen aufsteigen, wächst Wein, Stock an Stock.

Ich war schweigsam, sehr schweigsam bei dem Anstieg, aber ich könnte jeden Schritt noch einmal nachgehen, weiß jeden Ast und Strauch, den Barbara im Vorübergehen gestreift. Sie trug wieder Rock und Bluse und hatte schon den Rucksack auf, um jenseits niederzusteigen. Sie duldete nicht, daß ich ihn ihr abnahm. Froh stieg sie und leicht und summte vor sich hin. Manchmal traf mich rätselvoll ihr Auge.

Der Blick vom Gipfel ist überraschend. Welle hinter Welle verlieren sich die Hügel in die grün und gelb gefleckte Weite mit Sonnenlicht und eilenden Wolkenschatten, hinter der als letzte Grenze fern, ferne blaudunstig der Zobten steht. Nach jeder Welle aber taucht ein Stück Oder als helles, blaues Band auf, so viele Verszeilen, interpunktiert von rauchenden Schiffen und stillen Kähnen. (Laß sehen, Barbara: dort hinten, ein Spielzeug nur noch, das könnte der Dampfer sein, der uns heute fast das Leben gekostet hätte –.) So viele Strophen, gefüllt mit unserer Erinnerung, sie liegen vor uns wie in einem weit aufgeschlagenen bunten Buche: lies und bedenke und sei belehrt.

Fern im Süden ahnt man als blauen Wolkenstrich die Kette der Sudeten. Dort, Barbara, wollen wir uns wiedersehn.

Aber indes ich zurückschaue, sieht sie voraus, dem Westen zu, wo ihr Weg weitergeht. Bin ich dir mit meinen zweiunddreißig Jahren so viel voraus, Mädchen, daß ich schon lieber die Vergangenheit überblicke als die ungewisse Zukunft, die mir nicht mehr allzu viel bringen könnte? So groß ist der Unterschied zwischen uns doch nicht. Aber dich drängt es weiter, wo ich verweilend noch betrachten möchte.

Du Strom der Heimat, wie klug führtest du doch die Linie deines Liedes! Von der Sehnsucht über die Freude, die himmelanjauchzende, führtest du zur Wehmut hin, ließest es gewaltig aufklingen zu Kampf und ungeglaubtem Sieg und gibst nun den letzten Akkord in lichter Entsagung – singe, du Strom; so lange ich lebe, will ich nicht müde sein, dir zu lauschen.

Rasch war der Abschied gekommen. Lärmend, mit viel Redensarten machte ihn Fred. Gertrud drückte ihr in ihrer herzlichen Art die Hand. Ich stand etwas abseits. Barbara trat, während die beiden sich schon talwärts wendeten, vor mich und hielt mir die Hand hin. Sie lachte – war er echt, dieser sprühende Übermut, diese Zukunftsfreude? Dann hätte es mir sehr weh getan.

»Ich danke dir, Walter, danke dir für diese drei Tage –«, sagte sie, wandte sich und ließ mich stehen. Dann aber hemmte sie noch einmal den Schritt, stand, als überlege sie, und kehrte plötzlich zurück. Den Arm legte sie mir um den Hals, zog mir den Kopf herunter. Ihre Augen gingen in den meinen hin und her. Sah ich wieder den Stern in ihrer Tiefe leuchten? Ach nein, nur ich selber spiegelte mich auf ihrer Oberfläche, ich und eine weiße Wolke, die über uns auf der Bläue segelte.

Barbara küßte mich. »Du Lieber –.«

Dann ging sie und sah sich nicht mehr um. Zwischen den Stämmen stieg sie nieder und verschwand hinter grünem Gebüsch. Ihr helles Haar sah ich noch einmal, und dann hörte ich Steine kollern. Mehr nicht. Oder war das, viel später, ihr Ruf, der mich noch einmal traf? Hoch am Himmel kreisten zwei Bussarde. Sie mögen wohl geschrien haben in der Einsamkeit ihrer Höhe.

Nun will ich mich noch eine halbe Stunde hinstrecken und träumen. Träumen von einem Mädchen, das Barbara hieß und von dem ich nicht mehr weiß und kenne als ihr Lachen, ihr Auge, ihre Freude. Ist das nicht viel? Ist das nicht alles?

Und träumen will ich von dem Liede, das die Oder uns sang. Gebe es das Schicksal, daß ich es recht aufzeichne auf diesen Blättern, daß ich es recht verstand und richtig deute.

Eben entdeckte ich, daß Strupp, mein Flagghund, ein rotes Seidenschleifchen trägt. Dank, Barbara!

Am Abend, in der Badeanstalt von Unruhstadt.

Der Nachmittag machte uns tüchtig zu schaffen. Und das war gut so. Vor mir saß wieder Gertrud, ein lieber Kamerad. Aber eben nicht Barbara. Was hätte ich ihr nicht alles zeigen mögen hier?

Von einem zum anderen Schilfrand, der breit die Ufer verdeckt, ist oft eben nur Raum, die Paddel zu führen. Tief unten im Wasser, das fast unmerklich fließt, wehen wie unter Glas breitblättrige Algen mit langen Ranken und allerlei zierliches Kraut. Dunkelrückig stehen Fische dazwischen, hell leuchten Kiesel herauf. Und immerfort schliert die Sonne über dem lebendigen Grund, daß man nur immer hinunterschauen möchte in diese fremde, ewig stumme Welt voll grüner Dunkelheiten und grünen Lichts, voller seltsamer Geheimnisse und Ahnungen. Aber da blühen Seerosen weiß und rosa in herrlicher Reinheit, das Pfeilkraut hat seine wächsernen lila und weißen Blütenbäumchen aus dem Wasser gestreckt, ein kniehoher Schachtelhalmwald stäubt aus allen Krausen, und siehst du, dort – ganz, ganz leise sein und nicht rühren! – in der Schilfbucht, in der Höhlung des überhängenden Ufers die lichtbraune Gestalt, einer Weinflasche nicht unähnlich in der Form? Das ist der scheueste der scheuen Vögel, die Rohrdommel, in ihrer aufgereckten Schreckstellung. Von ihr weiß auch der Ornithologe nicht viel mehr als der Bauer, der nächstens ihren dumpfen Schrei hört und sie den Sumpfochsen nennt. Nun hast du sie verscheucht, Gertrud; Barbara hätte ich bestimmt nicht zu mahnen brauchen. Sieh die Libellen, die silbernen, blauen und grünen, wie sie über dem Schilfe fächeln, und die Wasserspinnen, wie sie auf dem Wolkenspiegel hin und her rücken. – Das war ein kapitaler Fisch, der da eben vor dem Boote sprang! Und dort drüben, auf der Viehkoppel, gravitätisch nickend zwei Störche!

Ach Barbara, was gibt es hier zu schauen und zu staunen! Da ruhen die Paddel so manchesmal.

So bildete ich mir ein, dich noch vor mir zu haben, und unterhielt mich lautlos mit dir. Und Gertrud muß ich dankbar sein, daß sie schwieg und mir die schöne Illusion nicht störte. Es war wirklich ganz gegen ihre Gewohnheit.

Aber Fred gefiel es gar nicht, daß wir so säumten. Er fing an, uns zu treiben. So dicht vor dem Ziele konnte er es gar nicht mehr erwarten, während ich der Meinung war, daß das Ziel durchaus nicht das wichtigste der Fahrt sei, vielmehr das Sammeln alles Schönen, und daß es gleich sei, wo wir es fänden. Was kam es uns denn in Wahrheit auf einen Tag mehr oder weniger an?

Es gab einen kurzen Streit, schließlich folgten wir seinem Wunsche. Doch da widersetzte sich die Obra selbst. Lange Tangbärte hängte sie uns an die Paddel, daß wir sie kaum noch zu heben imstande waren, fesselte uns die Steuerflosse und schob uns zuletzt ganze Wasserpestballen und Zweigbarrikaden vor, in denen wir rettungslos steckenblieben. Wir arbeiteten uns heiß daran, und so manchesmal mußten wir aussteigen und schieben, richtig schieben wie an einem im Schnee steckengebliebenen Karren!

Vergnüglich aber waren die Windungen und Krümmungen, in denen sich das Flüßchen in diesem gänzlich flachen Lande, immer längs der gestuften Weinberge, gefällt. Wenn wir den »Pinnagel« suchten, der vor uns verschwunden war, dann konnten wir ihn hälsereckend oft nur zwei, drei Bootslängen neben uns entdecken, wie er scheinbar quer über die Wiese uns entgegenkam. Zwischen Blumen und Gräsern flügelten seine Paddel.

Allen Respekt aber bekam ich vor den Wehren, deren zwei wir heute überwinden mußten. Schon seit gestern sorgte Fred darum, ob sie geöffnet sein würden. Sie waren natürlich geschlossen. Das hieß an meterhohem Ufer anlegen, aussteigen, bäuchlings das Boot vollständig entladen, es aus dem Wasser hieven, alles auf einen zwei Fuß breiten Rasenrand zwischen Wasser und Stacheldraht (Viehkoppeln!). Wenn wir besonders Glück hatten wie beim zweiten Male, stand auch noch an der einzig möglichen Anlegestelle ein Weidengebüsch. Dann mußte das gesamte Gepäck und zuletzt das Boot, dieses lange, sperrige Ding, die fast sechs Meter hohe Straßenböschung hinaufgetragen werden. Auf der anderen Seite das gleiche Theater noch mal in umgekehrter Reihenfolge. Und wenn man so tausenderlei Kram mithat, dann ist das Neuverstauen, wieder bäuchlings am Ufer, eine besondere Freude. Wobei Gertrud so mancherlei Gelegenheit freudig ergriff, ihr Ungeschick (oder Pech, wie sie es nannte) zu beweisen. Fast wäre sie selbst koppheister gegangen. Immer noch zeigte sie mir vorwurfsvoll den Verband um den Zeh; neuerdings sieht er nicht mehr nach Champignon aus, sondern zeigt eher die Farbe der Marone.

»Mööhhh –«, macht sie empört, wenn Fred sie wegen ihrer Tolpatschigkeit beschimpft.

Beim zweiten Male hatten wir versucht, den Schleusenwärter zu bereden, die Schleuse zu öffnen, nur »fünf Nadeln« zu ziehen. Es war vergeblich, obwohl wir zwei Zigarren und fast eine Stunde geopfert hatten. Und dabei waren es bis zu unserer Raststelle keine fünfhundert Meter mehr. Deshalb hätten wir uns die eben beschriebene Plackerei gerne erspart. Entladen, fluchen; umschleppen, fluchen; beladen, fluchen; ein paar hundert Paddelschläge, und wir liefen in das Becken des »Strandbades« von Unruhstadt ein. Es lag ganz still und leer, denn es war schon spät in der Dämmerung, und die Liebespärchen haben wahrscheinlich bequemere Plätze. Die Stadt – ein Städtchen nur! – liegt seitab hinter Bäumen, nur ein Turm ist zu sehen. Wir sitzen zum ersten Male wieder auf normal hohen Tischen und Bänken, auf denen man sich beliebig ausbreiten kann; die Zelte werden nicht aufgebaut, sondern wir beziehen heute Badekabinen. Es riecht nach feuchtem, faulem Holze und ist seltsam dumpf zwischen den festen Wänden, die uns Zeltbewohnern fast wie Gefängnisse erscheinen. Nein, dieses Stück Zivilisation, das hier nach uns greift, ist wenig schön und verlockend.

Wo mag Barbara heute schlafen? Singt ihr die Oder das Lied weiter, das Wanderlied vom Fernweh?

Ein einzelner Stern steht über uns im grünblau verdämmernden Himmel. Vielleicht ist es der, der sich in deinen Augen brach, als ich dich gestern abend küßte – gestern, Barbara? Ist es nicht schon Ewigkeiten her? Wie gut die Obra mich heute beschäftigt hat, daß sie mich den ganzen Abschiedsschmerz vergessen ließ.

Der Abend ist so still, daß ich im Freien bei einer offenen Kerze schreiben kann. Ungeschützt steht sie auf dem Tisch unter den Bäumen. Mir graut ein wenig vor dieser Nacht in der engen Zelle.

23. 7., mittags, auf der Brücke von Tepperbuden

Gertrud und Fred sind ins Dorf »neigemacht«, ich liege auf der heißen Holzbrücke lang und träume in den blitzblauen Himmel hinein mit seinen weißen Wolken. Ich liege einfach und sehe meinen Gedanken zu wie den bunten Libellen oder den Fischen, die dunkel hinter den halbvermorschten Pfosten stehen. Laß sie fliegen, die Gedanken, laß sie schwimmen! Und haken sie irgendwo fest, sieh nach, ob es lohnt, die Angel einzuziehen. Vielleicht fängst du etwas Gutes dabei.

Wie wohl es tut, die Zeit verschwenden zu können. Verschwenden heißt schwinden lassen, unwiederbringlich, uneinholbar. Geld kann man nicht verschwenden, denn man kann es sich wieder schaffen. Selbst die Gesundheit läßt sich, zum Teil wenigstens, von der Wissenschaft wieder herstellen. Aber die Zeit, die du verrinnen ließest, ohne einen handfesten Wert damit zu prägen, die bekommst du nicht mehr zurück. Nur sie also kannst du wirklich verschwenden, vertun. Vornehmeres gibt es nicht – nur der ist wirklich reich, der das sich leisten kann. Mag er auch sonst arm sein an Gut und Geld. Rinne also, du Zeit, du bist mein Kostbarstes – wie bin ich reich!

Zu denken, ich würde mich so, die Hände unter dem Nacken verschränkt, in Breslau, meinetwegen auf der Kaiserbrücke, niederlegen!! Es geschähe ein Menschenauflauf, der Schutzmann käme und zuletzt wohl gar die Feuerwehr, um mich in Kletschkau in der Irrenanstalt abzuliefern. Ja, dem Großstädter wäre so etwas einfach unbegreiflich, unvereinbar mit dem gesunden Menschenverstande und strafbar, daß ein erwachsener Mann, offenbar den gebildeten Ständen angehörig, ohne etwas zu tun sich auf einer Verkehrsstraße niederlegt. Hier aber, auf der Brücke, die Unterdorf und Oberdorf verbindet, wenn da ein Mensch kommt, dann grüßt er und geht ohne sich umzuschauen weiter. Hier hat eben jeder sein Recht, hier ist er ein freier Mensch. In der Großstadt, da muß jede Minute ausgefüllt sein, zweckmäßig angelegt wie ein Kapital auf der Bank, damit es Zinsen bringe. Bin ich selbst denn in Breslau anders gewesen? Was sind wir doch für Sklaven! Was für Rechner und Materialisten geworden! Und was für falsche Rechner dazu. Denn jede solche besinnliche Minute gibt mehr Gewinn als alles Hetzen und Jagen. Inneren Gewinn allerdings, der sich nicht errechnen und belegen läßt, also nicht unmittelbar nachzuweisen ist. Alles muß seinen Zweck haben, einen

»Sinn«: selbst wenn sie Sport treiben, Schi laufen, segelfliegen oder auch nur für sich ein paar Stunden an den Oderstrand – die besseren Leute ins Strandbad Leerbeutel oder Carlowitz! – legen, dann dient das der Körperertüchtigung, der Erholung und wird abgesetzt wie jede Arbeitszeit. Aber wandern und schauen? Nur um des Wanderns und Schauens willen? Da schütteln sie verständnislos die Köpfe. Dazu sind ihnen die Stunden zu schade.

Daran liegt es, das ist die Krankheit unseres Jahrhunderts. Sie macht sich nicht nur in Rachitis und Tuberkulose bemerkbar, auch die Verbrechensstatistiken: sie kommen alle aus dem gleichen »Konto«. Mit Hilfe von Tabellen, Rechnungen und eben Statistiken meinen wir fortzuschreiten, mit Physik und Chemie das Leben zu erfassen und zu überwinden, und drehen uns doch nur im Kreise, bis wir die Schlinge recht zugezogen haben. Und wenn es uns dann erwürgt, meinen wir »am Leben gescheitert« zu sein. Und scheiterten doch am eigen Dünkel –! Nicht nur der einzelne, nein ganze Völker und ganze Erdteile auch. Der Lebenspessimismus, der sich allenthalben bis in die Kunst oder Literatur breitmacht, ist nicht nur die Folge, sondern auch Beweis.

Wir erfanden uns tausend Maschinen, um rascher vorwärtszukommen, als unsere Väter es sich träumen ließen. Und nun arbeiten wir nicht mehr mit Hilfe der Maschine, nicht einmal mehr an ihr, sondern nur noch für die Maschine. Und was ist das Endziel dieser aufdringlichen Fortschrittsideen? Kaum geahnt und dennoch unentrinnbar? Der Krieg: Krieg mit rohen Waffen; oder der noch raffiniertere und grausamere des Wettstreites, der Konkurrenz zwischen einzelnen Menschen und ganzen Völkern. Das Material erweist sich stärker als der Mensch, es vernichtet ihn. »Was nützt es dem Menschen, wenn er die ganze Welt gewönne und Schaden leide an seiner Seele?« Dieses Wort, vor zweitausend Jahren gesprochen, zeigt seine gespenstische Prophetie in unseren Tagen – wie sang Angelus Silesius, der schlesische »cherubinische Wandersmann«? *Die Ros' ist ohn' Warum, sie blühet, weil sie blühet – – fragt nit, ob man sie siehet.*

Singe dein Lied. –

Wie liegst du fern, du große Stadt!

Nein, ein kleines, kleines Gebiet wenigstens wollen wir gegen Material und Maschine behaupten, und sei es das, einmal eine Stunde an uns selbst zu verschwenden. Es kann sein, daß sie den Untergang der Menschheit um ein Jahrhundert hinausschiebt.

Wie ich auf diese trüben Gedanken komme? Fred sagte vorhin, als wir ein Stück Kanal zwischen öden Steinböschungen entlangpaddelten: »Man müßte einen Außenbordmotor haben –.« O weh! Mit Krach und Gestank in diese schöne Natur einbrechen!! Das machte alles zuschanden, alles Schöne, alles Heimliche, und betröge uns selbst um das Beste: um den Einsatz der eigenen Kraft, des eigenen Herzens.

»Mööhhh –!« machte es da auf einmal mitten in meine Gedanken hinein hinter der Brücke. Und noch einmal: »Mööhhh!«

Das ist Gertruds Signal! Kommen sie schon? O nein, dort unten wiegen sich sachte die grüne »Gewa« neben dem roten »Pinnagel«, und am Ufer weiden dickwollige Schafe mit schwarzen Nasen und schweren Eutern: »Mööhhh –!«

Ich baumele mit den Beinen und spiegele mich da unten in drolliger Verkürzung. Ich winke mir zu und rufe mich an: »He, du da!« Und der da unten winkt mir herauf, aber sein Mund bleibt stumm, wenn er ihn gleich aufreißt wie ich. Seine Stimme dringt nicht ins Licht herauf. Lerchen singen nah und ferne, aber nicht eine kann ich finden. So vertreibe ich mir die Zeit – wer ist so reich wie ich?

Tepperbuden – seltsamer Name! Niedrig geduckt unter grauen, moosigen Schilfdächern liegen die Bauernhäuser. Dahinter steht hoher Kiefernwald mit roten Stämmen, ein rechter Heidewald. Und hinter den Kiefern muß schon der See liegen, die Seen vielmehr. Die faule Obra ist ja nur ihr Abfluß. Eine Sanddüne leuchtet gelb. Tepperbuden – Töpferbauden. Ein altes Handwerkerdorf also. Töpferbauden gibt es auch im Riesengebirge.

Dort wird Barbara hinkommen. Den Bober wird sie schon erreicht haben. Gestern um diese Stunde geschah unser Abschied, da sang die Oder ihr stillstes Lied. Daß es nur so kurz war, nur den einen Vers hatte und dann keinen mehr – nicht undankbar sein! Sie sang uns ja so manche Strophe, nicht wahr, Barbara? Und nicht ein Ton ist uns entgangen. Du Mädchen, das ich im Walde fand und im Walde wieder verlor – werde ich dich in den Bergen wiederfinden? In den Bergen, die meine liebsten Freunde sind?

Da kommen die beiden Kameraden und Gefährten wieder. Sie haben Bekannte aus dem Vorjahre besucht. Außerdem war es nicht so leicht, Brot zu bekommen. Denn heute ist ja Sonntag! Und daran hat keiner von uns gedacht, daß jeder Tag seinen Namen hat, klüglich die Zeit einteilend. Wir teilen nur die Mahlzeiten ein und den Tabak. Aber die Tage –? Uns ist jeder Tag ein Sonntag, ein Sonnentag.

Weiter geht es, dem See entgegen.

Abends spät, im Zelt am See.

O, was sind wir doch für schlechte Menschen!

Als wir die Boote auf den Strand gezogen und uns vergewissert hatten, daß wir weit und breit die einzigen Paddler und

Zeltler waren, machten wir uns als erstes zu einem Antrittsbesuch bei dem Bauern Scholz auf. Fred trug als »Morgengabe« und sozusagen als Pacht die Kiste mit den dicken Zigarren unterm Arm. Auf dem kleinen Hofe, er liegt wohl zwölfhundert Schritt landeinwärts, summte die Dreschmaschine. Hier auf dem heißen Sandboden wird das Korn kaum kniehoch und sehr früh reif.

Frau Scholz, den breiten Strohhut auf dem Kopfe, eine ganz verarbeitete, hartgesichtige Frau etwa in Gertruds Alter, nahm von uns zunächst keine Notiz. Wir standen verlegen herum, ich wollte am liebsten wieder fort. Es war so etwas Drückendes in der Luft.

Endlich drehte sich die Bäuerin um, sah einen nach dem anderen unbewegt an, Fred machte eine witzige Bemerkung, wie er das gerne breit kauend tut, aber vergeblich. Gertrud hielt ihr die Hand hin. »Guten Tag auch, Frau Scholz, wir sind wieder einmal da, haben Sie denn unsere Karte nicht bekommen?« Nun, die Hand gab uns die Frau wenigstens.

»Wo ist denn der Bauer?« fragte Fred.

»Der –? Der hat sich uffgehang'n.« Und die Bäuerin kehrte sich wieder der Maschine zu. Gertrud legte ihr in aufwallendem Mitgefühl den Arm um die Schulter, sie schüttelte ihn aber kurz ab und arbeitete weiter. Fred machte ein langes Gesicht mit seiner Zigarrenkiste in der Hand, nahm sie aus der einen in die andere; ein junger Knecht und ein Mädchen mit rotem Tuch um den Kopf schauten uns, mir wollte es scheinen, etwas schadenfroh-neugierig an; mir aber war – bei aller Tragik, gewiß! Gerade jetzt vor der Ernte hängt er sich auf, der gewissenlose Bauer, und läßt seine Frau im Stich! – lächerlich zu Mute.

Wir zogen los.

»Da werden wir eben weitermüssen«, sagte Gertrud bedrückt.

Fred sagte gar nichts, er ließ die Nase hängen.

Ich dachte an den schönen Zeltplatz auf der vorgeschobenen Landzunge, hoch über dem See unter alten Kiefern, solch einen zweiten finden wir nicht wieder! »Nein«, protestiere ich, »wir bleiben. Wir stören ja die Frau nicht, verboten hat sie es uns auch nicht. Fred, und die Zigarren – die haben wir für uns!!« Nun hielt auch er mich für herzlos, aber dann lachte er pfiffig: »Das bedeutet doppelte Ration! Klar, wir bleiben, die Alte wird schon wieder vernünftig werden.«

Dann machten wir uns dran, den Zeltplatz sorgfältig zu glätten, ganze Haufen von Kienäpfeln lasen wir auf, die Dinger drücken abscheulich schon beim ersten »Probeliegen«; und immer neue kamen hinzu, je mehr wir im Sande wühlten. Es war, als wüchsen sie aus der Tiefe herauf. Zwischen den Zelten spannten wir von First zu First ein Sonnendach als Sitzplatz, ich habe mir schon einen Ausguck hoch oben im höchsten Kiefernwipfel ausgesucht. Fieberhaft haben wir gearbeitet, denn dieser Zeltbau ist ja nicht mehr für nur eine Nacht bestimmt, sondern wir wollen hier ja seßhaft werden auf längere Zeit. Stroh wollen wir uns morgen besorgen als Unterlage. Und noch mancher Plan entsteht. Nur Gertrud ist noch nicht recht bei der Sache, der tote Bauer geht ihr nicht aus dem Kopf.

Ich muß nun noch, ehe ich mich niederlegen kann, kurz nachtragen, wie wir hier ankamen. In langer Dünung, ab- und anschwellend, rauscht der See.

Bald, nachdem wir von der Teppenbudener Brücke abgefahren waren, entwickelte sich zwischen Fred und Gertrud eine Diskussion darüber, wie weit es noch bis zum See sei. Es gab ein hitziges Wortgefecht, die Stimmen reichten zur gegenseitigen Überzeugung nicht aus, Fred schlug zur Bekräftigung mit dem Paddel ins Wasser, was ich wieder als heimtückischen Überfall anzusehen geneigt war – und nun geschah die große Wasserschlacht von Tepperbuden. Die Fische stoben auseinander, schnatternd flohen Gänse und Enten, die Seerosen schlossen sich, Kinder erschienen am Ufer, und aus den Fenstern sahen die entsetzten Gesichter der Alten. Als müßte die Obra bis zum Grunde aufgerührt werden, pantschten und spritzten wir, warfen Hände voll Entengrütze und lange Tangschnüre um uns; mitten im wüsten Wasserhagel, von Gertruds breiten Schultern ein wenig gedeckt, wendete ich plötzlich mein Boot und versuchte den »Pinnagel« zu rammen. Da endlich ergriff Fred die Flucht, verfolgt von Gertruds geradezu homerisch-klassischer Schimpfkanonade; und wenn er davon nicht versenkt wurde, so hatte er es nur dem Umstande zu verdanken, daß sein letzter gut gezielter Entengrützwurf ihr im entscheidenden Augenblick nicht nur alle Sicht, sondern auch den Mund versperrte. Seine am Bug montierte Holzkanone erwies sich als den Anforderungen einer modernen Seeschlacht nicht gewachsen; eher hätte ich meinen Strupp zum Beißen gebracht.

Wir waren alle naß, als seien wir gekentert, und auch in den Booten schlingerte das Wasser. Ich pflückte, mich vorbeugend, die Wasserpestblättchen aus Gertruds Haaren; den Tangzweig um den Hals ließ ich ihr, sie sollte ihn als Siegeslorbeer tragen. Aber sie mochte nicht. »Das Zeug ist mir zu glitscherig und kalt!« Und nun beschimpfte sie auch noch mich, da Fred sich um die nächste Biegung in Sicherheit gebracht hatte. Daraufhin bekam sie als Meuterer an Bord von mir einige Handvoll Wasser ins Genick, und zur Beruhigung überreichte ich ihr, ehe sie das »Boot zwischen uns zerschneiden« konnte, eine prächtige gelbe Wasserrose, die im Verlauf der Schlacht auf dem Luftwege in die »Gewa« geraten war. Das krönte unseren herrlichen Sieg in der Seeschlacht, von der künftige Paddelgeschlechter noch singen und sagen sollen, wenn wir längst eisgrau und langbebartet hinterm Ofen sitzen und mit den Köpfen wackeln werden. Der Herr sei uns gnädig. –

Ja, und dann, als das Schilf sich schon immer enger um uns schloß, daß wir kaum noch die Paddel einsetzen konnten und nicht mehr rechts noch links wußten, als vor uns Blatt an Blatt ein Teppich von Seerosen sich streckte und alles hoffnungs- und ausweglos schien, da öffnete sich plötzlich die Weite des Sees.

Silbergrau und himmelblau kräuselten sich die Wellen; weit voraus, wie verloren in der ungeheuren Fläche, trieb der »Pinnagel«, und drüben am fernen Ufer stand hoher Wald. Reiher strichen über den glänzenden Spiegel, Korn- und Gabelweihen zogen ihre stillen Kreise, und auf dem Wasser, fern und nah, schwammen allerlei Tauchvögel, die unversehens verschwanden und ebenso unversehens wieder da waren.

Ein besonders prächtiger und großer mit kühnem Kopfputz, an den ich mich ganz vorsichtig von hinten anzupirschen versuchte, verschwand dicht vor unserem Bug kopfüber, um eine ganze Weile später unmittelbar neben mir, handbreit vom Boot, aufzutauchen. Er hat mindestens ein ebenso dummes Gesicht gemacht wie ich, als wir uns so plötzlich Aug in Aug gegenüberschwammen.

Das also war der Jeschaner See, an den sich der Rudener breit anschließt. Unser See – werden wir über seinem Frieden das Lied der Oder, das süße und das wilde, das wehmütige und das starke, vergessen?

Lang und ruhig rauscht die Dünung, und mit tiefem Baßton klingt es in den Kiefern wider.

24. 7., im Wipfel meiner Kiefer

Was für ein Ausblick von meinem hohen Sitz! Auf drei Seiten der See und hinter mir das grüne und erntegelbe Land. Dazwischen da und dort langgedehnte Sanddünen, von denen manchmal ein heißer Thymianduft herüberweht. Und an hohen Wegböschungen, Waldrändern und zwischen Wacholdern die lila Ahnung blühender Heide. Unter mir stehen die Zelte, über mir, vor blauem Himmel und weißen Wolken, kreisen Weihen und Fischreiher. Mein Strupp mit dem roten Seidenband baumelt am höchsten Ast und schaut vergnügt in die Runde. Erst wenn wir hier abrücken, werde ich ihn niederholen.

Wir haben uns schon heimisch gemacht und die ersten Entdeckungsfahrten hinter uns. Im Dorfkrug erfuhren wir, daß auf der Berliner Olympiade die ersten Goldmedaillen an Deutschland gefallen sind und daß in Spanien – Krieg ausgebrochen ist. Die laute Welt greift nach uns auch in diesem stillen Winkel, wir wollen von ihr nichts wissen. Wir schworen, den Krug samt seinem mitteilsamen Wirt mit Radio und dem »Bomster Kreis- und Stadtblatt, zweimal wöchentlich erscheinend«, künftig zu meiden. Wir haben »Kultur« genug mit uns in Gestalt jener schon einmal erwähnten Papierrollen – o, dabei ist Gertrud, deren Zeh immer noch nicht verheilt ist, schon ein Unglück geschehen. Natürlich Gertrud – wem sonst?

Zunächst aber der Erfolg unserer Entdeckungsfahrten: Nach Westen am Seeufer entlang ist alles voller Brombeerdikkichte; wir tauften dieses Land also dankbar »Brombeerien« (Fred ist es, der solche Namen erfindet, als Expeditionsleiter hat er auch das Recht dazu) und wollen dort fleißig, wie es Eroberern zusteht, ernten gehen. Bei einem Vorstoß nach Süden in den Kiefernwald – Pilze, Pilze!, mein Ressort als Botaniker – glitt Gertrud – natürlich! – aus und fiel mit der wohlgerundeten, in weiße Panamahöschen gekleideten Kehrseite in den grün-grünen Teig, wie ihn Kühe gern als Beweis ihrer butterherstellenden Tätigkeit hinterlassen. Ohne auf Gertruds Jammern um die Farbänderung ihres stolzen Kleidungsstückes einzugehen, taufte Fred diesen Landstrich feierlich »Spinatien«. Nun wissen wir wenigstens in der Geographie Bescheid. Wir haben dabei auch gleich unsere Zufluchtsorte festgelegt, getrennt »für Herren« und »für Damen« in der dichten Kiefernschonung. Dort gibt es so viele Karnickellöcher, die sich dazu trefflich eignen.

Und nun Gertruds Pech mit der »Kultur«. Sie hatte sich, bald nach dem Mittagessen, mit einer langen Fahne des besagten Papieres zurückgezogen, wir lagen mit dicken Bäuchen und den Zigarren – die Erde sei dem Scholzbauern leicht! – unter unseren Kiefern. Da ertönte aus der Schonung ein furchtbarer Schrei, wir fuhren hoch: erst Gertruds »Mööhhh – mööhhh –«, und dann kam sie schon selber angerannt. Da war doch ein Karnickel plötzlich unter ihr hervorgeschossen, gerade als sie – na, so ein Karnickel!!

Fred und ich zimmerten vor den Zelten aus dünnen Stämmchen eine »ortsfeste« Bank und verboten Gertrud bei allen höllischen Strafen, sie je zu benutzen. Wir bauten ihr in der hohen Böschung eine ganz raffinierte Kochstelle; meine Aufgabe ist es nun, stets für genügend Kleinholz zu sorgen. Ob wir uns nicht – später, vielleicht nächstes Jahr? – hier auf dieser Landzunge gegen entsprechende Pacht ein kleines, festes Blockhäuschen errichten? Fred brachte den Plan auf. Wir wollen mal mit dem Gemeindevorsteher sprechen.

Wie freue ich mich auf die stillen Abende mit Mondschein und Lautenliedern! Ja, wir fühlen uns auch schon ganz zu Hause; versunken hinterm Horizont ist die Großstadt, vergessen fast schon der Weg hierher.

Konntest du nicht mit uns gekommen sein, Barbara? Du lägst jetzt dort unten zwischen dem hohen Rispengras mit deinen braunen Beinen und sähest zu mir herauf. Und sähest du nicht her, dann würde ich dir ab und zu einen Kiefernzapfen zuwerfen, um dich an mich zu erinnern. Oder aber du säßest neben mir, ja die Astgabel gäbe einen zweiten herrlichen Sitz; und leise schaukelnd könntest auch du dich als Vogel träumen, weit hinaus streichend über Land und See. Nicht wahr, Strupp?

Sogar Gertrud sagte vorhin: »Schade, daß Barbara nicht mit uns gefahren ist.«

Morgen wollen wir über den See, das jenseitige Ufer zu erkunden und die Durchfahrt nach dem Wilzer See, die nur ein ganz schmaler Bach sein soll, feststellen. Fred hat schon den Mast im »Pinnagel« aufgestellt, er ist ganz stolz auf seine eineinhalb Quadratmeter Segel. Und dann müssen die Boote gewaschen werden. Die Häute kleben nur so vom Öl und Ruß der Oderdampfer. Gertrud freut sich schon darauf, morgen ihre beiden Quälgeister los zu sein und sich den Tag ganz nach eigenem Gusto einrichten zu können. Und ich habe noch meinen besonderen Plan. Nicht umsonst trage ich stets eine Angel bei mir.

30.7., am Schlesiersee

Grundgütiger Herrgott, laß mich nicht ungerecht werden: aber das Weib hast du in deinem Zorne erschaffen!

Das hat Gertrud wieder einmal gut hingekriegt. O Gertrud!! Mußt du den Topf mit den Zuckernudeln, weil er zu heiß ist, ausgerechnet auf das offen daliegende Tagebuch stellen? Als ob es an diesem über dreißig Quadratkilometer großen See nicht genügend Platz zum Abstellen heißer Töpfe gäbe! Und gerade die überquellenden Zuckernudeln. Ich könnte – ich kann gar nicht ausdrücken, was ich alles könnte!!! Selbstverständlich hat sie den Topf noch halb umgeschüttet, und während sie und Fred – nicht wiederzugeben die Flüche! – zu retten suchten, was noch zu retten ist von dem herrlichen, dreimal verdammten Fraß, kratzte ich mein Tagebuch darunter hervor, verbrannte mir die Finger dabei – und nun sind die ganzen letzten Seiten zum Teufel! So heillos zusammengepappt waren sie von dem süßen Zeug, daß ich eher ein Furnierholz hätte auseinanderblättern können. Ich selber klebte von oben bis unten – und alles ringsherum dazu.

»Sei du wenigstens stille!« fuhr Gertrud mich unter Tränen an, »schreibst sie eben neu.«

Nudeln sind in einer halben Stunde neu gekocht, verflucht noch mal, aber diese sechs Tage nachtragen??

Das ganze Negerdorf umstand uns und feixte.

Dieses Negerdorf ist eine Ausgeburt der Hölle, des Satans Großmutter muß ihre Sonntagsfreude daran haben. Und es könnte doch so schön sein. –

Ein hoher, lichter Kiefernwald ist es, sanft ansteigend vom See her, und durch die Stämme sieht man über den fast zwei Kilometer breiten See nach dem Dorfe Laubegast hinüber, und seitlich davon schauen Kirchturm und Schloß der Stadt Schlesiersee über die jenseitigen Bäume her. Nur hier ist das Anlegen und Zelten erlaubt; am ganzen übrigen meilenlangen Strand und auf den Inseln ist es verboten. Und außerdem führt die Autostraße in der Nähe vorbei. So sammelt sich alles hier, und meist sind es Breslauer oder Berliner, die mit dem Auto herkommen, um sich auch einmal »dem Wassersport zu ergeben«, um auch einmal »am Busen der Natur zu ruhen«. Das Zelten ist doch so modern und schick, es gibt in den großen Spezialgeschäften so entzückende Modelle. Man kann nicht nur mit fabelhaften Wagen protzen, sondern auch mit den raffiniertesten Zelten und Einrichtungen, nicht zu vergessen die Kofferradios und -grammophone, die Strandanzüge usw. usw. Und wer noch mehr tun will, hat sogar ein Boot mit und macht am Strand entlang ein paar vorsichtige Paddelschläge, vielleicht sogar bis Laubegast hinüber ins Kaffeehaus, wo dreimal in der Woche Tanz ist. Und was für Boote! Der Klepper-T6 ist in dieser Saison oder *season* schon wieder vom »Super-T6« überholt, blausilbern strahlen sie in den neuesten Farben. Was sind da unsere »Gummigurke« (die grüne Gewa) oder die Paprikaschote (der rote Pinnagel) dagegen – vorsintflutliche Museumsstücke, denen ein normaler Mensch sich gar nicht anvertrauen dürfte, Landstreichergerümpel! Aus allen Zelten quäkt und singt es, alle Radioprogramme der kurzen, Mittel- und langen Welle auf einmal, zwischen hinein die neuesten Zarah-Leander-Platten. –

Und abends ist jedes Zelt elektrisch (vom Auto her) beleuchtet. Was sollten wir dazwischen gelten? Wir waren Kuriosa, waren arme bedauernswerte Wilde.

Die Zelte stehen so eng, daß die Spannschnüre sich überkreuzen und kaum eine Gasse zum Wasser hin bleibt. Und mitten unter diese eleganten haben wir unsere grauen, oft geflickten Zelte gebaut. Wir selbst, braun wie die Strolche in unseren alten Trainingsanzügen und rauhen Wildwestmanieren zwischen den »gnädigen Frauen«, den »Herren Doktoren« und »Herren Direktoren«, die vornehm blaß, aber sehr elegant uns mit ihren riesenhaften Sonnenbrillen mitleidig betrachten.

O Negerdorf! O Großstadt! O Kultur!

Was war Gertrud entsetzt, daß wir uns doppelt auffällig und doppelt rauh benahmen.

Das also ist unsere derzeitige Gegenwart; nun noch einen raschen Überblick über jene Tage, die als hartes Brett aus dem Logbuch entfernt worden sind. Ich hatte sie in Wasser zu lösen versucht (die Blätter), sie lösten sich auch, aber leider – auf. Soll ich nun schreiben von den Ameisen, deren lange, tief in den Sand eingegrabene Straßen wir stundenlang beobachteten? Von dem Igel mit den vier Jungen, denen ich auf allen vieren am hellen Tage durch Gestrüpp und nasse Wiesen folgte? Von dem kranken Jungreiher, den Gertrud pflegte, bis er gesund war und uns entflog? Zahm war er nicht, zum Dank hat er uns allen die Hände blutig gehackt. Oder von der Sturmfahrt über den See allein im Boot, wo ich vor Ohnmacht drauf und dran war, mich der entfesselten Gewalt zu ergeben, wenn ich nicht plötzlich Barbaras Samtrücken vor mir gesehen hätte, tiefgebeugt über das Paddel? Vom Angeln am Schilfrand und den Barschen, die Gertrud heimtückischerweise verbrutzeln ließ, weil sie soviel Gräten hatten? Wie Fred mich im Wilzer See, als ich im seichten Wasser stand, mit dem Pinnagel in die Kniekehlen rammte, daß ich laut- und wehrlos auf Grund ging samt den beiden Broten, die ich eben im Dorfe gekauft? Oder von der Haubentauchermutter, die geduldig Tag für Tag in der Frühe ihre Kleinen das Fischen lehrte? Von dem Gewitter, das schwarz-drohend über den aufkochenden See herraste und uns die Zelte über den Kopf wegriß, Fred, der sie verzweifelt zu halten versuchte, mitschleppend? Von dem Sandsturm, der mit seinen gelben Wolken in Minuten alles unter mehlfeinem Staube begrub, daß uns die Uhren stehenblieben und sogar die Optik meines Fotoapparates versandete? Von dem Lautenabend beim Krausebauern, wo wir mit der Familie und dem Knechte zusammen um die Kartoffelschüssel und den Teller mit dem Quark gesessen hatten? Von stillen Gängen durch das stille, fast schon erblühende Heidekraut, daß bei jedem Schritte Tausende von roten und gelben Hüpferlingen knisternd um uns tanzten? Von den Fliegen, die vor des Tages Hitze Zuflucht in unseren Zelten gesucht hatten und uns summend umschwirrten, wenn wir abends hineinkrochen, daß wir jedesmal mit dem Handtuch eine wütende Schlacht ausfechten mußten, wobei oft die Laterne mit hinausflog und wir fluchend im Dunkeln saßen? Von den uralten Wacholdern – Wachhaltern! –, die dunkel und ernst in Reih und Glied am Seerand standen? Oder von den Nächten, in denen die Stille von den Sternen niedertönte –?

Tage, angefüllt bis zum Rande mit kleinstem Erleben, das sich unauslöschlich uns in die Seele grub; Tage, kraftbringend und fruchttragend in ihrer Einfachheit am Rande einer Welt, die widerhallte von den sportlichen Kämpfen in Berlin, von dem Kriegslärm in Spanien! Sie sind nun vorüber, sie waren uns geschenkt als stille Insel im lauten Strom, an dessen Ufer wir hier schon wieder stehen, um uns aufs neue in seine Fluten und Wirbel zu werfen. –

31.7., auf dem Schlesiersee

Um dem »geselligen Treiben« des Negerdorfes zu entgehen, paddelten wir frühzeitig auf den See hinaus, die Inseln zu besuchen. Es gibt zwei große, auf denen uralte Riesenbäume inmitten von Weiden-, Espen- und Erlengebüsch stehen, und unzählige kleine, auf deren kleinsten manchmal eben nur ein paar Schilfhalme Grund fanden.
Morgen früh geht's mit Sack und Pack nach Laubegast hinüber, nicht um zu tanzen, sondern um die Boote abzubauen und sie samt uns und dem übrigen Gepäck der Bahn zu übergeben. Morgen abend sind wir wieder in Breslau. –
Wie tanzt die »Gewa«, nur mit mir allein beladen, leicht über die sonnensprühenden Wellen! Die Weite des Sees ist nicht abzusehen, sein Ende liegt unter der Kimm. Das muß bei Sturm einen schönen Wellengang geben! Einen kleinen Geschmack davon bekamen wir ja, als wir vorgestern aus der Obra hereinkamen und uns der Wind und Seegang sofort seitlich packten und uns ins Schilf zu drücken versuchten, was ihnen mit Fred beinahe gelungen wäre. Kaum erreichbar erscheinen rechts und links die Ufer.
Ich habe das Paddel eingezogen und mich im Boot lang ausgestreckt. Nun sehe ich nur noch den Himmel über mir und höre die Wellen klingeln, die zärtlich die dünne Bootswand entlang streichen, als glitten sie über meine bloße Haut. Mag die »Gewa« treiben, Raum ist genug da und keine Gefahr von großen Schiffen. Jetzt gegen Mittag ist sogar das harte Geratter der Bordmotoren verstummt. So ist es ganz stille um mich, und ich kann dem Wellengeflüster lauschen und den Rufen der Schwalben, die flach über mich hinschießen und mich wohl für einen allzu groß geratenen seltsamen Fisch halten. Eine ganze

Säule silbern flirrender Mücken tanzt über mir. Ich träume von Barbara und unserem Wiedersehen. Und von den Tagen, die diesem Wiedersehen folgen sollen. Denn nun werde ich sie nicht wieder so leicht ziehen lassen. Ist es nicht wie das Schicksal selbst in Gertruds ungeschickter Hand gewesen, die in diesem Buche die Tage löschte, wo von Barbara kaum noch die Rede war? Wo ich treulos sie fast vergessen hatte über dem vielfältigen Erleben ringsum?

O Sonne, o Weite, o Seligkeit! O Wolkenhöhe und Himmelsblau! Und du, Wassertiefe, die ich dunkel saugend unter mir spüre –.

Ein leises Schurren am Boot entlang, Schilfhalme neigen sich über mich, streichen sachte mit ihren grünen Fahnen vorbei und sind schon wieder vergessen.

Später.

In Sonne und Wasserdunst war ich eingeschlafen. Was ich geträumt, weiß ich nicht mehr. Aber ich erwachte urplötzlich aus dem tiefsten Schlafe herauf, das Boot lag still, und über mir reckte sich eine mächtige Eiche. Mit rauschenden Flügelschlägen stiegen drei breitklafternde Fischadler daraus hervor, kreisten in der Baumhöhe über mir und sahen mit bösen, gelbgeränderten Augen auf mich herunter. Immer tiefer zogen sie, immer enger den Kreis, ich sah, wie sie die Stoßfedern stellten als Steuer und sah die krallenbewehrten Fänge dicht angezogen wie hiebbereit. In mir erwachte es wie eine uralt vergessene, wie eine ewige Angst, ich fühlte mich ihnen wehrlos ausgeliefert und wagte nicht einmal mehr zu atmen. Wie sie die Köpfe wandten im lautlosen Kreisen, als verteilten sie mich bereits als Beute unter sich! Ganz stille lag ich. Mir war, als blicke die Natur selbst mich an mit kalten, höhnischen Augen oder das Schicksal, abwägend, wessen ich mich wert gemacht habe in diesen vergangenen Tagen. Das Herz stand mir still – da schwangen sich die Räuber mit sausenden Schwingen und mißtönigem Schrei hoch auf, daß ihr Gefieder in der Sonne aufleuchtete, und strichen davon. War ich nun verurteilt oder begnadigt –?

Noch eine Zeit lag ich in dem lähmenden Bann, dann griff ich nach dem Paddel und trieb das Boot mit hastigen Schlägen hinaus auf den See und zu den vertrauten Kameraden zurück. Es war wie eine noch einmal geschenkte Heimkehr. –

Mein Erlebnis verschwieg ich ihnen. Wahrscheinlich hätten sie mich ausgelacht. Aber dir, Barbara, will ich davon sagen, übermorgen, und du wirst mit einem guten Blick mir diese Last von der Seele nehmen – es ist wie eine Last, wie eine furchtbare, stumme Anklage, von der ich mich allein nicht zu befreien vermag. Die Einsamkeit ist über mir zusammengeschlagen, hilf mir, ich ertrinke darin.

1.8., nachts, Breslau, in meinem Zimmer

Die Fahrt ist vorüber. Stickig, dunkel, kalt und fremd nahm mich mein kleines Zimmer wieder auf. Ich will mich nicht erst niederlegen, denn in drei Stunden schon geht der Zug nach Hirschberg. Boot und Zelte liegen noch auf der Bahn; mein Rucksack für die Bergfahrt ist schon gepackt, und ich habe mich umgezogen. Strupp sitzt auf dem Tisch, sein Bändchen ist schon ganz verknittert. Wie ungewohnt, beengend und drückend der Anzug, die schweren, genagelten Bergschuhe! Der ganze Körper, licht und luftverwöhnt, juckt unter der dichten Kleidung. Und mir ist, als müßte ich zwischen diesen dicken Mauern keine Luft bekommen. Was draußen vor den Fenstern so dröhnt – ich muß mich erst umstellen –, ist kein Unwetter, kein Erdbeben, es ist die Straßenbahn, nichts weiter. –

Heute früh noch auf dem See, jetzt in Breslau, morgen früh in den Bergen! Bei Barbara.

Singe Oder, dein Lied – jede deiner vielen Strophen ist mir wieder gegenwärtig, als hätte ich nur sie, nur sie erlebt. Oderlied, Lied der Heimat, Lied vom Leben und von lieben Menschen, Lied von Wolken, Wind und Wäldern, wie kein anderes Land sie mir zu geben vermag. Wie tief, wie tief bist du eingesunken in mein Herz! –

2. 8., mittags, Eulenklippe vor dem Melzergrund

Ich warte. Ja ich warte mit zitterndem Herzen. Die Erinnerung ist mir so verklärt, als habe sich schon ein ganzes Leben zwischen uns abgespielt, als sollte es nach Ewigkeiten grauer Trennung neu wieder beginnen. Noch ist mehr als eine Stunde Zeit. Wie gut, daß ich dieses Buch zu mir steckte, daß ich es Fred unterschlug. Fred –? Gertrud –? »Gewa« und »Pinnagel«?? Tage des Gleitens auf glitzerndem Strom, müßiges Treibenlassen über dem Geflüster des Sees, ziellos in unabsehbare Weiten hinein. –

Berge sind um mich und dunkler Wald, in dem das Rauschen, tief und ruhig, ewig hin und wider geht. Tief eingeschnittene blaue Waldschlucht, zieht sich der Melzergrund hinauf zur Wolkenhöhe der aufgeschwungenen Schneekoppe. Dort unter mir rauscht mit grün gischtenden Wellen die Lomnitz, sprüht und sprudelt über das Steingeröll. Schirmgroße Huflattigblätter rahmen ihr Gefunkel ein. Es riecht nach Wald und Höhe – wie anders das Bild als gestern noch!

Nach oben, immer nach oben wird hier der Blick gewiesen, an den ragenden Bäumen entlang zu den Gipfeln hinauf, die grün und braun und blau von der Sonne umgoldet scheinen. Und gestern war alles nur Weite, war Ferne, endlos ausgegossen um mich.

Ich habe die dunkle, modrige Höhle der Eulenklippe durchforscht, sie ist nicht leicht zu erreichen; blieb erstarrt vor einem geheimnisvoll grüngoldigen Schimmer in ihrer Tiefe, der beim nächsten Schritt erlosch, als sei er versunken, bis ich begriff, daß da in der Dunkelheit das Leuchtmoos wuchs, das nur in ganz bestimmter Blickrichtung den kargen Lichtstrahl widerspiegelt. So mag manche Sage von verborgenen Schätzen entstanden sein, die vor jedem Zugriff nur immer tiefer versinken, bis auch der Mensch hinter ihnen her stürzt in einen raschen Tod hinein. Aus einer Steinwand funkelt die glatte Fläche eines daumengroßen Quarzkristalls.

Nun, Barbara, ist die Stunde da. Unsere Stunde, meine Stunde. Bei jedem Herzschlage kannst du unten die Straße hereinbiegen, die da zu meinen Füßen die Lomnitz entlangläuft.

Und dann, Oder, fern hinter den Bergen, magst du dein heißestes, dein schönstes Lied singen, die Strophe von Barbara und von der Liebe.

Wie alles fiebert in mir! Alles, alles wartet auf dich. Die Glockenblume da neben meinem Nagelschuh, die leuchtet für dich. Dies Sonnenkäferchen, rot gepunktet, auf dem Ärmel meiner Kletterjacke, es wartet auf dich. Die weiße Wolke, die dort über der schwarzen Koppe zögert, sie wartet auf dich, Barbara. Und mein Blut, es singt: Barbara –.

Verborgen will ich mich hier oben halten, bis du da unten stehst und dich umschaust: »Wo bleibt er denn nur –?« Und die

Enttäuschung auf deinem Gesicht soll mir eine kleine Befriedigung sein, ein süßer Triumph. Und dann, wenn du eben dich wieder wenden willst, werde ich leise, leise –.

Dort, noch klein in der Ferne, kommst du. Nun rasch, dir entgegen. –

Abends, auf der Schneekoppe.

Die Sonne ist hinunter. In glühend rotem Brand versank sie hinter der endlosen Furchenereihe der lilablauen Berge und Hügel. Das weite, schlesische Land liegt längst dunkel und verschattet wie ein nachtblauer See. Einzig der Zobten, fern und klein am östlichen Horizont, hebt sich noch für eine kurze Weile leuchtend daraus. In den tiefblauen Gründen unter meinen Füßen brauen kühl die Nebel herauf. Kühl und fern steht der Himmel über mir. Ich bin allein. Barbara ist nicht gekommen. Wen ich sah, war eine fremde Frau, die zufällig um diese Stunde des Weges kam. Ich habe noch lange gewartet, traurig, dem Weinen oft nah. Und ich habe gebetet, gezürnt und geflucht. Allen Schimpf tat ich dir in Gedanken an und bat ihn dir wieder ab, Barbara. Dort unten war es, wo aus der Tiefe eben das erste Licht heraufblinkt.

Du bist nicht gekommen, Barbara. So stieg ich allein hier herauf, zur höchsten Höhe, die unserem Lande gegeben ist. Der Heimat weite, grüne Flur überschaue ich von hier, auch in der Dunkelheit der Nacht, denn ich trage ihr Licht tief genug im Herzen. Das ist es, was der Aufstieg mich lehrte. So frage ich auch nicht mehr, warum du nicht gekommen bist, und klage nicht mehr darum. Denn sieh, du hast mir in jenen drei Tagen so viel gegeben, daß jede weitere Erfüllung nur schwächer, blasser geworden wäre. Die Sehnsucht ist es, die uns jede Schönheit malt. Die Sehnsucht, das Unerfüllte ist es, was uns weitergehen läßt, was uns antreibt. Jede Erfüllung ist Ende, ist

Tod. Erst das erhält den höchsten Wert, was wir verloren, was wir hinter uns lassen mußten in Stille und Sturm. Nur das lebt ewig unvergessen in uns und bleibt uns unverlierbarer Besitz. Verlieren müssen wir, um zu gewinnen.

Und blieb mir von dir, Barbara, die ich im Walde fand und im Walde wieder verlor, nichts mehr als die Erinnerung an die drei Tage, an die drei Küsse, dann halte ich darin die Ewigkeit der Erkenntnis. Und danken muß ich dir, wo ich gestern betete und heute fluchte: daß eben du nicht kamst. Es wäre ein alltägliches Abenteuer geworden zwischen uns.

Daß du mich und dich davor bewahrtest, bewußt oder unbewußt, schuldlos oder mit Absicht, war deine schönste Tat, war dein bestes Geschenk.

Singe darum, Oder, das Lied von der ewigen Sehnsucht, das Lied von der Liebe und vom Weh in die Ferne, vom Weh nach der Heimat, sing, Oder, solang deine Welle noch rauscht.

Hammerschlag

Es gibt alter Sagen viel in dem schlesischen Land zwischen Bergen und Strom, zwischen Heide und glühenden Hochöfen. Viele mögen mit hereingekommen sein, als vor mehr als dreißig Menschenaltern Bauern und allerlei Landvolk aus Niedersachsen und Franken, von Schwaben und Hessen und Thüringen und vielleicht noch weiter her von Norden und Westen sich aufmachten, um dort fern im Osten Land und neues Leben zu suchen, Land und Leben zu schaffen aus Wald und Wüstenei.

Was Menschen lieben, das tragen sie mit sich, erst recht, wenn es so leichtes Gepäck ist, das nur in den Köpfen der Alten heimatlich spukt, die Geister, die guten wie die bösen, bleiben gerne bei den Menschen, zu denen sie gehören; und wandern jene, so wandern diese mit, weil eins ohne das andere nicht sein kann. So ist es mit den meisten Brunnen-, Feld- und Baumsagen; so ist es auch mit Schlesiens größter Sagengestalt, ohne die, meint man fast, kein Schlesien wäre und kein Riesengebirge: mit dem Rübezahl. Er ist gebürtiger Thüringer und durchaus nicht so alt wie sein schlesischer Thron, die Schneekoppe.

Als etwa um die Jahrtausendwende die Deutschen aus allen Stämmen sich nach Osten aufmachten, da zogen ihre Trupps und Scharen zunächst nicht etwa an den Strömen entlang und erst recht nicht querüberland; sondern das Gebirge wies ihnen den Weg von West nach Ost. In den Wäldern zu dessen Füßen entstanden die ersten Rodungen, und von da aus zogen sich die

Siedlungen allmählich längs der Flüsse und Bäche ins flache Land hinein. So stießen sie zu dem Berge, der ihren Zügen wohl schon lange, lange Ziel und Wegweiser gewesen sein mochte, weil er ganz allein in weiter Ebene steht, nicht zu übersehen und nicht zu verfehlen, Wächter und Mittelpunkt zugleich: zum Zobten. Und von da führte die alte Römerstraße, der dieser Berg schon damals weit über ein Jahrtausend als Meilenstein gedient hatte, zum Strom und über den Strom, die Oder. Auf vielen Wegen, die Weistritz, die Lohe, die Ohle entlang, trafen sie auf die Furt zwischen den Inseln, die seit grauester Urzeit mit Wall und Palisaden befestigt war, dort, wo nach und nach im Schutze eben dieser Befestigungen Breslau entstand. Der vom Volksmund Schwedenschanze genannte hohe Wall, der am westlichen Stadtrand in Oswitz stand, das ist noch ein Teil jener Urbefestigung, die den Stromübergang schützte.

Mittelpunkt und Wegweiser aber war und blieb der einzig dastehende, der von allen ausgezeichnete Berg, der Zobten.

Wie er damals geheißen haben mag, wissen wir nicht. Den Namen Zobten haben ihm wohl die slavischen Völkerstämme gegeben, die verstreut im Lande saßen. Vielleicht bedeutete er ihnen nichts weiter als *zapad*, Westen, weil für sie die Sonne hinter ihm unterging. Wir wissen es nicht. Um die Bedeutung wurde viel gerätselt und gestritten.

Und erst recht wissen wir nicht, wie er den vandalischen Stämmen vor ihnen hieß oder gar deren Vorsiedlern. Nur eines wissen wir, und das erzählen die Steine: daß dieser Berg, dem das Land wie ein grüner Mantel von den Schultern fließt, seit dunkelsten Urtagen allen, die ihn umwohnten, ein Heiligtum, eine Zuflucht gewesen ist. Zuflucht, Burg und Heiligtum ist er geblieben bis her in unsere Zeit und wird es wohl bleiben, solange Menschen zu ihm aufschauen rings aus dem Land.

Darum umspinnen ihn Sagen, die nirgendwo anders geboren wurden als hier, und seltsam hineinverflochten ist die Geschichte des ganzen Landes, dessen Wahrzeichen und Sinnbild er damit wird, so daß kaum noch die Naht zu weisen ist, wo sich Erfindung, Glauben und geschichtliches Wissen aneinanderheften. Es ist wie ein bunt gewobener Teppich, dessen Farben und Muster du wohl siehst, dessen Kette und Schuß zu verfolgen aber das Auge nicht ausreicht.

Und ein paar hundert Jahre hin und her sind der Sage wie *ein* Tag zwischen Sonnenauf- und -niedergang.

Und so wollen wir uns der bunten Farben freuen und uns hüten, das alte Gewebe zu zerreißen, damit es sich nicht noch mehr verwirre.

In der Schenkstube des Greifenhauses am Ring zu Breslau, schräg über dem eckigen Rathausturme, der die drei getreppten Giebel überragt, geht es munter zu. Es ist Samstagabend, die arbeitsreiche Woche will froh beschlossen sein.

Da sitzen getrennt an ihren Tischen die Zünfte, die Messer- und die Kupferschmiede, die Altbesserer und Weißgerber, die Brauer, die Töpfer, die Schreiner, wie sie auch in ihren Gassen getrennt hausen. Die Kannen mit dem guten Breslauer und wohl auch einmal mit dem noch besseren Schweidnitzer Schöpsenbiere kreisen, Neckreden und derbe Lieder gehen hin und her, daß oft die kleinen Butzenscheiben klirren. Einer, der seine Wanderjahre noch nicht allzulange hinter sich hat, erzählt vom Reiche und der fernen Kaiserstadt Worms. Die Kienfackeln qualmen und lassen die Schatten an den Wänden huschen. Es ist ein fröhliches Gesumm und Klappern der hölzernen Kannen.

Abseits am Tische der fremden Fuhrleute sitzen nur zwei Männer, man sieht dem Staube an Wams und Stiefeln an, daß sie einen weiten Weg hinter sich haben. Sie sind still und starren vor sich hin. Auf Anzüglichkeiten und Zurufe geben sie keinen Bescheid, nach Scherzen scheint ihnen der Sinn nicht zu stehen.

Der Ältere schiebt dem Gefährten die Kanne zu: »Und ich sage dir, es ist der Jan Cholda, der Hussit, der uns am Zobten den Wagen genommen hat. Der Jan Cholda und kein anderer. Ich kenne ihn doch, habe ihn vor Jahren oft genug in Prag gesehen als Hauptmann in Ziskas wildem Haufen.«

Der Jüngere, an der ärmeren Kleidung als Fuhrknecht kenntlich, meint: »Was nützt uns das Streiten: Wagen und Pferde sind hin, und damit die Ware und unser Lohn. Froh müssen wir sein, daß uns das Leben geblieben ist und die paar Weißpfennige in der Tasche. Ihr habt den grünsteinernen Hammer gesehen, den er trägt als einzige Waffe?« Er spricht leiser und beugt sich vor: »Er ist gefeit, der Hammer: wohin er ihn schleudert, immer kehrt er in seine Faust zurück. Und er macht auch den Träger fest. Das ist der Räuber vom Zobtenberg, der Hammerschlag.«

»Jan Cholda oder Hammerschlag«, eifert sich der Fuhrmann und wischt den Bierschaum aus dem weißen Bart, »eine Landplage ist er. Daß der Rat von Breslau, daß die Herzöge von Münsterberg und Liegnitz sich solches Treiben in ihrer Mitte gefallen lassen! Haben sie denn keine Männer, ihn auszuheben in seinem Bergneste?«

Der andere wieder, ebenso leise wie vorher: »Sprecht nicht so laut, überall kann er seine Lauscher haben, und dann trifft er uns das nächste Mal härter. Ich sage doch, er ist fest gegen Hieb und Stich. Ihr seid eben fremd hier im Lande, wenn ich

Euch auch oft schon von Glatz bis hierher begleitete. Sonst würdet Ihr nicht so reden.« Und noch leiser setzt er mit einem Blick nach den Nachbartischen hinzu: »Die Herren da oben werden sich nie einigen, jeder möchte den anderen ins Feuer schicken, damit er sich nicht selber die Finger verbrennt. So ist das bei uns.« Er nimmt einen tiefen Schluck, als könne er sich daran trösten.

Einer von den Weißgerbern hat im Vorübergehen ein Wort aufgeschnappt und mischt sich ein: »Hat euch der Hammerschlag gefleddert, daß ihr wie die gerupften Hühner sitzt? Seit Jahren kommt kein Kaufmannszug mehr ungeschoren am Zobten vorbei, das weiß doch jedes Kind.«

Ein anderer ruft herüber: »Die Raubzüge gehen schon ins weite Land, weil ihm die Straßen dort herum zu öde geworden sind. Trinkt, Gesellen, hier hinter unseren Mauern wenigstens seid ihr sicher vor seinem roten Bart – und wir mit euch.« Lärmend stoßen die Kannen aneinander.

Der Fuhrknecht duckt den Kopf tiefer, als höre er den grausigen Hammer schwirren; verstohlen bekreuzigt er sich.

Keiner der Fröhlichen achtet weiter mehr auf die beiden stillen Männer. Der Zobtenberg ist weit, man sieht ihn wohl bei Tage blau am Horizonte drohen, wenn man auf die südliche Stadtmauer zwischen der Taschen- und Graupenbastion steigt; aber eben diese Mauer und die breiten Wallgräben sind Schutz genug, um dahinter unbesorgt spotten zu dürfen. Das übrige ist Sache des Rates und nicht der Zünfte. Und machte wirklich einer von ihnen den tagelangen Weg in jenes fährnisvolle Gebiet, dann trüge sein Bündel nichts Raubenswertes. Ihnen würde der Hammerschlag eher noch etwas dazu schenken. Erzählt man nicht davon, daß er einst zwei reisende Handwerksburschen auf den Berg geladen habe, um sie nach Tagen voll Fraß und Suff reich beschenkt wieder ziehen zu lassen? Der Arme kann durch ihn nicht ärmer werden. Es muß aber auch dem Hammerschlag um anderes zu tun sein als um das bißchen Krämergut, das er von den Straßen erntet. Sind nicht allenthalben reiche Schätze im Berg versenkt, wartend auf den, der sie zu holen wagt? Viel wird geredet, viel wird geflüstert, Rechtes weiß keiner. –

Im Stockwerk darüber geht es ruhiger zu. Da steht nur ein runder Tisch mit hochlehnigen Armsesseln unter dem Deckenleuchter mit den Wachskerzen.

Der Ratsherr Melchior schiebt den Silberbecher zurück, der seinen Namenszug trägt: »Und ich sage euch, es ist Peter Wlast, der Kirchenbauer. Die Meldungen, die ich habe, sind zuverlässig.«

Der Ratsschreiber Johannes, ein schmächtiges Männchen, das gleichwohl sehr wichtigtuerisch herausgeputzt ist, flüstert: »Dann gnade uns allen Gott.«

Christian, der Zunftmeister, spöttelt: »Was macht Ihr so ein trübes Gesicht, Schreiber? Euch würde er zuallerletzt an den Wanst gehen. Ihr werdet kaum in die Verlegenheit kommen, gegen ihn ein Schwert zu tragen. Und den Federkiel, den Ihr so wacker führt, den achtet solch ein Herr nicht sonderlich, mag er Jan Cholda sein oder Peter Wlast oder Hammerschlag, wie ihn das gemeine Volk meist nennt.«

Da läßt sich Steenbock vernehmen, der Stettiner Ratsamtmann, der seit Wochen hier zu Gaste ist, um die Verschiffung des Holzes auf der Oder zu beraten; er hat bisher, von einem zum anderen sehend, geschwiegen: »So wie ihr alle den Mann beschreibt, sieben Schuh hoch, mit wirrem, rotem Haar, die

Narbe überm linken Ohr bis zum Munde, sehe ich immer einen vor mir, der uns vor Jahren auf rätselhafte Weise vom Halsgerichte entsprang: Klas Fribott, den schlimmsten Freibeuter auf der Ostsee. Wir fanden ihn nie wieder. Sollte er hierher geflüchtet sein?«

Der zweite Bürgermeister, hitzig wie immer, streitet auf seiner Meinung: »Was soll diese neue Deutung? Wie kann ein Seeräuber zum Landräuber werden? Und ich glaube auch nicht, daß Peter Wlast, den wir in Bann tun mußten, es wagen sollte, sich hier vor unsere Tore zu setzen, wo er jederzeit fürchten muß ...«

»Was muß er denn fürchten?« unterbricht ihn der Ratsherr. »Wir fürchten ihn! Ihr freilich wart es, Bürgermeister, der damals auf der uns allen unverständlichen Bestrafung bestand, weil die Abrechnung vom Bau von Maria-Magdalenen nicht stimmen sollte. Keiner hat je die Abrechnung gesehen. Es stützte sich alles auf Euren Eid. Ihr wart es, als der Wlast zum Reichstag gereist war, der seine Frau als Geisel holte und auf die Folter spannen ließ –.«

»Geschah nicht alles nach Recht und Gesetz?« fährt der Bürgermeister herum. »Nicht einen Paragraphen haben wir übersehen, nicht einen verletzt. – Das Domkapitel«, setzt er, dem Gaste die alten Vorgänge erläuternd, hinzu, »verlangte seine dringende Bestrafung und Unschädlichmachung; durften wir uns widersetzen?«

»Weil er sich nicht den Wünschen der Domherren fügen wollte«, wirft der Ratsherr dazwischen, »und weil seine Frau die Sakramente verweigerte.« Melchior, der den Jahren nach des Bürgermeisters Vater hätte sein können, wiegt den grauen Kopf: »Nach Recht und Gesetz habt Ihr wohl gehandelt, wenn man es gleich in aller Schärfe auslegt gegen einen Mann, der stets über allen Verdacht erhaben war und dessen Kunst unsere Stadt so bereicherte. Wie viele Kirchen hat er im ganzen Lande gebaut? Eure Finger reichen viermal nicht, sie alle zu zählen.«

Verärgert schweigt der Bürgermeister und macht einen langen Zug.

»Die Frau gefoltert?« fragt der Stettiner.

Der Ratsschreiber antwortet darauf, weil keiner der Breslauer Herren sich dazu bequemt, mit einer Stimme, als läse er das Protokoll vor: »Gefoltert und schließlich, weil sie verstockt blieb, geblendet auf beiden Augen und der Stadt verwiesen. – Bei Kanth fand man sie nächsten Tages tot an der Straße.«

Der Ratsherr wirft dem Bürgermeister hin: »Ihr wißt doch, daß er geschworen haben soll, seine Frau am ganzen Lande zu rächen? Oder ist Euch das neu?«

»Wer?« fragt der Bürgermeister höhnisch, um Zeit zu gewinnen, »der Hammerschlag?«

»Peter Wlast«, sagte der Ratsherr ruhig. »Derselbe, den Ihr und das Volk Hammerschlag nennt.« Er fährt nach einem tiefen Schluck fort: »Hört, Bürgermeister, Ihr müßt Euch endlich mit dem Münsterberger und dem Liegnitzer zusammentun, der Schande ein Ende zu machen. Dieser Schweidnitzer Ritter Enskirch gibt sich doch alle Mühe um das Bündnis. Ihr müßt dem Stadtobersten zureden, daß er sich endlich dazu bequemt. Wie lange soll das noch gehen, daß wir nicht einmal unserer Straßen mehr sicher sind? Es war halbe Arbeit, die Frau zu fangen statt seiner, wenn man ihn schon treffen wollte; und halbe Arbeit, die Zobtenburg als Ruine stehen zu lassen und sie nicht dem Erdboden gleich zu machen. Nun mögen wir zusehen, wie wir es zu Ende bringen. Aber ein Ende muß sein. Die Augustiner-Chorherren, die vom Zobten haben fliehen müssen, werden sicher gern mit ihrem Säckel helfen.«

Der dicke Bürgermeister stößt fast seinen Becher um. »Ich sagte es schon vorhin in der Sitzung, Herr Steenbock wird es bestätigen können«, fährt er hoch, »daß wir es nicht nötig haben, uns dem Kommando der Ritter und Herzöge zu beugen. Wir sind eine freie Stadt! Wenn die sich allein zu schwach fühlen, dann sollen sie uns um Hilfe bitten. Aber wir zu ihnen gehen? Was wäre dann Breslau noch?«

Nun wird auch des Ratsherrn Stirne röter: »Und wegen solchen Starrsinnes gehen täglich Gut und Leben verloren –.«

»Pah – unser Gut verträgt das immer noch, und um unser Leben geht es nicht.«

Auch der Schreiber will ein stolzes Wort einwerfen, aber da greift der Stettiner ein: »Ich meine, kein Rat einer so angesehenen Stadt«, er verneigt sich leicht, den Becher hebend, »kann solches Treiben vor seinen Mauern auf die Länge dulden. – Euer Wohl, ihr Herren – ein solches Bier hat Stettin freilich nicht.«

Der Bergwind pfeift durch die schmalen Fenster, die wie Schießscharten sind. In eisernen Ringen brennen rußende Fakkeln an der Steinwand. Ein Teil des schweren Gewölbes scheint nur flüchtig ausgebessert, die Steine sind nicht recht gefügt. Aber sie sind dicht. Auf rohen Bänken sitzen um einen kostbar geschnitzten Tisch fünf wilde Gesellen. Der Hüne mit dem fuchsroten Haar, dessen Narbe über der ganzen linken Gesichtshälfte glüht, hat einen rotsamtenen Sessel, wie ihn sonst nur Bischöfe oder reiche Prioren benutzen mögen. In goldenen Bechern, deren einige, ebenso wie die rubinbesetzte Kanne, Kreuze und Heiligenbilder in getriebener Arbeit zeigen, funkelt roter Wein. Die Edelsteine wie der Wein werfen blutige

Blitze durch den Fackelqualm an die rußige Decke und über die wüsten Gesichter. Dort liegt der grüne Hammer, der aus dem Stein des Berges geschlagen und geschliffen ist. Immer liegt er dem Rothaarigen in Reichweite.

Der Riese schlägt die Arme den beiden Nächstsitzenden um die Schultern und lacht mit seiner heiseren Stimme: »Sollen sie sich nur streiten, die Herren, ob ich Jan Cholda bin oder der Peter Wlast oder Klas Fribott – wenn sie nur den Hammerschlag fürchten! Wer steht denn über dem ganzen Land wie ich mit euch, meinen Hauptleuten und den vierzig braven Kerls? Was sind die Herren Herzöge gegen uns oder der Bischof oder der Rat von Breslau?? Popanze sind es und eitle Laffen. Wir sind die Faust! Wir schlagen zu! Und sie reden und raten!«

»Ein feines Feuerchen haben wir ihnen heute in Schweidnitz angezündet«, kichert Prokop zu seiner Linken im harten Deutsch, »das mag ihnen bis Breslau in die Betten leuchten.«

»Gut hast du es gemacht, Prokop, da!« Er rollte ihm einen kostbaren Becher hin, den der mit gierigen Händen hascht und rasch in seinen Sack steckt, weil er die neidischen Blicke der anderen sieht, »und ein feines Täubchen hast du gefangen! Der Enskirch wird fluchen, wenn er sein Nest als rauchenden Haufen wiederfindet und sein Töchterchen vermißt. Jetzt haben wir ihn in der Hand, den Schweidnitzer Herrn, der so wacker gegen uns redet in Münsterberg, Liegnitz und Breslau. Wäre er doch besser bei seinem Kaiser geblieben.«

Der Tater zur Rechten mit dem pechsträhnigen Haar, gelb, schlitzäugig und krumm, böse schielend aus schwarzen Augen, möchte auch prahlen, denn so aufgeräumt war der Oberste lange nicht: »Das war ein Streich«, gurgelte er, »so gut wie der, als wir die Pfaffen hier oben springen ließen! In Rosalienthal unterm Berg ist's ihnen in den weißen Kutten auch längst zu windig geworden, da ist's in Breslau auf dem Sande sicherer.«

Der Hammerschlag nickt ihm zu: »Hei, wie das prasselte damals! Wir saßen auch allzudicht aneinander hier oben, das verträgt sich auf die Dauer nicht. Aber schön gewärmt hat uns das Feuer, die ganze Burg war geheizt davon mitten im Winter. – Ist nur gut, Jens«, lacht er den dritten Kumpan an, der sich bis jetzt zurückgesetzt fühlte, »daß du damals die besten Dinge aus dem brennenden Kloster herausgeholt hast, sonst säßen wir nicht so weich in unserer Burg«, und er schiebt dem Tater ein großes goldenes Kreuz zu und wirft dem Blonden ein edelsteinbesetztes Dolchmesser in die Hand, »nehmt, Kameraden, und sauft, wir haben Grund zu feiern.«

Da läßt sich der letzte, ein schmaler, dunkler, in dessen Haar die Tonsur noch immer nicht ganz verwachsen ist, vernehmen: »Ist das Täubchen auch gut verwahrt, daß es nicht entfliegen kann? Warum sitzt es nicht bei uns? Wir können auch so etwas Süßes brauchen. Nicht nur Gold und Wein.«

»Sei stille«, brummt ihn der Hammerschlag gutmütig an, »das ist kein Fleisch für euch.«

Der Schwarze aber läßt sich nicht einschüchtern: »Seit wann geht der Hammerschlag auf leisen Freiersfüßen?« lacht er und sieht den Obersten herausfordernd an.

Dem Hammerschlag werden die Augen klein: »Für Rosalie Enskirch bin ich der Ritter Wlast. Wozu – das würdest du trotz deiner Kirchengelehrtheit nicht begreifen. Wenn du geil bist, dann hole dir in Rogau oder Silsterwitz Mägde, soviel du willst.«

Prokop stößt seinen Becher gegen den von Hammerschlag: »Laß ihn reden – aber ist das Mädchen auch wirklich sicher?«

»Dafür wird die Staretza schon sorgen«, brummte der Riese.

Die Staretza – jeder sieht schweigend in sein Trinkgefäß. Auch der Hammerschlag. Auch der Schwarze.

Die Staretza – es ist etwas Unheimliches um sie, die Alte. Etwas, das sich nicht aussprechen läßt. Sie hauste schon in diesem Gemäuer, als sie herkamen. Sie ist wohl schon so alt wie der Berg. Wer sie ist, was sie ist, keiner weiß es. Sie kennt alle bösen Künste – kann es nicht sein, daß sie plötzlich hier mitten unter ihnen steht, obwohl die einzige Tür verschlossen und verriegelt und die Mauer fest ist? Der Schwarze nennt sie wohl manchmal ein Gespenst, eine Hexe, einen Uhu, aber er sagt es nur leise.

Die Augen des Schwarzen, der eben den Becher am Munde hat, werden über den goldenen Rand hinweg starr. Er ist der Jüngste hier in der bösen Runde und ist es darum noch nicht gewohnt. Er hat es zuerst gesehen: aus dem ungewissen Dunkel des Mauerwinkels löst sich ein Schatten, als wüchse er langsam ins Fackellicht, ein uraltes Weib, eher einer trockenen Wurzel, einer Alraune, ähnlich als einem lebenden Menschen: die Staretza.

Der Rotkopf wendet sich, diesem Blicke folgend, langsam nach ihr um. Er zeigt kein Erschrecken, ebensowenig wie die anderen, aber alle sind einen Schein blasser im Gesicht.

Der Oberste herrscht die Alte an: »Was schleichst du hier herum? Du sollst das Mädchen bewachen.«

Die Staretza tritt an den Tisch, sieht in die Runde, klein, gebückt, sieht die Geschenke in den Händen der Männer: »Hast recht«, sagt sie mit ihrer uralten Stimme, die wie aus einer dunklen Ferne klingt, »hast recht, Söhnchen, gib ihnen, soviel sie begehren. Dein Bestes versenkte ich in drei Kisten klaftertief im Walde und setzte vor jede drei Hunde mit feurigen Augen – für später, Söhnchen Hammerschlag, für später«, kicherte sie, »nicht mehr für dich. Doch warum ging der Schwarze leer aus? Schenk ihm etwas Gutes, du weißt, er haßt mich. Es ist wohl sein alter Beruf.«

Dem Hammerschlag ist das lästig und unbehaglich: »Was macht das Mädchen?« fragt er kurz.

»Es verlangt nach dem edlen Ritter, der es aus der Hand der Räuber befreite, als sie das Schloß anzündeten.«

»Nach wem?« fragt der Hammerschlag, sich ganz herumwendend, und stützt sich mit der Rechten auf. Die Männer lachen laut und roh, sie haben rascher begriffen.

»Nach dir, Söhnchen Hammerschlag.«

Er fährt hoch: »Hast du diesen Namen –? Ich vergaß –.«

»Ich weiß, ich weiß. Du mußt es mir nicht erst sagen. Du bist der Ritter Wlast. Keiner kennt den Namen im Lande«, kichert sie wieder, »außer in Breslau.«

»Die haben Grund genug, ihn zu fürchten«, lacht der Hammerschlag nun auch, »gut, Alte, auf dich ist Verlaß.« Er stürzt den Becher Wein hinunter. Seine Narbe glüht. »Warum soll ich den Schwarzen vorziehen?« fragt er.

»Weil ihm nicht mehr viel Zeit bleibt, sich an etwas zu erfreuen, sein Leben ist das kürzeste. Es ist nicht deine Sache, mit solchen Schwarzen an einem Tisch zu sitzen –.«

Dessen Augen sind tückisch auf die Alte gerichtet. Er fühlt es, wie in ihm der Haß noch nie so hoch kochte wie jetzt. Sie sind ihm ja alle zuwider, diese rohen Tiere; in der Seele ist er vielleicht noch schmutziger als sie, aber nach außen versucht er es stets zu verbergen. Es liebt ihn darum auch keiner hier, sie spüren alle seine minderwertige Überheblichkeit. Und vor allem die Alte, die sieht durch und durch, das ist es.

»Söhnchen Hammerschlag, das mit Schweidnitz war keine gute Tat, und aus der Taube wird dein Geier werden –.«

»Das laß meine Sorge sein. Sag ihr, ich komme. Aber erst muß ich noch einmal an die frische Luft. So kann ich vor ihr nicht erscheinen.«

Die Alte drängt, und es ist wie ein bitterböser Hohn in ihrer Stimme: »Gib dem Schwarzen, das Messer hättest du ihm geben sollen. Gib ihm rasch und gib ihm reichlich!«

»Gib mir das Mädchen, dann will ich wohl zufrieden sein«, lacht der Tonsierte hämisch.

»Die Taube für die Schlange?« kichert die Alte.

Es ist ihnen allen der viele Wein schon in den Kopf gestiegen. Südländischer, feuriger ist es, wie sie ihn recht selten haben. Das macht sie noch heißer.

Die Alte tritt zurück, geht wieder dem dunklen Winkel entgegen. Dort ist keine Tür, dort steht die Mauer mit mächtigen Quadern auf gewachsenem Felsen. Sie schauen ihr stier nach, es läßt sie nicht los.

Nur der Schwarze reißt sich auf, greift nach dem Messer, das Jens noch in der Hand hält, und schleudert es dem alten Weibe nach. Es fährt ihr, von seinen Edelsteinen blitzend und funkelnd, in den Rücken, fährt, sie sehen es alle, funkelnd und blitzend durch den hageren Leib, und steckt lichtsprühend in der Mauer, bis zum Hefte im festen Gestein, vor dem der dürre, gebückte Körper grau und dämmrig wird und entschwunden ist.

Die Fäuste krampfen sich um die Tischplatte, aller Augen hängen an dem Messer, das wie ein glühender Funke in der Mauer steckt. Der Schwarze springt mit einem grausigen Fluch hoch und will es herausreißen, da schreit erwachend der Hammerschlag: »Bist du toll geworden, Pfaffe?«, und krachend fährt ihm sein Hammer in den tonsierten Schädel.

Das Fest ist aus, die Gesellen fort. Der letzte vergaß, die Tür hinter sich zu schließen. Die Fackeln schwelen knisternd weiter über dem Lachen von Wein und Blut.

Hoch auf dem Turm der notdürftig zusammengeflickten Zobtenburg steht der Hammerschlag und sieht in die Dunkelheit hinaus. Der Wind kühlt seinen heißen Schädel.

Da und dort nahe dem Gemäuer sind die Bäume des Waldes schwach beleuchtet. Das kommt von den Feuerchen, die die Burgwachen sich in den Mauernischen auf dem weiten Gipfelplan angezündet haben. Die Nächte sind frisch in dieser Höhe. Der Hammerschlag kann die Feuer und auch die Wachen von hier oben her nicht sehen, die Mauer ist zu hoch, die Breschen längst ausgefüllt. Nur dort drüben bei den Trümmern des Klosters sieht er es glimmen und sieht die Schatten der Männer. Und weit draußen im Land, gegen Westen zu, wo Schweidnitz tief unter ihm liegt, ist ein roter Schein, röter als die Sterne, die kühl über ihm funkeln. Das Schloß des Enskirch brennt immer noch. Der Hammerschlag lacht grimmig und hebt die Faust nach Norden hin, wo er Breslau weiß. Und hinter seinem Rücken, im Osten, liegt Münsterberg. So steht er mitten im Ring seiner Feinde. Er fürchtet sie nicht, weil er weiß, wie sie ihn fürchten.

Aber er ist seiner Einsamkeit satt. Er möchte fort aus diesem Lande. Irgendwohin, wo er Ruhe hat, seine aufgehäuften Schätze zu genießen. Er kann nicht fort, er weiß es; ließe er Burg und Berg, sie würden das ganze Land aufbieten und ihn hetzen wie einen tollen Hund. Nur hier oben ist er sicher. Ist er es wirklich? Die Alte sprach in letzter Zeit öfter solch dunkle Worte. Jedoch noch fürchten sie ihn da unten, die Bauern wie die Herren, die Krämer wie die Herzöge und noch mehr die

Pfaffen, fürchteten seinen Hammer und seinen Ruf. O, sie sollen noch zittern! Nach Breslau möchte er, nach dem reichen Breslau. Denen, den Krämern und Feilschern, denen möchte er die Faust in den Nacken setzen. Aber dazu ist seine Schar zu schwach.

Das Fräulein, das sie aus Schweidnitz mitbrachten, das wäre die rechte, seine Flucht zu teilen. Es hat sich seltsam in ihm geregt, als er sie sah, gepackt, gezerrt von den rohen Fäusten. Weshalb er, der sich bis dahin beobachtend im Hintergrunde gehalten, da eingegriffen, hätte er in jenem Augenblick nicht zu sagen gewußt. Und sie hatte ihn nicht gekannt, hatte ihn staunend angesehen, unschuldig und dankbar, als er den rauhen Strick durchschnitt und sie vor sich auf den schwarzen Hengst hob. Da schob ihm das Schicksal eine Rolle hin, die er nun trug wie ein nicht recht passendes Gewand, das ihm gleichwohl allzu gut gefiel. Nein, das Mädchen wußte nichts von ihm, wie auch er, der doch durch seine Späher stets gut unterrichtet war, bisher nicht von ihr gehört hatte; das Mädchen war, wie es beim Herritt unbefangen erzählte, erst vor ein paar Tagen aus einem frommen Kloster in Thüringen in das Haus des Enskirch, des Vaters, wie es sagte, zurückgekehrt.

Seit Jahren hatte der Hammerschlag kein Weib angerührt, kein Weib so nahe gehabt. Und es hatte in seiner Faust gezuckt – aber dann hatte er es doch nicht vermocht, dieses Mädchen unter sich zu zwingen. Eine unbekannte Scheu hatte ihn gefaßt – irgend etwas war um dieses halbe Kind und seine Zutraulichkeit, das ihn rührte. Ob er etwa, jetzt bei Nacht, auf seinem Hengst den Ritt mit ihr wagte? Die Sonne würde sie erst weit, weit hinter Liegnitz erreichen. –

»Nein, Söhnchen Hammerschlag«, sagte plötzlich die

Stimme der Alten dicht neben ihm, »du kannst dir nicht entfliehen.«

Verfluchte Hexe! Er faßt den Hammer fester, dann sieht er das edelsteinfunkelnde Messer durch sie hindurchfliegen und läßt den Hammer wieder los.

»Hast du geträumt, Söhnchen?« Die Stimme wird fast zärtlich. »Sahst du den Jan, auf der Schwelle des Häuschens spielend, an dessen Mauer die Moldau floß? Den Jungen, den die Trommel des Ziska von der Mutter fortrief zu dem wilden Heere? Sahst du den Klas, den jungen Fischer, am Meeresstrand, wie er nach seinem Mädchen schrie und nach seinem Töchterchen, das die Seeräuber fortgeschleppt hatten, und der dann selbst einer der Ihren und zuletzt ihr gefürchtetster Führer war? Sahst du den Peter, den hohen, gelehrten Herrn, der, dem Ruf seines Kaisers folgend, Kirchen baute im ganzen Reiche und dessen Weib der Rat zu Breslau fing, weil sie ihn nicht fassen konnten, zu verhindern, daß er auch anderen Herren diente?«

Während die Alte mit leiser Stimme spricht, daß es mit dem Flüstern des Windes fast zu einem Tone wird, malt ihr dürrer Finger Bild auf Bild in die Dunkelheit, blasse Schemen, von den Sternen durchstochen, nicht deutlicher als die von den Wachtfeuern matt erhellten Baumwipfel und dennoch quälend sichtbar vor des Riesen Augen.

»Glaubst du«, fragt die eindringliche Stimme weiter, während er wieder ins Dunkel starrt, »glaubst du noch einmal Mutter, Tochter und Weib zu finden? Die Welt wird enge um dich –.«

»Hör auf, Alte!« will er schreien, will er keuchen, aber sie entläßt ihn nicht aus dem zitternden Banne: »Du bist nicht Jan Cholda, bist nicht Klas Fribott, bist nicht Peter Wlast. Für deinen Glauben wolltest du kämpfen? Für deine Liebe? Für dein Werk?? – Der Hammerschlag bist du, Herr über dem Land; Furcht, Geißel und Rächer mußt du sein. Den Göttern, denen dieser Berg gehört hat seit je, denen er immer gehören wird, welche Völker da drunten auch leben, mußt du Arm sein und Faust. Du bist das Unrecht, damit Recht werde, und das Recht, damit Unrecht bleibe. Zwing sie in die Knie, denn jeder ist dein Feind. Nur eine nicht. Nur eine. – Nicht lange mehr, Söhnchen, bald ist auch dein Friede da. Aber fliehen kannst du nicht vorher. Auch für den Traum bleibt dir nur kurze Zeit –.«

Er möchte nach der Alten greifen, möchte sie schütteln, damit sie klarer spricht, damit sie alles sagt, was sie weiß, aber wohin er auch faßt im Dunkel, überall faßt er ins Leere. Nur der kalte Stein der Turmbrüstung ist um ihn. Und das ungewisse Sausen des Windes und ein unsicheres Mondlicht in treibendem Gewölk.

»Komm, Söhnchen Hammerschlag«, spricht die Stimme wieder neben ihm, »leg dich nieder, die Nacht ist kurz, und der Tag verlangt dich ganz. Morgen früh wirst du deine Taube im Burggarten finden –.«

Eintönig summt der Wind in den Wipfeln. Fern in der Tiefe bellt ein Hund. Eine der Wachen lacht heiser und unterdrückt.

Mit schweren Schritten steigt der Hammerschlag die enge Treppe hinunter. Er wälzt sich lange auf seinem weichen Lager von Bärenfellen. Daß er den Schwarzen erschlug, bedrängt ihn nicht. Er denkt kaum noch daran. Er träumt von Rosalie Enskirch und träumt sich mit ihr in ein friedvolleres Leben hinein. Er lacht auch einmal leise auf: Mit ihr, mit diesem Pfand wird er die Herren zwingen – aber vorher sollen sie noch einmal zittern! Er grübelt über seinem Lieblingsplan, dem Zug gegen Breslau.

    So schläft er schließlich ein.

Tief schläft das Land. Eintönig geht der Wind über die Wälder hin. In der Ferne bellt ein Hund. Langsam wandeln die Sterne.

    Ein dumpfer Laut, wie regelmäßiges Pochen auf weichem Boden, kommt näher. Ein Reiter löst sich langsam aus dem Dunkel des Waldes, ein zweiter taucht in kurzem Abstand hervor. Dem ersten klirrt ein Schwert im Gehenk. Auf seinem Hut wippen, knapp zu sehen gegen den Sternenschein, die Federn des Ritters. Der zweite ist sein Reitknecht. Zwei große, finstere Schatten, so reiten sie stumm dahin. Die Gäule hängen müde die Köpfe. Ein Sporendruck, ein Schnalzer, ein Schlag auf den Hals muntern sie für kurze Zeit immer wieder auf.

    Kühl streicht die Luft von einem Teiche herüber. Frösche quarren im dumpfen Chor, eine Eule schreit über die Sumpfwiesen.

    Der Ritter achtet kaum auf den Weg. Der Gaul muß ihn allein finden. Der Knecht lauscht mit allen Sinnen in die feindliche Nacht. Aus jedem Busch hervor, der oft genug die Straße säumt, kann die nächtige Gefahr brechen. Schlesien ist ein unsicheres Land. Aber wo im Reiche wäre man sicherer? Raubgesindel lauert überall.

    Heute mittag kamen sie von Liegnitz her, vom Hofe des Herzogs. Nirgends fand der Ritter Ruhe; nach dem großen Ritt durch das halbe Reich, in der Vorwoche erst heimgekehrt, saß er schon wieder seit Tagen im Sattel, endlich das Bündnis zwischen Liegnitz, Breslau und Münsterberg abzuschließen. Reitet er nicht schon seit Jahren mit diesem Ziele zwischen den drei Städten? Und immer wieder umsonst, weil er jedesmal an neuen Halsstarrigkeiten, an neuen Vorbehalten und Forderungen scheitert. Nicht einmal der gemeinsame Feind dort oben auf dem Berg über dem Lande kann die Hochmütigen, die Unklugen, zusammenführen.

Und der hat ihn jetzt getroffen. Und wie er ihn getroffen! Ein rauchender Trümmer sein festes Schloß, Rosalie entführt, die Felder niedergeritten, Knechte und Bauern erschlagen. Kaum soviel besitzt er mehr, ein ernsthaftes Lösegeld zu bieten.

Im ersten Schmerz, im ersten Zorn wollte er allein gegen den Berg. Doch bald kam ihm der kalte Sinn wieder. Er trägt nicht umsonst schon graues Haar. Gott sei Rosalie gnädig, er selbst kann ihr nicht helfen. Opferte er sich zwecklos, wer sollte Treiber sein zu dem großen Kampf? Gott sei nun aber auch dem Hammerschlag gnädig. In ein paar Tagen wird er sich ihn holen. Meister Jörg in Schweidnitz hat das große Geschütz fertig gegossen, aus dessen ungefügem Rohr man mittels des neuen geheimnisvollen schwarzen Pulvers Steine schleudern konnte, die schon längst zugehauen und zu Kugeln geschliffen in der Werkstatt lagen. Denen widersteht keine Mauer auf dieser Erde. Deine Rechnung ist abgeschlossen, Hammerschlag! Den ganzen Abend hat er bei dem Meister gesessen und mit ihm beredet, wie sie das grobe Stück hinaufschaffen werden auf den Berg.

Er denkt kaum noch an das Mädchen, denkt nicht mehr an das verbrannte Schloß. Rache, denkt er, Rache. Das Land endlich befreien. Mehr kann es ihn nicht kosten, als es ihn schon gekostet hat. Das bißchen Leben noch –? Das seine gegen das des Räubers, selbst diese Rechnung noch ist ihm recht.

Der Hufschlag hallt von niedrig geduckten Hütten wider, ein paar Kläffer werden wach und reißen wütend an den Ketten. Eine Kuh brüllt, ein Pferd rührt sich im Stalle. Vorüber. Ein paar Felder noch, von denen es süßlich nach Hirse duftet, dann schließt der Wald ein noch tieferes Dunkel um sie. Ein schmales, blaudämmerndes Band zwischen schwarzen Wipfelzacken, in dem einzelne Sterne stecken, das ist das einzige Kennzeichen des Weges. Dann müssen sie eine flache Furt durchreiten, das Wasser plätschert den Gäulen um die Hufe. Der Enskirch hält kurz an, damit die Pferde saufen können, und gleich geht es weiter in müdem Trott.

Allein kann er nicht gegen die Räuber. Seine paar übriggebliebenen Eigenen reichen gegen die wilde Bande nicht aus. Er muß die Breslauer endlich aufbieten. Sie müssen helfen. Auf jede Bedingung hin. Zum Verhandeln ist nicht mehr Zeit. Nur noch zum Handeln. Höchste Zeit!

Greif rascher aus, mein Brauner, mit Tagesbeginn müssen wir in Breslau am Schweidnitzer Tor sein. Du bist müde, mein Brauner, ich weiß; trägst mich heute schon die sechzehnte Stunde. Fühlst du nicht, wie der Wind frischer weht? Wie vom Osten schon der Himmel blaßt? Das beste Stroh sollst du in Breslau haben und den teuersten Hafer. –

»Frieder«, ruft er halblaut hinter sich.

»Herr Enskirch?« fragt der Knecht und drängt sein Pferd näher.

»Ich gehe gleich ins Rathaus. Stelle die Pferde im Greifenhaus ein. Sorge gut für sie, sie haben es verdient. Und schaff mir ein Bett dort, daß ich dann zwei Stunden ruhen kann. Und neue Pferde, Frieder. Wir reiten um Mittag zurück.«

»Wer soll das leisten?« stöhnt der Knecht, der sich kaum noch im Sattel hält.

»Wir«, sagt der Ritter hart und gibt seinem stolpernden Braunen von neuem die Sporen.

Immer heller wird der Osten. Grau steht der Tag dicht unterm Horizont. Schon werden die Türme von Breslau in der Ferne sichtbar. Die Stadt liegt tief, liegt wie in einer Mulde am Strom. Nebel fließen um ihre Mauern.

Manchmal klingt schon ein Vogelruf auf.

Enskirch reißt sich mit Gewalt aus seinem Hindämmern. Er faßt die Zügel kürzer. Er muß sich des Ratsherrn Melchior versichern, der steht auf seiner Seite, das weiß er. Den hat die Bande vom Zobten in seinem Wein- und Tuchhandel schon oft gestört. Der Zweite Bürgermeister freilich ist allzu sehr auf seine Ruhe bedacht, dazu ist er ein hochfahrender Herr, dem eine gute Tafel und ein weiches Bett wichtiger sind als das, was vor den Toren geschieht. Und der Erste Bürgermeister ist ein Rechner und Zauderer, ein steifer Stock, der aus seiner Würde nicht heraus kann. Der Bischof? Der liebt seine Jagd hinter Trebnitz und den Hirschgarten auf der Insel am Dom. Der wird kaum ein Verbündeter sein. Auch aus den Geschlechtern der Stadt weiß sich Enskirch keinen, auf den Verlaß wäre. Gedanken, schon oft und immer wieder gedacht auf den einsamen Ritten! Aber helfen müssen sie alle, und müßte er – verwegener, verzweifelter, ja, schauerlicher Plan! – den Hammerschlag selbst aufbieten, daß er den sturen Krämern ein Licht aufstecke, ein Feuer, das sie aus ihrer Ruhe, aus ihrer Sicherheit reißt –!

Rascher, mein Brauner, die Nebel rühren sich schon. In einer Stunde kannst du im Stalle stehen. Was stolperst du und scheust? Vor dem Gebälk dort auf dem kahlen Hügel? Es ist das Hochgericht der Stadt, nichts weiter; und was da gespenstisch baumelt im Morgenwind, das schreckt keinen mehr.

Bald muß dieser Galgen neue Früchte tragen, die sind längst reif. –

Zwischen Bauernkarren, die auf die Öffnung des Tores warten, drängen sich die Reiter hindurch. Und als der erste Sonnenstrahl sich eine rote Gasse durch die trägen Nebel bahnt, klappern die Hufe der müden Gäule über die Brücke, hallen von der dunklen Wölbung des Tores und klirren auf dem Pflaster der Straße.

Das Burggärtlein auf dem Zobten ist nicht groß. Seit Jahrzehnten schon hat keiner es gepflegt. Nur schwer läßt sich die enge Pforte öffnen, Efeu hat sie ganz verrankt. Grün wuchern die Wege, kaum noch erkennbar. In wildem Geschling blühen Rosen und Rittersporn, Levkoie und Eisenhut zwischen allerlei Wildgewächs. Die Laube im Winkel der Mauern, zu der Stufen hinaufführen, daß man darüber hinweg nach der langen Kette der Berge schauen kann, ist unter der Last von Geißblatt und wildem Wein zusammengebrochen. Der Duft von Thymian und Quendel, den kaum ein Windhauch auf der Mauerkrone aufrührt, ist betäubend süß. In der alten Linde sumsen die Bienen, die Blütenteller des Hollunder fangen schon an zu schneien.

Eine Rosenranke, über und über voll glühroter Röschen, ist an der Palastmauer hochgeklettert und rahmt ein Fenster ein. Es sieht fast aus, als sei ein Strahl Blutes an dem grauen Gestein emporgespritzt, denkt der Hammerschlag. Denn das Fräulein deutet mit dem Finger hinauf: »Das ist mein Fenster dort, Herr Ritter?«

Der Hammerschlag trägt ein rotes Wams mit goldgesticktem Kragen und ein Federbarett. Die Alte hatte es ihm bereitgelegt aus irgendeiner Beute. Sie hatte auch Rosalie geschmückt mit seidenem Gewande und seidenem Spitzenhut, von dem goldene Schnüre hängen. Wie hatte sich das Mädchen gefreut über so reichen Staat, den anzulegen es sich lange geweigert hatte, ungewohnt solcher Pracht an eigenem Leibe.

Mit zierlich-züchtigem Schritt geht sie neben dem Hammerschlag her, der recht wie ein reicher Burgherr ausschaut mit dem prächtigen Zierdegen an der Seite und dem goldplattenbesetzten Wehrgehenk. Er fühlt sich unbehaglich, sein zerschundenes Lederkoller ist ihm lieber, der Degenknauf zu spielerisch in der schweren Faust. Und vor dem Fräulein wird ihm der Kragen zu enge. Er ist rauhere Kumpanei gewohnt. Er schielt um sich, ob er die Alte nicht entdecke, daß sie ihm beistehe. Dort unter den Sträuchern meint er manchmal ihren Schatten zu sehen, aber es ist nur ein Ast, eine wehende Ranke. Unter dem Geklingel von Rosaliens Stimme, vor den Bewegungen ihrer zierlichen Gestalt wird ihm seine Rolle schwer, erst allmählich wird er ihrer Herr. Er versucht, seine Stimme klingender zu machen, weicher aufzutreten, weniger heftig zu sein in seinen Bewegungen.

»Wie lange soll ich Euer Gast sein, Herr Ritter Wlast?« fragt das Mädchen.

»So lange es Euch gefällt hier auf dem Berge.«

»O, es ist schön hier oben! Wie oft sah ich hier hinauf! Von Thüringen her kenne ich Berge genug, sie standen dicht um Stadt und Kloster. Aber so einer wie der war dort nicht. So hoch! So blau! So allein für sich. Neu bin ich hier im Lande, und Ihr seid so gütig gegen mich, Ihr und Euer Müttercken. Aber mein Vater wird sich sorgen, wenn er wiederkehrt. Mein armer Vater! Sein schönes Haus!«

»Ich habe es ihn wissen lassen«, lügt der Hammerschlag

zweideutig, die Kehle wird ihm rauh dabei, daß er sich hinter den Goldkragen fassen muß, »daß Ihr in guter Hut seid.«

»Wann werde ich ihn wiedersehn?« fragt Rosalie und bricht eine weiße Rose, die sich an ihr Kleid haken wollte.

»Bald, Fräulein, er ritt nach Breslau weiter. Seine Späher wissen gut Bescheid. Vielleicht –«, ein verwegener Plan durchblitzt ihn, »reite ich morgen oder übermorgen selbst dahin. Dann werde ich ihn sicher treffen.« Seine Hand zuckt um den allzu dünnen Degengriff.

»Grüßet ihn von mir und sagt ihm –«, sie errötet plötzlich, »nein, sagt ihm nichts, Herr Ritter, nur meinen Gruß, und daß ich glücklich sei bei Euch hier oben. Und daß ich noch froher wäre, käme er selbst herauf. Wollt Ihr ihm das sagen? Seht, er hat doch kein Heim mehr. Wolltet Ihr so gütig sein, auch ihm –?« Mit bittenden Augen sieht sie ihn an, bis an den Hals errötet ob der Kühnheit ihrer Bitte. Der Ausdruck seines Gesichtes jagt ihr, sie weiß nicht warum, einen Schauder über den Leib.

»Ihr verlangt sehr viel – Ihr wißt gar nicht, wie viel Ihr verlangt«, sagt er schwer. Doch er zwingt sich ein Lächeln ab: »Wenn Ihr so bittet, dann kann ich es Euch nicht verweigern. Nur kann ich nicht versprechen, daß es zum Guten ausschlägt, Fräulein.«

»Wie? Ihr seid verfeindet mit ihm?« fragt sie angstvoll.

Da muß der Hammerschlag ehrlich lachen: »Man könnte es so nennen, wir sind nicht eben Freunde.«

Rosalie aber schlägt, schon wieder fröhlich geworden unter seinem Lachen, die Hände zusammen: »Dann laßt mich dafür sorgen, daß gute Freundschaft daraus wird. Mein Vater, das habe ich gleich gefühlt, ist so einsam, er kann es gut gebrauchen. Und wie Ihr sagtet, Ihr seid es auch. So helfe ich beiden.«

Der Hammerschlag möchte fliehen vor so viel Arglosigkeit, hätte er doch den Rappen, den wilden, zwischen den Schenkeln, den Berg hinunter, ins Land hinaus, Blut, Feuer und Rauch: hier gefangen stehen zwischen den eigenen Worten und den Träumen, die sich nie erfüllen werden! Wie könnte er dieses reine Mädchen jemals gewinnen! Und dennoch kann er nicht dagegen an, daß eine Sehnsucht ist in seinem Herzen, eine Sehnsucht, ungeschehen zu machen, was an diesen seinen Händen klebt, was er nicht mehr abwaschen kann, und hätte er auch noch eine Ewigkeit zu leben.

»Zu spät –«, hört er die Alte über sich.

Eine Täuschung war es wohl, ein Rabe flog krächzend vorüber, das Mädchen hat nichts gehört. Nun kreist er um den Turm.

Der Hammerschlag erwacht davon, daß er eine zarte Hand an seinem Wamse nesteln fühlt. Rosalie schiebt ihm die weiße Rose hinter die Goldlitze. »Dies steht gut zu Eurem leuchtenden Gewande«, sagt sie und schaut zu ihm auf.

Mit angehaltenem Atem greift er nach ihrer Hand. Sie verschwindet in seiner breiten Pranke. Aber gleich läßt er sie los, als habe er Glühendes berührt. Er hat die Alte oben im Fenster gesehen und draußen vor der Mauer Prokops streitende Stimme gehört.

Er ist nicht der Ritter Wlast.

Er ist der Hammerschlag. Und kann nichts anderes sein.

Er läßt das Mädchen stehen und geht mit schweren Schritten durch die Pforte. Er will sich die Rose von der Brust reißen, aber dann behält er sie in der gehöhlten Faust, betrachtet wie abwesend die weiße, kühle Blüte – wie deine Hand, Rosalie! – und wirft sie mit einem zerbissenen Fluch über die Mauer. Den Kragen fetzt er auf, daß er knirschend reißt, und stützt sich breit auf die Zinne. Rasend klopft das Blut in seinen Schläfen, er meint, die Narbe müsse von neuem aufbrechen. Das geschah ihm noch nie, im wildesten Kampf nicht.

Die Alte steht neben ihm. Er krallt die Faust nach ihr, ohne sie erreichen zu können, und bettelt: »Hilf mir doch –!«

Doch sie schüttelt den greisen Vogelkopf: »Wie sollte ich dir helfen können, Söhnchen Hammerschlag? Ich dien' dem Berg, nicht dir, wenn ich dich auch liebte –.«

»Du vermagst viel, du vermagst alles – «, will er sie drängen, da steht er wieder allein. Unter sich sieht er den Prokop dem Walde zugehen. Er will ihn anrufen, aber die Stimme versagt ihm.

Im Reemter des Rathauses sind alle versammelt, Bürgermeister und Ratsherren und Schöffen. Feierlich sind die schwarzen Roben mit den weißen, gefalteten Halskrausen. Steif sind die Mienen und gemessen die Bewegungen der Herren, voll betonter Würde.

Vor ihnen steht der Ritter Enskirch, müde, verstaubt.

Der Erste Bürgermeister sitzt auf seinem erhöhten Stuhl, stützt die Arme auf die Seitenlehnen und spielt mit der goldenen Amtskette, die im Medaillon den Johanneskopf zeigt.

»Herr Ritter Enskirch, was Ihr dem Hohen Rat von Breslau meldet, ist betrüblich für Euch, und ich bedaure es von Herzen. Ich bin gewiß, daß jeder der Anwesenden«, er zeigt mit der ringfunkelnden Hand in die Runde, »Euren Vaterschmerz nachfühlen kann. Ich bin gerne bereit, Euch für eine gewisse Zeit ein Haus anzuweisen, bis Euer Herr Herzog über Euch verfügt; Euch sogar, das Einverständnis des Hohen Rates vorausgesetzt, zeitweiliges Bürgerrecht zu verleihen in unseren

Mauern. Aber Ihr werdet einsehen müssen, daß wir, ehe der Herr Herzog von Liegnitz und der von Münsterberg den Bündnisvertrag nach unserem Vorschlage nicht unterzeichnet haben, um den Ihr Euch so bemüht, was anzuerkennen ich nicht verfehlen möchte – –.«

Der Schweidnitzer Ritter hat während der langatmig wohlgesetzten Rede schon einige Male den Kopf aufgeworfen, jetzt macht er einen harten Schritt vorwärts, daß Schwert und Sporen auf den Schieferplatten des Bodens klirren: »Es geht nicht um mich und meinen Verlust, Herr! Es geht um die Sicherheit des Landes, es geht um die Schande des Landes. Ich suche nicht Asyl, ich suche Männer.« Schneidend ist seine Stimme: »Oder sollten Männer hier nicht zu finden sein?«

Einige nicken ihm zu, der Ratsherr Melchior und der Stettiner Gast voran. Die meisten aber machen beleidigte Gesichter. Der Ratsschreiber, seitlich an seinem Protokolltisch, zieht die Brauen hoch und kneipt den Mund. Der Erste Bürgermeister schließt und öffnet nervös die Faust einige Male und hüstelt. »Herr Ritter, solche Rede sind wir hier nicht gewohnt.«

»Wäre der Hammerschlag hier, der würde noch anders mit Euch reden!« braust der Enskirch auf. Dann faßt er sich wieder: »Noch ist mir Gut genug zum Leben geblieben. Gebt mir hundert Mann, ausrüsten will ich sie selber.«

Der Zweite Bürgermeister wirft mit seiner fetten Stimme dazwischen: »Der Räuberhauptmann wird sich hüten, sich an unsere feste Stadt zu wagen. Er weiß genau, lebend käme er nicht davon.« Beifallheischend sieht er sich um. Aber keiner stimmt ihm zu. Sie sind alle bedrückt von dem Verlauf der Beratung, die zu einem harten Zweikampf zwischen ihrem Oberhaupt und dem Ritter ausgeartet ist. Und es sollten doch eigentlich die Durchfuhrzölle für die Rauchwaren aus dem

Reußenlande verhandelt werden, von denen sie sich alle so viel versprochen hatten. Was können sie an diesem Streite gewinnen? Das unerwünschte Erscheinen des Ritters hat die ganze kluge Tagesordnung über den Haufen geworfen.

Der Ratsherr Melchior meldet sich zu Wort und spricht gleich: »Ich schlage vor, die hundert Mann zu bewilligen. Außerdem will ich auf meine Kosten noch fünfzig rüsten, dazu die nötigen Pferde.«

Der Stettiner, der eigentlich nur Zuhörer ist und die Haltung des Ersten Bürgermeisters nicht begreifen kann, sagt vor sich hin, aber immerhin so laut, daß alle es hören müssen: »Das sollte der Stadt billig genug sein –.«

Das Oberhaupt erhebt sich hager von seinem Sitze: »Ich bewillige Euch hundert Mann mit aller Rüstung und allem Gerät. Erhebt sich Widerspruch im Rat? Keiner also. Aber, Ritter Enskirch, Ihr haftet der Stadt für jeden einzelnen Verlust an Mann oder Zeug. Gibt es noch einen Einwand, eine Frage?«

Keiner rührt sich. Nur der Enskirch macht noch einen Schritt, er möchte dem starren Krämergesicht etwas Beleidigendes zuschreien, doch der Erste Bürgermeister hat sich schon zur Seite gewandt: »Ratsschreiber Johannes, fertigt den Vertrag, daß wir ihn gleich siegeln. Zwei Wochen soll er gelten«, schränkt er wieder ein. Er wendet sich noch einmal an den Ritter: »Es trifft sich gut, daß wir unserem scheidenden Gast zu Ehren –«, eine leicht angedeutete Verbeugung zu dem Stettiner hin, »morgen vormittag eine Truppenschau veranstalten. Da dürft Ihr Euch, Ritter Enskirch, die zwei Fähnlein selbst aussuchen. Betrachtet dies als besondere Gunst. Für zwei Wochen also, nicht länger.« Er erhebt sich und schreitet, ohne der tiefen Verbeugungen zu achten, hoch aufgerichtet durch die kleine

Tür neben seinem Hochsitz. Nur der Enskirch bleibt aufrecht stehen mit geballten Fäusten. In der Protokollstube, deren breiter Erker mit seinen Rautenscheiben und vielem modischem Zierat hoch über dem Ring und dem geschäftigen Markttreiben steht, sitzt nun der Ratsschreiber und setzt den Vertrag auf. Der Ritter ist die Stufen zu dem Erkerfenster hinaufgetreten und sieht hinaus, wo in den offenen Gewölben des »Goldenen Bechers« allerlei Gewürze und Kräuter feilgehalten werden. Aber er nimmt kaum wahr, was draußen vorgeht, in ihm ist immer noch die Erregung, und die Befriedigung über den wenn auch kümmerlichen Erfolg streitet mit dem Ärger über den Dünkel dieser großen Herren. Er wünscht wirklich, der Hammerschlag ritte durch die Straßen. –

»Herr Ritter, mit Verlaub«, hört er die Stimme des Schreibers, der im pelzverbrämten Rock selber wie ein großer Herr dasitzt.

Enskirch tritt an den Tisch. »Fertig?« fragt er kurz.

»O nein«, wehrt der Schreiber erschrocken ab, »da ist noch viel zu tun. Zunächst: Eure Personalia habe ich bereits notiert, sie sind bekannt. Doch nun: Wie heißt Eure Tochter: Rosalie, so. Und Eure Gattin wohledelgeboren – Ihr seid doch gar nicht verehelicht, soweit hier bekannt –.«

»Nein«, sagt der Enskirch und begreift nicht ganz.

»Nicht verehelicht«, schreibt Johannes, »Und dennoch bekennt Ihr Euch zu der Tochter?« fragt er wieder.

»Das gehört nicht zur Sache.« Der Enskirch wird ungeduldig.

»Verzeiht, Herr Ritter«, verweist ihn der Schreiber, »wenn ich in diesen Dingen besser unterrichtet bin. Eure Tochter ist der Ausgangspunkt der ganzen Angelegenheit. Oder ist es gar nicht Euer Kind, Euer leibliches, meine ich?« Er sieht von dem

Pergamente auf und hält die Adlerfeder wie eine stoßbereite Lanze auf den Ritter gerichtet.

Der Enskirch ist in seiner Jugend mit dem Kaiser im Heiligen Lande gewesen, das Kreuz auf seiner Lederbrust zeugt davon, es ist schon fast verblichen; er ist durchs ganze Heilige Römische Reich gezogen und hat im Norden gegen die Obotriten und auf Sizilien gegen die Sarazenen gefochten; auf dem Walfelde bei Liegnitz hat er als Knappe an der Seite des Trebnitzer Heinrich gekämpft, als der Mongolenpfeil den Herzog tödlich traf; das mittelländische Meer ist ihm vertraut wie die Meere des Nordens – aber jetzt ist er verwirrt.

»So ist es Eure Tochter gar nicht, wie ich vermute?« Der Schreiber läßt nicht locker.

»Sie ist es geworden«, sagt der Ritter endlich langsam und stockend, »als hilfloses Bündel fand ich sie an der Seite ihrer erschlagenen Mutter im Sande der Rugierinsel vor zwei Jahrzehnten und ließ sie in Thüringen erziehen – doch was geht Euch das an?« fährt er endlich auf. »Euer Meister hat mich nicht danach gefragt. Ihr habt zu schreiben, was man Euch befahl. Das ist Euer Amt, weiter nichts. – So schreibt endlich.« Der Enskirch hat die Faust auf den Tisch gelegt. Schwielen sind darauf vom Eisenhandschuh.

Johannes sieht diese Faust an, als dächte er nach, und sieht dann, ohne den Kopf zu heben, zu dem Ritter hoch: »Mein Amt ist es, darauf zu achten, was der Meister von seinem hohen Stuhle aus leicht übersieht. – Ein Findelkind also, der Abstammung nach unbekannt, schreibt er, jetzt Rosalie Enskirch genannt. – Wer gab ihr das Recht zu diesem Namen? Hat sie wenigstens die heilige Taufe?«

Nun aber wird es dem Ritter zu viel. Er reißt das Pergament hoch, daß die Feder knirschend bricht und Tinte und Streusand spritzen. Die Fetzen wirft er dem Schreiber an den Kopf und haut hinter sich die Tür zu.

Draußen auf der breiten Treppe, wo ihm das Sonnenlicht und der Marktlärm entgegenschlagen, gerade der Staupsäule gegenüber, läuft ihm der Ratsherr Melchior über den Weg. Er mag hier seiner gewartet haben. »Was ist Euch, Herr Enskirch?«

»Der Teufel mag die Stadt holen, soll der Hammerschlag über sie kommen!«

Bei einem Becher kühlen Ungarweines im Hause des Ratsherrn erzählt der Ritter dann, nun kann er schon darüber lachen, von dem überheblichen Ratsschreiber, der sich noch über den Ersten Bürgermeister wichtig fühlt.

Melchior sitzt ihm nachdenklich gegenüber. Er grübelt, den Becher drehend, wie er die Sache ausgleichen kann. Städter und Ritter vertragen sich nur, wenn es ihnen gemeinsam an die Kehle geht. Sonst fühlt sich jeder über den anderen erhaben.

Die Hausfrau lädt zu einem Imbiß, und der Ritter staunt über die Pracht und die Reichhaltigkeit des Mahles. Die adeligen Herren im Lande treiben solchen Aufwand nicht. Auch das Haus zeigt Kostbarkeiten, wie er sie in Schlössern und Burgen nicht kennt. Fast meint er nun den überheblichen Stolz begreifen zu können, doch dann sagt er sich: Diese Herren alle dienen ihrem Leib und ihrem Gelde. Wir aber dienen dem Kaiser und dem Land. Darum sind wir arm, darum müssen wir arm bleiben. Ihnen bedeutet Fressen Leben.

So findet er zu seinem Stolz zurück.

Der Reitknecht Frieder erhält Bescheid, daß heute von einer Heimkehr nicht mehr die Rede ist, und ist nicht böse darüber.

Der Bauer Christoph steht zwischen Haus und Stall. Das Vieh ist versorgt und schnobert zufrieden in der Krippe. Grip, der Hund, sitzt zu seinen Füßen und schaut gleich ihm zum Zobten hinaus, dessen Wälder nicht weit hinter seinem kleinen Felde beginnen.

Sein Weib, die Barbara, kommt mit dem vollen Melkeimer. Einen Teil der Milch schüttet sie in einen irdenen Topf, den andern randvoll in die zwei großen Steinkrüge. So teilt sich alles, was der Hof bringt von Vieh, Garten und Feld: ein Fünftel der Bauer, zwei Fünftel das Kloster, zwei Fünftel der Herr. Nur die Woche teilt sich anders: zwei Tage dem eigenen, vier Tage dem Grundherrn und ein Tag Gott, das ist der Sonntag. Sie kennen nur diese Teilung, und sie finden sie darum recht und gut.

»Schau, Barbara, wie grau der Berg heute ist. Das gibt Schönwetter zum Heu. Morgen und übermorgen tun wir unsere Arbeit.«

Die Bäuerin sieht kurz hinauf und schlägt ein rasches Kreuz: »Was wird unser Herr tun, dem das Schloß verbrannt ist?« fragt sie, den Melkeimer am Wassertrog spülend.

»Er wird schon ein Dach finden. Er bekommt unsere Frucht, das andere braucht unsere Sorge nicht zu sein.«

»Sie erzählen im Dorfe, daß er alle Männer, die ihm noch geblieben sind, aufbieten läßt, gegen den Berg zu ziehen. Aber du gehst nicht mit, Christoph, du bist zu alt, den Spieß zu tragen. Wenn sie dich holen, gehe ich zu ihm bitten. Er war uns immer ein guter Herr. Und der Fronvogt – Gott erbarme sich seiner Seele – ist tot, der Schinder.«

»Laß das Gerede, Weib. Gegen den dort oben –«, keiner nennt seinen Namen, um ihn nicht zu berufen, »wird es keiner wagen.« Der Bauer zieht die Schultern zusammen, als fröstele ihn an dem warmen Abend. »Aber wenn der Herr uns braucht, müssen wir gehen.«

Das Weib läßt wie mutlos die Hände ins Wasser hängen: »So stehen wir zwischen dem einen und dem anderen. Wenn sie die Schwerter ziehen, müssen wir Bauern den Buckel hinhalten. Wären wir doch weit draußen im Lande und nicht hier unterm Berg.«

Der Bauer ist neben sie getreten und meint begütigend: »Meinst du, dort draußen gäbe es der Fährnisse weniger? Wir stehen hier wie dort in Gottes Hand.«

»Und nahmst dennoch den heidnischen Stein, den du am Walde drüben fandest, als Schwellenstein unter die Tür.«

Achselzuckend lächelt der Bauer: »Konnten wir ihn maßgerechter haben? Oder fürchtest du die alten Götter noch?«

»Sieh nur, wie der Berg droht! Sieh nur, wie es in den Burgfenstern brennt, als schlüge das Höllenfeuer herauf. Ich wollte, ich brauchte das nimmer zu sehen.«

»Das ist doch nur die Abendsonne, die sich spiegelt, Weib.«

Sie faßt seinen Arm mit beiden Händen: »Versprich mir, Christoph, daß du dich versteckst, wenn der Herr zu den Waffen befiehlt. Ich habe so schwer geträumt in den letzten Nächten.«

Der Bauer will noch etwas sagen, er wird unwillig unter dem Widerspruch des Weibes, aber da drängt sich der Hund, der schon eine Zeitlang mit aufgestellten Ohren zum Walde hinübergeäugt hat, zwischen seine Beine. Die Haare sind ihm gesträubt, die Rute hat er eingeklemmt. Er zittert am ganzen Leibe.

»Was hast du, Grip?«

»Mann«, keucht die Bäuerin auf einmal, »Mann, sieh die

Reiter dort am Waldrand! Komm herein, schließ die Türen – gnade uns Gott, der Hammerschlag reitet.«

»Nenne den Namen nicht«, sagt der Bauer erblassend; er springt schon ins Haus und verrammelt die Tür. Sein Weib zerrt die dünne Glut auf dem Herde auseinander, daß der Rauch sie nicht verrate.

Zehn finstere Reiter sind es, zwölf, die quer durch das Hirsefeld vom Walde niederreiten. Aber sie reiten vorüber, verschwinden ohne einen Laut auf der anderen Seite im Walde. Der Hammerschlag war nicht bei ihnen. Der Prokop führt sie. Sie werden in dieser Nacht den Liegnitzer Herren zum Tanze aufspielen.

Der Hammerschlag ist aber auch nicht bei der anderen, stärkeren Schar, die ostwärts vom Zobten niedersprengt, unter dem Geiersberge vorbei. Vor ihnen her reitet krumm und schief auf seinem Klepper der schwarze Tater.

Nach Norden reitet ein einzelner. Um Mitternacht wird er vor Breslau sein. Das ist der Hammerschlag.

Die Sonne funkelt auf den goldenen Turmkreuzen der stolzen Gotteshäuser, die auf der Insel der Oder stehen: vom Dome, von der dunklen, pfeilergestützten Kreuzkirche, von St. Maria auf dem Sande. In den Gärten der geistlichen Herren der Dominsel biegen sich die Bäume unter den leuchtenden Früchten. Der Segen des Himmels und der Segen der Erde haben sich sichtbar vereint. Im leise ziehenden Strom spiegelt sich das bunte Bild. Wels und Salm stehen auf seinem Grunde. Segen des Wassers kommt hinzu. Was Wunder, daß die Herren, deren Meister bestimmt hat, sein Reich sei nicht von dieser Welt, noch stolzer sind in ihrer lila oder roten Robe als die

Herren der Stadt in den schwarzen Talaren mit den weißen Halskrausen.

Auch unter den weißkuttigen Mönchen, die sich im Schatten der Eichen auf dem Sande ergehen und des Wassers Kühle mit dem Duft edelsten Weines mischen, geht oft die Rede vom Hammerschlag. Einst waren sie die Herren des Klosters auf dem Berge, erdfern und himmelsnahe, sicher vor unliebsamer höherer Visitation, bis die Räuber die Burg nahmen und das Kloster brachen, um aus dessen Steinen ihre Breschen zu füllen; bis sie den Berg hinunterflohen und sich an dessen Fuße in Gorkau eine neue Abtei errichteten. Aber auch dort hatte es sie nicht lange gehalten, die Räuber hatten Geschmack an ihren Schätzen und an ihrem Wein gefunden. Nun sitzen sie sicher auf ihrer Insel im Strom und loben Gott auf ihre Weise.

Der Enskirch hat mit seinem Wirt, dem Ratsherrn, dem feierlichen Hochamt im Dom beigewohnt und ist vom Weihrauch und dem Prunk noch ganz benommen. Er hatte auch bei den Mönchen vorsprechen wollen, um Segen und Geldhilfe gegen den Zobtenräuber zu erbitten, aber Melchior hatte ihm abgeraten.

Nun gehen sie, ein anderes, männlicheres Schauspiel zu sehen.

Auf dem großen, freien Plane innerhalb der Mauer westlich vom Schweidnitzischen Tore, wo sie sich zur Graupenbastion hinzieht längs des Mäuseteiches, in dessen verschilftem Wasser das Hochgericht sich spiegelt, hat sich eine Menge Volkes eingefunden. Die Büttel haben Mühe, die Mitte des staubigen Platzes freizuhalten, wo die Fähnlein der städtischen Landsknechte in festgefügten Karrees stehen.

Die Kinder lärmen und drängen zwischen den Beinen der Großen; jetzt gelten weder Zunft- noch Standesordnungen;

Bauern und städtische Handwerker, fahrendes Volk und ehrsame Bürger, alles steht hier durcheinander mit langen Hälsen und tauscht abenteuerliche Vermutungen aus über den Grund dieses Spektakulums.

Gibt es einen neuen Krieg gegen die Völker des Ostens? Vor ein paar Jahrzehnten erst war die Stadt von den wilden, schlitzäugigen Horden niedergebrannt worden, die Allerältesten erinnern sich noch der Flucht und des mühseligen, gefährlichen Hausens auf den Oderinseln, und da und dort liegt noch ein Ruinenfeld zwischen den neuen Gebäuden. Gilt es, einen besonders wichtigen Kaufmannszug nach Krakau, der Tochterstadt, oder gar bis zu den Moskowitern zu geleiten? Der Handel mit den kostbaren Pelzen soll ja endlich beginnen. Oder rührt sich der Türk und zieht gegen das Reich? Oder kommt der Kaiser zu Besuch?

Meinungen schwirren durcheinander. Spaßvögel lassen die tollsten Gerüchte auf die Neugierigen los, je unwahrscheinlicher, desto rascher werden sie weitergegeben, keines ist zu unsinnig, um nicht geglaubt zu werden.

Da kommt noch ein Aufgebot und reiht sich an. Trommeln und Pfeifen klingen auf. Rotweißrote Fahnen werden geschwenkt. Hoch zu Pferde im gemessenen Schritt reitet der Hohe Rat der Stadt ein. Mancher der Herren sitzt recht unglücklich im Sattel, aber die Sänfte wäre nicht feierlich genug an solchem Tage und schickte sich nicht zu dem kriegerischen Aufzug. Sogar ein Abgesandter des Domkapitels ist dabei, seht ihn dort in seiner roten Robe!

Wer aber mag der Ritter sein mit den blauen und gelben Federn am Barett? Ob dem etwa das Ganze gilt? Aber der ist wohl kein kaiserlicher Gesandter, sein Leder ist abgeschunden und ohne Gold, und er ist ganz hintendran im Zuge. Oder dem

Herrn mit dem kostbaren Pelzmantel, der zwischen den Bürgermeistern reitet?

Immer dichter rücken die Zuschauer vor, jetzt reiten die Herren an den Soldaten entlang. Ehrfürchtig grüßen die Offiziere. Unter den halbwüchsigen Jungen, da und dort auch von Erwachsenen aufgegriffen, geht manches Spottwort über den dicken Bürgermeister, der sich nur mühsam auf seinem Gaule hält, oder über den dürren Schreiber, der sich bunt ausstaffiert hat und stolz umschaut, als wäre er die Hauptperson auf dem Platze und für alles verantwortlich.

Die Büttel schwingen die Stöcke gegen die Menge, aber sie vermögen nicht viel. Denn auch sie fühlen heute den Stolz über die kühne Streitmacht, die ihre Stadt aufzubieten vermag, gewappnet gegen jeden Feind. Es ist ein erhebendes Gefühl, ein Breslauer zu sein, beschützt von solchen Männern, geführt von solch weisem Rat.

Hochrufe werden laut, erst vereinzelt, dann braust es lang hin zum hohen Dach von St. Dorotheen und Corpus Christi. Unruhig tänzeln die Pferde, die Fahnen blähen sich im leichten Wind.

Die Reiter sind am Ende des Karrees angelangt und verhalten. Mit weiter Handbewegung weist der Erste Bürgermeister dem Stettiner Herrn die jubelnde Menge. Die nimmt's als Gruß, und das Geschrei schwillt an. Der Stettiner hebt sein Pelzbarett und grüßt zurück. Lauter noch wogt der Jubel auf. Die Soldaten schlagen die Hellebarden und Schwerter zusammen. Es ist ein Flirren von tausend Händen und Gesichtern, ein Funkeln und Blitzen von all dem Metall auf dem weiten Plan.

Da schärft sich dem Stettiner der Blick für ein einzelnes Gesicht, das alle überragt. Ein Bauer ist es mit rotem Barte und – er sieht es genau – einer schweren Narbe von Mund zu Ohr.

Der Stettiner neigt sich mit steifem Rücken zurück und sagt zum Oberhaupt der Satdt: »Dort steht der Fribott.« Nur sein Blick weist kurz hinüber.

»Wer?« fragt der Erste Bürgermeister. Er begreift nicht.

»Derselbe, den Ihr auch Peter Wlast nennt oder – –.«

Der stolze Oberste ist wie unter einem Hiebe zusammengezuckt:

»Der Hammerschlag –??«

Er hat es ganz leise gesagt, die Sprache versagte ihm. Nur der Stettiner neben ihm hat's verstehen können. Aber in der gleichen Sekunde hat der Blick des Schweidnitzer Ritters am anderen Ende der Kavalkade das gleiche Ziel. Unwillkürlich setzt der Enskirch seinem Gaul die Sporen ein und reißt ihn zugleich zurück, daß er sich hoch aufbäumt. Zwischen ihm und dem Hammerschlag stehen nutzlos, ein Hindernis, die Soldaten.

Es ist, als sei der Name ein Funken, der stiebend über die Menge fällt. Aller Jubel ist plötzlich abgeschnitten. Ein Ruf: »Der Hammerschlag ist unter uns!« Hundert Schreie, überall her: »Der Hammerschlag!!«, und dann nur noch ein Heulen: »Gnad uns Gott – der Hammerschlag!« – und eine Flucht. Jeder stößt und tritt um sich, um fortzukommen. Der Hammerschlag rennt mit ihnen, drängt sich durch, dort unter der Mauer steht ein schwarzer Hengst, schon ist er bei ihm, mit einem Satz im Sattel. Ein gellender Zuruf, wie ein Peitschenhieb über die Menge hin, ein Zungenschnalzen: über die Köpfe der angestauten Menge fliegen Roß und Reiter, noch ein wahnwitziger Sprung, nun jagt er die Reihe der Soldaten entlang mit fürchterlichem Gelächter, an den erstarrten Ratsherren vorbei – der Enskirch, hilflos eingekeilt zwischen den rückwärts gedrängten, scheuenden Pferden, zerrt an seinem Schwertgehenk –, in der Faust ist plötzlich sein furchtbarer Hammer, da einer der Offiziere ihm in die Zügel zu springen versucht. Mit zerspelltem Schädel rollt er unter die Hufe. Dort biegt der Reiter schon nach dem Tore ein, einige der wirr Flüchtenden niederreißend; der Enskirch hat sich aus dem Knäuel der bleichen Räte freigemacht, jagt ihm nach. Das Volk spritzt schreiend auseinander.

»Das Tor –«, schreit er, »Fallgitter nieder!!«

Der Hammerschlag legt sich dicht auf den Hals seines Hengstes, dessen Hufe schon unter der Torwölbung donnern, rasselnd fällt das schwere Gatter – hinter dem tollen Reiter! Kaum kann der Enskirch seinen Braunen parieren, um nicht gegen die Eisenstäbe zu prallen.

Mitten auf der Brücke reißt der Hammerschlag sein Pferd herum und reckt sich in den Bügeln hoch. Er lacht – lacht –.

Bolzen und Pfeile der Torwache umschwirren ihn wie bösartige Hornissen, aber keine sticht, er schüttelt sie ab wie spielende Mücken. »Mit dem Aufgebot willst du mich fangen, Enskirch? Mit diesen Krämern?« lacht er. Der Ritter hat das Gitter gepackt und rüttelt es in seiner Wut; in spielerischem Trabe reitet der Hammerschlag weiter, am Hochgericht vorbei, dem fernen Berge zu. Er wendet sich nicht mehr um. Endlich geht ruckweise und kreischend das Gatter wieder hoch, es ist viel zu spät.

Hinter ihrer Mauer liegt zu Tode erschreckt die Stadt.

Der Enskirch reitet zurück. Noch trägt er das Schwert blank. Er vergaß es wieder einzuhängen. Die Menge hat sich längst verlaufen, hinter einigen Haustüren lugen ängstliche Gesichter. Die meisten Fensterläden sind geschlossen.

Da kommt ihm der Rat entgegen, zu Fuß; die Herren sind wohl abgestiegen, um der Mühe der Verfolgung enthoben zu sein. Nur der Stettiner Amtmann und der Domherr sitzen ruhig im Sattel. Der Stadtoberste tritt neben des Enskirchs Steigbügel.

»Herr Ritter Enskirch«, sagt er, und seine Stimme kommt von bebenden Lippen, »nehmt von den Soldaten, so viele Ihr braucht und so lange Ihr sie wollt. Und braucht Ihr Gold, der Stadtsäckel steht Euch offen. Bringt den Vertrag der Herzöge –.« Die Stimme erlischt ihm.

Vors Gesicht möchte ihn der Enskirch am liebsten treten. ›Und nun muß ich ihnen noch danken‹, denkt er in ohnmächtigem Zorne. Er verneigt sich nur knapp.

Am nächsten Tage wird in Breslau bekannt, daß im Liegnitzer und Münsterberger Land allenthalben die Dörfer brennen. Da erbleichen die Breslauer Räte zum zweiten Male. Aber sie fühlen sich schon wieder als Helden und beraten die Siegesfeiern. Auch das Halsgericht haben sie schon bestimmt.

Schräg scheint die Sonne durch das Fenster mit den Butzenscheiben in der tiefen Mauernische, vor dem die hochgerankten roten Röschen nicken. Zum Schnurren des Spinnrades singt Rosalie ein kleines Lied, wie sie es bei den Nonnen des Thüringer Waldes gelernt hat.

Als die Alte eintritt, läßt sie den Faden ruhen und fragt: »Wann mag der Herr Ritter wiederkommen, Mütterchen? Ob er mir Nachricht bringt von meinem Vater? Er wollte ihn in Breslau treffen.«

Die Alte streicht ihr mit der dürren Hand über den Scheitel: »Zur Nacht wird er wieder dasein, Kind.« Und lächelt: »Singe weiter, so lange schon wurde hier oben nicht gesungen. Freue dich deines Lebens, es geht so rasch vorbei.«

Rosalie greift nach ihrer Hand: »Ich muß dem Ritter Wlast

noch danken, daß er mir Zuflucht gibt, bis mein Vater wiederkommt. Im Garten unten ließ er mich so plötzlich stehen. Ob ich ihn erzürnt habe? Ich bin traurig darüber, ich habe es wirklich nicht gewollt. Hat er denn immer so wenig Zeit?«

»Es bleibt ihm nicht mehr viel Zeit«, sagt die Alte, »die Nacht ist nahe.«

»Aber der Mittag ist doch kaum vorüber, Mütterchen«, meint das Mädchen, wie man manchmal zu eigensinnigen alten Leuten reden muß. »So hoch steht noch die Sonne.«

Sie erhält keine Antwort. Die Alte sieht zum Fenster hinaus in das weite, sonnengrüne Land.

Spielerisch tritt Rosalie zu, so daß das Spinnrad wieder zu summen anfängt. Die Spindel ist wie flüssiges Silber. »Sagt mir doch, Mütterchen, was waren das für Feuer gestern nacht dort unten bis weit in den Himmel hinein? Noch heute sieht man den Rauch.«

»Es ist so Sitte hier, du bist noch nicht lange genug im Lande, um die Bedeutung zu kennen.«

»Eine alte Sitte schon?« fragt Rosalie neugierig.

»Solange ein Mensch denken kann, brennen sie Feuer an, nicht nur hier. Und solange Menschen leben, wird es wieder und wieder brennen.«

»Und warum haben wir hier oben keins gehabt? Wie weit müßte man es sehen, wenn es nur richtig flammt!« ruft das Mädchen aus, und seine Augen leuchten. »Leidet es der Herr Wlast nicht? Oder wird darauf gewartet, bis er wieder daheim ist?«

Ganz langsam spricht die Alte, als spräche sie ein trauriges Gebet: »Er wird dabei sein, und er wird es leiden müssen. Aber dann wird es ein Feuer sein, als brenne der ganze Berg.«

»Ihr sagt es so bedrückt, Mütterchen? Feuer – das ist doch etwas Schönes, Festliches, wenn es so loht und leuchtet! Ein lustiges und frohes, wenn die Scheiter krachen und der Wind die Funken fliegen macht, da möchte ich immer springen, hinüber und herüber durch die Flammen, wie wir es taten in der Johannisnacht.«

»Du wirst springen, Mädchen – und alle anderen mit.«

»Ihr auch?« fragt Rosalie übermütig und schlägt sich gleich erschrocken auf den Mund, weil sie so etwas Ungehöriges gesagt.

Doch die Staretza lächelt, es ist ein mildes Greisenlächeln. »Auch ich, Mädchen, auch ich. Bloß – ihr anderen springt nur hinüber –, ich aber muß wieder zurück.«

»Gerade Ihr, Mütterchen, wollt zweimal springen?« Sie lacht bei dieser Vorstellung hell auf, doch auf einmal ist es ihr, als lauere hinter ihr ein Grauen, daß sie sich schütteln muß; aber dann zwingt sie sich, in die uralten Augen hineinzuschauen, und sagt ganz leise nur, während ihre Hand an dem Faden entlangstreicht: »Ich möchte nicht nur einmal – viele Male möchte ich über das Feuer hinweg.«

Wie sie aufsieht, ist die Alte verschwunden. Sie hat sie nicht gehen hören. Nach einem langen Blick auf die Rosen, die vor dem Fenster nicken, fängt sie wieder an zu spinnen. Aber das Lied will ihr nicht mehr von den Lippen. Der Faden reißt immer wieder. Auf einmal fühlt sie, wie ihr Tränen auf die Hand tropfen. Sie weiß nicht einmal, warum sie weint.

Wäre doch erst der Ritter wieder da! Und der Vater mit ihm. Es zieht so kalt von den stillen Steinen her.

Durch die rasch sinkende Dämmerung reitet der Enskirch heimzu. Seinen Begleiter hat er vorausgeschickt, um noch zur Nacht den Geschützgießer zu bestellen. Bei dem Gedanken an den Breslauer Rat, der beim Erscheinen des Hammerschlag so gefügig geworden war, lacht er auf. Hatte der Himmel sein Stoßgebet erhört? In den bittern Hohn mischt sich ein gut Teil Schadenfreude und Verachtung für die hochmütigen Herren.

Zur Linken steht vor ihm blau der Zobtenberg, und dahinter zieht sich über den Wäldern die Kette der Berge am Himmel entlang. So nahe scheint sie, als ließe sie sich in wenigen Stunden erreiten. Dort oben auf dem nahen Berg ist nun sein Mädel: Gott gebe, daß es tot sei. Unausdenkbar ist solch Geschick unter der wüsten Bande. Der Herr hat gegeben, der Herr hat genommen, denkt der Ritter und bekreuzigt sich fromm. Aber dann fällt ihm das Wort ein, das der Prediger heute von der Domkanzel gerufen hat: Die Rache ist mein, spricht der Herr!

Nein! Solche Ergebung mag den Priestern und den Mönchen anstehen. Er aber, der Ritter Erasmus von Enskirch, Kreuzfahrer und Kämpfer in vielen Schlachten, trägt ein Schwert. Sein ist die Rache! Sein muß sie werden. Ein ganzes Land gilt es zu rächen und zu befreien.

Hilf mir, Herre Gott!, betet er und legt die Hände über den Zügeln zusammen, da von weit her ein Ave-Maria-Läuten erklingt.

Unruhig knirscht der Braune an der Kandare. Er drängt heim. Die Sonne, die sich hinter dunkler Wolkenwand lange verborgen hat, bricht noch einmal unter ihr hervor. Unheimlich fahl und gelb ist das Licht, das sie ausgießt. Alles Grün auf den Äckern und an den Bäumen sieht wächsern und wie tot aus.

Nicht einmal ein Windhauch rührt die träge Schwüle auf. Der Enskirch rückt das Barett aus der Stirne und öffnet das schwere Lederkoller. Stehen dort in der Ferne nicht Rauchwolken am Himmel, schwärzer, als sie Kaminen entsteigen? Der Wald nimmt ihm wieder die Sicht.

›Mit diesen Krämern willst du mich fangen?‹ hat ihm der Hammerschlag heute zugerufen. Der weiß seine Gegner recht einzuschätzen, aber er soll sich dennoch verrechnen.

Die Sonne versinkt schon wieder in den Wolken, deren glühende Ränder wie ferner Brand sind. Rasch zieht das Gewitter auf, nach dessen Kühle Roß und Reiter lechzen. Selbst die Bäume, selbst das dünne Korn auf den Feldern steht schlaff und müde. Die Welt scheint ausgestorben, kein Vogellaut, kein Tier, kein Mensch. Nun wischt ein grauer Vorhang die Sicht nach den Bergen weg. Einzig der Zobten steht schwer und drohend unter einem leuchtenden Abendhimmel. Die Dunkelheit kommt wie ein dichtes Tuch. Rot zuckt es in der Schwärze auf, enthüllt Wolkenballen und Türme. Helle graue Fetzen jagen darunter. Donner murrt auf. Ein Windstoß seufzt heran und packt auf einmal wütend in die schlagenden Äste. Zugleich nähert sich prasselnd der dunkle Vorhang; der Enskirch gibt dem Gaule die Sporen. Bis zum nächsten Dorfe ist es weit. Ringsum kein Dach, kein Unterschlupf. Jetzt ist der Regen mit dicken, sturmgepeitschten Tropfen über ihm. Es ist im Nu so finster, daß er kaum noch das Band des Weges erkennt. So läßt er dem Braunen die Zügel und zieht nur den Mantel schützend über den Kopf.

Da ist es ihm, als höre er neben sich einen zweiten Hufschlag. Wie er unter den Mantelfalten vorsieht, schlägt quer durch das finstere Gewölbe ein greller Blitz. Krachend, gellend fährt der Donner über ihn hinweg. In den rot aufblitzenden

Tropfenschnüren hat er eine dunkle Gestalt zu Pferde erkannt, mit tiefhängendem Schlapphut und wehendem Mantel. Sie hält Schritt mit ihm.

Furcht kennt der Enskirch nicht, aber das ist unheimlich. Er muß an den wilden Jäger denken und an Wotan, der einmal als Allvater diese Erde beherrscht hat, ehe der Gott der Liebe hier einzog. Der Gotte der Liebe – und dennoch gibt es einen Hammerschlag und gibt es zwistige Menschen überall.

Wieder Blitz und wieder Krach, es war keine Täuschung, es galoppiert einer neben ihm. Jetzt hört er auch dessen Stimme:

»Enskirch, ich biete dir einen Vertrag –.«

Kommt hier noch ein Helfer, ein gespenstischer? Alter Aberglaube, längst abgeschworen, flackert in dem Ritter auf. Ist es etwa der Schwarze selbst, von dem die Pfaffen reden? Er wartet nur auf einen Blitz, daß er das Gesicht erkenne. Jetzt –.

Aber der vom Regen niedergedrückte Hutrand verbirgt den ganzen Kopf.

»Wer seid Ihr?« schreit der Enskirch. Donner verschlingt seine Stimme.

»Das Leben deiner Tochter gegen den freien Abzug der Leute dort oben.«

Was für ein Vorschlag! Und doch – Rosalie lebt? Er könnte sie wiederhaben –.

»Nein!« schreit er zurück. Der Sturm jault in den Wipfeln, der Regen ist wie tausend Geschosse. Rosalie lebt? Wer weiß, wie sie lebt! »Wer seid Ihr?« fragt er wieder. Sehen kann er nichts, so dunkel ist es, so peitscht der Guß. Er fühlt seine Zügel zurückgerissen, fast fliegt er von dem sich aufbäumenden Pferde. Schulter an Schulter spürt er den Fremden.

»Enskirch«, diese heisere Stimme – hörte er sie nicht heute schon einmal? – ist dicht vor seinem Gesicht: »Rosalie befindet sich wohl, sie läßt dich grüßen. Keiner hat sie angerührt. Gilt sie dir nichts?«

Der Ritter stöhnt. Die Versuchung drückt riesenstark.

»Enskirch, noch ist es Zeit – ja oder nein?«

Herrgott, gib mir die Kraft! – »Nein!« schreit er wieder, es ist eher ein Ächzen. »Das Land muß frei werden, und koste es das Letzte.«

»Bedenke, was du sagst«, drängt die Stimme aus tosendem Donner heraus.

»Rosalie –«, keucht der Ritter und bemüht sich, die Hände freizubekommen, um dem Schwarzen den Hut wegzureißen. Aber, als habe der die Absicht erkannt, fühlt er plötzlich sein Pferd frei und sieht den Versucher beim nächsten Blitz am jenseitigen Wegrande.

»Steh!« reißt der Enskirch das Schwert hoch, »und nenne dich –!« Aber die Dunkelheit äfft ihn und sein von den Blitzen geblendetes Auge.

»Laß das Schwert«, hört er, »ich bin zu sehr im Vorteil. Rosaliens Vater ist mir heilig – noch!« Und dann klingt's von der anderen Seite her: »Du hast meinen Vorschlag. Noch hast du Zeit, dich zu besinnen.«

Das Gewitter scheint vorbei. Nur ferne murrt der Donner. Hinter den abziehenden Wolken werden erste Sterne frei. Ferne im Westen ist ein schmaler lichterer Streifen, eine Ahnung nur von vergangenem Abendrot.

Der Ritter, das blanke Schwert in der Faust, ruft in die Finsternis hinein: »Du bist – –«

»– – der Hammerschlag«, unterbricht es ihn, schon von weit her.

Dann hört er nur noch dumpfen Hufschlag querüberfeld, der in dem sanft rauschenden Regen verklingt. Nun versiegen auch die letzten Tropfen, nur von den Blättern klopft es und raschelt es noch.

Ein Grauen ist in ihm und etwas wie eine merkwürdige Achtung vor dem Manne, den zu fangen er sich zur Aufgabe gesetzt hat, weil er ein Verbrecher ist.

Von einem zum anderen Entschluß schwankend, reitet er weiter. Der Sterne werden immer mehr über ihm. Als er die Hütte seines Reitknechtes betritt, erhebt sich die gedrungene Gestalt des Geschützmeisters von der Ofenbank. Es gibt kein Zurück und kein Schwanken. Der Weg ist ihm vorgezeichnet.

Wieder sitzt der Hammerschlag mit seinen Hauptleuten im Gewölbe beim Wein. Aber es geht stiller zu als jemals, obgleich sie nicht immer nur Siege zu feiern hatten. War es denn diesmal kein Sieg? Der Schlag gegen den Liegnitzer, der gegen Münsterberg, der übermütige Streich gegen Breslau: drei Züge zugleich und jeder einzelne größer und kühner, als je einer war! Freilich, dem Prokop hängt der linke Arm schlaff, und der plumpe Verband auf der Schulter ist blutig, zwei Männer hat er verloren und der Tater gar fünf, aber was gilt das gegen den Schrecken, den sie hinterließen! Nun werden sie wieder für einige Zeit Ruhe haben zu kleineren Streifen, die bessere Beute tragen. Ist das kein Grund zum Feiern und Fröhlichsein?

Sie stürzen die Becher und füllen die Kanne; aber der Oberste in seinem samtenen Stuhl sieht finster vor sich hin. Sollen sie die Kumpane, die lebend dem Feind in die Hände fielen, heraushauen aus den Verliesen? Bisher wurde das selbstverständlich ohne viel Rede so gehalten. Erst einen in der ganzen Zeit haben sie hängen lassen müssen, den roten Kaspar damals in Striegau. War das nicht ein Höllenspaß, als sie vorm

Jahre den Mischka noch eben heil den Nimptschern vom Galgen schnitten? Der Oberste schüttelt den Kopf: »Wir haben keine Zeit mehr dazu.«

Was ist mit ihm? Hat das Mädel ihn verdreht? Überhaupt, seit die hier oben ist – keine Zeit mehr? Als spräche die Hexe, so klingt das gerade. Aber Widerspruch ist gefährlich. Denkt an den Hammer und an den einstigen Pfaffen, der das letztemal noch mit uns hier saß, sagen die Augen, die sich erstaunt ansehen.

Endlich spricht der Oberste, die drei hören ihm ohne ein Wort zu. Was? Zur Verteidigung einrichten sollen sie sich? Das ist ihr Handwerk nicht. Sitzen sie schon wie die Ratten im Loch? Sie, die eben erst den Schrecken weit ins Land hinuntergetragen haben? Kein Zweifel, der Anführer ist verhext!

Der Jens muß lachen: »Glaubst du denn, sie wagen sich hierher auf unseren Berg? Und wenn sie nach Hunderten zählten! Die Breslauer? Die Liegnitzer? Die Münsterberger? Die sind ja einer des anderen Feind. Jeder gönnt jedem Schaden und Niederlage. Das sind tausend Köpfe und kein einziger Arm.«

»Nein«, sagt der Hammerschlag und steht auf. »Jetzt ist es nur ein Kopf. Aber er hat tausend Fäuste. Wir werden es spüren.«

Der Prokop stützt sich auf seinem gesunden Arm hoch: »Seit wann hat der Hammerschlag Furcht vor dem Lande? Bisher war es umgekehrt«, sagt er herausfordernd.

Der Hammerschlag sieht ihn ruhig an, wie ungewohnt, wie unheimlich ist das an ihm! »Wenn du glaubst, von hier fortzukommen, dann versuche es. Ich gebe dir den Weg frei.«

»Mir willst du Feigheit vorwerfen, mir?« brüllt der Prokop beleidigt.

Doch der Oberste mustert ihn gleichgültig: »Morgen vielleicht bleibt dir schon kein Weg mehr. – Geht, sagt den Männern Bescheid.«

Drei Tage lang hat der Hammerschlag gewartet, ob nicht doch noch ein Bote kommt aus Schweidnitz vom Enskirch. Er ist selbst einige Male vom Berg geritten und hat unten am Waldrande gesessen, wo man am Költschenberge vorüber die Türme der Stadt sehen kann. Es kommt kein Bote. Da weiß er, daß der volle, der letzte Einsatz von ihm verlangt wird. Lange genug hat er gespielt und stets gewonnen. Aber jetzt geht es wohl nicht mehr um Gewinn oder Verlust. Jetzt geht es um das Ende. Der Enskirch oder er. Warum hat er ihn geschont neulich, als er im Finstern neben ihm ritt? Warum ließ er ihn nicht, wollte er schon selbst nicht Hand an Rosaliens Vater legen, von einem seiner Leute aufheben? Nein, der Fehler seiner Rechnung liegt noch tiefer: Warum hat er das Mädchen nicht den Männern gelassen? Es läge jetzt längst schweigend in irgendeinem Kornfeld, unter irgendeinem Busch. Einmal ist er weich geworden, hat er Menschliches gefühlt. Darüber muß nun der Unmensch fallen.

Fallen? Hoho! Noch kann er den Hammer schwingen, die gefürchtete Waffe! Noch wird manch einer vor ihm fallen müssen.

Er geht rasch zum Palas hinüber. Er wird das Mädchen dem Vater schicken. Aber tot. Und vorher sollen seine Männer ihre Freude daran haben. Mensch oder Unmensch – eines davon! Das aber ganz sein.

Er steht vor der Tür, er stößt sie auf. Ein leiser Gesang bricht ab. Er hat ihn noch gehört.

Zierlich und hell tritt ihm Rosalie entgegen. Ihre Augen glänzen ihn an.

»So lange wart Ihr fort, Herr Ritter Wlast?« fragt sie. »Spracht Ihr meinen Vater? Warum habt Ihr ihn nicht mitgebracht?«

O Alte, du hast sie gut gehütet, daß sie immer noch nichts weiß! Er kann ihr nichts tun, er ist machtlos gegen so viel Unschuld. Er starrt sie an. Seine Hand umkrampft den Hammer an seinem Gürtel; dann streicht er sich über das Gesicht, wendet sich und geht. Ganz verwirrt und ratlos schaut Rosalie ihm nach, sieht, wie die Tür langsam zufällt, und hat die Augen voller Tränen.

Den Hammerschlag aber, draußen auf dem Hof, packt blinder Zorn. Er schmettert den Hammer in den Stamm der alten Linde, daß er bis zum Stiel hineinfährt in das stöhnende Holz. Da ist die Alte neben ihm: »Besser den Baum als das Mädchen, Söhnchen Hammerschlag. Heute den Baum, morgen das Mädchen. Du hältst nichts auf –.«

Er greift nach ihr, will sie würgen. Aber es bleibt ihm nichts in der Hand. Alle seine Kraft braucht er, den Hammer wieder freizubekommen.

Heute ist es gut, ihm auszuweichen. Seine Augen sind blutunterlaufen und scheinen nicht recht zu sehen, ob Freund oder Feind vor ihm steht.

Von Norden her wälzt sich eine Staubfahne träge dem Berge entgegen. Eine zweite steht im Osten und kommt langsam näher. Eine dritte naht von Westen her.

Von Westen her auch kommt und quietscht und ächzt ein seltsames Gefährt. Sechzehn Ochsen ziehen an den strammen

Sielen, später zwanzig, später dreißig. Es dauert Tage, ehe es den Bergwald erreicht. Schließlich muß es mit Flaschenzügen den Berg hinauf gewunden werden. Das dauert wieder Tage.

Der Hammerschlag versucht einige Male, es aufzuhalten. Aber Tag und Nacht schließen Soldaten einen Ring darum, der nicht zu durchbrechen ist. Steinbarrikaden, die er im Wege errichten läßt, fliegen unter Blitz und Krach in Rauch auseinander. Hat der Enskirch den Teufel im Bund? Den Teufel wider den Teufel?

Der Hammerschlag kann sich keinen Verlust mehr leisten. Er zieht, da kein Fluchtweg mehr offen ist, seine Männer in die Burg und macht die Mauern mit Stämmen und Steinen noch fester. Er kann nur noch warten. Aber er hat einen Trumpf: das Mädchen.

Schließlich erreicht der Lärm der Heranrückenden den Gipfel. Feuer brennen ringsum, Tag und Nacht. Wer sich blicken läßt, hüben oder drüben, bekommt einen Bolzen. Die Belagerer wundern sich über die Ruhe, die in der Burg herrscht. Doch jede unvorsichtige Bewegung belehrt sie, daß die Bande auf ihrer Hut ist. Bäume werden gefällt, bilden bald einen hohen Wall um die Burg, hinter dem die Soldaten sich freier bewegen können. Im Schutze der Klosterruine baut Jörg sein Geschütz auf. Der Enskirch geht ihm nicht von der Seite. Er treibt nicht zur Eile, im Gegenteil, das einzige, was er verlangt, ist höchste Sorgfalt, und sollte sie noch so viel Zeit kosten. Dem Geschützmeister graut fast vor der Kälte des Ritters.

Der Hammerschlag steht gedeckt hinter einer Mauerzinne und wartet. Seine Männer sind zu allem bereit. Er muß sie zurückhalten, daß sie keine vergeblichen Ausfälle machen. Der Stärke der Burg sind sie alle gewiß. Die Staretza ist ganz und gar unsichtbar geworden. Keiner fragt nach ihr oder dem

Mädchen. Was hinter den Mauerresten des Klosters geschieht, was sich dort gegen sie richtet, das können sie nicht sehen. Sähen sie es, sie verstünden es nicht. Und verstünden sie es selbst, so würden sie darüber spotten. Was soll ein liegendes Brunnenrohr sie schrecken? Was wissen sie von Steinen, die mit Feuer und Qualm und Gestank zum Fliegen gebracht werden, daß an ihrem Lärm die stärksten Mauern splittern? Nur daß immer noch kein Sturm geschieht, wundert sie.

Eines Morgens tut es einen fürchterlichen Schlag, als schüttele sich der Berg. Stinkender Qualm steigt auf, die Erde bebt, es heult heran, prallt dumpf gegen die berstende Mauer: eine Bresche klafft, die nicht mehr zu füllen ist. Langsam wälzt sich die graue Wolke in den Wald. Schreiend drängen die Belagerer heran.

Der Hammerschlag erkennt, daß die Zeit der bergenden Burg vorüber ist. Auch die Seinen, sobald sie sich von dem Schrecken erholt haben. Er springt mit wildem Fluch die Treppe zum Palas hinauf, während um die Bresche ein wüster Kampf anhebt. Der Enskirch selbst steht in der vordersten Reihe. Er will mit schweren Hieben einen raschen Eingang gewinnen.

Plötzlich ist des Hammerschlags Stimme über dem Geschrei, dem Klirren und Gestöhn. Im Bogenfenster der Bresche gegenüber steht er, blutbespritzt, das rote Haar wirr um den Kopf, in der rechten Faust den Streithammer. Mit der Linken aber hält er das Mädchen neben sich, das mit entsetzten Augen hinuntersieht.

»Enskirch!« brüllt der Hammerschlag.

»Vater –!« ruft verzweifelt das Mädchen.

Alles, Freund und Feind, starrt nach oben. Der Lärm erstirbt, die Waffen sinken.

141

»Enskirch!« schreit der Hammerschlag noch einmal. »Was gilt dir das Leben deiner Tochter?«

»Rosalie!« schreit der Ritter auf. Fast bricht er in die Knie. »Rosalie –«, flüstert er.

»Antworte, Enskirch, es ist die letzte Frist«, fällt die Stimme von oben, die heisere. Der Hammerschlag sieht, daß Prokop tot ist, daß der Tater versucht, einen langen, bunt befiederten Pfeil aus seiner Brust zu ziehen. Mitten in der Bresche, über die gebrochenen Quadern gestürzt, liegt Jens mit gespaltenem Schädel. Gewiß, viel mehr Feinde als eigene Leute liegen stumm zwischen den Steinen. Aber es sind auch viel mehr Feinde als eigene Leute da. Der Hammerschlag sieht den Wald, vor dem die bunten Fahnen und Fähnlein der Städte und Ritter flattern, sieht das besonnte Land weit drunten, bis es in der braunen Ferne verschwimmt, sieht dort die Berge blau sich heben, sieht die weißen Wolken am Himmel. Fern, unerreichbar fern ist das alles. Nur eines nicht mehr: das Ende.

Eine Sehne klingt, ein Bolzen schwirrt. Klatschend schlägt er dem Hammerschlag quer vor die Brust. Der Enskirch selbst sticht den Schützen nieder.

Aber der dort oben im Bogenfenster hat schon zugeschlagen. Schlaff, ohne noch einen Seufzer zu haben, bleibt das Mädchen in seiner Faust. Das Kleid ist eingerissen – und da sieht er an dem bloßen, weißen Halse, über dem langsam eine rote Ranke erblüht, ein raschelndes Muschelkettchen, ein einfaches Ding, wie Kinder in Fischerdörfern sie manchmal tragen – – –

Dieses Kettchen hat er einst, einst – wann war das?? – einem Mädchen gegeben, als es ihm die Tochter schenkte – – –

Er steht und starrt. Sieht nicht, daß unter ihm der Kampf von neuem losgebrochen ist, möchte nach dem Kettchen greifen und kann es nicht, weil er keine Hand dazu hat. Sieht nicht, daß Flammen aufzucken, daß es auch hinter ihm in dem Gemache schon brennt. Er steht und starrt. Die rote Ranke an dem weißen Mädchenhalse wird breiter, rinnt nun über die Muscheln –.

Die zarte Leiche entgleitet seiner Faust. Er brüllt auf und springt, springt mitten in einen Brand hinein dem Enskirch vor das mähende Schwert. Einem Ritter, der ihn von der Seite anrennt, schmettert er den Hammer entgegen, daß er durch den Helm bis tief in die Halsberge fährt.

Dem Enskirch schreit er zu, keinen anderen Gegner will er: »Gleiche Waffen biete ich dir!« schreit er und schleudert den blutigen Hammer beiseite. Er trifft einen Bauern vor die Stirn, der dem Enskirch mit dem Spieß zu Hilfe wollte. Der Hammerschlag reißt dem sterbenden Ritter das Schwert aus der verkrampften Faust.

Die Funken stieben. Vom Feuer? Von den Schlägen? Hin und her treiben sich die beiden, Schwert gegen Schwert. Eine Treppe geht es hinauf, in einen dunklen Gang hinein. Beide bluten sie aus schweren Wunden, aber noch leben sie, noch ist der Kampf nicht aus. Hinter ihnen bricht brennendes Gebälk nieder. Stufen hinunter toben sie Schlag um Schlag, Parade um Parade.

Und nun fällt eine Tür zu, und sie stehen keuchend im Dunkel. Kein Ton dringt mehr zu ihnen. Es ist stille um sie, ganz stille. Nur ihre Atem keuchen.

Wie sie kurz verhalten, fühlen sie, daß sie nicht mehr fähig sind, den Arm noch einmal zu heben. Keiner wird das enge Verlies mehr verlassen.

Es ist zu Ende.

»Wer bist du?« fragt der Enskirch, wie er schon einmal in das Dunkel hinein gefragt hat, und streckt die Hand aus nach ihm. Aber der antwortet nicht mehr. Da ist ihm, als träte eine uralte Frau zu ihm, er meint sie zu sehen, gebückt und weißhaarig in blassem Schimmer, und sagt: »Schlafe auch du, und laß das Fragen –«, und eine linde Hand streicht ihm die Augen zu.

Mit stillen Flammen brennen Burg und Wald. Eine gewaltige Fackel, so leuchtet der Berg weit über das Land. Nur der Bergfried steht noch lange Jahre. Daß tief unter ihm der Enskirch und der Hammerschlag ruhen, weiß keiner. Denn keiner hatte gesehen, wo sie geblieben waren in dem Brande, der viele Leichen verzehrte. Schließlich stürzte ein Sturm das letzte morsche Gestein.

Jahrhundertelang wagte sich keiner mehr auf den Berg. Dann kamen Schatzgräber. Sie wühlten den ganzen Berg um, sie wühlten umsonst. Die letzten kamen in den Jahren der Französischen Revolution. Wohlbehütet liegen noch heute Gold und edles Gestein in der Tiefe. Niemand weiß wo.

Auf alte Mauern wurde ein Kirchlein aus Holz gesetzt, damit der Berg wieder seinen Gott habe. Ein halbes Jahrtausend früher hatte er Perun geheißen – und vor diesem – wer weiß es?

Das Holzkirchlein zerschlug ein Blitz; da baute man eines aus dem behauenen Gestein, das zur Genüge da lag. Das steht heute noch hoch über den Kellern der einstigen Burg.

Man fand Teile des großen Geschützes, das mit seinem ersten und einzigen Schusse zersprungen ist. Man fand Schwerter und Hellebarden. Von dem Kloster zeugen noch steingehauene Löwen auf dem Berge und in seinem Umkreis.

Der Hammerschlag hat gelebt, auch Peter Wlast; auch Jan Cholda; auch Klas Fribott. Ebenso der Enskirch.

Der Sage ist es gleich, daß der Wlast um 1100 seine Kirchen baute, der Enskirch hundertfünfzig Jahre später ins Morgenland zog als Jüngling, der Hussitenführer vierhundert Jahre darauf in das Land brach und der Freibeuter gar erst fünf Jahrhunderte nachher gerichtet wurde. Der Sage ist es gleich; sie webt ihren Stoff nach eigenem Gesetz, das von der Zeit und Zeitenfolge nichts weiß.

Kaum ein anderes Land hat solch blutige Sage; aber kaum ein anderes Land auch hat, zwischen die Völker gebettet, solch schwere Kämpfe durchlitten. Darum ist die Grundfarbe seines Gewebes der Kampf zwischen vielerlei Stämmen, zwischen dem alten und dem neuen Volke, und zwischen ihren Göttern.

Das Schicksal dieses Landes um den heiligen Berg war es seit je, zwischen den Völkern zu stehen. Vom Westen kamen die Deutschen, hier ihr Leben zu richten; vom Norden streifende Wikinger; aus dem fernsten Osten brachen die Tataren hier ein und vom Süden her blutrünstig die Hussiten. Und davor, dazwischen und danach kamen viele andere, blieben oder gingen wieder. Das Land sog sie ein wie das Blut, das seine Erde trank in Recht und Unrecht. Zumeist war es deutsches Blut. Und darum war das Land deutsch geblieben, mochten auch fremde Völker es von beiden Seiten einengen.

Und das Leben, das Leben leben geht weiter. –

Der Sieger

Liegt da irgendwo in Schlesien ein Ort, der gerne eine Stadt sein möchte und gerade eben ein Dorf zu nennen ist. Wer von seinen knapp achthundert Seelen nicht Bauer ist und nicht Knecht noch Magd, der ist Kaufmann, Bäcker, Fleischer, Handwerker – oder Bürgermeister, Pastor, Förster. Diese letzteren sind drei; die anderen vielleicht zwanzig. Der Rest aber sind Bauern, Landleute. Der Bürgermeister ist eigentlich nichts weiter als der größte Bauer, und auch der Pastor hat sein Feld und der Förster ebenfalls. Überhaupt ist es so: Wer nicht sein Stück Feld hat, der zählt nicht zu den nennenswerten Menschen, und sei zum Beispiel sein Kaufmannsladen noch so groß. Der einzige, der bestimmt ohne Landwirtschaft lebt, das ist der Gendarm. Aber ein kleines Gärtchen hat auch er, und er ist sehr stolz darauf. Noch einen dürfen wir nicht vergessen, um vollständig zu sein, den Müller, dessen Mühle am Dorfrande liegt.

Das ist Schwenten. Oder vielmehr: Das war es. Denn ob es heute noch besteht oder gar, wie es heißen mag, das weiß der Kuckuck.

Wer etwa vor 1910 einen Deutschen gefragt hätte, wo Schwenten liegt, der hätte keine Antwort erwarten dürfen. Selbst ein Schlesier hätte höchstens mit gekniffenen Augen unter der Hutkrempe in den Himmel geschaut, und seine Hand hätte eine unbestimmte Bewegung um den halben Horizont gemacht: »Durte nim werd's woll sein.«

Und auch 1920 nannte weder der Große Brockhaus oder der Meyer oder der Herder den Namen, und in den Atlanten vom Diercke bis zum Perthes war er fremd. Es hätte schon einer Anfrage an das Reichsbodenamt in Berlin bedurft, um zu erfahren, daß die fragliche Gemeinde politisch zu Schlesien gehöre, und zwar zum nördlichsten der vielen nördlichen Zipfel der Provinz, geologisch dem Urstromtal mit seinen Sanddünen zuzurechnen sei, das von Warschau her Deutschland bis zur Rheinmündung durchquert, biologisch eher der Mark oder eher gar der innerrussischen Steppe verwandt, und volkswirtschaftlich einen der ärmsten und daher unbedeutendsten Landstriche des Reiches darstelle. Im übrigen aber bilde es mit dem Kreise Bomst zusammen jenen ›Grenzmark‹ genannten Landstreifen, der nach der Entscheidung des Versailler Friedens von der an Polen abgetretenen früheren Provinz Posen übriggeblieben ist. Näheres sei ersichtlich aus Grundbuch und sonstigen Akten, die im Landratsamt Unruhstadt zur Einsicht bereitlägen, soweit sie schon auf den neuesten Stand der Dinge gebracht seien. Das war, wie gesagt, 1920.

Ein Jahr später aber war Schwenten in aller Munde: Von Buenos Aires bis Wladiwostok, von New York bis Melbourne schrieben die Zeitungen spaltenlang Artikel darüber, Extrablätter über Schwenten erschienen, Fox' Wochenschau zeigte lange Bildstreifen, die Parlamente aller Länder behandelten es in erregten Debatten mit Inbrunst und Ausdauer, und sogar der Völkerbund beschäftigte sich eingehend mit dem Problem Schwenten. Denn Schwenten war nicht mehr das unbekannte Nest hinter dem Rande der Erde, sondern es war zu einem weltpolitisch hochbedeutsamen Problem geworden.

Nach dem verlorenen ersten Weltkrieg war dieser einst innerdeutsche Flecken nicht nur an die Grenze des Reiches, sondern auch an die der Weltgeschichte gerückt. Und damit begann sein Ruhm.

Es ist menschlich, daß, wenn es etwas zu verteilen gibt, jeder ein Stück haben will. Ich selber täte es bestimmt, wenn es sich z. B. um Torte handelte. Und ohne große Diskussionen entfesseln zu wollen, darf ich wohl annehmen, daß ein jeder ebenfalls beteiligt zu werden wünschte, nicht wahr? Hier freilich waren es keine Tortenstückchen; aber auf ähnliche Weise ging im Westen ein Teil deutschen Landes weg und dort im Norden und da im Süden; und hier im Osten auch: so war Schwenten eben unverhofft und unerwünscht zum Grenzorte geworden.

Genauso menschlich aber ist es – Hand aufs Herz, wer schielte insgeheim nicht nach dem besonders schön garnierten Torten-Mittelstück und überlegte, wie er es anstellen könnte, das noch dazuzukriegen? Ich gewiß; wer ist noch ehrlich genug, es zuzugeben? –, genauso menschlich ist es also von einem Staate, bei einem Gebietszuwachs schon nach dem ferneren Ziele zu schauen, um so mehr, wenn es wirtschaftlich so wichtig ist wie ein schiffbarer Strom mit einer großen Stadt. Und da Genf sich harthörig zeigte, dachte man wohl in Warschau daran, es auf eigene Faust zu versuchen, die Oder und Glogau zu erreichen.

Der Weg dahin führte über Schwenten.

Diese Aussicht aber, Kriegsgebiet zu werden, wovon sie die vier Jahre des Weltkriegs verschont geblieben waren, gefiel den Schwentenern durchaus nicht; auch militärische Besetzung schätzten sie als stammgesessene Bauern nicht sonderlich, mochte sie von polnischer oder deutscher Seite kommen.

Ich will hier nicht untersuchen, ob das, was geschah, aus Ehrgeiz oder Großmannssucht getan wurde, ob es eine Eulenspiegelei war oder meinetwegen patriotische Absicht – was meist alles aufs selbe hinauskommt. Nein, das ist weder mein Amt noch mein Wunsch. Ich will nur beleuchten und berichten.

Lachen wollen wir darüber, lächeln oder auch nur schmunzeln, jeder nach seinem Temperament, daß der Deutsche eben so ist, wie er ist: daß er oft das gänzlich Unerwartete oder auch das Unpassende oder auch das Falsche tut in der sicheren Meinung, das einzig Beste und Geschickteste in der edelsten Absicht ergriffen zu haben. Warum soll er es nicht? Er müßte es nur nicht immer gleich als ewig gültige Wahrheit hinausposaunen und bekräftigen, als sei es das Heil der Welt und er ihr Erretter. Sie holt sich allein, was sie braucht und wen sie braucht, aber sie liebt es nicht, darum gemahnt zu werden. Anderseits steht sie nicht gerne kopf, weil ihr das gar nicht bekommt; doch der Deutsche hat es immer wieder fertiggebracht, sie dazu zu zwingen. Und leider hat sich oft genug herausgestellt, daß das, was er für ein gewaltiges Gewitter ansah, nicht mehr war als ein Hühnerfurz – Verzeihung, aber mir fällt sonst kein passender Vergleich ein. – Und der Schlesier, dieser vergrübelte Mensch, dieses Gemisch aus allen hoch- und niederdeutschen Rassen, der durch Jahrhunderte am Rande des Reiches gelebt hat, nie ganz voll genommen, oft vergessen und übersehen, zäh seinem Boden verhaftet, der ihm ja nicht angestammt ist wie den Franken, Schwaben, Westfalen oder den Holsteinern der ihre, seinem Boden, den er sich vor neunhundert Jahren hat erkämpfen müssen in generationlanger Ungewißheit, der ist ja nun erst recht ein Menschenschlag für sich.

Und da steht er nun mit großen Augen vor seinem Spielzeug, das er sich mit gleicher Liebe zusammengebastelt hat, wie er sich etwa sein Haus erbaute, und wundert sich, wenn es seinen Händen entwächst.

Schwenten liegt wie ein Wurm an seiner Straße entlang, krümmt sich oft, weil die weißen Sanddünen ihm, mit den Winden wandernd, hier und dort in die Flanken gestoßen sind und seinen Häusern bis dicht vor die Fenster rückten. Strandhafer und kleine Kiefernschonungen versuchen den Sand festzuhalten, aber manchem Bauern blieb nichts weiter übrig, als das lose Zeug, das wie Wasser rann, immer wieder fortzuschaufeln und eine hohe Bretterwand dagegenzustützen, damit noch Licht in seine Stube kommt. Auf drei Seiten liegt Wald; nur gegen Norden, über die nahe Grenze hinweg, geht der Blick weit ins flache Land. Nur der Blick! Denn gleich am Dorfausgang schneidet der neue Schlagbaum die Straße ab, und ein Stück weiter steht das rot-weiße Schilderhaus mit dem polnischen Posten. Manche Felder liegen drüben, mit der Hand zu greifen und dennoch unerreichbar, als seien sie auf dem Monde. Der Obra-Südkanal, nach dem Flüßchen genannt, schneidet die Gemarkung, ein hochtönender Name für einen Graben, der von Norden, aus dem Bentschener See im Polnischen kommend, quer durch den Wald gradlinig, wie es sich für einen Kanal – immerhin! – gehört, dem Rudener See zuläuft. So schmal ist seine Wasserrinne, daß die Enten darauf Einbahnverkehr einhalten müssen.

Etwa in der Mitte des Dorfes treten die Häuser ein wenig von der Straße zurück. Ein paar alte Linden stehen da vor der Kirche mit ihrem Schindelturm, der Pfarrei und dem Wirtshaus. Wenige Schritte weiter heißt es auf einem Schilde mit dem neuen Reichsadler: ›zum Bürgermeister‹. Außerhalb des Ortes, am Waldrande unter hohen Bäumen, liegt die Försterei mit birkenumzäuntem Garten und Hofraum.

Das Wirtshaus heißt selbstverständlich ›Zur Linde‹. In ihm trifft sich, was Durst hat im Dorfe; und sonnabends ist Tanz in dem angebauten Saal ›und Etablissement‹. Die Musikanten sind die gleichen, die auch die Feuerwehrkapelle bilden oder dem Schützenverein vorausspielen. Feuerwehrhauptmann, Schützendirigent und Schlagzeuger sind eine Person. Im Privatleben ist er Hufschmied. Die Kapellen, wenn man so will, unterscheiden sich nur durch die Uniform, die sie jeweils tragen. Ja, die Uniform, die macht eben alles.

Übrigens – Schlagzeuger! Selbstverständlich spielt die Tanzkapelle nicht mehr Rheinländer und Polka, oder wenigstens nicht mehr ausschließlich, sondern sie bringt auch das Neueste vom Neuen, Jimmy und Foxtrott. Was das ›Haus Vaterland‹ in Berlin kann, das kann die ›Linde‹ in Schwenten auch, nur nicht ganz so gut. Jeden Mittwoch ist Stammtisch. Da besprechen Bürgermeister und Pfarrer und Förster und was sich sonst noch zu den Honoratioren, den Vätern und Köpfen der Gemeinde, zählen darf, Weltereignisse wie Dorfklatsch, die neuen Steuern, Beschlagnahmungen, politische, wirtschaftliche und familiäre Angelegenheiten, kurz alles, was so einem Stammtisch eben unterkommt. Das Bier vom Lindenwirt ist gut, ein besseres gibt es weit und breit nicht, weil kein anderes da ist.

»Ja, mein Lieber«, sagt der Pfarrer Hagenau mit aufgehobenem Finger, »es geht nichts über die Bescheidenheit und Selbstgenügsamkeit des dörflichen stillen Lebens. Sehen Sie sich eine Großstadt oder gar eine Reichshauptstadt dagegen an! Dieser Krieg und sein Ausgang haben bewiesen – «

»Ihr Wort in Ehren, Herr Pastor«, poltert Gründler, der dicke Bürgermeister, dazwischen, er kennt die alte Leier zur Genüge, »aber er hat nichts bewiesen. Das war ein einfaches Rechenexempel: Deutschland und seine Verbündeten waren vier, die anderen aber einige zwanzig. Viel Feind, viel Ehr –

lächerlich! Das konnte gar nicht anders kommen, ich habe es von Anfang an gesagt.«

Treske, der Förster, streicht sich den Bierschaum aus dem Bart: »Wenn der Kriegsminister ein Kerl gewesen wäre, der hätte den Reichstag einfach zusammengehauen. Zum Teufel hätten sie ihn gejagt, den roten Prinzen. Der Kaiser hätte nicht abgedankt, und der Hindenburg wäre marschiert, marschiert, sage ich euch. Der Hindenburg, mit dem habe ich in Liegnitz auf der Schulbank gesessen –«, und nun ist er bei seinem Lieblingsthema, von dem er mindestens eine Stunde lang nicht abkommt, das wissen alle. Immer neue Streiche ersinnt er und Anekdoten, die Schuljahre müssen mindestens ein halbes Leben angedauert haben, so viel haben er und ›unser Hindenburg‹ zusammen ausgefressen und erlebt.

Lassen wir darum die Politik dieser hohen Köpfe; an Millionen Stammtischen in ganz Deutschland war sie die gleiche in jenen Jahren. Nur konnte es sich nicht jeder Stammtisch leisten, einen Mitschüler Hindenburgs zu seiner erlauchten Runde zu rechnen. Der Stammtisch ist ein taubes Feld, auf dessen hölzernem Boden Früchte nicht zu erwarten sind, so viel da auch gesät werden mag. Das aber einzusehen, gehört zu den Charaktereigenschaften, die manches Volk nun einmal nicht besitzt. Das ist in Schwenten gerade so wie überall. Lassen wir sie also reden, die Herren, und wenden uns einer anderen Seite des Schwentener Lebens zu.

Laßt euch sagen: Es gibt, oder es hat gegeben, in Schwenten Dinge, die einmalig sind, die es nirgendwo wieder gibt und geben kann. Die eben tatsächlich nur auf diesem Boden gedeihen und ihre Blüten bringen können. Ihr werdet mir das zugeben müssen, habt nur ein wenig Geduld.

Die Frau Pastorin pflückte Stachelbeeren. Sie war eine hohe, ernste Frau in feierlichem Schwarz, sogar hier im Garten. Sie trug einen Kneifer an langer Silberkette und das Kleid bis zum Halse geschlossen, wo es einen feinen, weißen Saum zeigte zum Unterschied von einem Trauergewande. Der Freigeist Treske, wenn er in Fahrt war (nach dem zwölften bis siebzehnten Schoppen), behauptete von ihr, sie sei pastörlicher als der Pastor selbst, der für die Dinge der Welt ein offenes Auge hatte.

Die Frau Pastorin also pflückte Stachelbeeren ganz hinten im Garten, wo hinter der Weißdornhecke der Feldweg zu den Gründlerschen Äckern führte. Die Beeren geben ein gutes Kompott für sonntags, sie lassen sich auch einlegen und in vielfacher Weise nutzbringend verwerten. Frau Emmeline sah im Geiste, ihre Augen sind kurzsichtig, schon die Weckgläser, beschriftet und wohl ausgerichtet, auf dem Bord im Keller stehen. Sie war durchaus bereit, Stachelbeeren zu den nützlichen Geschöpfen zu rechnen.

Auf einmal unterbrach sie mit langem Halse ihre Arbeit. Stimmen näherten sich hinter der Hecke. Sie wollte nicht etwa horchen, beileibe nein, aber schließlich muß man doch wissen, was vorgeht, um so mehr, als man sozusagen ein geistliches Aufsichtsamt zu verwalten hat, nicht wahr?

Das eine war die Stimme des Bürgermeistersohnes, des Klaus Gründler. Die kannte sie lange. Und das andere, das war mehr ein Kichern und ein Gelächter als ein Sprechen. Nun sah sie die Köpfe über der Hecke. Sie duckte sich hinter ihren Stachelbeerstrauch. Es war recht unbequem, aber was sollte sie tun? Das Mädel da war nicht aus dem Dorf. Auch nicht aus Wilze, Tepperbuden oder Kolzig. Aber sie hatte es schon manchmal hier gesehen und schon immer ihren Adolf danach fragen wollen.

»Sie werden dich schon einmal erwischen«, sagte Klaus, »wenn du über die Grenze kommst, Anna.«

Aha, Anna heißt sie, von ›drüben‹ ist sie, dachte die Pastorin. Sie kam sich sehr klug vor.

»Mich erwischen?« lachte Anna, »von Bentschen bis hierher? Täte es dir denn leid?«

»Wie kannst du so fragen? Wenn sie dich einsperren, und du kommst nicht mehr, was sollte ich dann so allein? Wo doch bald wieder Schützenfest ist.« Jetzt waren sie am Pastorgarten angelangt. Der Apfelbaum reichte mit einem Zweige über die Hecke. Der schönste aller Äpfel, natürlich, der hing, noch unreif, gerade dort. Der Klaus langte hinauf – na so was! – und griff sich ihn. Krachend biß er hinein, so ein Kerl, ein Dieb, ein schamloser! Die Pastorin rührte sich nicht, und das kostete sie allerlei Überwindung.

Nun blieben sie stehen, zwei Schritte von ihr. Anna faßte Klaus am Rockaufschlag, es war noch eine feldgraue Jacke, und sah zu ihm auf. »Hast du mich auch lieb, Klaus?« Uralte, urewige Frage, in Schwenten wie anderswo. Nur das ›auch‹ kann je nach der Betonung verfänglich sein und zu Mißdeutungen führen.

»Aber selbstverständlich«, sagte Klaus und kaute am Apfel.

»Nein, nicht selbstverständlich! Sage mir's, hast du mich wirklich lieb?«

Klaus sah sich rasch um, schmiß den Apfelgriebsch weg, dann nahm er die Anna beim Kopfe und küßte sie auf den frischroten Mund. Er war mehr für die schnelle Tat als für langes Reden.

Aber das ist doch –!! Am hellichten Tage!! Die Pastorin räusperte sich laut. Die zwei fuhren auseinander, glotzten mit dummen Augen über die Hecke, und fort waren sie. Die Sittlichkeit der Frau Pastorin war verletzt, war erheblich verletzt. Sofort mußte ihr Mann etwas unternehmen. Diese Jugend von heute! Verroht und verwildert durch den Krieg, na ja! Nicht nur Äpfel stiehlt sie, nein – oh! Die Frau Pastorin errötete bis unter die Haarwurzeln, wenn sie daran dachte, was noch hätte geschehen können, wenn sie sich nicht mutig geräuspert hätte!!! Aber da muß ein Riegel vorgeschoben werden. Und wenn sie selber zum allgemeinen Wohl und zur Sicherung der Unschuld einen Verein gründen müßte. Die Frau Gründler mußte mit in den Vorstand und vielleicht die Frau des Drogisten in Kolzig, das wären die einzigen, die in Betracht kämen für solch ernste Aufgabe, die den nötigen sittlichen Ernst aufbrächten. Heute abend noch wollte sie das mit ihrem Adolf besprechen, morgen konnte es schon zu spät sein.

Was aber den Klaus anbetraf, der seine Liebe zu Anna so mundgerecht bewies, so muß bedauerlicherweise verraten werden, daß er auf zwei Schultern trug, bildlich gesprochen natürlich. Denn während er Anna im Arme hielt, die schwarze Anna aus Bentschen im Polnischen, dachte er schon wieder an die blonde Else in Unruhstadt, die so wunderbar tanzen konnte und noch besser küssen. Die Anna, die stammte sozusagen aus dem Ausland, und so ein geschmuggelter Kuß war schon was Besonderes. Aber die Else mit dem blonden Bubikopf und immer nach Parfüm riechend, die war auch nicht zu verachten. So einer also war der Klaus. Morgen muß ich wieder nach der Stadt, dachte er, da werde ich eine Stunde zeitiger fahren, damit ich die Else besuchen kann. Sie war Stenotypistin auf dem Landratsamt. Ja, ja, die Else, die war was Besseres, die trug auch alltags Strümpfe – und was für zarte Strümpfe an den zarten Beinen! – und helle Kleidchen, und die ganz kurz nach der neuesten Mode. Die Anna war halt ein Bauernmädel, wenn auch ein sehr liebes. Wenn Klaus vor die Wahl gestellt würde, wen er lassen sollte, er wüßte es wirklich nicht zu entscheiden.

Auch das ist nichts Besonderes, werdet ihr sagen, auch das gibt es überall. Das weiß ich auch, ich habe es zur Genüge selbst erfahren. Aber ›immer mit der Ruhe‹, sagte Gründler. Wir kommen noch zu dem, was es eben nicht überall gibt.

Der Stammtisch, das ist der Mittelpunkt des Lebens. Hier werden alle Kräfte wach, kommen die Energien und Talente zum Vorschein, denen sonst Entfaltung und Wirkung versagt bleibt im grauen Getriebe des Alltags. ›Nichts geht verloren‹, behauptet das Mayersche Gesetz von der Erhaltung der Kraft. Der Stammtisch beweist es.

Hier, nach des Tages Last und Mühen, die Körper und Geist verbrauchen, erweist sich, was tief in jedem verborgen schlummert und zum Brachliegen verdammt ist, was dem Heile der Gemeinde, des Volkes, der Welt dienen könnte, würde es ins rechte Licht, an die rechte Stelle gesetzt: Hier werden die Pläne zur Errettung der Menschheit gefaßt, hier werden die großen Schlachten geschlagen und selbstverständlich gewonnen, hier die Streitfragen entschieden, an denen Wohl und Wehe des Volkes hängt; die Koryphäen der großen und der kleinen Politik, der Strategie, der Philosophie und jeder Wissenschaft überhaupt – hier sitzen sie und bieten ihre Gaben dar. Aber keiner will sie haben. Und indessen geht es immer mehr bergab mit der Weltgeschichte. O, lasset sie einmal an das große Ruder, die Herren von den Stammtischen, gebet ihnen einmal nur das Schicksal anheim – ihr würdet euer blaues Wunder erleben. Ja, dann erst würde das Wetter immer richtig sein für Saat und Ernte, dann würde jeder Krieg von allen Seiten verlustlos gewonnen werden, dann würde keine Zeitung mehr lügen und jede Diplomatie im rechten Gleise laufen, dann erst würde der Landrat vernünftige Verordnungen erlassen, die Grete und der Stoffel kein Ärgernis mehr geben und Nachbars Hund ein frommes Tier sein. Ein Lob den Stammtischen von Berlin bis Schwenten! Sie können wahrlich nichts dafür, daß es so verdreht zugeht auf dieser Welt. Sie müßten eben nicht verhindert sein. Das ist der Undankbarkeit Lohn.

»Ja, sehen Sie, meine Herren«, erklärte der Förster, die Linke mit gespreizten Fingern auf die Tischplatte gestemmt und mit der Rechten in den Bierpfützen ganze Landkarten zeichnend, »so war doch die Lage im November vierzehn in Polen: Hier stießen die Russen gegen Oberschlesien vor –«, der Bürgermeister zieht sein Bierglas zurück, damit es bei den Vorstößen keinen Schaden leide, »und da fuhr ihnen Mackensen in die Flanke. Vor Lodz stand der Russe, und hinter Lodz standen wir. Und weil da der Scheffer-Boyadel mit seinen Divisionen steckenblieb, da war's man soso, da hatten wir die Russen in Schlesien. Ich, an Stelle vom Mackensen, ich hätte Kavallerie hineingeworfen und noch mal Kavallerie, und noch mal Kavallerie –«, er haut jedesmal in die Pfützen, daß es nur so spritzt, »bis der Russe das Laufen gekriegt hätte, und dann hätte ich ihn gejagt bis an die Weichsel. Damals hätte der ganze Krieg im Osten entschieden werden müssen. So hätte ich das gemacht. Habe ich nicht recht? Jawoll!« Er kippt sein Bier in einem Zug hinunter. Kühne, der Lindenwirt, rennt um ein neues.

Gründler pafft dicke Wolken. Er ist zwar Bauer und daher Realist, aber er bewundert seinen Freund Treske. Das ist ein Kerl! Der weiß Bescheid. Den hätte man den Krieg führen lassen müssen. Er selber, der Gründler, versteht nicht viel davon und hat auf diesem Gebiet auch keinen Ehrgeiz. Er ist Bürgermeister, und das macht ihm genug Mühe. Sein Fach ist die Wirtschaft, sind die Finanzen, das Innenpolitische sozusagen. Das kennt er wiederum, da könnte er mitreden. Sonst wäre er ja auch nicht der höchste Beamte in der Gemeinde und verantwortlich für alles, was in ihr geschieht. Das geistige Haupt freilich ist er nicht, mit Geist will er ebensowenig zu tun haben wie mit Geistern. Das überläßt er dem geistlichen Herrn, dem Pastor Hagenau. Der sitzt steif hinten angelehnt und läßt den Arm mit der Zigarre über die Stuhllehne hängen. Er sagt nicht viel dazu. Übermorgen ist Sonntag, er muß seine Predigt memorieren. Jetzt schon leidet er an den Geburtswehen.

Auch der Postmeister Vielguth und der Bahnvorsteher Schwertner sind stumm. Sie sind keine geborenen Schwentener, sind nur kraft Amtes hierher versetzt worden und haben daher wohl Sitz, aber nicht Stimme in der erhabenen Runde.

Der Pastor meint, weil ihn eine Materie, bei der er nicht mitreden kann, aus begreiflichen Gründen nicht sonderlich interessiert: »Mein lieber Treske, der Krieg ist ja nun vorbei, und wir haben ihn verloren, daran ist nicht mehr viel zu ändern. Nun gilt es eben, sich in Geduld zu fassen und auch unter den veränderten Verhältnissen den rechten Weg zu finden.«

Gründler seufzt schwer auf, er denkt an das letzte Schreiben seiner vorgesetzten Dienststelle, des Landrats, das den roten Stempel ›Geheim‹ trägt und von ihm verlangt, binnen drei Tagen einen genauen Bericht darüber zu machen, ob an der Grenze verdächtige Bewegungen von seiten der Polen festzustellen seien, die auf die Absicht, mit Waffengewalt diese Grenze zu überschreiten, schließen ließen. Falls ja, sei genau zu ermitteln und anzugeben: 1. in welcher Stärke Truppenansammlungen beobachtet worden seien, 2. Art der Bewaffnung, 3. Sammelort, 4. Richtung der Bewegung usw. usw. bis 11. und

12.; falls nein, sei innerhalb der gegebenen Frist unter genauer Begründung Fehlanzeige zu erstatten.

Ist er denn ein Prophet? Wäre das nicht eher eine Sache für einen Mann wie Treske? Sie sitzen hier im engsten Kreise. Und wenn einer was beobachtet hat, dann kann es am ehesten der Förster sein. Also macht er entgegen der Suggestionsgewalt des ›Geheim‹-Stempels seinem bedrängten Herzen Luft.

Eine Weile bleibt es still; jeder denkt angestrengt nach. Die Stärke dieser Anstrengung ist an der Dichte der Rauchwolken ablesbar wie das Wetter am Barometer. Der Pastor sieht von der Höhe seines zurückgeworfenen Kopfes auf die vorgebeugten Gesichter, das dicke, rote des Bürgermeisters und das scharfgeschnittene, sonnenbraune des Försters. Er prüft auch die interessierten Mienen Schwertners und Vielguths, die die Stirnen in schwere Falten gelegt haben.

Treske endlich poltert los: »Da sieht man mal wieder, wie weit uns die Herren in Berlin mit ihrer Unfähigkeit gebracht haben! Jeder kann mit uns machen, was er will. Jetzt sollen wir vielleicht noch Polen werden, was? Und in Genf, da sitzt der Völkerbund und sieht vor lauter Beratungen nicht, was in der Welt vorgeht. Was haben wir von den Beratungen? Gar nichts! Einen kalten Hintern kriegen wir dabei.« Der Pastor zieht die Augenbrauen hoch. Aber Treske redet weiter, immer erregter: »In Oberschlesien ist der Teufel los, jeden Tag kann dort der Krieg von neuem anfangen. Die Tschechen möchten halb Sachsen einschlucken und den Spreewald dazu. – Nein, meine Herren, so wird keine Politik gemacht. Die sollten uns eine Knarre in die Hand geben und ein paar MGs, dann jagen wir die ganze Bande, daß sie Stiefel und Tschapka verliert. In Berlin legen sie die Hand in den Schoß, verjuxen die Diäten und lassen den lieben Gott einen guten Mann sein – entschuldigen

Sie, Herr Pastor! –, aber habe ich nicht recht, Wilhelm?« wendet er sich an Gründler. »Die sollten uns unseren Kram allein machen lassen. Wir müssen es ja doch selber ausbaden.«

Treske ist ein gewaltiger Streiter vor dem Herrn. Aber nicht vor seiner Frau, das wissen alle Eingeborenen. Und kommandieren darf er nur, wenn seine Ottilie nicht in Hör- oder Sichtweite ist.

Pastor Hagenau hebt die Hand, er fühlt sich schon halb auf der Kanzel: »Meine Lieben, was erregen wir uns? Es ist unser Los geworden, Prellbock zu sein für unser geliebtes Deutschland. Fassen wir uns im Herrn und nehmen wir in Geduld unser Kreuz auf uns –«

»Auf uns –?« unterbricht Treske so laut, daß sein Hund, der Treff, im Ofenwinkel erwacht, weil er meint, es gehe endlich nach Hause, »nee, Herr Pastor, Ihre christliche Geduld in Ehren, aber um die Ohren sollte man ihnen das Schreiben schlagen; dem dußligen Landrat, der so blöde Anfragen stellt, als ob jemandem damit geholfen wäre, den Herren in Berlin, damit sie endlich aufwachen, und schließlich dem ganzen Völkerbund in Genf, daß er zu reden aufhört und lieber etwas tut.« Und wieder gießt er ein Bier hinunter und den doppelstöckigen Korn hinterher. »Der Starke ist am mächtigsten allein, sagt Bismarck oder der Goethe, na, ganz egal. Und sind *wir* vielleicht Schlappschwänze?« Er sieht sich herausfordernd in der Runde um. Der Gründler nickt, es soll eine Verneinung sein.

Der Herr Pastor brach heute als erster auf. ›Der Starke ist am mächtigsten allein‹ – das war ihm so im Gedächtnis hängengeblieben. Ein gutes Wort! Damit könnte die Predigt anfangen. Man muß die Seelen stärken in dieser schweren Zeit, dachte er. Aber er kam vorläufig nicht dazu, sich seine Stichworte zu notieren. Seine Frau erwartete ihn schon.

Aufgeregt, entrüstet, bis in die tiefste Seele aufgerührt, erzählte sie ihm, was sie heute hatte ansehen müssen. Wie der Klaus Gründler den Apfel gestohlen hatte und wie er – denke nur, Adolf, solche Verderbtheit! – am hellichten Tage ein fremdes Mädchen, mit dem er offenbar nicht einmal verlobt war, geküßt hat! »O, Adolf, ich bin empört, ich kann dir gar nicht sagen, was ich alles bin. Einen Sittlichkeitsverein müssen wir gründen, aufklären müssen wir die Jugend über die Gefahren, die ihr aus den eigenen Reihen drohen, wenn sie sich nicht moralisch festigt; Stütze und Halt müssen wir ihr sein in dieser Verwilderung, sonst entsteht hier vor unseren Augen ein neues Sodom und Gomorrha.«

»Aber ich bitte dich, Emmeline«, stemmte der Pastor sich gegen den Redestrom, »es gibt doch solch einen Verein schon lange in Unruhstadt und auch in Bomst. Amtsbruder Neumann leitet den Vorsitz mit seinen bewährten Händen. Wenn du es für nötig hältst, werde ich mich an ihn wenden, daß er bei uns einen aufklärenden Vortrag –«

»Nein, Adolf! Was geschehen muß, das tun wir am besten selbst. Wir wollen uns nicht auf andere verlassen. Das Präsidium werde ich, wenn es nicht anders geht, selbst übernehmen, ich will die Last dieser Pflicht gerne zum allgemeinen Wohle tragen.«

»Ich fürchte nur«, wandte der Pastor ohne Aussicht ein, »du überlastest dich, Emmeline. Der Jungmädchenbund, der Frauenverein, der Verein zur Betreuung verwaister Negerkinder – das nimmt dich doch schon reichlich in Anspruch.«

»Es muß nach diesem Zusammenbruch jeder seine letzte Kraft hergeben, damit wir das Schicksal meistern. Und da will und kann ich mich nicht ausschließen. Das wichtigste ist die Moral unserer Jugend. Du wirst verstehen, daß mir kein Opfer zu groß ist. Seit mein Ewald und Friedrich tot sind –«, ihre Stimme schwankte etwas, der eine lag an der Somme, der andere war bei Gallipoli gefallen, »– will ich alle meine Kraft dem öffentlichen Wohle weihen.« Und dann lächelte sie ein wenig, und nicht einmal ihr Mann wußte, ob es Ironie war oder Ehrgeiz: »Schließlich möchte ich einmal Frau Präsidentin sein.«

Der Pastor war froh, daß das aufregende Gespräch solch einen versöhnlichen Abschluß nahm, und lachte: »Nun, warum solltest du nicht Präsidentin sein? Nun muß ich nur sehen, wo ich auch für mich noch eine Möglichkeit finde, Präsident zu werden, damit ich nicht allzuweit unter dir stehe.« Er brauchte Ruhe, sonst gelang ihm seine Predigt nicht. Darum sagte er ja und amen zu allem, was seine Frau noch vorbrachte.

Noch lange ging er in seiner Studierstube auf und nieder und sann nach. Längst waren in der ›Linde‹ die Fenster dunkel, und nur Linke, der Nachtwächter, ging langsam durchs Dorf – wie schon ein ganzes Leben lang. Mit seinem Spieß und dem Horn hatte er den Schlaf der friedlichen Bürger zu hüten; er war selbst durch und durch eine friedliche Seele, noch nie hatte er von seiner Waffe Gebrauch gemacht. Sein Amt war gewiß leichter, als Seelen zu bewahren. Am schwersten aber meinte es der Bürgermeister zu haben mit dem, was er politische Verantwortung nannte. Noch nie hatte sie ihn vor solche Aufgaben gestellt wie heute. Die halbe Nacht fand er keinen Schlaf. Aber hätte man wiederum den Nachtwächter gefragt, so hätte er bei allen Himmeln sich verschworen, selbst das wichtigste, schwerste und verantwortungsreichste Amt zu haben.

So ist es; keiner gönnt dem anderen was, nicht einmal den zweifelhaften Ruhm, die größte Last auf den Schultern zu tragen.

Für den Bürgermeister Gründler lag die Sache wahrhaftig nicht einfach. Noch am Vormittag war die Gemeinderatsitzung, durch besondere Boten eilig einberufen; und als einziger Punkt auf der Tagesordnung stand das Geheimschreiben des Landrats. Dieser eine Punkt reichte hin. Ogottogott! In der Schule hatte man schwänzen können; selbst als Soldat fand ein heller Kopf da und dort die Möglichkeit, sich zu drücken; aber als Bürgermeister war man verraten und verkauft. Der mußte als öffentliche Person, als Mittler zwischen oben und unten seinen Buckel nach allen Seiten hinhalten. Wenn er sich doch mit seinen Kollegen aus den Nachbardörfern hätte besprechen können! Aber dazu war die Zeit zu kurz: Ein von der vorgesetzten Dienststelle angesetzter Termin muß tot oder lebendig eingehalten werden. Patrouillen konnte er doch keine über die Grenze schicken! Im Westen vor drei Jahren, da hatte der Kompaniechef einfach gesagt: »Freiwillige zur Erkundung!« Er selber, er, Gründler, war nie dabeigewesen. Aber sein Junge. Eben – den Klaus konnte er fragen. Vielleicht wußte der Bengel Rat. Mit seinen zweiundzwanzig Jahren war er doch hinreichend erwachsen. Man hatte auch Bekannte genug ›drüben‹, sogar Verwandtschaft war dort. Bloß: wegen der verwünschten Grenzsperre waren die alle unerreichbar weit. Kommt Zeit, kommt Rat, heißt es. Wenn aber keine Zeit ist –?

Das mit dem Schützenfest konnte man übrigens auch gleich mit beraten. Zum ersten Male seit dem Kriege, seit acht Jahren, sollte es wieder gefeiert werden mit all dem gewohnten Pomp, soweit er nicht wegen nachkriegsbedingter Umstände sich von selbst beschränkte.

Ehe er aber noch mit seinem Jungen reden konnte, war, gleich nach dem Frühstück, die Frau Pastor da. Sie hatte die Frau Bürgermeister allein sprechen wollen, und so verfügte sich

Gründler brummend in seine Amtsstube. Klaus machte das Gespann zurecht, um damit wie jeden Sonnabend nach Unruhstadt zu fahren. Der Vater sah ihm durchs Fenster zu; der Junge schielte immer wieder nach dem Küchenfenster, wo sich die beiden Frauen unterhielten. Er hatte das dumme Gefühl, daß diese Unterredung sich um ihn drehte. ›So 'ne alte Ziege‹, dachte er respektwidrig und versuchte rasch wegzukommen.

Gründler machte das Fenster auf: »Klaus«, rief er, »eh daß du fährst, komm noch mal rein.«

»Jawoll, Vater.« Auf einmal schien Klaus es gar nicht mehr eilig zu haben. Immerfort schnallte er am Geschirr herum, als wolle es gar nicht passen; die Pferde wurden schon richtig unruhig davon; er ging in den Stall hinein, nochmals in die Scheune. Vater Gründler trat vom Fenster zurück, stopfte sich die Hängepfeife und zog mit krauser Stirne die landrätliche Verfügung aus der Tischlade. Seufzend setzte er sich und studierte sie noch einmal genau. Um elf Uhr sollten die Gemeinderäte kommen.

Die Tür ging auf, seine Frau kam herein. Gleichzeitig sah er durch das Fenster, wie die Pastorin das Haus verließ.

»Du, Mann«, sagte Frau Grete Gründler in ihrem breiten »Eiber der Auder«-Dialekt, »ich soll Vizepräsidentin werden.«

»Du willst mich wohl ausstoppen?« Dem Gründler war nicht nach faulen Witzen zumute, er brummte seine Alte ganz gehörig an: »Langt's dir denn nicht, daß du Bürgermeisterin bist?«

Aber es half ihm nichts, er mußte den Plan der Pastorin lang und breit anhören samt der Veranlassung zu der Gründung des Sittlichkeitsvereins. Mochte der Junge küssen, wen er wollte, solange nichts Schlimmeres passierte! Daß er es aber ausgerechnet vor der alten Ziege – wenn er gewußt hätte, wie sehr er mit seinem Jungen in dieser Meinung übereinstimmte! – tat, das war immerhin ein Grund, die schlechte Laune loszulassen.

»Klaus!« schrie er, daß die Scheiben zitterten.

Klaus kam. Gegen diese Stimme gab es kein Zögern.

»Was war gestern am Pastorgarten los?« knurrte er, der Sohn war noch nicht einmal über der Schwelle.

»Was soll denn los gewesen sein?« fragte Klaus möglichst gleichgültig, um erst einmal die Lage zu erkunden.

»Wer war das Mädel?« fragte der Vater geradezu.

»Ach, die –«, lachte Klaus erleichtert auf, der gestohlene Apfel hatte ihn mehr gedrückt, »die Anna aus Bentschen.«

Aus Bentschen, hörte der Vater, sofort stellte sich in seinem Kopfe eine Weiche, und der Zug seiner Gedanken bog auf ein anderes Gleis. »Kommt die öfters her?«

»Bloß, wenn's halt gerade so paßt.« Klaus spürte die Entspannung der Situation instinktiv und verlegte sich auf hinhaltenden Widerstand.

»Wann kommt sie wieder?« wollte der Vater wissen. Frau Grete, die Vizepräsidentin, war über die Wendung etwas erstaunt.

»Vielleicht heute, vielleicht auch nicht«, meinte Klaus achselzuckend, und, weil er die rasche, erfreute Bewegung des Vaters bei dem ›heute‹ sah, bremste er heimtückisch ab: »Wer weiß, ob sie so bald wiederkommt.«

»Du, Klaus«, sagte der Vater halb verlegen, halb vertraulich, »ließe sich's nicht machen, daß sie recht bald da ist? Vielleicht sogar heute noch –?«

›Was ist los?‹ dachte Klaus. ›Will mich der Alte festnageln?‹ Davon wollte er nichts wissen. Dazu war noch Zeit genug, und außerdem gab es noch eine Else, mit der er es auch nicht verderben wollte, und überhaupt – er zuckt wieder die Achseln:

»Ich wüßte nicht, wie ich es anstellen sollte. Ich kann doch nicht rübergehn. Und außerdem –«

Mutter Gründler hatte sich das angehört, hatte von dem einen zum anderen gesehen, hatte sich in ihrer neuen Würde, die so gar keine Sensation zu machen schien, etwas beleidigt gefühlt und war hinausgegangen. In einer Bauernwirtschaft hat die Frau selten Zeit, müßig zu stehen.

»Was außerdem?« fragte Vater Gründler stirnrunzelnd.

»Ich will noch nicht heiraten«, sagte er, entschlossen, seine Freiheit zu verteidigen, »soweit ist es noch nicht. Ich habe da wohl noch Zeit.«

»Sollst du ja gar nicht«, warf der Vater hin, der wiederum den Sohn nicht begriff, »wie kriegen wir diese Anna bloß her? Ich muß mit ihr reden. Es ist eine wichtige«, mit gehobener Stimme, »sozusagen geheime politische Angelegenheit.«

Die bekümmerte Klaus begreiflicherweise wenig, er fühlte sich ganz oben heraus: »Wenn ich von Unruhstadt zurück bin, heute abend, kann ich ja mal sehn, was sich tun läßt«, meinte er gönnerhaft.

»Mach das – und sieh zu, daß du bald zurück bist.«

»Uff«, machte Klaus erleichtert, als er den Braunen zuschnalzte. Rasselnd ging die Fuhre die Dorfstraße entlang.

»Ich geh' schnell noch mal zum Pastor rum«, sagte Gründler seiner Frau auf dem Hofe. Das Geheimschreiben hatte er in die innere Brusttasche gesteckt, und er knöpfte sorgfältig den Rock darüber bis obenhin zu.

Der Pastor ist von der abermaligen Störung seines Studiums gar nicht erbaut. Aber was soll er machen? »Nun, mein lieber Gründler« – vor Gott und seinem Stellvertreter sind Knecht und Bürgermeister gleich, nur der Name unterscheidet sie, vermutlich, damit es am Jüngsten Tage kein gar zu großes

Durcheinander gibt –, »mein lieber Gründler, was führt Sie zu solch ungewohnter Zeit zu mir?«

Der dicke Bauern-Bürgermeister wischt sich die Stirn, obwohl es hier in der Stube mit den weingrün verschatteten Fenstern schön kühl ist: »Das da«, sagt er und legt das Schreiben auf den Tisch.

»Eine heikle Sache ist es, die man Ihnen da aufgehalst hat.«

»Och«, meint der Gründler, der sich auf diesem Gebiet schon wieder überlegener fühlt, »das zu erfahren, was die Herren da oben wissen wollen, das sollte mir nicht so schwer fallen. Aber ich frage mich immer«, er setzte sich auf des Hausherrn einladende Handbewegung nieder, »was bedeutet das alles? Was kommt danach? Und so ein ›danach‹, Herr Pastor, das fällt sozusagen in Ihr Fach.« Er kommt sich ungeheuer schlau und diplomatisch vor, wie er das so hingekriegt hat.

»Nun ja«, der Pastor lächelt, »der Herr sagt zwar: Mein Reich ist nicht von dieser Welt, und so sollte ich auch sagen; aber –«, er macht eine Pause, »ich denke, es muß da drüben etwas im Gange sein. So leichtsinnig würde man doch mit Vermutungen solcher Wichtigkeit nicht umgehn.«

»Das meine ich auch«, der Bürgermeister schnauft, »aber sollen wir's denn aufhalten, wir kleinen Leute? Wenn die Polen Krieg machen wollen, dann soll man von Glogau Soldaten herschicken. Dort gibt's ein paar Kompanien, die noch nicht abgerüstet sind. Aber wir – mit Mistgabeln vielleicht?«

»Nein, nur das nicht!« wehrt der Pastor entsetzt ab, »stellen Sie sich doch vor, es ginge wieder los. Unsere arme, unglückliche Heimat! Wir hier in Schwenten sind bis jetzt verschont geblieben von all dem Greuel, und nun sollte die Furie doch noch über uns kommen? Unser Herrgott möge uns davor bewahren. Herr Bürgermeister, das muß ganz diplomatisch gemacht werden.«

»Sind Sie Diplomat, Herr Pastor?« fragt Gründler geradezu.

»Ich? Wie käme ich dazu, mir dergleichen anzumaßen. Ich bin der Hirte meiner Herde, nichts weiter. Aber Sie –«

»Ich bin auch keiner, ich bin Bürgermeister. – Vielleicht der Linke.«

»Machen Sie keine Scherze in solcher Lage! Der Linke mag ein guter Nachtwächter sein –«

»Das waren unsere deutschen Diplomaten bis jetzt alle«, sagt der Bürgermeister überzeugt.

»Ja, ja, das mag schon stimmen, aber das hilft uns nicht weiter. Was machen wir also?«

»Ich bin zu Ihnen um Rat gekommen, Herr Pastor. Mit meinem Freunde, dem Treske, kann ich das nicht besprechen, trotzdem er ein heller Kopf ist. Der macht gleich Krieg.«

Der Herr Pastor besitzt eine Karte von seinem Kirchsprengel. Er hat sie selber einmal gezeichnet. Sie ist nicht ganz maßstabgerecht, und manches ist größer dargestellt, weil es ihm wichtig erschien, und manches wieder, was für einen anderen vielleicht von Bedeutung sein mochte, hat er ganz fortgelassen. Aber die Karte ist hübsch bunt, mit grünen Wäldern, braunen Feldern und gelben Sanddünen; blau der Obra-Südkanal und der Dorfbach, blau am unteren Rande der See bei Wilze und rot verstreut die Häuschen von Kolzig, Tepperbuden und Schwenten. Groß und wichtig, wie eine länderbeherrschende Kathedrale, lila angetuscht, steht die Kirche da. Laß sehen, da ist das Gasthaus zur Linde, da die Pfarrei, und das muß der Gründlersche Hof sein. Auch das Spritzenhäuschen mit den drei Eschen ist nicht vergessen. Aber da, hart am nördlichen Dorfrand entlang, läuft, mit dickem Rotstift hingezeichnet, grob wie ein blutiger Riß eine breite Linie: das ist die neue Grenze. Nicht nur die von Schwenten, sondern sogar die von Deutschland.

Nun stehen die beiden Dorfhäupter, das geistliche und das weltliche, über diese Karte gebeugt, wie Alexander, Cäsar, Friedrich der Große oder Napoleon vor der Karte ihrer Reiche gestanden haben mögen: Siehe, ich habe es reich bestellt. Mit ausgestreckten Fingern, steil aufgerichtet, überlegend und überlegen, stehen sie da.

»Wir müssen uns einmal vorstellen«, sagt der Herr Pastor, »uns sei vom Schicksal ein Teil der Erde in die Hände gelegt, und diese Karte stelle nicht unser liebes, kleines Schwenten dar, sondern einen Staat wie Deutschland, Frankreich oder England. Und nun erreicht uns die Kunde, der Nachbar wolle uns überfallen, um uns sich einzuverleiben. Was täten wir da?«

»Wir führen Krieg«, sagt Gründler, hingerissen von der Situation, die ihm dennoch ein bißchen verschroben vorkommt, denn er ist ein Bauer, und ihm fehlt der Adlerflug der Phantasie.

»Falsch, Herr Gründler. Wären wir wirklich Frankreich oder England, schön. Aber wir haben kein Militär, keine Kanonen, keine Flugmaschinen. Was also nun? Hier, sehen Sie«, er deutet auf irgendeinen Punkt jenseits der roten Linie, ja sogar jenseits des Kartenrandes auf dem geblümten Tischtuch, »hier steht der Feind – «

»Das wissen wir doch eben noch nicht«, meint Gründler und starrt mit gerunzelter Stirne die Phantasieblüte auf dem Leinen an.

»Ich nehme es ja auch nur an«, verweist der Pfarrer milde, »und wenn er nun hierher marschieren will«, er fährt mit dem

Daumennagel quer über die Karte bis zu deren südlichem Rand, wo an einer Straßenlinie vermerkt ist: ›Über Unruhstadt nach Glogau‹, daran vorüber und hält den Zeigefinger nach unten in die Luft gebohrt – Gründler stiert befehlsgemäß dahin und sieht wiederum nichts –: »Dann kommt er hier durch –«, die weiße Hand des Pastors fährt über Schwenten, als wolle sie es wegwischen.

»Wir haben doch den Schlagbaum an der Straße«, wendet Gründler schüchtern ein.

»Da nützt kein Schlagbaum und kein Zaun, mein Lieber, da brauchen wir gröberes Geschütz, was natürlich bildlich gemeint ist.«

»Aber wir wollen doch eben nicht schießen, Herr Pastor. Der Treske, der täte es mit Vergnügen, aber ich fürchte, die Polen –«

»Ich auch«, unterbricht der Pastor, »jedoch glaube ich, daß uns der Landrat wenig wird helfen können und der Regierungspräsident auch nicht. Und von Berlin können wir schon gar keine Hilfe erwarten.«

»Aber da gibt es noch den Völkerbund«, der Bürgermeister meint da etwas besonders Schlaues zu sagen, »wenn und der würde uns –«, er sieht den Pastor erwartungsvoll an.

Der starrt auf die Karte, die vor seinem geistigen Auge wieder zusammenschrumpft zu dem Pünktchen, das sie auf einer Abbildung Deutschlands einnehmen würde: »Genf!« sagt er, »die haben größere Sorgen.«

So muß der Bürgermeister ungetröstet und unberaten wieder abziehen.

Zu Hause erwartete ihn bereits der Gemeinderat. Fünf Mann hoch standen die Dorfväter im Hofe und stritten darum, wessen Misthaufen der größte und welcher am besten geschichtet sei. Dem Gründler seiner hatte einen zementierten Rand, das hatte sich noch kein anderer im Dorfe geleistet. Außerdem war einer der Gemeinderäte, er stand mit finsterer Miene etwas abseits, und die anderen kümmerten sich nicht um ihn, dem demokratischen Zuge der Zeit folgend, kein Bauer, sondern Waldarbeiter und zählte darum kaum zu den Menschen.

Gründler begrüßte sie mit Handschlag, auch der Abseitige bekam zwei Finger: »Nu, da kommt ock rein.«

Sie setzten sich vor den altertümlichen Sekretär, dessen amtliche Eigenschaft hauptsächlich durch den umfangreichen Stempelständer erwiesen wurde, einen wahren Christbaum von Ständer. Da hingen zwischen den neuen, hellen Stempeln noch friedlich die alten, verkleckstern mit dem Kaiseradler, denen man die langen Dienstjahre von weitem ansah. »Es sieht nach mehr aus«, meinte der Bürgermeister, als ihm irgendeiner, der Kreissekretär vielleicht, geraten hatte, die alten Dinger wegzuschmeißen; ihm war es ziemlich wurscht, ob man in Berlin dem Wilhelm hurra schrie oder dem Fritze Ebert. Nur in Ruhe lassen sollten sie ihn endlich mit den ganzen Bewirtschaftungsverordnungen und Schlachtverboten.

Die Gemeinderäte sprachen erst von der Ernte, von der Maul- und Klauenseuche, die um Grünberg herum wieder einmal ausgebrochen war, vom Wetter, schimpften auf die leidige Zwangswirtschaft und alle die Ge- und Verbote des Krieges, die immer noch nicht aufgehoben waren, bis sie sich auf ihren Stühlen zurechtgerückt hatten. Dann erst konnte es losgehen.

Der Bürgermeister las ihnen, nachdem er sie nochmals auf ihre Schweigepflicht aufmerksam gemacht hatte – von einer besonderen Vereidigung glaubte er absehen zu dürfen –, die Anfrage des Landrates vor. Eine Weile blieb es stille, nur die Fliegen summten. Aber dann sagte der Müller Klopsch, von der Höhe seiner Mühle sah er ja weitum: »Der ist wohl tälsch? Der sieht ja Gespenster.«

Der Lindenwirt widersprach, nachdem sich alle von dem Schreck über des Müllers respektlose Äußerung erholt hatten: »Nee, nee, 's muß schon was Wahres dabei sein. Woher sollt' er's denn haben?«

Grosser, der Waldarbeiter, fiel ihnen grob ins Wort: »Die soll'n ock nicht wieder anfangen zu stänkern. Seit zwei Jahren haben wir nu glücklich Frieden. 's is woll schon wieder zu lange her? Soll schon wieder Krieg sein? Mir haben die Nase voll. Mir machen da nich mitte. Das mecht' den' so passen, den hohen Herrn!«

Gründler ruderte verzweifelt mit den Armen, als müsse er sich durch eine andringende Brandung arbeiten: »Aber meine Herren«, sagte er hochdeutsch, »meine Herren, wer spricht denn vom Kriege? Der Herr Landrat will doch bloßig – «

»Der Herr Landrat soll uns am Arsche lecken!« schrie Grosser, und dabei hatte er nie etwas von Goethe gelesen, »mag er doch selber gehn und nachsehn!«

Und nun schrien die anderen auch. Alles Rudern, Herumfuchteln und Gutzureden nützte dem armen Gründler nichts. Hilflos ging er in der Flut unter. Nur Kühn, der sich auf das Fensterbrett gesetzt hatte, so schon äußerlich einen gewissen Abstand wahrend, sagte nichts. Er fing gelangweilt Fliegen und lächelte dabei, denn er rechnete aus Erfahrung, daß solches Schreien die Kehlen doppelt durstig machte. Noch hatte jede

Gemeinderatsitzung drüben in der ›Linde‹ geendet. Dort einigten sich alle Parteien wieder.

Mitten im größten Getümmel tat sich die Tür auf. Hinter seinem Hunde erschien der Förster Treske.

Gründler stöhnte, aber nur halblaut: »Du hast mir gerade noch gefehlt.«

»Das geht ja hier zu wie in einer Judenschule! Ihr jagt mir noch die letzten Böcke ins Polnische! Was ist denn los? Soll die Welt einfallen?« fragte der Förster, Gründler die Hand gebend und den anderen zuwinkend. Er hängte Hut und Gewehr an den Kleiderrechen und befahl dem Hunde kusch.

Gründler erläuterte die Sachlage. Treske begriff sehr rasch. Er hatte ja gestern abend schon seine Meinung gesagt.

»Meine Herren«, sagte er ebenso hochdeutsch wie vorhin Gründler und sah dabei Grosser an, die beiden waren sich nicht grün, denn Treske war selbstverständlich streng national, wie ja jeder schon hat merken können, und Grosser, sein Arbeiter, war ein ganz radikal Linker, und außerdem hatte der Förster ihn im Verdacht, daß er – kurz, alles Schlechte traute er ihm zu: »Meine Herren, warum streitet ihr euch? Damit ist nichts erreicht und noch weniger bewiesen. Es gibt nur eins: kurz und entschlossen zu handeln. Pfeif auf alle Berichte! Wer ein Lump ist, soll ein Lump bleiben. Wir werden mit ihm schon fertig werden. Er soll dorthin gehen, wo der Pfeffer wächst. Wer aber ein Mann ist, ein Kerl, der –«

Was er da sagte, gehörte eigentlich gar nicht zur Sache, die durch die Tagesordnung hinlänglich bestimmt war, sein Gedankengang blieb durchaus unklar.

Das empfand auch Gründler, und darum unterbrach er ihn: »Du kannst uns auch nicht helfen, Treske. Und dabei kommst du doch am meisten rum von uns. Ich schlage vor, wir sprechen noch einmal mit dem Herrn Pastor, was er dazu meint.«

Grosser widersprach: »Was hat da der Pfaffe mitzureden?«

Und Treske, der sich ganz respektlos auf die Ecke des amtlichen Schreibtisches gesetzt hatte, grinste: »Mein lieber Wilhelm, da kommst du zu spät, der Herr Pastor ist vorhin fortgefahren, ich habe ihn auf dem Bahnhof gesehen.«

Der Bürgermeister wischte sich die Stirne. Es war mächtig heiß in der niedrigen Stube. Ratlos zuckte er die Schultern. Nun muß er die böse Nuß doch allein knacken. Wenn wenigstens sein Junge da wäre, der wischte doch alleweil mal über die Grenze, weiß der Kuckuck, was der immer drüben suchte. Die Anna?

Er brachte, da diese Debatte fruchtlos war, das Schützenfest zur Sprache. Zwar hatte auch da der Grosser allerhand zu meckern, aber im großen ganzen waren sie sich darüber schnell einig. Das Schützenfest war eine althergebrachte Sache, die sich seit je nach ganz bestimmten Regeln abgespielt hatte. Das Besondere war diesmal nur, daß es eben seit einigen Jahren zum ersten Male wieder stattfinden sollte. Die Feuerwehrkapelle übte schon seit Tagen die nötigen Märsche und Tänze, und bald da, bald dort ging im Dorfe das Gepfeife und Getute los, daß alle Pferde scheu wurden.

Eine Stunde später saßen die Herren Gemeinderäte einträchtig beim Lindenwirt hinter ihren Stammgläsern. Nur Grosser war nicht dabei, er ging nicht in die ›Linde‹, und außerdem wollte er sich nicht mit dem Förster – oder der nicht mit ihm, wie man's halt nimmt – an einen Tisch setzen.

Die Gespräche drehten sich auch weiterhin um das Geheimschreiben, wobei man allerdings fragen kann, was eigentlich noch geheim daran war. Doch handelte es sich jetzt, dem Orte entsprechend, nur mehr um private Stellungnahmen, deren Ton ausgesprochen gemütlich war. Darum konnte man diese Sitzung auch nicht ohne weiteres als die Fortsetzung der vorherigen betrachten. Das lag eben an der unamtlichen Sphäre des Gasthauses und sicherlich auch am Bier. Treske führte das große Wort; wenn es nach ihm gegangen wäre, dann hätte jeder Schwentener die verfluchte Pflicht und Schuldigkeit gehabt, mit dem Gewehr oder mangels eines solchen wenigstens mit einer Mistgabel zur Rettung seines Vaterlandes anzutreten. »Der Angriff ist die beste Verteidigung!« schrie er, und unschwer würde er Posen und vielleicht auch Warschau eingemeindet haben.

Dem Bürgermeister lag es schwer auf der Seele, daß er sich mit dem Pastor nicht beraten konnte. Wo mochte der bloß hingefahren sein an diesem kritischen Tage?

Pastor Hagenau ist in Unruhstadt. Er sitzt beim Landrat. Er möchte gerne wissen, was die Behörden unternehmen würden, wenn die Polen tatsächlich kämen. Er ist ein wackerer Protestant; Polen aber ist ein durchaus katholisch eingestellter Staat, das macht ihm doppelte Sorge.

Der Landrat zuckt die Achseln und legt die große Hornbrille auf den aufgeschlagenen Akt: »Mein lieber Herr Pastor, was soll ich als Zivilbehörde schon machen? Meine einzige Waffe ist der Bericht an den Herrn Regierungspräsidenten. Ob das in Ihrer Sache etwas nützt, können Sie wohl selbst beurteilen.«

»Sie meinen also«, fragt der Pastor und wischt sich die Stirn, »daß wir im Ernstfalle auf uns selbst gestellt sind?«

»Aber ich bitte Sie!« lächelt der Landrat jetzt, er hat sich besonnen, daß er als Parteimensch seine Ohnmacht nicht eingestehen darf. »Schließlich steht das ganze Deutsche Reich hinter jedem seiner Untertanen. Also auch hinter Ihnen. Und dann gibt's immer noch den Völkerbund als oberste Instanz.«

»Ein geringer Trost, den Wolf geprügelt zu wissen, wenn das Schaf gefressen ist.«

»Nein, nein«, begütigt der Landrat und erhebt sich, »so weit ist es ja noch nicht, Herr Pastor. – Aber veranlassen Sie bitte Ihren Bürgermeister, daß er mir den Bericht termingemäß einreicht. Denn die genaue Einhaltung des Termines ist die Hauptsache dabei. Wo kämen wir sonst hin?« Er komplimentiert ihn langsam, aber sicher hinaus, das hat er in seiner nun fast zweijährigen Amtstätigkeit gelernt, obwohl er früher, noch bevor er Parteisekretär wurde, Maurer gewesen war.

Als der Pastor ins Vorzimmer zurücktrat, fuhren dort zwei mit roten Gesichtern auseinander. Das eine war die Sekretärin, ein netter, blonder Wuschelkopf, das Haar nach der neuesten Mode schamlos kurz geschnitten, das andere, der Pastor schaute erstaunt genauer hin, das andere war Klaus Gründler.

Der Pastor wollte erst etwas sagen, was sich vielleicht auf die Haarfarbe des Mädchens bezog, dann aber vergaß er es wieder, denn ihm war ein Einfall gekommen. Wenn die Zivilbehörde nicht die Macht hatte, Schwenten zu schützen, dann mußte er sich eben, so sehr ihm das als Mann des Himmels widerstrebte, an die Militärbehörden wenden. Da hatte doch Treske eine Bemerkung gemacht, daß in Glogau – – also auf nach Glogau.

Und damit traten die sittlichen Belange, zu deren Vertreterin sich seine Frau, eben durch jenen Klaus Gründler veranlaßt, aufgeworfen hatte, vorerst in den Hintergrund. Den Zug konnte er eben noch erreichen.

Schon auf der Straße, kehrte er noch einmal um. Wieder fuhren die zwei im Vorzimmer auseinander, sie hatten unmittelbar hinter der Tür gestanden. Pastor Hagenau, mit seinen Gedanken schon in Glogau die Frage formulierend, die er dort zu stellen hatte, achtete nicht weiter darauf: »Klaus«, sagte er, »wenn du nach Hause kommst, geh zu Frau Pastor und bestelle ihr, ich käme erst mit dem Abendzug aus Glogau.« Er nickte freundlich, sichtlich zerstreut lächelnd, und ging. Daß das Mädchen ihm ein Gesicht schnitt, sah er nicht mehr.

Nach dieser zweimaligen Störung war Klaus die Stimmung vergangen. So fragte er nur noch: »Also, Else, bleibt's dabei, daß du nächsten Sonntag zum Schützenfest kommst?«

Und Else – wer fährt in solchen Nachkriegsjahren nicht gerne aufs Land? – sagte weder ja noch nein, aber sie versprach es mit Augen, Hand und Mund. Klaus war das lieber als viele Worte. Daß er auch Anna einladen würde, das stand fest. Das Schützenfest dauerte eine ganze Woche, und für die Wochentage brauchte er doch auch ein Mädchen; die zwei reichten sowieso nicht. Fröhlich pfeifend fuhr er ab und knallte ein paarmal laut mit der Peitsche. Else rückte die Frisur zurecht – so ein Bubikopf ist doch wirklich praktisch! – und machte sich an ihre Arbeit.

Während der Pastor in der Bahn, von dem Gebimmel und den Pfiffen der Lokomotive irritiert, immer wieder seine Ansprache an den Herrn General – ob es so etwas noch gibt? Vielleicht ist es auch nur ein Gefreiter mit der Armbinde des Soldatenrates! – memorierte, fiel ihm die noch immer unvollendete Sonntagspredigt schwer aufs Herz. Aber ein anderer Gedanke drängte sich noch davor: Was hatte Klaus auf dem Landratsamt zu suchen? Was hatte er mit der blonden Sekretärin?

Da war also die Sache mit dem Sittlichkeitsverein, bei dem seine Frau Emmeline Präsidentin werden wollte. Darüber hatte er sich mit seinem Amtsbruder Neumann beraten wollen. Nein, wenn er Klaus jetzt selbst in so verfänglicher Situation gesehen hatte – war's nicht so?, zweimal sogar innerhalb weniger Minuten, wobei es sich diesmal augenscheinlich um ein blondes Mädchen gehandelt hatte, während Emmeline ebenso unzweifelhaft von einem schwarzhaarigen sprach, mit der derselbe Klaus, den gestohlenen Apfel kauend – ja, ja, Bibel, Sündenfall im Paradiese! – hinter der Hecke –, wozu erst Ratschläge? Selbst handeln! Sofort handeln, war die rechte Devise. Emmeline hatte recht: Das konnte weder von Unruhstadt noch von Bomst aus bereinigt werden. Da mußte Schwenten selber stark genug sein, seine Jugend auf dem schmalen Pfade zu halten, so zum Himmel führet. Er beschloß, die Angelegenheit sofort nach seiner Rückkehr in Angriff zu nehmen und seiner Frau auf den ersehnten Präsidentenstuhl zu helfen.

Seine Gedanken traben noch einmal im gleichen Gleise, wenn auch mit einer anderen Fuhre. Und jetzt ist Treske der Kutscher: Soll man diese fast ebenso wichtige politische Sache nicht auch in die eigenen Hände nehmen? Die Frage ist bloß, wie das zu bewerkstelligen ist. Hier ist es mit einer Vereinsgründung, etwa ›zum Schutze der Gemeinde‹, nicht getan.

So kommt der Pastor mit schweren und unvollendeten Gedanken nach Glogau. Er findet schnell zur richtigen Stelle. Es ist weder ein General, der ihn empfängt, noch ein Gefreiter, aber immerhin ein Oberst, ein schneidiger Mann. »Kenne Ihre Sorgen, Herr Pastor«, sagt er und geht mit elastischen Reiterschritten zu der großen Generalstabskarte, die an der Wand wie eine Tapete hängt. Sein Finger fährt eine Reihe Fähnchen entlang, die die neue Grenze markieren. »Ehrt Ihre Gesinnung als aufrechter deutscher Mann, daß Sie sich unmittelbar und ohne Zögern an mich gewandt haben. Denn die heutigen Zivilbehörden –«, er macht eine Handbewegung, als ließe er ein schmutziges Papier fallen.

Während seine Hand auf der Karte spazierenfährt, schnarrt er: »Strategisch ausgezeichnetes Gelände, werden den Kerlen schon zeigen! Alles bereits überlegt und ausgearbeitet – nur noch Stichwort geben. Bekommen vier Kompanien nach Schwenten. Wird genügen. Sehen Sie zu, daß Verpflegung gut ist, Herr Pastor.«

Er wendet sich mit kurzem Ruck seinem Besucher zu, da er meint, alles Nötige gesagt zu haben und den Mann verabschieden zu können. Der hat gerade daran denken müssen, wie er gestern mit seinem Bürgermeister auf ähnliche Weise vor der Karte von Schwenten gestanden hat, auf der ein Rotstiftstrich unabänderlich die Grenze zeichnet. Von der raschen Bewegung des Offiziers erwacht er aus seinen Gedanken und hebt abwehrend die Hände: »Bitte, Herr Oberst, kein Militär in mein Dorf! Das würde nur aufreizend wirken und uns erst recht in den Hexenkessel führen. Soldaten sind rauhes Pack, der Sittlichkeitsverein ist erst im Werden, wer sollte unsere Mädchen bewahren! Und unsere Schinken und Würste können wir auch allein essen –.«

Der Oberst klemmt sein Einglas fest und wird merklich reserviert: »Ja, Mann Gottes, was wollen Sie dann? Mit papierenen Protesten führe ich keinen Krieg.« Der Herr Oberst scheint ganz vergessen zu haben, daß Deutschland ein abgerüsteter Staat ist und er, wenn auch hier noch ein paar Kompanien vorhanden sind, damit nicht frisch-fröhlich losziehen kann. Oder meint er einen Freibrief darin sehen zu dürfen, daß in Oberschlesien Freikorps gebildet werden? Vielleicht hofft er hier einen verspäteten Siegeslorbeer zu finden, den ihm der neidische Mars bisher vorenthalten hat.

Es ist dem Pastor jetzt selbst nicht mehr ganz klar, was er hier gewollt hat. Sehr behutsam, um kein Porzellan zu zerschlagen, zieht er sich zurück und ist froh, daß der tatendurstige Oberst ihn ziehen läßt.

Nun gibt es noch zwei Möglichkeiten: Berlin und Genf. Aber das läßt sich heute nicht mehr erledigen; und er hat *seiner* höchsten Instanz, seiner Emmeline, sagen lassen, daß er zum Abend wieder zurück sei. Also bleibt ihm eigentlich *keine* Möglichkeit mehr. Außerdem drängt der Sittlichkeitsverein jetzt doppelt, denn nun ist auch er davon überzeugt; wer kann wissen, was der Oberst indessen tut? Das Politische, das muß er morgen nach dem Gottesdienst noch einmal mit Treske und Gründler durchsprechen.

Es wird, um es gleich zu sagen, eine merkwürdige Sonntagspredigt, und es wird außerdem ein historischer Tag: der Tag, an dem für die weite Welt Schwenten eigentlich erst geboren wird. –

Klaus war lange vor dem Pastor daheim. Die Botschaft an die Frau Pastorin getraute er sich nicht auszurichten. Bereitwillig nahm ihm das der Vater ab: »Mach, daß du nach Bentschen kommst, und laß dich nicht erwischen, mein Junge!«

»Da müßten schon andere kommen als der Seidel-Gendarm oder die vom Zoll, Vater. Schließlich bin ich ja auch Soldat gewesen. Und die da drüben –«, er schnob durch die Nase.

Vater Gründler war richtig stolz auf seinen Sohn, den er mit diesem Auftrag in mehrfacher Hinsicht auf Abwege brachte. Unklare Gedanken schwebten ihm vor, Retter des Vaterlandes zu sein; Redensarten wie: ›Einsam auf verantwortlichem Posten‹, ›Wie eine deutsche Eiche stehen‹, ›Trotzig dem Sturme die Stirne bieten‹ umrankten sein wulstiges Haupt. Am liebsten hätte er jetzt gesungen, ›die Wacht am Rhein‹ etwa oder ›Stolz weht die Flagge‹.

Frau Pastorin empfing ihn als Vater des Missetäters recht kühl, dachte aber gleichzeitig daran, daß er ja auch der Mann ihrer künftigen Vizepräsidentin sei. Nun wußte sie nicht, wie sie sich verhalten sollte, und war froh, als er sich bald verabschiedete.

In der ›Linde‹ trank er rasch ein Bier, aber es hielt ihn auch hier nicht. Er ging zum Dorfe hinaus, ging quer über die verunkrautete und zum Teil sandkahle Wiese, auf der bald die Buden für das Schützenfest aufgebaut werden sollten, und machte sich aus der Erinnerung langer Jahre schon einen Plan für die diesjährigen Veranstaltungen. Ein bißchen dürftig würde es wohl werden, denn die Pfefferkuchen-, Zuckerzeug- und Würstelbuden fielen ja noch immer aus.

Er fand aber auch hier keine Ruhe; es trieb ihn, sich noch näher der Grenze aufzuhalten, vielleicht, um seinem Sohn beizustehen, vielleicht auch, um selber etwas von dem zu sehen, was zu sehen man von ihm verlangte.

Aber hüben wie drüben war es still und friedlich; es war, als gelte hier im Freien der Rotstiftstrich des Herrn Pastors nichts. Die Abendsonne kümmerte sich um keine Grenze und schien mit ihren schrägen Strahlen über die Felder und Wiesen, in die Kiefernwälder hinein und auf die stillen Dörfer. Dort wie hier bewegten sich ein paar Menschen, eine Fuhre auf der Straße; dort wie hier stand das Getreide mager auf dem dürftigen Boden und weidete das Vieh ruhig auf den sumpfigen Koppeln. Gründler kletterte mühsam, bei jedem Schritt einen halben zurückrutschend, auf eine der gewellten Sanddünen, aber mehr sah er auch nicht, bloß ein bißchen weiter. Auch der

Sand war hier wie dort der gleiche. Wo war denn eine Grenze, die Land von Land als Fremdes schied? So verrückt sind immer bloß die Menschen, die zu wissen scheinen, wie sie sich noch mehr Sorgen, wie sie sich das Leben noch schwerer machen können.

Nichts, aber rein nichts war zu sehen, was man hätte melden können, was auch nur auffällig gewesen wäre. Nun ja, höchstens, daß dort der Landweg, der von Schwenten ins Nachbardorf führte, am Grenzbache durchschnitten war, weil die Polen die Holzbrücke weggerissen hatten. Aber das war schon seit zwei Jahren so. Gründler sah sich genau um. Er war geneigt zu glauben, daß der Landrat einem Ulk aufgesessen sei und nun für nichts und wieder nichts die Pferde scheu mache.

Man sieht, die ganze Angelegenheit war in erster Linie dazu angetan, ihn aus einem bisher der Obrigkeit getreuen Untertanen zu einem selbstdenkenden, also rebellischen Menschen zu machen.

Daß der Junge einem Mädel nachschlich, das er, der Vater, nicht kannte, das paßte ihm nicht. Drüben in Kolzig hatte er ihm schon längst eine passende Braut ausgesucht. Aber nun hatte er ihn selbst zu der anderen geschickt. Noch dazu am Sonnabend, was doch immer verfänglicher ist als an einem beliebigen Wochentage. Aber die Staatsraison – hier erlitt Gründler noch einmal einen Rückfall in sein gewohntes Untertanengefühl – verlangte eben solch ein Opfer, und schließlich wird sich doch der Klaus nicht heute gerade drüben verloben!

Gründler kehrte um. Und im grüblerischen Schreiten pfiff er vor sich hin und wurde sich erst nach einer ganzen Weile bewußt, daß es tatsächlich ›die Wacht am Rhein‹ war, die er pfiff.

Bis lange nach Mitternacht wartete Gründler auf seinen Sohn. Seine Alte hatte ihm beim Abendbrot immerzu von dem Plan der Pastorin geschwatzt und daß sie selber nun Vizepräsidentin würde.

»Nun ja«, brummte Gründler hinter seinem ›Bomster Stadt- und Kreisanzeiger‹ und steckte sich gleich nach dem Bissen Räucherspeck eine Zigarre an, weil es ja Wochenende war, »der Pastor ist bloßig Pastor, und ich bin bloßig Bürgermeister. Aber die Weiber werden Präsident und Vizepräsident. Verrückte Zeit, verrückte Weiber. Im Koppe fängt es immer zuerst an.«

Die Frau Vizepräsidentin in spe zog sich darauf beleidigt in ihre Gemächer zurück, das heißt, sie spülte das Geschirr am Herde ab und kroch nebenan brummend ins Bett, und Vater Gründler konnte seine Zeitung in Ruhe lesen. Aber erst holte er sich eine Flasche ›Klaren‹ aus dem Aktenschranke. Als er das letzte Mal in Lissa gewesen, hatte er sie heimlich unterm Wagensitze mitgebracht. Geschmuggelt also. Wozu Zoll zahlen, wenn man schlauer ist als die Grenzer?

Was die Preise überall steigen! Eine Kuh war unter siebenbis achttausend Mark nicht mehr zu haben; das Ei kostete in Breslau fünfzig, in Berlin siebzig Pfennig. Kein Wunder, daß er für die Zigarre hatte vierzig Pfennig zahlen müssen, vor dem Kriege hatte sie acht, höchstens zehn gekostet. Und mehr war sie auch nicht wert, das Luder brannte ganz schief. Da mußte man eben aufschlagen auf alles, was man verkaufte. – Und die Ablieferungen, das Schlachtverbot, Zwangsbewirtschaftung, Schiebungen, schwarzer Markt und Hamsterei – »wie im tiefsten Kriege«, seufzte Gründler und goß ein, ohne hinzusehen. Wo soll das noch hinführen? Statt sich allmählich zu bessern, werden die Verhältnisse von Tag zu Tag schlimmer.

Dabei ist schon seit zwei Jahren ›Frieden‹! Ja, ja, die gute alte Zeit, als wir noch unsern Kaiser hatten! Er gönnte sich den nächsten ›Klaren‹. Aber jetzt war alles verdreht, die ganze Welt stand kopf, als könnte sie nach *dem* Krieg nicht mehr auf die Beine finden, und es wurde immer verrückter. Was da für Sachen passierten: In Münsterberg schlug der Denke die Handwerksburschen serienweise tot, fraß sie auf und machte aus ihrer Haut Hosenträger. Und in Hannover hatte Haarmann eine Art Filiale davon aufgemacht. Standen nicht im Gemischtwarenladen der Künklern Büchsen mit Gemüse aus der Seidelschen Konservenfabrik in Münsterberg? Er mußte der Künklern sofort verbieten, diese Konserven noch weiter zu verkaufen, wer weiß, was man damit fraß! So ein geplagtes Dorfoberhaupt muß doch seine Augen wahrhaftig überall haben und mit klarem Kopfe dabei sein, selbst noch am Sonnabendabend bei der teuren Zigarre und dem guten Schnapse von ›drüben‹. Ob er noch einen riskierte?

In China gab's Überschwemmungen, daß gleich Millionen ersoffen, und in Indien verhungerten sie zu Hunderttausenden; in Amerika wurde der Weizen verbrannt, und aus Kaffee machten sie Briketts; in Deutschland gab es immer noch Hungernde, und die englische Krankheit wurde immer schlimmer; in Australien – – und in Südafrika – – und da und dort – – –

Bei jedem Schauerbericht mußte er einen trinken. Was sind die Menschen schlecht!

Und hier in Schwenten wird über Nacht aus der Pastorin eine Präsidentin, bloß weil sein Junge einem Mädel einen Kuß gegeben hat. Was wäre wohl erst passiert, wenn er die Pastorin selber geküßt hätte – brrrrr! Der Gründler schüttelt sich und trinkt ganz rasch zwei hintereinander bei dem bloßen Gedanken, daß man die Pastorin, diese alte – er spülte das Kennwort rasch hinunter, denn er war ein ehrenwerter Mann.

Und jetzt hatte er den Jungen gerade zu diesem Mädel geschickt. Wenn das die Frau Vizepräsidentin wüßte! Prost, Frau Vizepräsidentin!

Was?? Die Flasche bald alle? Und dabei erst zwei oder drei kleine Gläschen?! Die Welt ist doch überall Betrug! Rasch noch einen, ehe es der letzte ist!

Frau Vizepräsidentin – wie das klang! Den Gründler packte plötzlich die Wut: »Nischte wird! Ehnder wer' ich salber noch Vizepräsidente und Minister und wer weeß was noch olles!« Quer durch die Zeitung hatte er auf den Tisch gehauen, die teure Zigarre war zum qualmenden Besen geworden, das Glas kippte. Sachte, sachte, Herr Bürgermeister Gründler, wer kann heute wissen, was Sie morgen schon alles sind? Verrückte Zeiten bringen verrückte Ideen, und manch einer schlief schon als harmloser Bürgersmann ein und erwachte als – – nischte wird!, haben Sie gesagt, Herr Bürgermeister. Also verrate ich zur eigenen Sicherheit noch nichts. Selbst auf die Gefahr hin, daß meine Leser ungeduldig werden. Dem Befehl hoher Behörden hat man ohne Murren nachzukommen. Auch wenn sie schlafen. Aber das tun ja die meisten.

Endlich kam Klaus. Er sah den schlafenden Vater, sah die kaputte Zeitung, die zerstoßene Zigarre, die Flasche – halt, da ist noch ein Rest drin: gluck, gluck!, weg war er.

Der Vater fuhr hoch, glotzte den Sohn an, die leere Flasche und setzte sich mit einem Ruck gerade. »Berichte!« sagte er hoheitsvoll und umfaßte mit ausgestrecktem Arme die Flasche, als hätte er einen Marschallstab.

Klaus nahm Haltung, als melde er seinem Kompaniechef den Erfolg eines Spähtrupps. Er möchte schon drüben einen ›genommen‹ haben, denn diese zwei Schlucke konnten seine Augen nicht so funkeln machen. Wollte er nun seinem Vater einen Schabernack spielen oder bloß großtun, jedenfalls übertrieb er nicht schlecht.

Danach schienen ganze Flugzeuggeschwader, ganze Tankbrigaden, schwere und schwerste Artillerie und unübersehbare Divisionen bereitzustehen, das arme, friedliche Schwenten zu überfallen und dem Erdboden gleichzumachen. Viel fehlte nicht, dann hätte er noch U-Boote, Kreuzer und Schlachtschiffe in den Obra-Südkanal gedichtet. Der Bürgermeister wurde bleich und bleicher, nüchtern und nüchterner. Das war das schlimmste. Seine großartige Gebärde fiel in nichts zusammen.

Schade um den schönen Schnaps!

»Das ist alles«, schloß Klaus und rührte.

»Ne, nicht alles«, sagte Vater Gründler und betrachtete gedankenvoll die leere Flasche. »Dorten im Aktenschrank rechts unten hinter der Mappe ›Unerledigtes‹ steht noch eine, bring sie her und hol dir auch ein Glas. Aber sei leise, daß die Mutter nicht aufwacht.«

Mit sorgenvoll gefurchter Stirne goß er ein, dann sagte er, noch einmal in die Feldherrnpose fallend: »Gefreiter Gründler, das hast du gut gemacht. Oder hast du dich etwan verlobt dabeine?« fragte er, mißtrauisch aufsehend.

Klaus schüttelte erstaunt den Kopf.

»Also noch besser. Wenn ich Orden hätte zum Verteilen, bekämst du jetzt einen. Das Kreuz von Schwenten zweiter Klasse. Und befördern tät' ich dich auch. Prost Junge.« Der scharfe Geschmack schien ihn aber zur Wirklichkeit zurückzuführen. Trotzdem goß den nächsten und übernächsten der Junge ein, des Vaters Hand war zu unsicher.

»Nun sag mal, du, was machen wir, wenn sie und sie tun kommen?« fragte Gründlervater.

»Wir schmeißen sie halt wieder raus«, sagte der Junge leichtfertig.

»Wie willst du denn das machen bei den Tanks und den vielen Fliegern? Mit der Feuerspritze schaffen wir das nicht.«

»Ach, so schlimm wird's ja nicht gleich sein.« Es tat Klaus schon leid, gar so sehr aufgeschnitten zu haben.

»Zuerschtmal muß der Bericht an den Landrat weg.« Gründler machte Miene, sich zu erheben, aber er war offenbar hinten zu schwer. So blieb er also sitzen. »Schenk ein, Junge. Ja, der muß weg«, er kippte das Glas hinunter und hielt es Klaus wieder hin. »Weg muß er – hick, der Landrat –«, hinunter mit dem Schnaps. Es war immerhin siebzigprozentiger polnischer Wodka, nicht zu vergessen.

»Wer muß weg? Der Landrat? Der Schnaps? Der Bericht?« fragte Klaus und mußte lachen. Er war auch schon betrunken.

»Du verträgst woll keinen Schnaps? Dann laß sein. Der Bericht – hick! – muß weg. Gleich. Und ich muß zum Herrn Präsidenten, zum Herrn – hick! – Präsidenten. – Quatsch! Zum Herrn Pastor – schenk ein, Junge, weg muß er. Was stierst du so? Ich bin noch lange nicht – hick! – noch lange nicht betrunken –.«

»Vater, bist stille! Du weckst ja die Mutter auf!«

»Nee, nee, die soll schlafen, die Frau Vize-, – hick – Vizepräsidentin, die hat nicht solche Sorgen wie so ein kleiner – hick – Bürgermeister. Du weißt ja gar nicht, Junge, was hier gespielt wird. Du kannst es nicht wissen, bist ja bloß so'n kleiner Gefreiter. Die haben von Tuten und Blasen keine Ahnung, wenn sie sich auch wichtig tun. Wenn du erst Leutnant – geh du auch schlafen, Leutnant Gründler, siehste, nun hab' ich dich doch befördert –.« Das übrige war nicht mehr zu verstehen. Jetzt war er auch vorne, an der Zunge, zu schwer geworden.

Der Herr Pastor, schrägüber, war erst gegen Morgen ins Bett gekommen. Nachdem er mit seiner Frau wegen der Gründung des Sittlichkeitsvereines alles bis ins kleinste durchgesprochen hatte – o, er war sehr gründlich, der Herr Pastor, wenn er einmal·etwas anpackte, dann geschah es mit einer erstaunlich pedantischen Umsicht! –, war er in seinem Studierzimmer auf und ab gegangen, auf und ab, und hatte über das nachgedacht, was er in Unruhstadt und Glogau erfahren hatte. Zwischendurch versuchte er immer wieder, sich die Predigt zurechtzulegen, aber seine Gedanken liefen, wie er zwischen den Wänden, zwischen Landrat und Oberst hin und her.

Linke, der Nachtwächter, sah auf dem hellen Fenstervorhang den hageren Schatten des unruhigen Seelenhirten immer wieder auftauchen und verschwinden, immer wieder, und dachte: »Ja, er tut sich halt schwer mit seinem Amte, der arme Herr Pastor. Und beim Bürgermeister brennt auch noch Licht. Nu ja, das Schützenfest, das will halt auch überlegt sein –.« Als er um halb eins an dem wandernden Schatten und dem hellen Fenster vorbeikam, da staunte er; um zwei Uhr schüttelte er den Kopf darüber. Um drei fing es an, hell zu werden, und er ging schlafen, froh, daß er bloß Nachtwächter und nicht Pastor oder Bürgermeister war. Wenn er gewußt hätte, der Linke, was für eine harte Ehre dicht an ihm vorübergestreift war, die ihn leicht hätte zu den höchsten Höhen des Ruhms tragen können, als Bürgermeister und Pastor in ihrer Verzweiflung seine Diplomatenkarriere erwogen hatten! –

Als die Sonne das Licht der Bürgermeisterei erblickte, fand sie Mutter Gründler im Bette, den Sohn in seiner Kammer auf dem Fußboden und Gründlervater in seinem Amtsstuhl schlafen. Die Geheimverfügung lag auf dem Tisch, quer darüber war Tinte gelaufen wie ein schwarzer Bach.

So brach der Sonntag über Schwenten an. Wenn man behauptet, große Ereignisse würfen ihre Schatten voraus, so war das hier natürlich umgekehrt: hier hatte dieser Tag sozusagen sein Licht vorausgeworfen. Linke konnte nichts dafür, daß er das Licht nicht war, obschon er beinahe Diplomat geworden wäre. Aber das wußte er nicht, darum durfte er diesen Tag wie alle anderen seiner lebenslangen Nachtwächterlaufbahn ruhig und ohne Gewissensbisse verschlafen – und tat wohl daran.

Die Sonntagspredigt war wirklich erstaunlich. Die Schwentener, die Kolziger, die Wilzer Bauern schüttelten – innerlich natürlich nur! – die Köpfe, sie verstanden kaum die Hälfte dessen, was heute ihr Pastor sagte. Kirchliches und Weltliches, Politik und Religion mischten sich allzu sehr und ungewohnt durcheinander. Bauern haben nun mal ein sehr feines Gefühl dafür, was recht zusammengehört und was nicht; der Städter hat es zumeist, wie der flüchtigste Augenschein überzeugend lehrt, längst verloren.

Da war die Rede vom Hirten und seinen Schafen und gleich darauf von der Wacht an der Grenze, vom Feinde, so umherging als brüllender Löwe, und wieder von den Gefahren der Fleischeslust, vom Zusammenstehen wie *ein* Mann und vom unerforschlichen Ratschluß.

Ich glaube, der gute Herr Pastor wußte oft selbst nicht, was er sprach; hätte er sich selber zuhören müssen, er wäre fortgelaufen. Aber ich kann mir leicht vorstellen, daß der Geist eines Mannes, der unmittelbar vor der größten Entscheidung seines Lebens steht, die je nach der Auffassung als Dummheit oder Genialität gewertet werden kann und je nach dem späteren Erfolg als das eine oder andere gewertet werden muß, daß also solch ein Geist für Augenblicke leerläuft, ehe er sich ganz auf das Neue einstellt. Manchmal freilich dauert solcher Zustand auch lange, und oft genug bleibt es beim Leerlauf.

Diejenigen allerdings, die sich zu den aufgeklärten Köpfen zählten, wie der Kolziger Gemeindevorsteher Hertrampf, der Drogist Schwarzer oder auch der Gemeindevorstand Rüger aus Wilze, die nickten bedeutsam, um zu zeigen, daß sie geistig durchaus zu folgen vermochten. Aber deren Nicken war wieder bloß äußerlich, denn zu verstehen und begreifen gab es hier wirklich nichts. Ein aufmerksamer Beobachter hätte denn auch bald feststellen können, wie aus dem Nicken sehr schnell ein Nickerchen wurde. Gründler und Treske waren wie üblich nicht da. Schade, es wäre interessant gewesen zu sehen, wie die sich benahmen, denn gerade die beiden hätten am ehesten einen Weg in dem Durcheinander finden können.

Der Herr Pastor sagte ziemlich unvermittelt nach einem nochmaligen Appell an die deutsche Einigkeit und das Zusammenhalten in der Not: ›Amen.‹ Alle, und er selber zuerst, atmeten auf. Am tiefsten Hertrampf, Schwarzer und Rüger. Wie ein Frühlingsrauschen ging es durch die Kirche.

Nach dem Gottesdienst standen die Leute noch lange auf dem Platz zwischen Kirche und Gasthof unter den Linden zusammen. Es waren trotz Grenzsperre und Verbot einige ›von drüben‹ darunter, die bis vor zwei Jahren noch zu diesem

Sprengel gehört hatten. Es hatte sich herumgesprochen, daß auf der anderen Seite der Grenze etwas im Gange sei, und so bildeten diese Männer und Frauen die Mittelpunkte der kleinen Gruppen.

Dieser hatte das und jene dies gesehen oder gehört, das wurde nun ausgetauscht und weitergegeben, bis es der erste Erzähler selbst nicht mehr wiedererkannte und in der neuen, vergrößerten Fassung schaudernd weitergab. Man hörte manches »Ies denn doas die Meglichkeet!« und »Ma sullt's nich gleeba«. Gläubige und Zweifler gab es, Für und Wider, Hin und Her; im allgemeinen waren – bestärkt durch die wirre Predigt – die Gesichter recht nachdenklich und bedrückt. Die Jüngeren dagegen lachten; entweder nahmen sie das Gerücht nicht ernst, oder aber es war ihnen recht, wenn endlich mal was passierte, denn, nicht wahr, so konnte es weder bleiben noch weitergehen?

In der ›Linde‹ saßen indessen die Honoratioren der drei Dörfer – nur Gründler fehlte und der Schwentener Förster, man wird gleich hören, weshalb – bei Bier und Korn und besprachen die gleichen Dinge. Da es aber eben die ›aufgeklärten‹ Köpfe waren und die Getränke Geist und Mund beflügelten, gingen die Meinungen hier hitziger aufeinander los als draußen.

Der Mechaniker Drescher aus Wilze sagte und unterstrich jedes Wort mit einem Schlag der flachen Hand auf den Tisch: »Der ist verrückt, der Pastor. Was geht's ihn an, was über der Grenze passiert?« Er war ein Freigeist, dem nichts heilig war als höchstens die eigene Person, er kannte die Predigt auch nur aus den Gesprächen, denn in die Kirche, »nee, da bringen mich keine zehn PS hinein.«

Der Kolziger Drogist, der durch die Grenzziehung fast die Hälfte seiner Kundschaft verloren hatte, meinte: »Sie sind nicht richtig im Oberstübel, mein Lieber. Das sieht doch ein Blinder, daß die Verhältnisse auf Dauer untragbar sind und ganz automatisch zu einer Lösung treiben.« Seine gewählte Ausdrucksweise ließ auf einen Intellektuellen schließen. Gemeindevorsteher Hertrampf, ein stiller Mann, der selten mehr sprach, als er unbedingt mußte, unterbrach den Drogisten: »Ich meine – nu eben – ja –.« Was er meinte, kam nie heraus. Aber sein Wilzer Kollege Rüger, eine hitzige Natur, haute auf den Tisch: »Wenn uns einer an den Kragen will, dann werden wir ihn vor die Hörner schlagen. Wir müssen uns doch nicht alles gefallen lassen. Uns ärgern schon die Berliner Herren genug. Und jetzt auch noch die –?«

Drescher fuhr ihn an: »Willst du Krieg spielen, he? Dann mach ihn alleine. Wir haben erst einen verloren, denkste vielleicht, den nächsten gewinnen wir wieder?« Hier bewies sich der Freigeist als Witzbold, das hängt ja oft zusammen. Weil alles stumm blieb, lachte wenigstens er. Er hatte eine gallige Lache. Auch seine Geschäfte gingen nicht zum besten.

Nur der Kunstmaler Rudolf Noack, ein Breslauer, der meist hier seine Sommerferien verlebte, ein abseitiger, weltfremder, nicht ganz voll zu nehmender Mensch, der den Bauern aus Gefälligkeit und für ein Ei oder ein Stück Butter die Stuben weißte oder mal einen Wagen anstrich und dabei von seiner Kunst und seinem Atelier voller Schinken – leider ungenießbar in jeder Hinsicht – träumte, sah still lächelnd auf die Schaumkrone seines Bieres und sagte nichts. Er dachte an das Schützenfest, das ihm wieder reichlich Arbeit und Anregung bringen sollte mit seinem bunten Treiben. Der Müller kam, sah sich vorsichtig um, wegen seiner privaten Mehlgeschäfte stieß er nicht gern mit dem Bürgermeister zusammen, dann aber setzte er sich dazu und nickte ja und schüttelte nein. Er hatte das alles nicht nötig, sein Bankkonto war schon ganz schön angeschwollen.

Im Pfarrhaus, in der guten Stube, die für diesen Zweck extra gelüftet worden war, hatte die Frau Pastorin die Bürgermeisterin und die Frau Schwarzer aus Kolzig um sich versammelt. Die Damen saßen steif in den hohen roten Plüschsesseln, von denen man die grauen Leinenbezüge genommen hatte, und tranken Kaffee – echten Bohnenkaffee: »Nein, aber Frau Pastor, wo haben Sie den nur her –?« Und zwischen Nippes, jahrealten Dauerblumen und Lobreden auf die Plätzchen der Frau Pastor, die von Weihnachten übriggeblieben waren, gründeten sie, durchdrungen von der hehren Stunde und dem Ernst der Notlage Rechnung tragend, ihren Sittlichkeitsverein und wählten sich zur Präsidentin, Vizepräsidentin und Hauptschriftführerin.

Die Präsidentin, mit Schreibblock und präsidialem Lächeln, die die bereits ausgearbeiteten Statuten und allerlei einschlägige Zeitschriften, darunter aber auch die neuen, schamlosen Magazine, die ihrer Entrüstung dienten und die es in erster Linie zu bekämpfen galt, vor sich ausgebreitet hatte – »sehen Sie nur, verehrte Frau Hauptschriftführerin, diese empörende Zurschaustellung weiblicher Körper!«, und Frau Schwarzer sah und schaute –, die Präsidentin also hielt eine programmatische, richtung- und zukunftweisende Rede, nach deren scharf zugespitztem Inhalt sich jede unsittliche Regung weit und breit eigentlich hätte ins nächste Mauseloch verkriechen und somit das Bestehen solcher hochlöblichen Einrichtung a priori überflüssig machen müssen.»An die Arbeit, meine Damen«, sagte die Präsidentin, hoheitsvoll ihrer Würde bewußt:»Ich danke Ihnen, meine Damen.«

Im Studierzimmer des Hausherrn aber geht es noch ernster zu. Der Herr Pastor im schwarzen Rock, bis zum strohhalmbreit hervorleuchtenden Kragen zugeknöpft, die Bäffchen rechts und links unterm Kinn, ganz Würde und Persönlichkeit, steht hoch aufgerichtet vor dem runden Tisch, auf dem über allerlei Büchern ausgebreitet die bunte Karte von Schwenten liegt. Seine Rechte hält nachlässig einen langen Bleistift, mit dem er bei jedem Satze auf die Karte tippt. Diese spielerische Geste läßt den Ernst doppelt hervortreten.

Denn in dieser Stunde, recht eigentlich auf dem Wege vom Altar bis hierher, hat er seinen großen Entschluß gefaßt, wenn man nicht sagen will, er sei von ihm angeflogen und überwältigt worden. Flüchtig hat er an Alexander, an Cäsar am Rubikon und Napoleon gedacht. Er ist über sich selbst hinausgewachsen zu schier übermenschlicher Größe, soweit das im engen Raum von Schwenten möglich ist, er fühlt sich zu den Wolken getragen von seiner Idee, daß der im engen Sonntagsrock schwitzende Gründler und Treske, eine Reihe blankgeputzter Medaillen auf dem grünen Rock, geradezu verschwinden vor ihm und seiner Bedeutung.

»Meine Herren«, sagt er mit markiger Stimme und seherischem Blick, ein ganz anderer Mann als der ratlose Priester auf der Kanzel,»in dieser historischen Stunde der Gefahr, da Deutschland, unser geliebtes Vaterland, von seinem obersten Kriegsherrn getrennt, daniederliegt wie noch nie in seiner ruhm- und leidvollen Geschichte, ist es unsere Pflicht als aufrechte Patrioten, die lieber tapfer untergehn, als schmachvoll sich beugen, dazustehen wie ein Rocher de bronze –«

»Wui, wui«, wirft Gründler ein, er war als Landsturmmann in Brüssel und Lille und will zeigen, daß auch er Französisch kann; aber des Pastors strafend-verächtlicher Blick läßt ihn verstummen. (Indiskret, wie ich nun einmal in dieser Geschichte bin, will ich verraten, daß dies sowieso das einzige französische Wort ist, was er kennt.)

»– und mit unseren Herzen, Hirnen und Händen einen Damm zu bauen gegen feindliche Willkür und heimtückischen Überfall. Ich war blind bisher und habe mich nun entschlossen, Politiker zu werden. –

Erheben Sie sich von den Sitzen, meine Herren, in dieser historischen Stunde –«, seine Stimme schwillt an, als habe er mindestens das Reichstagsplenum vor sich, und die beiden gehorchen, sie werden von kalter Hand förmlich in die Höhe gezogen, Herz und Atem bleiben ihnen fast stehen, – »ich schlage Ihnen, selbstverständlich auf rein demokratischer Grundlage« – fast hätte er ›demagogischer‹ gesagt, es wäre nicht aufgefallen – »folgendes vor und fordere Ihre Zustimmung:

ad 1. Wir gründen den Freistaat Schwenten, dessen Gebiet die Dörfer des gleichnamigen Kirchspieles, d. h. Schwenten, Kolzig und Wilze, umfaßt, der hiermit aus dem Verbande des Deutschen Reiches ausscheidet.

ad 2. Der Freistaat Schwenten unterstellt sich in eigener Souveränität dem Völkerbund und ruft dessen Schutz und Hilfe an, um jeglichen Übergriffen sowohl von deutscher wie von polnischer Seite zu entgehen.

ad 3. Die Regierung des Freistaates setzt sich zusammen aus dem Präsidenten in meiner Person, der zugleich das Außenministerium übernimmt. Der Präsident bittet nunmehr Sie, den bisher amtierenden Bürgermeister von Schwenten, das Ministerium des Innern, der Justiz, der Ernährung und der Finanzen in Ihre bewährten Hände zu übernehmen. Herr Förster Treske wird das Kriegsministerium, das der Arbeitsbeschaffung und der verwandten Ressorts übernehmen. Sitz der Regierung wird der Staatshauptort, also Schwenten, das hiermit zur Stadt befördert wird.

ad 3a. Ein Staatsrat wird berufen, bestehend aus den bisherigen Gemeinderäten von Schwenten, soweit keine personellen Bedenken bestehen. Die Staatsräte werden ressortmäßig aufgeteilt.

ad 3b. Ein Ministerrat wird berufen, der den Staatsrat und außerdem je zwei Mitglieder der Gemeinden Kolzig und Wilze, die noch zu bestimmen sind, umfaßt, aber lediglich beratende Befugnisse erhält.

Staats- und Ministerrat treten unter meinem Vorsitz morgen zusammen.

ad 4. Für übermorgen wird eine Volksabstimmung angesetzt, die durch einfache Wahl über mein Präsidium entscheidet.

ad 5. Die festgelegten Grenzen sind durch entsprechende Anweisung an die Gendarmerieposten und sofort aus dem Schützenverein auszuwählende Hilfspolizisten hermetisch abzusperren. Wer von unseren bisherigen Gendarmeriekräften – es handelt sich wohl nur um unseren Seidel – sich weigern sollte, das neue Regime anzuerkennen, ist notfalls mit Gewalt festzunehmen und zu entwaffnen. Wer das Gebiet des Freistaates unbefugt betritt, ist zu internieren. Wer es ohne Genehmigung verläßt, verliert automatisch die Schwentener Staatsbürgerschaft. Dies zu überwachen und durchzuführen, wäre

Ihre erste Arbeit, Herr Kriegsminister. – Ihnen, Herr Innenminister, obliegt es, die Sitzungen anzuberaumen, die Wahlen durchzuführen und die Gesetzesvorschläge Ihrer Ressorts auszuarbeiten. Ich denke dabei vor allem an die Aufhebung aller Zwangsvorschriften, die im Gefolge des Krieges des Deutschen Reiches hinterblieben sind. – Ich selbst setze mich noch heute mit den Behörden des Reiches in Verbindung und werde als vordringlichste Aufgabe mit Genf telegraphieren.

Soweit unsere ersten Maßnahmen.

Meine Herren«, er reckte sich noch höher, so daß ihm die Hosen unten zu kurz werden, »in dieser bedeutsamen Stunde wollen wir die Vorsehung um ihren Segen bitten auf unserem dornenvollen Wege, auf daß wir unser Staatsschifflein getrost durch alle Klippen in einen sicheren Hafen zum Wohle unseres Volkes steuern mögen. Große Pflichten stehen uns bevor, wir wollen uns den Forderungen der Zeit gewachsen zeigen.«

Man hat es erlebt, daß in Weimar Hunderte von Juristen, Volksrechtlern und sonstigen hochstudierten und -gelehrten Männern jahrelang an der Verfassung für das deutsche Volk gebrütet haben, die ein paar Jahre später schon in die Brüche ging; und hier tritt ein einfacher Landpastor, so recht ein biederer Mann aus dem Volke, hin und schüttelt eine Staatsverfassung aus dem Ärmel – ist's ein Wunder, daß er den Augen- und Ohrenzeugen als der größte Staatsmann des Jahrhunderts, ach was, der Weltgeschichte erscheinen muß? Vor allem, da kaum ein anderer Deutscher solche Auszeichnung beanspruchen kann und zum Vergleiche herausfordert??

Der Herr Pastor – Verzeihung! – der Herr Staatspräsident sieht mit steifem Nacken seine Minister an, die, ungewiß, ob sie nun ›Eure Exzellenz‹ sagen müssen oder ob ›Herr Präsident‹ genügt, sich schließlich damit retten, daß sie wie aus einem

Munde »Hurra, hurra, hurra!« rufen, mit scharfer Betonung der ersten Silbe, wie sie es in solch erhebender Stunde ihr Leben lang gewohnt sind, freilich nur zimmerlautstark, um den Zorn der doppelten Frau Präsidentin nicht auf die Probe zu stellen. Wie ihnen zumute ist, läßt sich nicht beschreiben; ein sehr kümmerlicher und billiger Vergleich wäre es, sagen zu wollen, sie seien betrunken auch ohne Alkohol. Gründler fühlt sich verschiedentlich an den Kopf; er hat da eine schmerzhafte Erinnerung an die zwei Flaschen ›Unerledigtes‹. Treske dagegen wölbt die Brust in der grünen Uniform mehr und mehr. Schon krachen die Nähte. Nun fühlt er sich sogar seiner Frau überlegen.

»Ich danke Ihnen, meine Herren«, der Pastor wirft die Arme hoch, er reicht fast bis an die Decke, und ruft: »An die Arbeit, meine Herren. Nichts für uns, alles für das Volk.«

In diesem gnadenvollen Augenblick, da Präsident und Minister des jüngsten und kleinsten Staates der Erde – von eigenen Gnaden, aber abhängig von fremden! – zu feierlichem Gelöbnis sich die Hände reichen, Staatenlenker, Schicksalswalter auf einsamer Höhe ihrer Berufung, geht die Tür auf, und die Pfarrersköchin – oder Präsidentenköchin?, eine staatsrechtliche Doktorfrage! – erscheint. Sie stutzt und sagt stotternd: »Doo ies ebenst a Brief fer a Herrn Paster und eener fern Bergermeesta gekumma.«

Die drei feierlichen Herren fahren vor dem roten Glotzgesicht auseinander, sie sind wieder auf der Erde, etwas verlegen und beschämt. Der Pastorpräsident faßt sich als erster in der neuen Würde, nimmt ungnädig die Schreiben und will sie beiseite legen, da sieht er den Absender: Generalkommando Glogau. Das andere, an den Bürgermeister gerichtete Schreiben kommt vom Landrat. Auf beiden steht, mit Rotstift unterstrichen: ›Eilt sehr! Sofort erledigen!‹ und auf dem Glogauer noch ein dick umrandeter Stempel: ›Geheime Kommandosache‹. Das ist das Geheimste vom Geheimen mit Galgenandrohung und standrechtlicher Erschießung.

Nun könnte sich die Frage erheben, ob die neugegründeten Staatshäupter sich derart kategorischen Imperativen nunmehr ausländischer Dienststellen, untergeordneter jetzt auch noch, unterwerfen müssen oder wie weit ein vor wenigen Stunden noch bestehendes Dienstverhältnis maßgebend sei – es zeugt aber von der Großzügigkeit und Loyalität der neuen Herrscher, daß sie solche Fragen nicht weiter in Erwägung ziehen, sondern die Briefe ohne Formalitäten öffnen.

Der Oberst aus Glogau schreibt: »Auf Grund der Unterredung setze ich voraus, daß tatsächlich ein größeres Truppenkontingent auf polnischer Seite bereitsteht, um über Schwentener Gebiet nach der Oder vorzustoßen. Ich habe daraufhin zwei Kp. Infanterie mit zwei MGs nach Schwenten in Marsch gesetzt, die ab Montag morgen 6 Uhr den Grenzschutz übernehmen werden. Ausreichendes Quartier für 6 Offiziere, 11 Pferde und 276 Mann sowie Verpflegung auf unbestimmte Zeit sind sofort bereitzustellen.« Stempel, Unterschrift, Oberst.

Der Präsident liest, wird blaß und reicht das Schreiben zuständigkeitshalber dem Kriegsminister weiter.

Der Landrat von Unruhstadt schreibt: »Infolge der politischen Unsicherheit wird die Genehmigung zur Abhaltung des mit Bericht vom soundsovielten beantragten und mit meiner Verfügung vom soundsovielten genehmigten Schützenfestes in Schwenten hiermit zurückgezogen.« Stempel, Unterschrift, Landrat.

Der Innenminister liest, wird blaß und reicht das Schreiben zuständigkeitshalber dem Herrn Kriegsminister weiter.

Der Kriegsminister liest, wird rot und haut beide Blätter respektlos auf den Tisch; der einzige, der mithin das Ansehen der neugebackenen Souveränität zu wahren weiß: »Ich mobilisiere! Der Schützenverein marschiert! Wenn je ein fremder Soldat Schwentens geheiligte Grenze überschreitet, will ich Meier heißen!«

Und mit diesem grausigen Schwure schließt die denkwürdigste Staatengründung aller Zeiten.

Die Herren erteilen sich gegenseitig noch allerlei Vollmachten und verabschieden sich stumm, nicht etwa vor Ergriffenheit in Anbetracht des großen Tages, obwohl es äußerlich diesen Anschein erweckt, sondern weil sie sich auf dem Boden des diplomatischen Höflichkeitsaustausches nicht ganz sicher fühlen.

Am selben Nachmittag noch wird die Staatsgrenze von den Schützen, denen das ein neuartiger Jux ist, besetzt. Der Nachtwächter Linke ist Chef des Sicherheitsdienstes, nachdem der Kriegsminister ihn zunächst für einen zu schaffenden Gesandtenposten in Berlin vorgeschlagen hat aus einer unklaren Erinnerung heraus, aber nach einem seitens des präsidial-pastörlichen Außenministers erfolgten Einspruch, in Berlin seien schon Nachtwächter genügend, diesen Antrag zurückgezogen und darum diesen neuartigen Posten erfunden hat; Berlin muß infolgedessen auf eine exterritoriale Vertretung Schwentens verzichten. Seidel, der Gendarm, ist Polizeipräsident geworden, er hat sich der neuen Staatsgewalt ohne besonderen Widerstand gefügt. Beide sind dem Kriegsminister unmittelbar unterstellt. Zoll, Post und Eisenbahn verhalten sich wohlwollend, lächelnd neutral, sie unterstehen ja schließlich höheren als den Schwentener Gewalten. Vielguth und Schwertner sind nicht umsonst Stammtischgenossen. Schade bloß, daß sie Ausländer sind.

Gleichzeitig werden die ersten Internierten eingeliefert. Kurz nacheinander waren sie aufgegriffen worden. Der eine ist ein frisches, schwarzhaariges Mädel, das bei dem Versuch, die nördliche Grenze vom Polnischen her zu überschreiten, von dem wachsamen Auge des Polizeipräsidenten eigenhändig abgefaßt worden war. Es hat keinen Widerstand geleistet, hat seinen Namen mit Anna Fiebig aus Bentschen angegeben, unverehelicht, ohne Papiere und Beruf, nach eigener, schwer nachzuprüfender Aussage bisher unbestraft. »Unschuldig«, hat es behauptet, Seidel aber hat mit einem schmunzelnden Blick auf die dralle Leiblichkeit das amtlichere ›Unbestraft‹ daraus gemacht.

Als er sich, blitzsauber und straff wie selten in seinem alkoholreichen Leben, er ist sich seiner Bedeutung als Polizeioberster und einzige uniformierte Ordnungsmacht des Staates vollauf bewußt, vor seinem Präsidenten meldet, entscheidet der, weil er jetzt wichtigere Dinge im Kopfe hat als das Schicksal eines einzelnen Menschen, noch dazu eines offenbar fremdstaatlichen und, da weiblichen Geschlechts, für die kommende Verteidigung des Vaterlandes unwichtigen: »Ins Arrestlokal.«

Der Chef des Sicherheitsdienstes braucht mit diesem klaren Fall nicht mehr befaßt zu werden. Er wäre zur Zeit zu einer Amtshandlung wegen einer akuten (alkoholischen) Indisposition als unmittelbarer Folge seines Amtsantrittes nicht fähig gewesen.

Dieses Arrestlokal war ein Anbau an der bürgermeisterlichen Scheune mitten im Hofe des Innen- bzw. Justizministers, also durchaus auf dem rechten Platze. Meist wurden darin

Pflüge, Rechen, alte Geschirre, zerbrochene Wagenräder und ähnlicher Abfall aufbewahrt. Eine feste Tür und ein vergittertes Fenster machten die Rumpelkammer für Justizzwecke durchaus brauchbar. Als Lagerstatt diente eine ehemalige Krankentrage, wie ja überhaupt früheres Heeresgut allenthalben anzutreffen war, sinnreich dem Friedensbetrieb angepaßt. Dem Lager wurde für den etwaigen Bedarf noch eine Pferdedecke beigefügt.

Dahin also führte der Polizeigewaltige die jugendliche Verbrecherin, die das Ganze bisher als Scherz aufgefaßt und weder auf amtliche noch väterlich-private Befragung den Grund oder Zweck ihrer Übertretung angegeben hatte. Nun aber, als der Schlüssel im Vorhängeschloß schnappte, fing sie an zu heulen. Seidel strich sich seinen Schnauzbart, am liebsten hätte er mitgeheult. Da das aber nicht gut anging, zog er mit wuchtigen Schritten ab.

Da saß nun die Anna auf einem abgebrochenen Pflugsterz und wartete. Wenn man sich auf ein Stelldichein freut, statt dessen aber in das Räderwerk der hohen Politik gerät, so ist das durchaus tragisch zu nennen und böte Stoff für klassische Schauspiele schillerschen Formates. Anna horchte, ob jemand aus dem Hause käme, dem sie sich hätte bemerkbar machen können, aber es rührte sich nichts. Kein Wunder, denn dies war ja kein gewöhnlicher Bauernhof mehr. Die Frau Vizepräsidentin des Sittlichkeitsvereines war zu einem Kaffeestündchen bei der Frau Hauptschriftführerin in Kolzig, und der Herr Innen- und sonstige Minister beriet sich mit seinem Ministerrat ausgiebig und langwierig in der ›Linde‹ über die zunächst zu treffenden Maßnahmen, was durchaus nicht ganz reibungslos abging. Klaus, indessen tatsächlich befördert und zum Leutnant der Heimatwehr emporgestiegen, saß bei seinem obersten

Kriegsherrn Treske, der zuallererst durchaus eine Reihe von Orden stiften wollte. »Orden schmücken nicht nur, sie heben auch Mut und Männlichkeit«, behauptete er. So war also jedes Mitglied der Familie irgendwie im Dienst des Allgemeinwohles beschäftigt. Der Knecht aber und die beiden Mägde machten Sonntagnachmittag.

Mitten in Annas trübe Gedanken, die von Wutanfällen auf die verrückten Schwentener unterbrochen waren, kreischte das Hoftor. Sie sprang zum Fenster, aber sie erlitt eine Enttäuschung: Der Gendarm oder vielmehr Polizeipräsident kam noch einmal; ein fremdes Fräulein begleitete ihn, das dem ganzen Aussehen nach bestimmt nicht von hier stammte: Röckchen bis zum Knie, Seidenstrümpfe, schick und elegant in hellem Sommerkostüm, das blonde Haar, ein Bubikopf nach der neuen erstaunlichen Mode, etwas wirr und zerzaust, so brachte Seidel sie – ebenfalls in dieses Gefängnis.

Wir wissen schon, wer das ist, oder ahnen es wenigstens, nicht wahr? Ich brauche also keinen Namen zu nennen. Wir meinen auch das Verbrechen zu kennen: unerlaubter Grenzübertritt. Darin aber irren wir ein wenig, denn Else hatte heute früh die ominösen Briefe gebracht und war anschließend mit ihrem Rade ein bißchen zwischen Wald und See spazierengefahren, wobei sie von den inzwischen aufgezogenen Grenzposten als Landfremde erkannt und kurzerhand verhaftet worden war.

Sie nahm die Sache nicht so ruhig hin, denn, von Berufs wegen mit amtlichen Bestimmungen einigermaßen vertraut, zeterte sie: »Das ist Freiheitsberaubung! Vorläufig kann man mit gültigem Ausweis noch immer in Deutschland radeln, wo man will –.«

»Fräulein, in Deutschland vielleicht ja«, sagte der Polizeipräsident und richtete sich hoch auf, was war schon die Sekretärin eines Landrates gegen ihn, »aber wie weit Deutschland reicht, das muß ich besser wissen!« Dann fiel er wieder in die gewohnte Mundart und sagte energisch: »Wenn Se und Se giehn nich guttwillig doo nei, da mißte ich äbenst Gewalt anwenden –.«

Und ehe das verdutzte Fräulein sich versehen hatte, war die Tür zu. Alles Trommeln und Schreien nützte nichts. Seidel ging ungerührt davon, um von der zweiten Gefangenen zu berichten, die er aus eigener Machtvollkommenheit hier untergebracht hatte. Er fühlte sich bereits als staatspolitisch wertvoll.

Da fing Else schließlich an, sich mit trotzigem Gesichte wieder ein wenig zurechtzurücken. Als sie aus der Handtasche Kamm und Spiegel zog und damit zum Fenster wollte, bemerkte sie erst die ›Kollegin‹, die sich dem Stadtfräulein gegenüber bescheiden zurückgezogen hatte.

»Sie auch –?« fragte sie und strich sich durch die Haare.

»Ich auch«, sagte Anna.

»Wegen unerlaubten Aufenthaltes auf fremdem Staatsgebiet?«

Anna nickte nur.

»Sind denn die Schwentener verrückt geworden?« fragte Else.

»Die haben sogar einen neuen Staat gegründet.«

Nach einer Weile, während der sie ihr Haar energisch gebürstet und dann mit einem dunklen Stift die Augenbrauen nachgezogen hatte und nun begann, die gespitzten Lippen rot aufzufrischen, was Anna mit immer steigendem Staunen gesehen hatte, fragte Else wieder: »Wo sind wir denn hier?«

»Auf'm Hofe vom Gründler, Fräulein.«

»Na, dem werd' ich's eintränken! Mein Chef, der Landrat, wird es ihm schon geben. Der ist die längste Zeit Bürgermeister gewesen.«

Die beiden Schicksalsgenossinnen freundeten sich in der gemeinsamen Not rasch an; Anna verriet der Else, daß sie die Hoffnung habe, Klaus werde sie bald befreien.

Und damit war die junge Freundschaft schon wieder zu Ende; Eifersucht ist stärker als jede Schicksalsgemeinschaft.

Als der stolz- und im voraus siegesgeschwellte Leutnant und Kommandeur der Heimatwehr des Freistaates Schwenten in der sinkenden Dämmerung als erster den väterlichen Hof betrat, mußte er sich die Augen reiben, damit sie ihm nicht herausfielen: Dort hinter dem Fenstergitter der Rumpelkammer, wo das Abendrot sich spiegelte, starrten ihn, vom Widerschein wie von Flammen umzüngelt, zwei Mädchengesichter an: der blonde Kopf seiner Else und der schwarze seiner Anna – –.

Es war keine Täuschung!!

»Na, nu is' zappenduster«, murmelte er und gab sich erst keine Mühe zu begreifen, wie die beiden wohl hergekommen sein mochten.

Es war wirklich zappenduster; denn als er mit dem Schlüssel des Vaters, seine Kompetenzen weit überschreitend, die Tür öffnete, da waren sich die Mädel plötzlich wieder einig. Sehnsucht nach der Rache und die Möglichkeit ihrer Befriedigung sind noch stärker als Eifersucht.

Else sah ihn nur von oben bis unten verächtlich an, aber Anna fuhr auf ihn los, daß er schleunigst Rückendeckung an der Scheunenwand suchte.

Es gab ein Riesenspektakel, dem sich Klaus, obwohl wir ihm zugestehen wollen, daß er ein tapferer Soldat war, keineswegs gewachsen zeigte, um so mehr, als unter dem Eindruck des

Vorgehens Annas auch Else schließlich ihre vornehme Reserviertheit aufgab und an den Attacken, die immer mehr zum Nahkampf ausarteten, sich zu beteiligen begann. Wenn Klaus nicht überraschend Hilfe bekommen hätte, und zwar vom Sittlichkeitsverein selbst in Gestalt der heimkehrenden Vizepräsidentin, seiner Mutter, dann hätte dies in seinen Folgerungen vielleicht zum Sturze der Regierung und zum Untergang des ganzen Staates führen können. Die Mutter aber, das heißt eigentlich der Sittlichkeitsverein – in diesem Falle sind Zuständigkeit und Person schwer zu scheiden – griff tatkräftig ein und beförderte die beiden Mädchen zunächst ohne viel Federlesens kraft Armes ins Arrestlokal zurück. Dann aber wandte sich das Blatt – und Klaus geriet in arge Bedrängnis zwischen den beiden Instanzen, indem der besagte Sittlichkeitsverein *und* die Mutter in einer Person nunmehr dem Repräsentanten der Schwentener Wehrmacht ernstlich den Marsch blies. Die beiden Mädchen bildeten, wenn auch hinter Schloß und Gitter, die jubelnde Zuschauer- und -hörerschar.

Man sieht, wohin das führen kann, wenn Kompetenzen sich allzuhart im Raume stoßen.

Doch die sich überstürzenden politischen Ereignisse verhinderten eine ernstere Staatskrise und befreiten Klaus aus der mißlichen Lage zwischen den Weiblichkeiten und den Fängen der aufgerührten Sittlichkeit.

Klaus wird mitten aus der wilden Debatte durch einen barfüßigen Jungen – man muß ihn wohl Sonderkurier nennen – zu Treske geholt. Dort erfährt er, noch etwas zerrauft, daß es dem Kriegsminister indessen gelungen ist, aus den wegen des ausfallenden Festes enttäuschten und verbitterten Schützen eine tatendurstige Armee von über 100 – ich schreibe es lieber noch einmal in Worten, also: hundert – Mann aufzustellen. Die bisherige Heimatwehr wird als Garde und Kerntruppe übernommen. Sie fassen das für vollwertigen Ersatz für Königs- und Preisschießen, für Juxbuden und Karussell auf.

Aber Wichtigeres, Entscheidenderes steht bevor. Von der Südgrenze haben Jungen, die als Späher eingesetzt sind, gemeldet, daß von Glogau das angekündigte deutsche Militär anmarschiere. Klaus erhält den Auftrag, ein Überschreiten der Grenze auf jeden Fall zu verhindern. Er begibt sich sofort, sein Feldherrntalent beweisend, nach der Mühle, auf deren Helm freistehend er das Land, den Wald und die Dünen überschaut. Die Hälfte des Heeres, überraschend gut bewaffnet, da noch fast jeder vom Kriege her ein Gewehr oder eine Pistole besitzt, sogar ein komplettes Maschinengewehr ist vorhanden, rückt ihm nach. Der Haufe sieht allerdings eher einer Räuberbande ähnlich, aber so genau kommt's nicht darauf an. Die Augen blitzen, die Männer singen mutige Lieder, und das ersetzt viele Mängel. Es gelingt Klaus tatsächlich, die zwei Kompanien wenn auch nicht in offener Schlacht zu besiegen, so doch aufzuhalten. Nicht Waffengewalt, auch nicht feurige Ansprachen, sondern einfach der Anblick seiner Streitmacht genügt, über die die Soldaten das Lachen kriegen. Viel Disziplin ist unter ihnen sowieso nicht, der führende Offizier so unbeliebt wie möglich; Lust, sich ernsthaft mit den Polen herumzuschlagen, ist ebenfalls nicht sonderlich vorhanden – und so kann es geschehen, daß eine ganze Reihe von ihnen sich bereit erklärt, mit allen Waffen überzutreten, um, wie sie sagen,»den verspäteten Faschingsrummel von Schwenten mitzufeiern«. Der Oberleutnant, dem es auch nicht gerade nach blutigen Lorbeeren gelüstet, weder gegen Schwenten noch gegen Polen, zuckt die Achseln, steckt sich eine Zigarette an und marschiert mit dem Rest seiner stark gelichteten Truppe nach Unruhstadt zurück, um weitere Weisungen vom Generalkommando abzuwarten.

Das ist Schwentens erster Sieg!

Klaus kehrt ohne Ausfälle, aber an Männern und Waffen erheblich verstärkt, als Held in die Heimat zurück.

Der Ministerrat ist indessen eifrig am Werk. Die Verfassung wird in allen Teilen ausgearbeitet. Es geht alles sehr schnell. Zwangsbewirtschaftung, Schlachtverbot und ähnliche unpopuläre Überbleibsel des Weltkrieges werden aufgehoben. Alle Lebensmittel und Waren sind wieder frei zu kaufen. Eine Währungsreform erübrigt sich, der Schwarzmarkt bricht sofort zusammen und verschwindet, Schiebungen und Schmuggel lohnen nicht mehr. Das stärkt die Position der Regierung ganz wesentlich und tötet jedes Emigrationsgelüst, denn in Deutschland drüben regieren noch Rationierung und Markenunwesen, und in Polen ist es nicht viel besser. Selbst die unzufriedenen Elemente verhalten sich ruhig.

Am längsten dauerte die Debatte über die Landesfarben. Man einigte sich schließlich auf Schwarz-Grün-Braun: Schwarz für den Pastorpräsidenten, Grün für den Försterkriegsminister, Braun für den Bauernminister. Es wirkt etwas düster und nicht besonders festlich, ist aber symbolhaft und originell.

Die drei führenden Köpfe sind nicht anwesend. Der Herr Präsident hat sich nach einer zweiten schlaflosen Nacht, in der er sozusagen das Kündigungsschreiben nach Berlin verfaßt hat, auf die Bahn begeben und ist mit unbekanntem Ziele verreist, ohne Adjutanten, ohne Schutzgarde. So sehr darf er der Vorsehung vertrauen und seiner guten Sache. Morgen schon wird er in Genf sein, um sein Kindlein dem Völkerbund an die Brust zu legen, damit er es nähre und bewahre.

Der Kriegsminister ist damit beschäftigt, die Waffen zu inspizieren, vor allem die durch die Überläufer hinzugekommenen, und hat den Mechaniker Drescher aus Wilze, der ganz und gar gegen die Staaterei war, überredet, Schwentens Krupp zu werden. Mit einer Flasche Kirsch, mühsam der Försterin abgerungen und unter deren dauerndem Protest vertilgt, wird dieser erste Staatsauftrag eingeleitet.

Der Innenminister ist mit dem Fahrrad unterwegs. Er hat die schwierigste Mission, weil es um nächstliegende und lebenswichtige Dinge geht: Er soll beim Tierarzt in Kolzig erreichen, daß dessen Freund, der Sanitätsrat Müller in Fraustadt, die gesundheitliche Betreuung des Freistaates auch weiterhin in bewährter Weise übernehme. Das ist nicht so einfach, weil nicht die Frau des Tierarztes, sondern die des Drogisten Vizepräsidentin des Sittlichkeitsvereins geworden war, was ihr als Akademikerfrau doch viel eher zugestanden hätte. Gleichzeitig verhandelt der Minister mit dem Elektrizitätswerk, daß es die Republik nicht etwa spröde im Dunkeln lasse.

Der Maler Noack muß drei Gehilfen einstellen, um Grenzpfähle zu streichen und Schilder zu malen, die vor den Palais im Regierungsviertel auf die Ministerien und ihre Zuständigkeitsbereiche hinweisen. Nun erst kann sich keiner, der lesen gelernt hat, mehr im Staate Schwenten verlaufen, denn von allen Grenzübergängen her schon leiten ihn auffällige Wegweiser ›Zum Präsidenten‹, ›Zum Innenministerium‹, ›Zum Kriegsministerium‹.

Es gibt, wie gesagt, überraschend wenig Widerstand im Innern. Die meisten zucken noch nicht einmal die Achseln, sie haben in Stall und Feld Wichtigeres zu tun, als sich mit dem neuen Regime und dessen Politik auseinanderzusetzen. Die wenigen, die sich wehren würden, werden durch klug verteilte Staatsaufträge oder Würden unmerklich bestochen, wie es dem Mechaniker Drescher ging. Die größte Überzeugungskraft, den Ausschlag überhaupt gibt natürlich der Magen, der aus den aufgehobenen Einschränkungen die Hauptvorteile ziehen kann. Das zieht den ganzen Menschen, das zieht sogar das Volk zur Wahlurne.

Die Abstimmung ergibt 1117 Stimmen dafür, 126 ungültige, 5 dagegen. Wahlbeteiligung 132%. Aber das fällt nicht weiter auf. Bloß Gründler meint: »Da haben wahrscheinlich alle Rindviecher mitgewählt.« Was von seinem gesunden Menschenverstande zeugt.

Schon nach drei Tagen ist der Pastor wieder da. Zum ersten Male in seinem Leben hat er ein Flugzeug bestiegen; das ganze Dorf – Verzeihung! – der ganze Staat empfängt ihn auf dem Bahnhof. Er tritt aus der Tür, schwenkt etwas Weißes – eine Urkunde übrigens mit vielen, vielen Unterschriften, kein Taschentuch – und ruft:

»Es lebe der Freistaat Schwenten!«

»Hoch!« schreien sie alle: »Hoch!« Schwertner, der Bahnhofsvorstand, salutiert, was er als Ausländer gar nicht nötig hat.

Erschreckend wird es dem Innenminister und Vizepräsidenten Gründler klar, daß man das fast Allerwichtigste vergessen hat: nämlich die Nationalhymne! (Ich bitte Sie, was ist ein Volk ohne Nationalgesang? Lieber zwei Hymnen als gar keine! Wie dünn klingt ein noch so begeistertes ›Hoch!‹ ohne etwas Rauschendes, Jauchzendes, Stolzes, Mitreißendes hinterher!!)

Nach einem lähmenden Augenblick rettet der Kriegsminister, der alle seine Orden und Erinnerungsmedaillen und noch ein paar neue dazu angelegt hat, die Situation; zunächst hat ihm etwas wie ›Schwenten, Schwenten über alles‹ vorgeschwebt, doch das empfindet er gleich als eine seines Staates unwürdige Nachäffung und auch als vorläufig noch etwas übertrieben, und darum stimmt er laut, falsch und viel zu hoch an: »Ich schieß den Hirsch im wilden Forst –.« Ein anderes Lied kennt er nicht außer ›Ich bin ein Preuße‹, ›Heil dir im Siegerkranz‹ und eben jene ausländische Nationalhymne. Da paßt der Hirsch im wilden Forst noch am besten.

Ein paar fallen in den Gesang ein, dann aber erstirbt er an Textmangel in allgemeinem Gelächter. Das tut der Feierlichkeit des Augenblickes keinen Abbruch. Denn:

»Schwenten ist als selbständiger Freistaat anerkannt. Er steht unter dem Schutze des Völkerbundes. In vierzehn Tagen kommt eine internationale Kommission zu Besuch!« ruft der Präsidentpastor über die Menge hin.

»Hoch unser Präside! Hoch! Hoch!« schreien sie. Und wieder stimmt der Förster an: »Ich schieß – –«, aber weiter kommt er nicht. Sein Präsident winkt ab.

Nachdem dies alles zur besten Zufriedenheit abgelaufen ist, wird es Zeit, daß wir uns wieder um die beiden ersten Opfer der Schwentener Justiz kümmern.

Man hatte sie nicht dauernd eingesperrt lassen können, andererseits aber hatten sie selbst dafür gesorgt, nicht in Vergessenheit zu geraten. So hatten sich doch trotz der dringlichen Staatsgeschäfte die drei Regierenden mit ihrem Falle beschäftigen müssen. Eindeutig lag fest, daß sie beide Ausländerinnen waren und daß es nicht angängig schien, sie über die jeweils zuständige Grenze abzuschieben wegen – Spionagegefahr. Zwar versuchte der Unruhstädter Landrat durch teils grobe, teils ironische Briefe wieder zu seiner Sekretärin zu kommen, aber die Regierung blieb fest und gab dem Auslieferungsbegehren nicht nach. Sie beugte sich auch einem gewaltsamen Entführungsversuch nicht, der in Gestalt zweier berittener Gendarmen an der Schwentener Grenze erfolgreich abgewehrt wurde.

Innenminister Gründler fand den Ausweg, um es nicht zu einer Krise kommen zu lassen: Nachdem man die beiderseitigen Eltern von dem Verbleib ihrer Töchter amtlich unterrichtet und ihnen anheimgestellt hatte, monatlich ein Paket bis zum Höchstgewicht von zehn Kilo an sie zu richten, das keinerlei leicht verderbliche Lebensmittel oder Sprengstoffe enthalten durfte, wurden sie unter Aufsicht des Sittlichkeitsvereines, der sich gleich daraus eine Herzensangelegenheit machte, als ›Erntehelferinnen‹ eingesetzt und gegen Ehrenwort auf freiem Fuß belassen.

Damit waren also alle diplomatischen und sonstigen Verwicklungen vermieden, um so mehr, als die beiden Delinquentinnen sich zu solcher Tätigkeit freiwillig bereit erklärten, sofern sie nicht geradezu in Arbeit ausartete. Dennoch mußte Seidel, der Polizeipräsident, sich ordnungshalber zweimal täglich davon überzeugen, daß sie noch vorhanden waren. Er kam dieser Pflicht durchaus nicht ungern nach, was nicht zu verwundern war; denn seht sie euch an, die Anna und die Else, jede für sich ein Prachtstück von einem Mädel! Else verleugnete zwar auch in ihrer nunmehr ländlichen Aufmachung die Städterin nicht, mit Bubikopf und langen Seidenbeinen, aber eben das erhöhte ihren Wert, denn so etwas sah man im ganzen

Staate nicht ein zweites Mal. Sie war also geradezu ein Seltenheitswert.

Da man ihnen bei allem Wohlwollen das Staatsbürgerrecht gegen ihren Willen nicht gut – im Wege eines Gnadenaktes etwa – aufdrängen konnte, war der Innenminister auf die zweite geniale Idee gekommen (hier zeigt sich deutlich die Richtigkeit des Satzes, daß der Mensch mit seinen höheren Zielen wachse), ihnen Pässe zu geben. Es waren zwar nur einfache Oktavheftchen, das Stück für einen Sechser im Gemischtwaren- und Produktenladen der Frau Berta Künkler zu haben; aber vornedrauf hatte der Maler Noack, der sich vor Staatsaufträgen nicht mehr zu retten wußte, in wunderbaren, kaum noch leserlichen Lettern, schwarz-grün-braun umrahmt, das Wort ›Paß‹ gemalt, und jede Seite zeigte, ebenfalls von Noack gefertigt, in einem Linolstempelaufdruck das Wappentier des Staates, das er selbst entworfen und eigenmächtig verwendet hatte. (Ich muß betrübt berichten, daß es sich um ein Fabeltier handelte, das nach Meinung der Mehrheit des Staatsrates, der von Kunst und Mythos eben nichts verstand, einen tanzenden Ziegenbock darstellte; Noack aber hatte sich wegen Arbeitsüberlastung geweigert, ein anderes Sinnbild darzustellen.) Dieses Staatssiegel bekam seinen Platz zwischen den vielen Stempeln auf dem Schreibsekretär des vormaligen Bürgermeisters, wo es sich mit dem alten Kaiseradler und dem berupften des neuen Deutschen Reiches ausgezeichnet vertrug. Um die Unterschrift auf den Pässen, die stolz die Nummern 1 und 2 trugen, hatte es ebenso wie um den Aufenthalt des besagten Staatssiegels einen lebhaften Kompetenzstreit zwischen dem Präsidenten und den Ministern gegeben. Doch konnte kein Sturm mehr die Einigkeit der Männer, den Bestand und die Stärke ihres Staates erschüttern.

Die beiden Mädchen hatten in ihrer zweiten, durch den Sittlichkeitsverein veranlaßten Haft (ich will hier gleich bemerken, daß diese so überaus wichtige und hintergründig für die Schaffung des Staates entscheidende Institution durch die übrigen Ereignisse gänzlich in den Schatten geriet und diese ihre Tat die einzige blieb; der hohe Vorstand mit seiner Präsidentin kam über die Funktionen eines umschichtig tagenden Kaffeekränzchens nicht mehr hinaus, und die Staatsjugend blieb fernerhin unbelästigt ihren Vergnüglichkeiten überlassen), die beiden Mädchen hatten in der Enge ihres Gefängnisses Freundschaft geschlossen, wozu ja, nach den verschiedenen Verwicklungen, letzten Endes auch wieder der Sittlichkeitsverein Veranlassung gewesen war, wie bereits geschildert wurde. Sie hatten sogar ein Komplott geschmiedet, aber nicht gegen den Staat, dazu erschien er ihnen nicht wichtig genug, und darum kam die Justiz um die Sensation eines Hochverratsprozesses, der doch immer bei geschickter Führung eine gute Reklame ist. Anstoß dazu mag die Krankentrage, die ihnen in der Gefängnisnacht als gemeinsames karges Lager dienen mußte und die als Signum das bekannte Genfer Rote Kreuz trug, gewesen sein.

Nach langer Beratung waren die beiden Mädchen, die sich nicht hatten trennen lassen, zum Gemeindevorsteher Rüger nach Wilze getan worden, damit sie nicht allzu dicht an der Grenze waren, die sie mit wenigen Schritten hätte zur Flucht verleiten können; von Wilze her hätten sie nach Norden und Süden mindestens zwanzig Minuten, gegen Ost und West sogar über eine halbe Stunde Fußmarsch bis ins Ausland gehabt. Außerdem lag die südliche Grenze jenseits des Sees hinter einem dichten Brombeergestrüpp. Man hatte diesen Aufenthaltsort auch auf den Rat des vielbesprochenen Vereines hin gewählt, weil bei Rügers weder Sohn noch Knecht im Hause waren und auch der Vater seinen Jahren nach jenseits aller sittlichen Gefährdung stand. Nur eine Tochter war da, Martha, in gleichem Alter mit den neugebackenen Freundinnen. So wurden es drei Verschwörerinnen. Auch die Rüger-Martha war ein hübsches, ansehnliches Mädel mit schweren, braunen Zöpfen, die etwas traurig darüber war, daß Klaus sich noch nie nach ihr umgesehen hatte. Sie machte also gerne mit, als sie erst erfahren hatte, worum es sich handelte.

Was aber war der Plan, den die drei im Rügerschen Garten unter dem Baum mit den Frühbirnen, von denen ab und zu schon eine goldgelb und honigsüß ins Gras plumpste, ausheckten? Dem Zuge der Zeit folgend, führte er natürlich stark ins politische, ja ins militärische Gebiet. Sie konnten nicht ahnen, daß sie damit schon wieder mächtig an den Grundpfeilern des Staates rüttelten: Sie gründeten das Schwentener Rote Kreuz. Da zwei von ihnen als Ausländerinnen gebrandmarkt waren, nannten sie sich folgerichtig Internationales Komitee. Else, als Angehörige des weitaus stärksten Staates, übernahm das Protektorat, das eigentlich, eigentlich doch der hohen Frau, der erlauchten Gattin des Staatspräsidenten, gebührt hätte. Else hätte doch mit dem Titel einer Präsidentin des SRK zufrieden sein können, aber vielleicht erschien ihr diese Titulatur allzu wohlfeil geworden.

Sie schrieb einen lange besprochenen Brief an Klaus.

»An den Kommandeur des Schwentener Heeres, Herrn Leutnant Klaus Gründler«, schrieb sie. Sie berichtete von der Gründung und bat um einen Besuch, um die Zusammenarbeit festzulegen. Treffpunkt übermorgen, Sonntag, zwei Uhr nachmittags am Nordende des Wilzer Sees unter der großen Ulme. Mit reichsdeutscher Marke frankiert – mangels einer Staatsdruckerei mußte Schwenten auf eigene Postwertzeichen, die doch sonst meist den Hauptausfuhrartikel solcher Staaten darstellen, ebenso verzichten wie auf eigene Banknoten oder eine eigene Zeitung.

Briefmarkensammler aller Länder, vereinigt euch zu einem nachträglichen Protest gegen den Unverstand jener Schwentener Staatsgründer, die euch durch ihre Nachlässigkeit (und auch wohl entschuldbare Unerfahrenheit auf diesem seltenen Gebiete) um die schönsten Raritäten betrogen haben! Ihr meint, solcher Protest nach Jahrzehnten sei zwecklos? Nun, wann je hätte ein politischer Protest einen Erfolg gehabt??

Ich muß außerdem noch melden, daß der alte Postbote Neumann, der seit zwanzig Jahren täglich von Unruhstadt herüberradelte, die Annahme des Schwentener Passes Nr. 3 mit den geradezu staatsfeindlichen Worten ablehnte: »Was soll denn der Quatsch?« Aber was konnte man gegen ihn machen? Die Deutsche Reichspost war ein derart übermächtiges Unternehmen, daß Zwangsmaßnahmen oder gar Repressalien untunlich erschienen. Man war ja auf ihr Wohlwollen angewiesen und rechnete die unqualifizierte Äußerung dieses unteren Beamten seinem Alter und der Unerfahrenheit im internationalen Verkehr zugute.

Klaus hatte das Schreiben seinem obersten Kriegsherrn vorgelegt, der es wiederum dem Staatsoberhaupt zur persönlichen Entscheidung übergab. Am pastörlichen Mittagstisch hatte es einen Entrüstungssturm hervorgerufen (hier kann ich getrost und ohne die Staatsautorität nachträglich zu untergraben, vom ›pastörlichen‹ Tisch reden, denn es war Sonntag, und am Sonntag war der Staatspräsident wegen des Gottesdienstes nichts als schlichter Hirte seiner Gemeinde, der von der Kanzel das Bibelwort ohne jegliche politische Färbung verkündete aus der Überzeugung heraus, man solle Gott geben, was Gottes, und dem Staate, was dem Staate ist, und daß sich der Meister in der klugen Beschränkung erst erweise. Ein einziges Mal war er davon abgewichen – Darum ging er auch über die Tatsache hinweg, daß das junge Staatswesen heute Grund zur ersten Staatsfeier gehabt hätte, weil es sein erstes Jubiläum hätte begehen dürfen: Vor genau einer Woche war es gegründet worden).

Nun aber hätte ich über diesen hochwichtigen Angelegenheiten fast den Entrüstungssturm am pastörlichen Mittagstisch vergessen (es ist eben nicht leicht, Historiker eines Staatslebens zu sein und alle wichtigen Ereignisse dauernd im Auge zu behalten und zu übersehen; man übersieht sie so leicht). Die Frau Pastorin also war in tiefster Seele empört, daß diese hergelaufenen Dinger, kriminelle Elemente eigentlich, die von Staats, Rechts und Sittlichkeits wegen eingesperrt gehörten, sich erdreisteten, ihr so etwas vorwegzuerfinden. Ihr allein käme doch, meinte sie mit hochgezogenen Brauen, das Recht zu, Verwundete zu pflegen und Trost zu spenden. –

»Laß sie doch«, versuchte der Ehegemahl zu besänftigen, »ad 1 haben wir keine Verwundeten, und ich betrachte es als vornehmste Pflicht eines Staatsführers, sein Volk in Frieden, Glück und Wohlgefallen zu regieren und Kriege zu vermeiden, ad 2 sehen Soldaten gerne junge Gesichter um sich – – –.«

Weiter kam er nicht. Die Frau Pastorin erhob sich von der gemeinsamen Tafel und rauschte mit einem kurzen, aber desto inhaltsreicheren Seitenblick in stummer Größe hinaus.

Ich bitte Sie, welche Frau, mag sie noch so idealistisch veranlagt sein, mag sie für das Allgemeinwohl noch so viele Opfer gerne tragen, wird sich so ihre reifen Jahre vorwerfen lassen?! Ich will nur noch bemerken, daß die etwas spätere, reichlich einseitig geführte Debatte eine ernste Staatskrise heraufbeschwor, die wievielte eigentlich? – Wenden wir uns, da auch wir lieber junge Gesichter um uns sehen – nicht wahr? –, wieder Klaus und dem übermütigen Kleeblatt zu.

Klaus, der Sieger von Wilze, inspizierte indessen die an der südlichen Grenze, an der ›Südfront‹, wie er sagte, aufgestellten Posten und Formationen, was, lustige Unterhaltungen und einige Schnäpse da und dort einbegriffen, in einer knappen Stunde geschehen war, und schritt dann fröhlich pfeifend am Ufer des Sees entlang. Er drängte sich durch Schilf und Gebüsch, pflückte mal eine Handvoll Brombeeren und freute sich auf das Wiedersehen mit Else. Daß er auch Anna treffen würde, daran dachte er nicht, denn sie war ebensowenig wie Martha in Elses Schreiben erwähnt.

O, Else war listig wie die biblische Schlange, nicht weiter verwunderlich bei ihrer landrätlich-vorzimmerlichen Vergangenheit. An einem Bauerngarten vorüberkommend, langte Klaus sich einen faustgroßen, rotbäckigen Sommerapfel vom Baume.

Dort war schon die Ulme, hoch über Gestrüpp und Jungholz ragend. Ein paar Fischreiher kreisten über den See hinaus, auf dem Haubentaucher fischten.

Er zog die Zweige beiseite und sah sich drei Mädchen gegenüber; dem ersten Schreck folgten ein paar heiße Herzschläge, denn alle drei Mädchen lachten ihm entgegen, alle drei waren sie, ein ihm gänzlich ungewohnter Anblick, in bunten Badeanzügen, was damals im dörflichen Leben noch etwas fast Unglaubhaftes war. Das war doch schon so gut wie nackt!! So etwas muß in dieser Verdreifachung das tapferste Kriegerherz verwirren!

Weder die schlanke Else noch die braune, fülligere Anna hatte er je so gesehen, und die dritte, die Rüger-Martha, natürlich ebensowenig. Es wäre ihm nicht einmal im kühnsten Traum eingekommen. Er war darum mehr als befangen und wäre am liebsten in die Sträucher zurückgetreten. Aber das ging nun nicht mehr. Dumm und verlegen stand er da, den Apfel in der Hand. Mit der anderen kratzte er sich am Kopfe. Er fühlte, daß er in eine Falle gegangen war, in einen ganz heimtückischen Hinterhalt.

Verflixt, verflixt! Soldatsein und Heerführer schien ihm wahrhaftig leichter. Er sah von der Blonden zur Schwarzen und zur Braunen und wurde immer röter. Er sah über den See hinaus, ob ihm von da Hilfe käme, und am Baume hoch, als könne er nach oben entfliehen.

Spöttisch lächelte Else, herzhaft lachte Anna, nur Martha tat etwas verschämt. Ihr war es unangenehm, so unangezogen vor einem jungen Manne dazustehen. Damals waren die Mädchen eben anders als heute. Und außerdem tat ihr Klaus leid.

»Oh«, sagte die Else, »fein, daß du uns Äpfel mitgebracht hast.«

»Ich habe bloß den einen«, meinte Klaus mit belegter Stimme und besah ihn von allen Seiten.

»Gib ihn mir!« Else tänzelte mit ihren langen bloßen Beinen auf ihn zu. Wo sollte er nur hinsehen, der arme Klaus! Ja, wenn er nur mit ihr allein gewesen wäre.

»Nein, mir!« sprang Anna heran. Allerlei Erfreuliches hüpfte an ihr mit, Klaus wurde noch röter. Sein Blick glitt ab zu Martha, die stumm am Baume lehnte. Ihr hätte er den Apfel am liebsten zugeworfen, weil ihm von ihr am wenigsten

Gefahr zu drohen schien. Bei ihr hatte er noch ein reines Gewissen.

Endlich ermannte er sich: »Nee – den freß' ich alleine.« Sprach's und tat's. Es war eine Verlegenheitslösung, gewiß; aber er hatte damit doch noch den vollkommenen Sieg davongetragen.

Else machte ein sehr dummes Gesicht, und Anna schmollte; doch Martha lachte laut auf. Wenn eins von den vieren die Sage vom Urteil des Paris nicht kannte, dann war gerade sie es. Aber sie fühlte, daß nun auch sie einen Sieg errungen hatte, und Klaus sah in ihren Augen, daß sie dabei gerne die Unterlegene war. Frauen haben eben solch eine wunderliche Logik. Wer behauptet, daß sie keine hätten?

Es wurde trotz allem noch sehr gemütlich am See, um so mehr, als es Klaus gelang, sich von einem der übergetretenen Soldaten eine Badehose zu borgen. Aber war es nicht auffällig, daß er beim Haschen am öftesten Martha griff? O nein, er verteilte sich als geborener Stratege sehr geschickt: Beim Spritzen und Toben bekam Anna am meisten ab, und getaucht wurde von ihm am häufigsten Else. Vom Roten Kreuz und ähnlich militärischen Dingen wurde nicht mehr gesprochen, das ist wohl klar.

Die vier wußten nichts davon, daß sich indessen das Unwetter über dem Staate zusammenzog, wo doch schon das kleinste Wölkchen eigentlich genügte, ihn zur Gänze in Schatten zu hüllen.

Polizeipräsident Seidel ist am Sonntagnachmittag, wie er es schon als Wachtmeister gewöhnt gewesen war, ein Stück ausgeritten, um sein altes Dienstpferd, ein reichsdeutsches noch, kein Schwentener, zu bewegen. Kreuz und quer hat er das Land durchstreift, hat den Drogisten Schwarzer in Kolzig besucht, der das Staatsmonopol auf gebranntes Wasser besitzt und wahrscheinlich keinen schlechten Schnaps aus Rüben, Zucker oder Wacholder braut, ist in Wilze beim ›Krupp‹ eingekehrt, der erbärmlich flucht, weil er mit dem abgebrochenen Visier des einen MG nicht fertig wird und doch sehr stolz darauf ist, daß es ihm gelang, es schwenkbar auf das Führerhaus eines alten Lastkraftwagens zu montieren. Geradezu gefährlich wirkt es dort oben, und auch Seidel fühlt die Brust schwellen ob der nunmehrigen Motorisierung der Schwentener schweren Waffen.

»Mensch«, sagt er und haut Drescher auf die Schulter, »so weit hat's ja kaum das deutsche Heer gebracht!«

Drescher klopft auf die geflickte Motorhaube: »Sogar der Motor ist in Ordnung, bloß die Schutzbleche klappern, die Zündkerzen taugen nicht viel, und mit dem Auspuff stimmt was nicht. Aber sonst macht der gut und gerne noch seine vierzig Sachen. Tipptopp ist der.«

Topp, das ist das Stichwort: Biertopp. »Komm, Karl, wir gehen einen trinken.«

Womit Krupp einverstanden ist. Auf dem Wege zum Krug wird Seidel des Badebetriebes am und im See gewahr – Kunststück, es schallt ja fast durch den ganzen Staat! –, und in der ersten Regung will er Ärgernis nehmen und einschreiten; aber es ist doch Sonntag, und dann hält ihn Drescher am Arme zurück: »Das ist doch der Klaus mit den drei Mädels.«

Wieso dreie?, will Seidel fragen. Doch seine Hochachtung vor dem Helden des ersten Sieges ist so groß, daß er trotz eines leisen Neidgefühles nicht amtlich wird, sondern ein Auge zudrückt, indem er beide recht weit aufreißt. So was Nettes sieht man nicht alle Tage. Wir wollen ihm das Vergnügen gönnen und sein Verhalten hoch anrechnen.

Später reitet Seidel vergnügt und gar nicht leise, aber dafür falsch vor sich hinpfeifend durch den Wald. Beim Förster, auch der Kriegsminister ist heute ganz privat in Hemdärmeln und Filzlatschen, kehrt er noch einmal ein. Unter der großen Linde sitzen sie vor – oder hinter? – einer Flasche Kroatzbeere. Prächtig geht die Sonne hinter den Bäumen unter. Rote Wolkenfedern, zierlich hingeschwungen, stehen in unendlichen Höhen. In der Linde sumsen die letzten Bienen, irgendwo quaken Frösche, eine Amsel singt ihr zärtliches Abendlied vom Hausgiebel. Sogar die Frau Försterin, die von der Rangerhöhung ihres Mannes und seinen Orden gar nichts hält, die sonst eine rechte ›Ungute‹ ist, sogar die ist heute friedlich und versöhnlich gestimmt.

Wie schön ist doch die Welt, solange man Kameraden hat, mit denen man immer noch einmal ›Prost!‹ sagen kann. Heißt es nicht: ›Wo man trinkt, da laß dich ruhig nieder!‹? Aber, und das ist das traurige auf dieser unvollkommenen Erde, schließlich hat jede Freude einmal ein Ende wie jede Flasche. Leider. Aber es ist so. Ist es nicht so?

Noch eine Flasche holen? Die beiden Männer, dienstergraut und auf der militärischen Stufenleiter überraschend schnell und überraschend hoch gestiegen, trauen sich nicht, denn der Weg müßte an der Frau Försterin vorüberführen, die sich auf die Bank neben der Haustür gesetzt hat und unter dem Stricken öfters herübersieht. Wie weit ist ihrem ›bewaffneten Frieden‹ zu glauben?

Seidel schwingt sich also, nicht ganz ohne Mühe, auf sein Roß. Es ist ein gutes, ruhiges Pferd mit starken Nerven. Es ist ja auch schon alt genug dazu. Wäre es ein junges, nervöses

Vollblut, wie es ja einem Polizeipräsidenten dienstgradmäßig zugestanden hätte, der Reiter hätte seine Plage gehabt mit ihm, und vielleicht, vielleicht wären dann die Dinge ganz anders abgelaufen. So aber geht es seinen sachten Schritt den weichen Waldweg entlang. Seidel will noch nicht nach Hause, o nein. Auch seine getreue Hausehre verträgt keinen Alkoholgeruch außer aus ihrem eigenen Munde. Also will er sich sicherheits- und ruhehalber erst noch ein wenig auslüften. Er öffnet ganz unvorschriftsmäßig den Waffenrock und rückt das Koppel bequemer. Der Polizeipräsident kann sich manches erlauben, was einem einfachen Gendarmen verboten bleiben muß aus Gründen der Disziplin.

Dieser Weg stößt in weitem Bogen am nördlichen Waldzipfel an den Obra-Südkanal. Auf dem Kanaldamm will er dann, sozusagen auf der Sehne dieses Bogens, heimzu reiten. Der Kanal bildet hier auf eine ziemliche Strecke die Staatsgrenze gegen Polen. Dunkel gegen das Abendrot will er, ein kühner Reiter, dem Feinde drüben zeigen, was deutsches, nein Schwentener Heldenblut heißt. Sie sollen nur kommen, denkt er, er fühlt Kraft genug, eine ganze Armee in die Flucht zu schlagen.

Nun kommt er aus dem schon finsteren Walde. Die Brücke über den schmalen, tief eingeschnittenen Wasserlauf – o, so schmal, es gibt darum auch nur ganz kleine Fische drin – ist wie alle Grenzbrücken zerstört. Dünner Nebel liegt wie ein Schleier flach über den jenseitigen sumpfigen Wiesen. Gebüsch und Baumkronen scheinen auf dem ungewissen Weiß zu schwimmen.

Seidel stößt auf und holt tief Luft. Auf einmal sieht er, daß sich dort drüben etwas bewegt. Er sieht schärfer hin, obwohl ihm das gar nicht so leicht fällt, die Augen gehen ihm etwas verquer dabei, und alle Umrisse schaukeln. Aber es scheint keine Täuschung, deutlich erkennt er die viereckigen Mützen: polnisches Militär! Ab und zu klirrt etwas und raschelt. Sie kommen!!

Was nun, du Held? Seidel hat treu und redlich seine zwölf Jahre beim Kommiß abgedient. Nun schlägt für ihn noch einmal die Stunde der Bewährung. Hick – das war die Kroatzbeere. Den Säbel ziehn und mit Hurra –? O nein! Der Polizeipräsident weiß genau, was er zu tun hat. Alarm! Den weiten Bogen durch den Wald in guter Deckung –? Auch das nicht, er käme leicht zu spät. Also muß der Gaul zeigen, daß er noch einen anderen Schritt kennt. Er, Seidel, aber fürchtet sich nicht angesichts des Feindes – – und wie ein Pfeil von der Sehne, so galoppiert er, tief auf dem Pferdehals liegend, den Damm entlang dorfwärts. Die Sporen und noch einmal die Sporen! So ist er noch nie geritten in seinem Leben, wie ein Gummiball hüpft er im Sattel, und dem Magen mit der Alkoholfüllung gefällt das gar nicht. Und auch der Gaul ist noch nie so geritten worden. Diese Mißhandlung nicht gewöhnt, keilt er mit allen vieren aus, daß die Dreckklumpen dem Reiter um die Ohren fliegen, der eine unklare Vorstellung von Granatsplittern hat. Es gilt das Vaterland zu retten, an Sekunden kann es hängen. Schießt es hinter ihm? Pfeifen die Kugeln? Ein Weidenzweig schmitzt ihm das Gesicht, er stöhnt laut auf.

Da hinter Düne, da ist schon das erste Haus. Auf dem groben Pflaster knallen die Hufschläge durch die friedliche Sonntagabenddämmerung, daß überall die Leute vor die Türen rennen. Seidel läßt sich nicht aufhalten. Den Pferdehals umklammernd, galoppiert er bis mitten ins Regierungsviertel. Dort aber schreit er mit letzter Kraft dem Gaul in die Ohren:

»Alerm – Alaaaarm, Sie kommen!!!« Dann liegt er auf dem Pflaster, und sein Pferd steht dumm glotzend daneben und beschnuppert ihn.

Eben biegt Klaus um die Kirche ein, er lächelt selig in Erinnerung an die drei Mädchen, vor allem an das eine, an das er beim Hinwege überhaupt nicht gedacht hat.

Aus allen Träumen gerissen, stutzt er, aber sofort läuft sein Denkmechanismus an. Er stürzt ins Haus, ans Telefon. Das Hauptquartier im Hause des Feuerwehrhauptmanns ruft er an, sogar mit Drescher in Wilze bekommt er Verbindung. Wie gut, daß sie mit alten Feldkabeln kreuz und quer Leitungen gelegt haben! Überall spritzen die Melder – Schuljungen selbstverständlich – los, holen die Schützen und Soldaten aus den Häusern. Von Mund zu Mund läuft die Schreckenskunde. Weiber heulen, Kinder wimmern, es ist ein tolles Durcheinander.

Aber eisern hält Klaus die Ruhe und die Verantwortlichen, die zuallerletzt von allem erfuhren, mit ihm.

Während Seidel noch, stotternd und mit den Erschütterungen des wilden Rittes nachträglich ringend, dem Präsidenten Bericht erstattet, versammeln sich schon die ersten Wehrmänner, einzeln und in Gruppen aus der Dunkelheit zusammenströmend, manche in Hemdsärmeln, auch in Holzpantinen, wie sie die Nachricht eben beim Abendbrot getroffen hat.

Im Lichte der Pfarrei- und Gasthausfenster formiert Klaus seine Truppe; der Kriegsminister erscheint, nimmt die Meldung entgegen und meldet dem Präsidenten, der hoch, hager und schwarz auf den Stufen seiner Haustür steht, gespenstisch von hinten beleuchtet. Es wäre sicher ein erhebendes Schauspiel, wenn es nicht so dunkel wäre und überall sich nur Schatten bewegten. Frauen stehen herum, Jungen laufen und schreien, einige zünden bengalische Streichhölzer an, grün und rot, phantastisch sieht das aus, die plötzlich bunt brennenden Hausgiebel, grelle Gesichter, wölkende Rauchschwaden. Es ist für das junge Kroppzeug ein nie dagewesener Jux, viel schöner, als alle Buden des Schützenfestes sein könnten. In dunklen Winkeln werden kußreiche Abschiede gefeiert, der Schanktisch der ›Linde‹ ist dicht umlagert. Manch einer verschwindet in dem Trubel, ohne zu zahlen, und Linke beschließt sofort, das gesamte Manko und einen angemessenen Aufschlag für die Aufregung morgen bei der Staatskasse einzutreiben. Die Frauen ermahnen die Ihren mit besorgten Stimmen, ja nicht allzu tollkühn zu werden und keine Dummheiten zu machen. Wo aber ist Unterschied und Maßstab, wenn das eine Kollektivangelegenheit ist?

Der Präsident überlegt gerade, ob er eine zündende Ansprache ›An sein Volk‹ halten solle, der Kriegsminister desgleichen. Da erhebt sich in der Ferne ein Rattern und Knallen. Es kommt rasch und bedrohlich näher. Ein Scheinwerferstrahl geht gespenstisch über die Häuser hin, hebt plötzlich den Kirchturm grell aus der Dunkelheit. Die Weiber rennen, der Platz ist im Nu halb geleert. Ein Wunder an Disziplin ist es, daß die Männer größtenteils die Nerven behalten haben, aber manche Hose zittert. Der Chef des Sicherheitsdienstes kommt sich mit seiner Nachtwächterhellebarde, von der er als Zeichen altüberkommener Amtsgewalt nicht hat lassen wollen, nicht recht zeitgemäß vor und setzt sich ab.

Jetzt donnert es um die Ecke, schaurig hallt es über den Platz, das Licht schwillt an, überfällt die Gruppen – Mut, ihr wackeren Männer!

Es ist nur ein Lastauto. Die Schutzbleche klappern, der Motor faucht, asthmatisch bellt der Auspuff. Auf der Silhouette des Führerhauses ist etwas MG-Ähnliches zu erkennen, eine Reihe Männer springt von dem ratternden Gefährt. Es ist der Wilzer Heerbann. Auch das Internationale Rote Kreuz ist vollzählig dabei mit Armbinde und Häubchen. Sie hatten alle bequem Platz auf dem Wagen gehabt. Das IRK meldet sich sofort bei Klaus, dessen Verlegenheit glücklicherweise die Dunkelheit verbirgt.

Pffft-fffft-fffft macht der Motor und verstummt. Drescher kurbelt und flucht erbärmlich. Vergeblich. Die Motorisierung versagt.

»Alles beisammen?« ruft Klaus. Einige müssen noch mit leichtem Nachdruck aus der ›Linde‹ geholt werden. »Auf mein Kommando! Abrücken!«

Schweigend zieht das Heer, eine immerhin ganz stattliche Reihe, an den regierenden Herren – endlich ist auch der Gründler erschienen – vorüber. Trapp-trapp geht's um die Ecke der Kirche, ins ungewisse Dunkle hinein. Das motorisierte MG mit dem fluchenden Drescher bleibt zurück und überragt dunkel die weinenden und erregten Frauen. Jungen treiben sich dazwischen herum. Der Motor ist offenbar unter die Pazifisten gegangen und betreibt hartnäckig passiven Landesverrat. Nun versucht Drescher, wenigstens das MG wieder herabzunehmen. Aber seine Arbeit war solide, wie sich das für einen ehrlichen Krupp gehört.

Ein Mann kommt zurückgerannt. Es ist ihm eingefallen, daß er Schloß und Munitionskasten des anderen Maschinengewehrs vergessen hat. Er kommt nicht wieder.

Für den Drescher weiß endlich der Kriegsminister Rat. Eigenhändig holt er bei seinem Kollegen des Innern zwei Ochsen aus dem Stall, die sich zunächst vor der Zumutung der Dunkelheit sträuben, wie Ochsen das öfters tun. Aber sie werden vorgespannt, und langsam setzt sich die Kriegsmaschine, Drescher am Steuer, in Bewegung. Die Scheinwerfer werden gelöscht.

Nun tritt im Dorfe Ruhe ein, eine gefährliche, unheimliche Stille. Die Herren der Regierung haben sich ins Arbeitskabinett des Präsidentenpalais – die alte Studierstube – zurückgezogen und das Fenster geöffnet, um wenigstens mit den Ohren bei den Ereignissen zu sein. Mit den Herzen sind sie es sowieso. Fragt sich nur, ob diese Herzen noch am rechten Flecke sitzen. Aber kein Laut, nur der milde Nachtwind, Heu- und Wiesengeruch tragend, dringt herein.

Seidel ist Ortskommandant und inspiziert die Posten. Er geht zu Fuß und geht etwas breitbeinig. Der wilde Ritt ist ihm nicht recht bekommen, aber die Größe der Stunde, als deren Anstoß er sich fühlt, gibt ihm Haltung. Die Posten bewachen das Regierungsviertel und liegen außerdem in den Gärten der Ortschaft verteilt. Da und dort ist das Knirschen von Zähnen (in den unreifen Äpfeln) zu hören.

Alles – Posten, Weiber, Kinder, Staatsoberhaupt wie der letzte Ortsarme – lauscht gespannt. Schießt es schon irgendwo?? Kampfgeschrei? Schleichender Feind?

Nichts.

Nur am Südende des Dorfes hätten zwei sich beinahe gegenseitig abgemurkst, als sie, in das gleiche Erdbeerbeet sich bückend, unversehens mit den Köpfen zusammenstoßen. So finster ist es. Aber sie erkennen sich noch rechtzeitig am Fluchen.

Staatsmaler Noack wird zum Dichter. Er spricht, träumerisch an einer Pappel lehnend, seine Waffe, eine Mistgabel, neben sich, laut in die Dunkelheit der Sterne:

»Wohl finster ist die Stunde,
Doch hell sind Mut und Schwert –.«

Dann fällt ihm ein, daß Geibel etwas Ähnliches schon geschrieben hat. Da gibt er das Dichten wieder auf.

Aber da und dort scheinen sich die ersten Keime einer Widerstandsbewegung zu bilden. Linke, der Chef des Sicherheitsdienstes, in seinem Genie verkannt und entnervt durch die Tatenlosigkeit seines Dienstbereiches, murmelt vor sich hin: »Die sein ju olle tälsch eim Kuppe. Oaber wenn wos passiert – nu, denn possiert wos!« Und manch einer stimmt ihm leise oder lauter zu.

Was soll aus einem bedrohten Staate werden, wenn ihn schon seine höchsten Würdenträger nicht rückhaltlos bejahen??

Die Herren im Pfarrhaus sitzen stumm. Der Kriegsminister zerrt nervös an seinem Barte und denkt an die zweite Flasche Kroatzbeere, die noch in seinem Keller steht. Gründler möchte gerne einen Skat vorschlagen, traut sich aber nicht, weil das vielleicht unpassend wäre. Der Staatspräsident geht düster von Wand zu Wand, von Wand zu Wand. Vor der ausgespannten Karte seines Reiches bleibt er stehen und kehrt sich dann hart um. Tonlos, aber ergreifend sagt er: »Der Herr ist mein Zeuge – ich habe diesen Krieg nicht gewollt.« Dann nimmt er seine Wanderung wieder auf. Einmal sagt er noch und ballt dabei die Fäuste: »Aber was auch kommen mag: wir werden kämpfen um unsere Freiheit bis zum letzten Mann, bis zur letzten Maus

– und unser wird der Sieg sein, auch wenn wir alle untergehen.« Das ist den beiden anderen Staatsmännern etwas zu hoch, aber sie nicken. Sollten sie widersprechen?

In der guten Stube sitzt der Sittlichkeitsverein – ach nein, die Pastorin und die Bürgermeisterin. Sie weinen leise vor sich hin und überlegen, wohin sie fliehen könnten und was sie dabei retten müßten, wenn es schiefgeht. Es sind eben schwache Frauen, liebende Mütter. Keiner darf sie tadeln darum. Sie fühlen sich kollektiv schuldig und meinen damit allen Folgen entgehen zu dürfen. Der Sieger wird recht behalten, den Besiegten richtet die Zukunft ohne Mitleid.

Das Heer hat sich indessen mit bemerkenswerter Lautlosigkeit am Waldrande verteilt. Ein Handstreich über die Grenze, dem Feinde zuvorzukommen, wie Klaus vorgeschlagen hatte, war vom Präsidenten schärfstens verboten worden. Expansionsgelüste sind ihm fremd, er will nicht Eroberer sein, nur Verteidiger der Schwentener heiligsten Menschenrechte.

Der Morgen graut. Der Wehrmacht auch. Sie friert und ist böse. An Verpflegung, hauptsächlich flüssig-hochprozentige, hatte keiner gedacht. Eine Nachschuborganisation gibt es nicht. Meisterhaft getarnt steht im Gebüsch das Lastauto mit dem MG. Drescher liegt, jederzeit schußbereit, dahinter. Aber er schnarcht dabei. Im Führerhaus schläft, eng aneinandergeschmiegt und in Decken gehüllt, das Rote Kreuz. Die Ochsen, immer noch im Geschirr, weiden die erreichbaren Zweige ab, in ihrer Ochsendummheit die eigene Deckung vernichtend.

Da tauchen drüben auf dem Damm des Kanals Köpfe auf. Sie sind beileibe nicht deutlich zu erkennen, denn dort liegen Nebelschwaden, vom Frühwind leise aufgerührt, aber es sind tatsächlich Gestalten, die sich vor dem steigenden Tageslicht anscheinend kriechend bewegen. Alle haben es gesehen. Im

Hinstarren verdoppelt, verdreifacht sich ihre Zahl und Größe. Ein Gewehr geht los. Bumm!, hallt es schauerlich durch die heilige Morgenstille. Keckernd streicht ein Häher ab, daß die tapferen Schützen erschrecken. Sofort geht ein wüstes Geballer die ganze Front entlang.

Der Feind ist verschwunden. Liegt er hinter dem Damm in Deckung? Nichts zu erkennen, denn jetzt geht drüben die Sonne auf und blendet die spähenden Augen.

Hinter Klaus, der, die gespannte Parabellum in der Faust, in der anderen Hand einen blanken Degen aus dem Jahre 66, hinter einer Birke kniet, erscheint das Rote Kreuz. Sind die Mädels verrückt geworden, hier in der Hauptkampflinie zu erscheinen? Ehe Klaus noch etwas sagen kann, taucht sogar der Kriegsminister in höchsteigener Person in einem tiefen, ausgetrockneten Graben auf. Aus der Rocktasche sieht eine dunkle Flasche, der Korken sitzt lose obenauf. Er trägt Drilling und Hirschfänger, außerdem eine Schrotdoppelflinte Kaliber acht und hat im Gürtel einen schweren Revolver und ein Messer stecken. Auch aus den Brusttaschen schauen Pistolengriffe. Mit einem Blick auf die Mädchen zwirbelt er den Bart höher, sieht aber dann betont an ihnen vorbei.

Von der Feindseite kommt jetzt ein regelmäßiges Tacken. Es ist eigentlich ein allen wohlbekanntes ländliches Geräusch in dieser Jahreszeit, aber vor Aufregung erkennt es keiner.

»Warum greifen Sie nicht an, Leutnant?« fragt der Kriegsminister dienstlich hart. Den Kopf hält er hinter dem Grabenrand eingezogen.

»Ich dachte –.«

Else lächelt spitz: »Ja, warum greift ihr nicht an?«

Klaus richtet sich auf, seine Ehre ist getroffen.

Anna, beschwörend: »Mach keine Dummheiten, Klaus!«

Der Kriegsminister, noch dienstlicher, noch härter: »Meine Damen, ich möchte doch bitten, sich aus der Kampfzone zurückzuziehen. – Herr Leutnant –«

Martha, gänzlich respektlos ihn unterbrechend, greift Klaus an den Arm: »Bitte, bitte, bleib hier, Klaus.«

Da schreit Klaus schon, daß es weithin durch die Bäume hallt, die vom Sonnenlichte ganz vergoldet sind: »Sprrrrung auf – marsch, marsch!!«

Auf einmal ist wilde Bewegung am Waldrand. Es knallt noch ein paarmal, dann stürmen die Männer. Ein Gebüsch kommt in Aufruhr, polternd und schaukelnd setzt sich das MG auf Ochsenfahrlafette in Bewegung. Drescher klammert sich verzweifelt an den Schlitten. Plötzlich ballert es unter ihm fürchterlich los, unregelmäßig knallen die Detonationen. Die Ochsen werden wild. Eine entsetzliche Rauchwolke hüllt Wagen und dahinter vorgehende Männer ein. Artillerieeinschlag? Das muß ein ganz schwerer Brocken gewesen sein – noch einer, noch einer! Drescher fliegt im hohen Bogen ins Feld und überrollt sich. Um ihn her liegt alles flach in Deckung. Dunkelblau treiben die Rauchpilze träge davon.

Trotz allem aber wird, vor allem im Zentrum und am anderen Flügel, der Angriff zügig vorangetragen. Vorschriftsmäßig werfen sich die Männer jedesmal nach ein paar Sprüngen nieder und schießen. Einige bleiben liegen. Tot? Verwundet? Oder haben sie einfach keine Lust, weiterzulaufen?

Der Kriegsminister, tief in seinem Graben, muß die drei Mädels mit Gewalt zurückhalten. Zwischen dem Schießen und Geschrei ist das gleichmäßige Tacken deutlich zu vernehmen.

Wacker seinen Leuten voran stürmt Klaus, den Degen hoch. Hurra – Hurra!

Jetzt ist er am Damm, duckt sich noch einmal, springt als erster die hohe Böschung tollkühn hinauf. Alle sehen ihn oben zusammenbrechen. Die Mädels schreien auf und sind nicht mehr zu halten.

Die Männer haben ebenfalls die Dammkrone erreicht – – wo aber ist der Feind??

Ein paar Hasen flüchten am Kanal entlang, überspringen das Grenzwasser, verschwinden im jenseitigen Haferfeld. Ein Stück weiter mäht ein Bauer mit der Maschine. Erstaunt sieht er her, hält die Pferde an, das Tacken verstummt – – – und feierliche Morgenstille liegt über dem Lande.

Maßlose Verblüffung unter den Helden, die das befohlene Tagesziel erreicht wähnen und die Schlacht gewonnen; Enttäuschung, dann aber Wut. Sie knallen in die Luft, was aus den Läufen geht.

Zwölf Hasen müssen, soweit dies nicht schon geschah, ihr Leben lassen. Acht davon auf polnischer Seite. Unter offenkundiger Grenzverletzung – was schert sich ein Sieger um Grenze oder Vertrag? – herübergeholt.

Im Dorf beginnt die Glocke zu läuten. Nachträglich zum Sturme oder als Vorschuß auf den Sieg?

Indessen hat sich herausgestellt, daß es drei Verwundete, aber keinerlei Tote auf Schwentener Seite gegeben hat. Klaus hat, von hinten her, einen Schrotschuß in den Arm bekommen. Es sind nur drei oder vier Schrote, sie müssen von weit her gekommen sein und sitzen nicht tief, aber immerhin blutet es stark. Weinend verbindet Martha ihn, so gut sie es versteht. Schlimmer ist es um den Staatsmaler und Heldendichter Noack bestellt, den es auf einsamer Wacht in tiefer Nacht nicht gehalten hatte. Auf eigene Faust hatte er versucht, dem Feinde in die Flanke zu stoßen, war aber in den Kartoffelfurchen über seine

Waffe gestolpert und hatte sich einen Zinken durch die Hand gespießt. Anna ist um ihn bemüht.

Was aber sind das für scheußliche schwarze Gestalten wie die Satanasse, die um den umgestürzten MG-Wagen springen? Wildes Geschrei von dort her! Der Kriegsminister, unerschrokken, rennt selbst hinüber, so gut er es unter seiner schweren Bewaffnung kann, und zerrt Else hinter sich her.

Von den Ochsen gezogen, hatte der Motor sich plötzlich seiner vaterländischen Pflicht besonnen und war unter wilden Auspuffexplosionen angesprungen. Daher die Detonationen und die Rauchwolken, daher Dreschers Sturz und die schwarzen Gesichter. Aber der eine der Ochsen hat sich das linke Vorderbein gebrochen, so ein Ochse, und bekommt die Gnadenkugel von höchster Hand.

Das ist der letzte Schuß des Krieges. Er sichert den Siegesbraten.

Die Schlacht ist aus, das Vaterland gerettet. Stolz an der Spitze des glorreichen Heeres marschieren Schulter an Schulter der Kriegsminister und Heerführer, der letztere mit einem mächtigen Verband, was seine Tapferkeit erst recht leuchten läßt. Er ist indessen zum Hauptmann und gleich darauf, ebenfalls noch auf dem Schlachtfelde, zum Major befördert worden.

Man ist sich bis zum letzten Mann darüber einig, daß der schuldlosen Zivilbevölkerung die Einzelheiten des grauenvollen Kampfes erspart bleiben müssen. Einige Jungen, die neugierig herzugelaufen waren, bekommen für alle Fälle ein paar Maulschellen, denn einer hatte vorlaut geäußert:»Das war ja ganz labrig!« Für diese unerhörte Untergrabung der Wehrehre mußten sie eben alle büßen, denn es geht doch schließlich nicht, daß solche ehrlose Auffassung heiligster Mannestaten sich etwa weiterpflanze.

Singend zieht das Heer im Residenzort ein, vorneweg der Kriegsminister mit einem großen Eichenzweig am Hut, hinterher auf rasch aufgetriebenem Karren der Ochse, in der Mitte aber an langer Stange die zwölf Hasen. Ein siegreiches Volk soll nicht hungern.

Die Glocke läutet, der Herr Präsident, bleich und übernächtigt, hoch und schwarz, aber ein stolzes Lächeln auf dem hageren Gesicht, läßt sich nicht nehmen, Klaus, dem Kriegsminister und allen, die er erreichen kann, persönlich die Hand zu drücken. Er ist stumm, so überwältigt ihn das Bewußtsein des glorreichen Augenblicks. Es regnet Beförderungen und Ernennungen. Klaus wird Oberst. Der Kriegsminister heftet ihm den blitzendsten Orden, den er gerade trägt, an die Brust, obwohl er sich ungern davon trennt. Aber jeder muß Opfer bringen, wenn das Vaterland und die Stunde es erheischen.

Ergriffen versucht der Präsident dann doch noch eine Ansprache: »Wir marschierten im Geiste in euren Reihen mit –«, aber hinterher will es keiner hören.

Es erscheint bemerkenswert, daß die allgemeine Stimmung im Heere trotz Sieg und Gesang keine allzu gute ist. Man könnte sie fast mürrisch nennen. Es gibt da und dort revolutionäre Gespräche. Manche Männer sehen sogar aus, als ob sie sich schämten. Und dabei war doch keiner feige gewesen?

Aber als dann nach alter Landsknecht-Sitte der Ochse am Spieße brät, als der Lindenwirt an rasch auf dem Platze aufgeschlagenen Tischen Bier und seinen gesamten Grünberger Weinbestand auf Staatskosten ausschenkt, als auch der Schnaps aus Kolzig, wenn auch nicht gerade in Strömen, so doch immerhin in ansehnlichen Bächlein zu fließen beginnt, da wird denn doch die Freude über den Sieg am Obra-Südkanal, der auf polnischer Seite acht, auf deutscher Seite vier Tote

(Hasen) und drei Verwundete gekostet hat, laut und immer lauter. Nur die Weiber und Jungen der Widerstandsbewegung stehen noch einige Zeit finster beiseite, bis auch sie in den Strudel des Alkohols geraten.

Heil sei dem Tag, ein dreifaches Heil dem wackren Heerführer, ein dreimal dreifaches Heil dem Staatsoberhaupt, das diese billige Feier mit kluger Hand und weitsichtigem Blick arrangiert.

Und –

mitten im Taumel wird bekannt, daß die Interalliierte Kommission von einundzwanzig hohen und höchsten Militärs und Staatsmännern aus Genf im Anrücken ist, um den Freistaat zu besichtigen und auch äußerlich in den Kranz der Weltstaaten aufzunehmen. Der Krieg, den Deutschland verloren, er wird dadurch für Schwenten aus der Historie gestrichen. Schwenten ist nun Siegerstaat.

Der Jubel nimmt kein Ende. Alles schreit hurra. Am lautesten natürlich der Nachtwächter – Verzeihung – Verzeihung: der Chef des Sicherheitsdienstes. Er ist bekehrt und lobt alles, vom Staate bis zum Schnaps. Es sind eben immer die Nachtwächter –.

Nur Drescher schleicht verbittert beiseite. Er, der nun nach vollbrachtem Siege sich nicht mehr allzuviel von der Friedensproduktion auf maschinellem Gebiete vom Staate erhoffen kann, und außerdem kein Verständnis, sondern nur Spott für seinen Kriegsbeitrag und seine unverschuldete Tragik findet, hat alle Lust verloren und nähert sich bedenklich der Haltung eines ausgesprochenen Staatsfeindes. Er findet einen halben Bundes- und Meinungsgenossen in Noack, der, seine verbundene Hand betrachtend, pazifistische Ansichten äußert. Sie werden beide von dem Gedanken an das Wort geeint, das auch in Deutschland seine berechtigte Runde macht: Der Dank des Vaterlandes ist euch gewiß. Aber sie vermögen den allgemeinen Freudentaumel nicht zu beeinträchtigen und werden rasch über Ochsenbraten und Alkohol vergessen. Schließlich wollen sie nicht allein hungern und dürsten, wenn es den andern wohlgeht.

Am Siege zerschellen Opposition und Verstand. Nur die mannhaften Seelen bleiben trotzig.

Oberst Klaus, das prominenteste unter den Opfern des Krieges, hatte den Arm im Tragetuch und saß meist im Garten unter dem Apfelbaum. Als ruhmgekrönter Feldherr und Sieger in zwei Schlachten, gegen Deutschland und gegen Polen, hätte er eigentlich die stärkste Säule des Staates sein müssen. Aber er hatte sich ganz zurückgezogen. Doch dem öffentlichen Leben konnte er nicht entgehen. Er hatte fast ständig Besuch. Mürrisch war auch er und sah recht mitgenommen aus. Der Fraustädter Sanitätsrat, der auf Staatskosten geholt worden war, erklärte, es handele sich wohl mehr um ein psychisches Leiden, dem er mit allopathischen Mitteln beizukommen außerstande sei. Die Verwundung heilte rasch und ohne Komplikationen. Hohe und höchste Persönlichkeiten bis zum Staatschef selbst bemühten sich um ihn, aber aller Zuspruch, selbst der geistliche, blieb vergeblich. Es hatte sich ihm irgendwie aufs Gemüt geschlagen.

Die Frau Pastorin, gar nicht mehr als Vertreterin der öffentlichen Sittlichkeit, brachte sogar eine Flasche Meßwein; als sie es aber doch nicht verbeißen konnte, auf ihre Präsidentschaftswürde hinweisend, zart, nach ihrer Meinung sogar sehr zart, auf einen gewissen Vorgang hinter ihrer Gartenhecke anzuspielen und süßsauer lächelnd etwas von vielleicht bald stattfindender Verlobung sagte – oder habe sich Klaus indessen für etwas anderes, Blonderes entschlossen? –, da kehrte er ihr den Rücken zu und murmelte ein Wort, das wohl schon älter war als der damit berühmt gewordene Ritter Götz. Entrüstet bis in die Seele hinein, rauschte daraufhin die hohe Frau von dannen und nahm den Wein wieder mit.

Auch das Rote Kreuz erschien. Vollzählig. In Amtstracht. Spöttisch, überlegen lächelnd Else, Anna heiter, Martha still. Aber Klaus blieb ungnädig; doch als die Mädchen wieder gehen wollten, die beiden ›Ausländerinnen‹ empört über den Empfang, Martha immer noch still und ein wenig verlegen, wie sie gekommen, hielt Klaus sie zurück. »Die Martha meine ich bloß«, sagte er unmißverständlich, »die soll den Verband noch mal nachsehen.«

Else bemerkte: »Wir sollen beim Empfang der Hohen Kommission als Ehrenjungfrauen auftreten«, und spitz setzte sie hinzu: »Weil in eurem Staate nicht genügend vorhanden sind.«

»Soviel wie bei euch sind bei uns immer noch«, sagte Klaus grob.

»Sie reichen aber nicht, weil wir eben bloß dreizehn sind, und es muß doch eine gerade Zahl sein von wegen dem Spalier«, meinte Anna. Aber da hatte Else sie schon fortgezogen, und die Gartentür klappte hinter ihnen.

Als Klaus und Martha allein im Garten sich im Grase gegenüber saßen, waren sie auch weiterhin schweigsam, aber mürrisch war Klaus nicht mehr. War er nun der Meinung, daß sich Landsleute vertragen müßten, oder dachte er daran, daß es leichter sei, ›Sprung auf, marsch, marsch!‹ zu kommandieren, als einfach den gesunden Arm Martha um den Hals zu legen?

Doch von oben her nahte die Lösung: Dicht neben Marthas Hand, die verlegen im Grase fingerte, bumste ein Apfel nieder. Eine Schlange war indes nicht zu sehen (das mit der Schlange ist ja auch nur ein Märchen!). Sie nahm ihn, besah ihn und fragte dann, ohne aufzusehen: »Magst du ihn?«

Klaus griff danach und behielt der Einfachheit halber auch gleich die Hand.

Als der Apfel verzehrt war – sie haben ihn ehrlich geteilt! –, fragte Klaus: »Du machst doch den Quatsch nicht mit?«

»Welchen?« fragte Martha und zog den Stengel einer Maiblume durch die Finger.

»Von wegen der Jungfrau«, erläuterte Klaus und rückte näher.

»Wenn du es nicht willst«, sagte sie leise und wurde feuerrot. Denn untertan sei dem Manne das Weib, würde der Pastor sagen. Die Frau Sittlichkeitspräsidentin allerdings fände andere Worte.

Die Frau Pastor übrigens: Als sie die Kalamität mit den dreizehn Jungfrauen erfuhr, bot sie sich aus hilfsbereitem Herzen an, die vierzehnte darzustellen, damit die Zahl voll werde. Ihr Mann, eingedenk der Unterhaltung und der mühsam überwundenen politischen Krise am erstwöchigen Jubiläum des Staates, die durch seine Bemerkung über die ›jungen Gesichter‹ hervorgerufen worden war, schob die Entscheidung klug an den Innenminister ab, der mit entwaffnender Offenheit erklärte: »Nee, Frau Pastern«, er vergaß ganz, wen er vor sich hatte, »nee – doas werd wool nich giehns, doa täten Sie goar zu sehre abstechen.« Kein Wunder, daß das der guten Seele der Staatsmutter zu viel war. Nun erwog sie selbst, ob sie sich nicht der Opposition anschließen solle – aber indessen löste sich auch diese Krise in Wohlgefallen durch Martha Rügers Erklärung, die Ehre der Jungfrau nicht annehmen zu können. Nun waren es zwölf, die mit Kranz und weißem Kleide sich der hehren Aufgabe unterzogen, die Staats-Ehren-Jungfrauschaft zu repräsentieren, und damit war es gut. Die Frau Präsidentin hatte erkannt, daß eine der vornehmsten Pflichten solch hoher Frauen die ist, das Gesicht zu wahren. Sie wahrte es, indem sie schwieg, so schwer es ihr auch fiel. Den Innenminister schnitt sie allerdings seitdem, aber das tat ihm nicht sonderlich weh.

Einundzwanzig Gäste sind aus Genf angemeldet, Offiziere und Diplomaten aus aller Herren Länder. Eine Sitzung und Beratung jagt die andere. Für innere Krisen hat man keine Zeit mehr. Bis zur völligen Erschöpfung sitzen und beraten Staats- und Ministerrat; solche Zechen hatte der Lindenwirt noch nie zu verzeichnen. Er wurde Nutznießer des Systems im vollsten Sinne.

Wo soll man die Gäste unterbringen? Die ›Linde‹ kann bestenfalls zwei Fremdenzimmer herrichten. Der Herr Staatspräsident stellt sein ganzes Haus zur Verfügung und behält sich nur das Dachkämmerchen vor; der Herr Kriegsminister wird auf dem Heuboden schlafen, der Innenminister im Kuhstall. Das gibt natürlich ungeheure Streitigkeiten mit den jeweiligen Hausfrauen, die aber im Hinblick auf das Staatswohl und das internationale Ansehen heroisch durchgestanden werden. Sogar Frau Treske wird überwunden, und das kommt fast einer dritten Schlacht und einem noch größeren Siege gleich. Nur Klaus weigert sich, seine Giebelstube freizugeben. Prinz Eugen hatte auch seine Schrullen, also läßt man sie ihm.

Der ganze Staat, von Sonnenauf- bis -untergang, hallt wider vom Bau der Ehrenpforten; ein ganzer Teil des Staatsforstes muß daran glauben; vor jedem Hause steht mindestens eine Fichte oder Birke, ein Wacholderbaum. Der ganze Wald ist auf die Wanderschaft gegangen und hat das Dorf überflutet.

Schwere Girlanden überspannen allenthalben die Straße; die Misthaufen, sonst der Stolz aller Bauern, werden sorgfältig mit Grün umkleidet. Wer sich dessen weigert, bei dem erscheint der Polizeipräsident, um die Sache erst gemütlich, wenn aber das nicht fruchtet, dann mit aller Schärfe durchzudrücken. Daß Grosser, der Waldarbeiter, den man wohl oder übel hatte zum Staatsrat ernennen müssen, wenn ihm auch der Kriegsminister alle Fähigkeit hierzu abgesprochen und ihn darum zu dem für Schwenten gänzlich bedeutungslosen Staatssekretär für Arbeitsplanung und -beschaffung gemacht hatte, daß dieser Grosser, der sich von jeher duch seine rüde Opposition bemerkbar machte und gar nichts Aufbauendes an sich hatte, daß der natürlich auch an dieser Maßnahme nichts Gutes ließ und immer nur zu kritisieren hatte, darf bei solcher Charakterveranlagung nicht wundernehmen. Der Polizeipräsident läßt sich darum von ihm und seinem Gemecker nicht im geringsten beeinflussen.

Das Vieh ist halb verrückt von dem ewigen Getute und Geblase der übenden Feuerwehrkapellenmänner. Eine Nationalhymne gibt es immer noch nicht; das Universalgenie, Staatsmaler Noack, weigert sich, zum Komponistendichter zu werden, er leidet seit der glorreichen Schlacht an Melancholie, die ihm als künstlerische Laune gut steht; das einfache Mittel eines Preisausschreibens, das doch sonst in allen Staaten der Erde aus jeder Verlegenheit hilft, hat keinen Sinn unter solch ausgesprochen amusischem Menschenschlag wie der Schwentener Rasse; der Herr Präsident hat keine Zeit dazu, und sonst wäre die einzige musisch angehauchte Seele höchstens noch Klaus gewesen, der in seinem jetzigen Herzenszustand unter Umständen vielleicht sogar gedichtet hätte, allerdings wohl eher Lyrisches als Vaterländisches. Doch er mag nicht, siehe oben. Er steht der linken Opposition bereits bedenklich nahe.

Also muß man es bei den guten, alten Märschen belassen, unter denen, der Kriegsminister bemerkt es mit Genugtuung, auch der ›Hirsch im wilden Forst‹ zu seinem Rechte kommt.

Jedes Kleidungsstück, das irgendwie feierlich wirken könnte, wird gewendet, gebürstet, entmottet. Bald ist im Staatsbereich jedwedes Näh- und Stickgarn restlos vergriffen und muß heimlich aus dem Auslande bezogen werden. Die Obrigkeit weiß es natürlich (Obrigkeiten sind dazu da, alles zu wissen und sich im gegenteiligen Fall wenigstens den Anschein wohlwollender Großzügigkeit zu geben), aber sie drückt beide Augen zu. Auf Teufel komm raus werden die Ehrenjungfrauenkleider genäht und Kränze auf Vorrat geflochten. Allerlei Stoffreste werden schwarz, grün und braun eingefärbt, jedes Haus, jede Hütte, alles überhaupt, was nur ein Dach oder ähnliches hat, muß seine Fahne haben. Was wäre ein Staatsbürger ohne die jeweils vorgeschriebene Fahne! Ein Staatsfeind, der samt seiner Sippe ausgerottet und in Ewigkeit verflucht gehört. Ach, diese Farben sehen so gar nicht feierlich aus. Der Präsident muß in geheimer Nachtsitzung noch einen roten Streifen zusätzlich genehmigen. Schwarz-Grün-Braun-Rot, das wirkt schon besser. Daß die Farbtönungen in allen Varianten und nur wenige Fahnen übereinstimmen, weil so viel Farbe weder im Staate noch im nahen Auslande greifbar ist, mit dem Schwarzer nach Verkauf seiner letzten Ladenhüter sofort energische Verhandlungen aufnahm, das stört die hochgemuten Geister nicht.

Unter Elses Anführung üben die zwölf Ehrenjungfrauen Spalier und Reigen. Die Staatspräsidentin, die sich alle Mühe gegeben hatte, selbst noch einmal Jungfrau zu werden, übersieht diesen wichtigen, repräsentativ eindrucksvollen Teil der Vorbereitungen geflissentlich. Die Präsidentschaft des Sittlichkeitsvereins hat sie von sich gestreift, weil man ihre Teilnahme so roh abgelehnt hatte. So geht dieser überaus wertvolle und immerhin einmal staatswichtig gewesene Verein in den immer höher schlagenden Wogen des Staatslebens sang- und klanglos unter, nicht, weil eine Jungfrau keine, sondern weil keine eine hatte sein wollen und es naturgesetzlich nicht mehr konnte. (Etwas kompliziert, nicht wahr? Aber nicht komplizierter als dieser ganze ›Komplex‹. Ich möchte ausdrücklich noch einmal daran erinnern, daß ja gerade dieses Thema an dem ganzen Zauber schuld war, für den Fall, daß es einmal wichtig werden sollte, Hauptschuldige, Förderer usw. festzustellen.) Die Frau Pastor sagte sich in stillem Kämmerlein, daß Undank eben nun mal der Welt Lohn sei. Gewiß ist es das; aber ein junges Volk, das sich endlich auf sich selbst besonnen hat, das hat eben wichtigere Interessen als die Sittlichkeit.

Ein Staat steht kopf –.
Nur zwei seiner Bürger nicht, sie hatten endgültig die Konsequenzen gezogen und waren sozusagen in die ›innere Emigration‹ gegangen. Sie spazierten im Walde, kümmerten sich den Teufel darum, ob sie etwa die Staatsgrenze übertraten, genügten sich selbst und ließen sich's wohl sein: der Feldherr und das Bauernkind. In der Unschuld ihres Herzens hatte sie ins innerste Getriebe des Staatsgefüges gegriffen und mußte nun zu den Saboteuren gezählt werden. Unerforschlich sind die Wege einer

Untergrundbewegung. Siehe da, der verletzte Heldenarm schien gesund, er ruhte still auf weiblicher Hüfte. Daß Martha ihn dort festhielt, war das nur Besorgnis der Pflegerin? Wir wollen nicht weiterforschen, wir sind kein Sittlichkeitsverein. Er lebe hoch!, weil er rechtzeitig verstarb. Nicht jeder ist so weise. Es lebe hoch aber auch die kluge Staatsführung, die solch große Feste in die Wege zu leiten weiß. Sie hat ihre Fähigkeit darin schon einmal bewiesen. Das Volk braucht sein Theater. Von Brot allein wird es nicht satt. Es will recht oft ›Hoch!‹ und ›Hurra!‹ schreien. Das ersetzt manchen anderen Erfolg. Wenigstens eine Zeitlang.

Alles rollt programmäßig ab. Das Bähnchen bringt den riesigen Salon- und Schlafwagen an. Herren in gelben, braunen, grünen, grauen und blauen Uniformen, mit viel Rot und Gold daran, Herren in Gehröcken, Cutaway und Zylinder steigen aus. Verbindlich natürlich, wie denn sonst? Nur übelwollende Oppositionisten könnten Spott daraus lesen.

Ehrenjungfrauen stehen Spalier, die Kapelle mit blinkenden Trompeten tutet los, rotzige Kindergesichter starren, dreckige Kinderfäuste schwenken aller Herren Fahnen, auch solche, die es vielleicht nur bei Eskimos und Feuerländern in später Zukunft einmal geben wird; Linke schüttelt seine Hellebarde wie weiland Neptun den Dreizack, die Staatsmänner verneigen sich und schwenken ihrerseits die Zylinder, der Innenminister, der sehr kurze Beine hat, haut den seinen versehentlich in die Erde, weil er gar zu tief sich bückte, der Kriegsminister blinkt nur so von Orden und Spangen und Medaillen und Plaketten und weiß nicht recht, ob er mit dem Hirschfänger salutieren soll oder nicht, das ist leider nicht rechtzeitig geklärt worden. Die Kirchenglocke bimmelt aufgeregt.

Tätärätä – bum, bum!, macht die Musike.

Schade, daß die hohe Frau an Migräne leidet und dies nicht erleben, erfühlen, erjauchzen und erzittern kann. Auch Noack fehlt. Nun winkt der Staatsmusikmeister, die Kapelle bricht ab, die schmetternden Töne ersterben nach und nach, der Herr Präsident, hoch, hager und schwarz, tritt einen abgezirkelten Schritt vor, den Zylinder feierlich waagerecht vor sich hebend, und spricht hallend die Begrüßung. Ehrfurchtsvoll steht sein Staat hinter ihm, eng geschart Reihe bei Reihe, am rechten Flügel strahlend der Polizeipräsident, am linken der Chef des Sicherheitsdienstes. Die hohen Gäste, im lockeren Halbkreis, sogar zwei richtige Neger sind dabei, lächeln, nicken und winken hier- und dorthin, Else z. B. hat im Nu ein internationales Ansehen, und dabei ist sie doch selbst nur eine dem Ausland entliehene Jungfrau, nur vereinzelte der fremden Herren machen gelangweilte Gesichter, sie würden sich lieber eine Pfeife anstecken.

Dann kommt, obwohl nur die wenigsten die Rede verstanden, ein rauschendes, brausendes Hoch, Tusch, Fahnenschwenken, Hände- und Fähnchengeflirre und kurze Pause.

Dann tritt der mittelst stehende der reich uniformierten Herren vor, salutiert kurz dem Herrn Präsidenten und in die Runde und hält ebenfalls eine Ansprache, die keiner versteht, denn er spricht selbstverständlich ausländisch. Aber den Schluß begreift jeder, denn der Redner schwingt, um es ganz deutlich zu machen, den Arm. Wieder brausendes, rauschendes Hoch, Fahnenschwenken, Tusch, Fähnchen- und Händegeflirre.

Aus dem Diplomatenkreise tritt plötzlich eine sehr, sehr elegante Frau in niegesehenem Pelz, bunt bemalt, daß manche der einfältigen Schwentener sie für die Indianervertreterin halten, und beginnt, Deutsch zu reden. Ach so, das ist eine sogenannte Dolmetscherin, sie überträgt die Begrüßungsrede – aber das interessiert doch keinen. Die hohen Herren sind endlich dazu gekommen, sich in herzlichster Weise die Hände zu schütteln, der Präsident erwartet sogar, er hat von solcher Zeremonie einmal irgendwo gelesen, den Bruderkuß auf beide Backen – Verzeihung! – Wangen, aber nichts dergleichen geschieht. (Dem Kriegsminister wäre so etwas, vielleicht z. B. der Dolmetscherin gegenüber, nicht unlieb, aber er hätte sich, ehe er zu seiner Hausehre heimkehrt, wahrscheinlich das Gesicht waschen müssen.)

Ungeheuer eindrucksvoll ist das alles, wenigstens für die Schwentener. Das ist ja denn auch die Hauptsache. Sie kommen sich vor wie etwa seinerzeit die Amerikaner, als Kolumbus sie endlich entdeckte.

Die Gäste sehen sich an und verbeißen sich mühsam das Lachen. Hier kommen auch sie bei ihrem schweren Amte, die Völker und die Welt zu beglücken, einmal zu einer heiteren Stunde. Nur der Japaner und der Chinese lächeln freiweg, aber die lächeln bekanntlich immer. Die schweren Filmkameras der Wochenschauen schnurren aufgeregt, während die Köpfe der Erde und Schwentens sich mit strahlenden Gesichtern fast die Arme gegenseitig ausreißen. Als aber die Kameras über das begeisterte Volk hinausschwenken, um diese unbeschreibliche Jubelstimmung für alle Zeiten auf das Zelluloid zu bannen, rennen die Kinder, soweit sie sich nicht hinter den Erwachsenen verstecken können, schreiend weg, und auch die Großen wenden sich schamvoll ab. Es scheint beschwerlich und gefährlich, von der Welt entdeckt zu werden. Die Geschichte kennt grauenvolle Beispiele. Aber glücklicherweise ist die Welt indessen so human geworden.

Im Saal der ›Linde‹ ist die Tafel festlich gedeckt. Die hohen Gäste werden oft genug schon vornehmer, selten aber, und das sei den Schwentenern zur Ehre gesagt, besser und vor allem reichlicher gegessen haben, ohne sich durch umständliche Zeremonien beengen zu lassen, als hier. Als der Innenminister die Weste öffnet und der Kriegsminister verstohlen sogar die obersten Hosenknöpfe, da kennen gegenseitige Herzlichkeit und Verbrüderung bald keine Grenzen mehr. (Ich glaube, mit derart hausväterlicher Gemütlichkeit könnte auch in der großen und größten Politik sehr schnell eine allgemeine Völkerverständigung und Versöhnung erreicht werden, viel tiefgehender als durch Konferenzen, offizielle Trinksprüche, Pakte und ähnlichen Klimbim.)

Der Staat läßt sich's was kosten. Jeder seiner Bürger hat wahrlich sein Huhn im Topfe und was herzhaft Trinkbares dazu. Die Opposition muß sich verkriechen. Selbst die Präsidentengattin vergißt ihre Migräne und erscheint zu einem Täßchen Mokka, was naturgemäß auf die hochgestiegenen Sturmeswogen der Laune glättendes Öl gießt. So viele Handküsse hat sie in ihrem Leben noch nicht erhalten, so viele Komplimente in so vielerlei Sprachen wird sie nie wieder hören. Die Gäste sind höflicher und ritterlicher als ihre Landeskinder. Nur Klaus und seine Martha bleiben auch weiterhin unsichtbar.

Drei Tage dauert das Fest mit Platzkonzerten und bengalischer Beleuchtung, mit Wanderungen durch den Wald, über die Dünen und Idyllen am See, wobei den Ehrenjungfrauen, vor allem natürlich Else, aber auch der schwarzen Anna, zum vielfachen Neide der eingeborenen Jungfrauen, noch manche bedeutsame Rolle zufällt. Grenzbegehungen, Beratungen, Festbankette und Trinksprüche erinnern zwischendurch an die politische Ursache des Ganzen. Der Staat muß sich – das fehlte bisher ganz! – ein Archiv zulegen für all die Urkunden mit Unterschriften und handtellergroßen Siegeln. Staatsarchivrat – sogar Geheimer! – wird natürlich Noack, was ihn einigermaßen versöhnt. Der Kriegsminister erhält außer anderen Orden den ›Goldenen Großpfeil von Nigeria‹, an siebenfarbiger Schärpe um den Bauch zu tragen. Zugleich wird er Ehrenoberhäuptling der Zulukaffern.

Die Gäste, nachdem sie sich erst einmal von ihrem gewohnt großen Blick auf das Kleine umgestellt haben, einige von ihnen haben sich auf selbständigen Spaziergängen erheblicher Grenzübertretungen schuldig gemacht, weil sie sich über die auf Schritt und Tritt auftauchenden Grenzposten durchaus im unklaren sind, aber man respektiert auch im Auslande die fremden Uniformen, von denen ja damals, nebenbei bemerkt, Deutschland genügend wimmelte von Oberschlesien bis zu Rhein und Saar, die Gäste also fühlen sich wohl und sind vollauf zufrieden. Sie betrachten das Ganze als dienstliche Ferienreise, als ein Wochenendvergnügen.

Die Pastorin allerdings hat mit der Dolmetscherin, die sie bei sich in dem Zimmer mit den Plüschmöbeln – man erinnere sich: das Gründungszimmer seligen Andenkens, eine Gedenkstätte ohnegleichen – aufgenommen hat, ihr Kreuz. Sie findet menschlich keinen Kontakt zu ihr und meint, alle ihre Freundlichkeit pralle an der Farbschicht jener Dame, deren Staatszugehörigkeit nicht festzustellen ist, hoffnungslos ab.

Die Schwentener aber insgeheim, die glauben, die ganze Welt sähe nur auf sie, womit sie ja tatsächlich jetzt nicht unrecht haben, die sind begeistert. An das verbotene Schützenfest denkt keiner mehr. Dieser Rummel ist ja viel schöner! Was staunen sie über die Kameramänner der ausländischen Filmgesellschaften! Was wird überall photographiert! Auf dem Kirchturm oben hocken sie und kriechen in den finstersten Kuhstall, die letzte Viehkoppel wird in wilden Aufruhr gebracht. Nur notdürftig werden die täglichen Pflichten der Landwirtschaft noch erfüllt.

Ja, der Pastor! Das ist ein Mann!

Lacht nicht über ihn. Erinnert euch, daß er alles nur getan hat, daß er alle die Bürde und Fährnis nur auf sich genommen hat, um zu verhindern, daß die Polen zur Oder durchbrechen. Nun, und ist ihm das etwa nicht gelungen? Hat auch nur ein einziger Pole einen Fuß damals an des deutschen Stromes Ufer setzen können? Na also –!

So geschehen im Jahre neunzehnhunderteinundzwanzig.

Ein Jahr später war der Spuk vorbei, der Staatspräsident war wieder Pastor, der Kriegsminister Förster, d. h. er war indessen an jene Altersgrenze gerückt, die automatisch die Ernennung zum Oberförster bringt, der Innenminister war wieder wie ehedem schlichter Dorfbürgermeister. Else hatte also ihren Racheplan fallen lassen, der Landrat in Unruhstadt hatte mit der Partei gewechselt, und so waren auch daher die Repressalien ausgeblieben.

Der Staat Schwenten war wieder zum ›Bestandteil des Deutschen Reiches‹ geworden.

Von dem Ganzen war nur eine schwarze Marmortafel am

Gasthof zur ›Linde‹ geblieben, die mit goldenen Lettern verkündete, daß hier die Internationale Kommission getagt habe, und an den Saalwänden die Photos der hohen Besucher, der Ehrenjungfrauen und der Staatsoberhäupter.

Nun, jetzt frage ich: Habe ich eingangs zu viel versprochen? Wo hat es so etwas jemals gegeben? Wo kann es so etwas jemals wieder geben? Das ist und bleibt einmalig auf dieser mehr oder weniger interessanten Erde. Woher denn, frage ich, sollte je ein zweiter Pastor Hagenau, ein zweiter Treske, ein zweiter Gründler kommen??! Da müßte ja die Welt von neuem kopfstehen. Wer das verlangt, der mag es selber tun: Und dann sieht die Welt auch verdreht aus.

Aber etwas hätte ich über der ›verdrehten Welt‹ noch fast vergessen, was geblieben ist, handgreiflich, nicht nur als Abbild schwarz auf weiß oder gold auf schwarz:

Klaus, der Sieger von Wilze und vom Obra-Südkanal, hatte nicht allzuviel später seine Martha geheiratet. Ihm war es gelungen, sich noch rechtzeitig den Klauen der Staatsräson wie der öffentlichen Sittlichkeit zu entziehen und dennoch seinem Vaterlande, auch in der Emigration, ein treuer Bürger zu bleiben.

Das ist die Lehre von Schwenten – merkt sie euch gut!

Das Dorf ohne Sonne

»Sperrt nur eure Augen auf«, sagte der alte Lehrer Gebhardt zu seinen Schulkindern, ganze elf an der Zahl in allen Altern von sechs bis vierzehn Jahren, »sperrt nur eure Augen auf und schaut hinaus in unser schönes Land, wie es da unter euch in der Sonne liegt mit seinen Hügeln und Wäldern, Feldern, Dörfern und dort ganz hinten mit der Stadt, damit ihr nicht vergeßt, daß ihr hier oben auf den Bergen, mitten im Walde und ganz nahe an der Grenze auch dazugehört. – Karl«, verwies er den einen der größeren Jungen, es war sein eigener, wie ja überhaupt von den elfen sechs Gebhardtkinder waren, »paß gut auf und ärgere die Mädels nicht. Wer von euch kann mir sagen, wie die Stadt dort hinten heißt?«

»Hirschberg, Hirschberg!« riefen die Kinder durcheinander, daß es lustig durch den Wald schallte.

»Und da links unten, zwischen den Bäumen das lange Dorf?« fragte er weiter.

»Buschvorwerk.«

»Und dort drüben?«

»Quirl, Quirl.«

»Und das Schloß in dem Park daneben?«

»Schloß Ruhberg«, sagte das längste der Mädchen schnell, »wo Kaiser Wilhelm der Erste als Kronprinz gewohnt hat.«

»Und dort weiter ins Land hinaus?«

»Zillerthal!« Die Kinder waren munter dabei. Zwischendurch schoben sie eine Blaubeere in den Mund, die überall um sie her und zwischen ihren Beinen wuchsen, und wer eine rote Erdbeere fand, der zeigte sie erst verstohlen herum. Auch Kindern schmeckt alles besser, wenn die Nachbarn sie bewundern und beneiden.

»Zillerthal – so heißt auch ein Tal im Alpenland. Und von dort sind sie hergekommen, die Bauern, die jetzt da unten wohnen, sie mußten vor bald achtzig Jahren dort auswandern, weil sie Evangelische waren unter lauter Katholiken. Hier unten hat sie der König angesiedelt, damals gab's noch keinen Kaiser in Berlin. Und sie haben ihre Häuser genau so gebaut, wie sie es in der alten Heimat gewöhnt waren, mit breiten flachen Dächern, mit den geschnitzten Umgängen und mit der schrägen Einfahrt in den Dachboden hinauf. Seht sie euch genau an, diese Häuser, solche gibt es weit und breit nirgends außer in Tirol. Und merkt daran, wie sie ihrer Heimat treu geblieben sind und sie nicht vergessen haben.«

Der alte Gebhardt hielt die Schule auf seine Weise. Er blieb nicht gern in der engen, dunklen und feuchten Schulstube, viel lieber saß er hier im Walde mit seiner kleinen Schar, und wenn die hohe Schulbehörde, die sich gottlob nur alle heiligen Zeiten in die Waldsiedlung von Forstlangwasser verirrte, an seinem freien, nirgends erlaubten und freilich auch nirgends verbotenen, weil in keinem Reglement vorgesehenen, System mäkelte, dann sagte er, und der Wind spielte in seinem langen, weißen Haar: »Sehen Sie, Herr Schulrat, hier draußen, da lernen die Kinder am besten die Ehrfurcht vor allen Geschöpfen und daß sie selber mitten dahinein gehören – und dabei auch vor ihrem Schöpfer. In der Stadt mag das alles anders sein. Und das bissel Schreiben und Rechnen, das lernen sie nebenbei –.«

Mit diesem Nebenbei war der Schulrat begreiflicherweise nicht einverstanden, weil er es für wichtiger erachtete als die »Naturlehre«, wie er Gebhardts Hauptfach bezeichnete. Und die Gottesfurcht sollten die Kinder wie vorgeschrieben aus der Bibel lernen, meinte er. Aber über solchen Verweis kam es nie hinaus; die dünne Luft in beinahe tausend Meter Höhe nahm ihm den Atem zu einer donnernden Strafpredigt und das kindlich-reine Auge des Lehrers den Mut dazu; und eine Strafversetzung?? Mein Gott, wohin soll man einen unbotmäßigen Lehrer noch versetzen, daß er es als empfindliche Strafe ansieht, wenn er sich in dieser armseligen Berggemeinde bei dürftigstem Leben, hier, am Rande der Welt und eigentlich schon dahinter, wohl fühlt? Zwei rein amtliche Erwägungen kamen noch hinzu: Mußte Gebhardt fort mit seinen sechs eigenen Kindern, dann lohnte sich der Schulbetrieb für die restlichen fünf nicht mehr, und die mußten dann den mehr als dreistündigen Weg nach Schmiedeberg machen. Wieviel Fehltage, ganz abgesehen von der Winterszeit mit oft zwei und mehr Metern Schnee, das ergäbe, ließ sich leicht vermuten. Und die zweite: Welcher andere Lehrer würde sich bereit erklären, hierher zu kommen, wo vier Monate im Jahre nicht einmal die Sonne hinschien? Man denke: ein Drittel des Jahres ohne Sonne!

So blieb immer wieder alles beim alten, und Gebhardt lehrte die Buben und Mädels weiter im Walde und erzog sie mit den eigenen zugleich, er lehrte gleichzeitig den Vögeln und Schmetterlingen, den Pilzen und Bäumen, den Steinen und Kräutern, ein neuer Franziskus. Er lehrte schon seit fast fünf Jahrzehnten hier; seine erste Frau lag seit einem Vierteljahrhundert neben der Schmiedeberger Kirche, seine beiden ältesten Söhne lagen ebensolange und länger bei Königgrätz und vor Paris. Und auch die zweite Frau, die Lehrerstochter aus Fischbach, schlief schon wieder fünf Jahre, nachdem sie ihm noch die sechs Kinder geschenkt und als Waisen hinterlassen hatte.

Manchmal kam unter der Arbeit der eine oder andere der Erwachsenen herüber und setzte sich für eine kurze Pause dazu, oder die Kuhnerten, die Pilz- und Kräuterfrau aus Krummhübel, verweilte sich hier mit krummem Rücken, und dann hörten die Alten dem Lehrer ebenso zu wie die Jungen und wurden gefragt und mußten Antwort geben, denn auch die meisten von ihnen hatten hier einmal gesessen und dem damals noch jungen Gebhardt zugehört. Er rief die Kleinen wie die Großen nur bei ihren Taufnamen Erich und Karl, Frieda, Emma, Heinrich oder Wenzel; denn Sippennamen waren hier seltener: Von den dreizehn Familien der Gemeinde hießen vier Endler, drei Zinnecker und drei Hollmann; dann noch zwei Buchberger, und der dreizehnte war Gebhardt selber. Das war das ganze Dorf, alles in allem kaum so groß wie ein mittleres Bauerngut in der Ebene; in einer steilen Rodung hoch oben am langgestreckten Forstkamm, in nächster Nachbarschaft mit der Schneekoppe, lag es wie in einer aufrecht stehenden, gehöhlten Hand.

Nur daß der Berg mit seinem noch Hunderte Meter höheren Waldkamm keine schützende Mauer gegen die kalten Nordwinde und schneereichen Oststürme bildete, weil er sozusagen auf der falschen Seite stand, oder vielmehr das Dorf am verkehrten, nämlich dem Nordhange hing. Aber über den Kamm lief die Grenze, und jenseits war fremdes, war österreichisches Land, wenn auch dort ebenfalls überall Hollmanns und Buchbergers, Endlers und Zinneckers in den reicheren Südtälern wohnten.

Vier Monate im Jahre, von Mitte Oktober bis Mitte Februar, kam die Sonne über den Berg nicht hinweg. Da lagen die Häuschen in blauen Winterschatten, tief versunken unter dem Schnee. Vier Monate – eine lange, lange Zeit.

»Ja, wißt ihr denn«, fragte der Lehrer seine Schüler, die großen wie die kleinen, auf das längliche, vermooste Viereck deutend, das sich ein wenig aus dem Waldboden hob, so daß es mit seinen gefugten Steinen eine willkommene Sitzgelegenheit für die ganze Gesellschaft war, »wißt ihr denn, was das war, worauf wir hier sitzen?« Über ihnen rauschte der Wald mit seinen dunklen Wipfeln vor dem strahlenden Sommerhimmel. Ganz schräg fielen die Sonnenstrahlen herein, obwohl es kurz vor dem Mittag war. »Das war einmal ein Haus«, plärrte eines der Mädels, »und da drüben, das war auch eins, und dort zwischen den Sträuchern auch.« – »Und die gehörten früher einmal alle zu unserem Dorfe«, sagte ein Junge wichtig.

»So ist es«, bestätigte der Lehrer und nickte, »das alles waren einmal Bauernstellen hier. Die Menschen sind tot oder fortgezogen, die Häuser eingestürzt, der Wald ist darübergewachsen und das Moos. Ich will euch erzählen, wie das gekommen ist, daß hier oben überhaupt ein Dorf steht, hier mitten im Walde, wo doch im Tale unten viel mehr Platz und ein leichteres Leben war. – Früher einmal, da war das alles hier dichter, dunkler Wald, in dem Wölfe lebten und Bären. Nur drüben am Schmiedeberger Paß führte von den Grenzbauden her eine Straße über die Berge, von Königgrätz nach Hirschberg und den Bober entlang zur Oder, die andere nach Osten abbiegend durch das Jannowitzer Tal zum Zobten, den ihr dort weit hinten als niedriges Dreieck unter dem Himmel seht, und über

Breslau zur Weichsel und zur Ostsee. Schon vor zweitausend Jahren sind Händler auf ihr vom heiligen Rom her quer durch Deutschland gezogen. Und als die Hussiten aus Böhmen kamen, um mit Feuer und Schwert ihren Glauben zu verbreiten, da kamen sie hier über die Berge mit einem wilden Heer. Sie verbrannten die Städte und Dörfer und schlugen die Menschen tot. Das war eine schlimme Zeit für unser armes Vaterland. Dreißig Jahre lang war Krieg, dreißig Jahre lang gab's nichts als Mord und Brand im ganzen Land. Da sind die Bauern aus dem Tal geflohen und haben sich in den tiefen Wäldern versteckt. Damals haben sie wohl zum ersten Male hier oben, wo keiner sie suchte, ihre Hütten gebaut. Und als der Krieg gar kein Ende mehr nahm, als Schweden und Kaiserliche abwechselnd wie die letzten Plagen im Lande wüteten, da sind eben die Bauern hier oben geblieben, und während unten ihre Höfe rauchten, haben sie angefangen, den Wald ein wenig zu roden und das notwendigste Brot anzubauen, dem Sturm und Winter trotzend, die immer noch mitleidiger waren als die fremden Landsknechte. So wurde aus der Zuflucht eine Heimat. Und wenn auch viele, als wieder Ruhe und Sicherheit im Lande einkehrten, hier ihre Häuser verfallen ließen, um in das leichtere Leben, in die wärmere Sonne und in das fruchtbarere Tal zurückzukehren, so blieben dennoch einige, die dort unten nichts erwarten konnten. Wo der Mensch zurückgewichen war, wo er nachgelassen hatte mit seiner ewigen Arbeit, dort nahmen der Wald und der Busch sich ihre Erde wieder, und aus den verfallenen Dächern, auf zerborstenen Mauern und steinigen Feldern wuchsen Baum und Strauch wie ehedem.«

»Ja, ja«, sagte der alte Endler, der Gemeindevorsteher, der sich dazugesetzt hatte, sein Feld lag dicht nebenbei am Waldrande, und die beiden Kühe vor dem Pfluge rasteten dort, »und auch jetzt noch will das junge Volk nicht hierbleiben und geht lieber ins Tal, geht in die Städte und Fabriken, und fast jedes Jahr wird wieder ein Haus leer. Unsere steilen Felder tragen zu viel Steine und zu wenig Brot. Wenn wir Alten erst tot sein werden, dann –«, er sprach nicht zu Ende. Mühsam erhob er sich, nickte dem Lehrer zu und ging zum Pfluge zurück, dessen Kante in der Sonne blitzte. Dort saß auch sein Ältester, der Franz, der schon seine Militärjahre hinter sich hatte, man sah es an der straffen Haltung; er erhob sich, als der Vater herantretend nach dem Pflugsterz faßte. Er nahm das Leitseil und führte die Kühe sorgfältig an der Furche entlang. Im Tale unten, da genügte einer zum Pflügen, dachte er, und dafür gibt dort der Boden doppelte Frucht.

Im Tale unten, da hatten um diese Jahreszeit die Pflüge schon längst oder noch lange Ruhe, da wurden jetzt die Sensen gedengelt, man hörte es immer wieder heraufläuten und sah die Schnitter punktklein auf den gelben Feldbreiten. Hier oben war die Zeit des Wachsens, Blühens und Reifens kurz bemessen, und oft genug reichte sie nicht einmal aus.

Unter den Pflügenden schollen aus dem Walde immer wieder die hellen Kinderstimmen herauf. Ein kühler, herber Wind trug den Honigduft blühenden Enzians über sie hin. Aus den niederen, grauen, schindelbedachten Holzhäuschen, die in schräg aufsteigender Linie über die Lichtung verstreut lagen, stieg Rauch.

Hoch über dem Tal, aber immer noch in gleicher Höhe mit ihnen, zog ein Falkenpaar seine ruhigen Kreise. Hell, fast goldig leuchtete manchmal das Gefieder in der Sonne auf. Oft stieß der Pflug klirrend an Steine. Der Alte warf sie nach dem Feldrand, wo im Laufe der Jahrzehnte schon eine rechte Mauer entstanden war. Überall zwischen den kleinen Feldstücken und Wiesen, auf denen meist Ziegen angepflockt weideten und ein paar Hühner scharrten, zogen sich solche Steinwälle hin, viele von Brombeergestrüpp und Haselgesträuch überwachsen.

»Du, Vater«, sagte der Franz, als er das Gespann zum dritten Male gewendet hatte, »drüben in Oberbuchwald bauen sie ein großes Sanatorium.« Er zeigte mit dem Peitschenstiel an der Bergflanke entlang, wo über dem Seitental an den jenseitigen fernen Höhen etwas wie eine gelbbraune Wunde, ein häßlicher Schorf im Grün der Wälder und Triften, zu erkennen war.

»Hm.« Das war die ganze Antwort des Alten. Es war ihm lange genug bekannt, und was dort draußen geschah an neuen Dingen, das interessierte ihn kaum.

»Der Buchberger-Emil will als Maurer hin. Er verdient dort ein schönes Stück Geld, sagt er.«

Nach langer Weile, bei der nächsten Wende erst, meinte der Alte: »Hat's auch nötig, der Emil. Ist der dritte Sohn. Besser wär's, wenn er hier roden täte. Könnte leicht ein eigenes haben.«

»Er hat doch das Häusel«, meinte Franz über die Schulter zurück. »Langt das nicht für ihn und die Grete?«

»Das Häusel und der Acker gehören dem Wilhelm. Wenn der auch bei Neurode in der Grube arbeitet, er ist doch der Älteste.«

»Glaubst du denn, der kommt noch mal wieder? Das glaubst du doch selber nicht, Vater«, sagte der Franz und schmitzte mit der Peitsche in die Luft.

»Er soll ja ein großer Politischer sein, so ein Sozialiste oder wie man das nennt. So was können wir hier freilich nicht brauchen. Aber gehören tut's ihm halt doch. – Und dann wäre halt immer noch sein Zwilling, der Fritz, da.«

»Der Berliner?« Franz schnob durch die Nase. »Dem geht's dorten besser als wie hier. Der verdient als Bierkutscher in einer Woche mehr Geld als hier einer in zehn Jahren. Bares Geld! Und die Trinkgelder noch dazu.«

»Woher weißt du es denn so genau?« fragte der Vater mißtrauisch.

»Nu«, Franz wurde ein wenig verlegen und ließ den überlegen klingenden Ton, »die Grete hat mir einen Brief gezeigt, da steht das alles drin.«

»Soso!, die Grete. – Mach weiter«, sagte der Alte, weil der Franz angehalten hatte, »die Grete. – Hier könnte er Bauer sein, wenn er bloß arbeiten wollte, und dort ist er lieber Bierkutscher. Das Geld, das verflischte Geld! In Berlin hat er's nötig – hier brauchte er keins. Hier gilt die Arbeit mehr. Nu ja. Der Emil geht also jetzt auch noch fort.« Wieder eine Pause, in der seine Gedanken wortlos weitergegangen waren: »Wir halten keinen. Es läßt sich auch keiner halten. Aber besser wäre es, der Emil bliebe hier. Für ihn wie für die anderen wär's besser.«

Der Junge kniff unmutig den Mund zusammen. Er spürte, daß die Worte auf ihn gemünzt waren, obwohl er sich nicht bewußt war, jemals etwas vom Fortgehen gesagt zu haben. Aber es stimmte schon, gedacht hatte er oftmals daran, nein, es stand vielmehr ganz fest für ihn, daß er hier nicht bleiben würde für sein Leben. Im Guten oder Bösen, er wollte fort. Ins Land hinaus, ins Leben. Was nützte es ihm, hier ein freier Bauer zu sein auf einem Hofe, der zum Verhungern eben eine Kleinigkeit zu viel noch trug? Wenn er dort hinuntersah über die Baumwipfel weg, da führten alle Straßen hinaus ins Weite, ins bunte, reichere Leben hinein. Ein Knecht dort unten war besser dran als ein Bauer heroben! Aber er wollte noch weiter, wollte in die Stadt, nach Breslau, das er von seiner Soldatenzeit her kannte. O, dort lag das Geld auf der Straße für einen, der nur arbeiten wollte! Da gab's so viele Fabriken, und alle suchten Leute.

»Paß doch auf«, unterbrach ihn der Alte, »führst ja die Kühe ganz schräg in die Steile!«

Auf der Wiese über ihnen, wo die Holzrinnen lagen, die dem Zinnecker-Nachbarn das Wasser von der Quelle ins Haus führten, stand die Barbara zwischen den schon verblühenden Holunderbüschen. Irgend etwas mochte an der Wasserleitung nicht in Ordnung sein. Die Mädels und Frauen mußten hier ebenso schwere Arbeit verrichten wie die Männer, da fragte keiner danach.

Der Wind fing sich in ihrem roten Rock. Franz schaute hinauf, aber nur verstohlen, die Barbara brauchte es nicht zu merken, daß er sich nach ihr umsah. Sie hätte sich nur etwas eingebildet darauf. Denn der Franz dachte an eine andere, feinere, eine aus der Stadt, die sich von dem schmucken Soldaten so gerne hatte ausführen lassen.

Wenn sich der leichte Wind ein bißchen drehte, dann klang von oben her, aus der Hollmann-Wenzel-Hütte, deren kleine Fenster weit offen standen, das Klapp-Klapp des Webstuhles und ab und zu das Husten des kranken Webers. Er hatte es auf der Brust, aber der Webstuhl klapperte von früh bis spät, denn sein Feld war das kleinste und steinigste von allen. Seine saure, nasse Wiese, ganz oben im Waldwinkel, auch im höchsten Sommer unter Schatten und meist bis zum Mai im Schnee, konnte zur Not die zwei Ziegen ernähren. Seine eine Tochter war Magd auf dem Schloßgute Ruhberg, die andere Küchenmädchen beim Baron Rothenhan in Buchwald. Der Sohn trieb sich in der Welt umher, keiner wußte wo, aber etwas Ordentliches tat er bestimmt nicht.

Aber dennoch sang der Hollmann-Wenzel seine frommen Lieder, nicht »Harre meine Seele« oder »Jesus, meine Zuversicht«, er hatte seine besonderen Texte und Melodien und war von einer stillen Heiterkeit, die aus einem sicheren Herzen kam. Seiner kleinen Glaubensgemeinde, dazu gehörten Männer und Frauen aus Schmiedeberg und Buchwald, einige kamen auch aus Erdmannsdorf oder Steinseiffen, sogar jenseits der Grenze, sprach er die Psalmen vor und legte ihr die Bibel aus. Er ging in keine Kirche, er wäre auch nicht hingegangen, wenn eine neben seiner Hütte gestanden hätte. Sein Glauben war eben eigener Art, wie man es im ganzen schlesischen Gebirge finden konnte.

Oft kehrte die alte Kuhnerten bei ihm ein, wenn sie für die Laboranten in Krummhübel Heilkräuter, Moose und Wurzeln suchte. Dann sangen sie zusammen, und die Hollmann-Mutter saß daneben.

Hoch oben aus dem Walde schollen Axtschläge. Ruhig, ohne noch weiter zu reden, zogen Vater und Sohn ihre Furchen zu Ende.

Den Weg über die Lehne hinauf humpelte die Kuhnerten an ihrem Stocke, tief gebückt und langsam, ihr geblümtes Kopftuch leuchtete. Bei der Barbara blieb sie für eine Weile stehen und verschnaufte. Sie unterhielten sich, die Junge und die Alte; was sie sprachen, war nicht zu verstehen. Nur das Lachen

Barbaras klang bis herunter. Wahrscheinlich wollte die Kuhnerten zu den Endlers am Walde, da war's wohl so weit. Im vergangenen Winter war der Endler-Junge, der einzige, im Schnee umgekommen, zum Frühjahre erst hatten sie ihn gefunden, zusammengehockt gegen eine alte Fichte gelehnt, er muß ganz friedlich eingeschlafen sein; und nun erwarteten sie den neuen Erben.

Die Kuhnerten, so alt sie war und so schwach sie schien, sie war für die Waldleute immer noch Wehmutter, Arzt, Berater und Zeitung zugleich. Sie wußte immer das richtige Wort, auch für die ungeduldigen Väter. Aber dem alten Buchberger-Vinzenz, den im Frühjahr der fallende Baum getroffen hatte, daß er irre redete und Blut spuckte, dem hatte auch sie nimmer helfen können, außer daß sie ihn sachte für den Herrgott vorbereitete.

Wenn der Emil wirklich nach Oberbuchwald zum Bau ging, dann blieb die Grete mit der alten Mutter allein im Hause. Die konnte die Arbeit nicht schaffen, auch wenn der Emil noch so viel Geld schicken wollte, denn Arbeit wird immer noch mit den Händen gemacht, nicht mit Geld. Ob sie etwa auch fortging? Irgendwohin in die Welt hinaus auf Nimmerwiedersehn? Das wäre dem Franz gar nicht recht gewesen; denn die Grete – nun ja, er war ein bißchen ein leichtherziger Bruder, und die Lisa in Breslau war unerreichbar weit. Die Grete war so anders als die stille und ernste Barbara, die der Vater gerne nicht nur als Nachbarin hatte, sondern noch lieber als Schwiegertochter gesehen hätte. Es wäre doch nach der Meinung des Alten, über die Franz etwas geringschätzig dachte, gar nicht schlecht, die Grenzsteine zwischen ihren Feldern wegzunehmen und das

Buchbergersche und Zinneckersche zusammenzutun. Das wäre dann der vielfach größte Besitz heroben gewesen! Aber Franz hatte solchen Ehrgeiz nicht, und gerade weil der Vater die Barbara wollte, gerade darum wollte er sie nicht. Die Grete und er, wie hatten sie zusammen gelacht damals in den Beeren! Und wie konnte sie küssen – damals, als die Glühwürmchen wie die lebendigen Sterne um sie waren. Das hätte er alles mit der Barbara nicht gedurft. Aber heiraten? Nicht die eine und nicht die andere. Und die Lisa auch nicht.

»Du träumst ja am hellerlichten Tage!« schalt der Vater. Er richtete sich am festgefahrenen Pfluge auf und streckte stöhnend den Rücken. »Verflucht noch mal, die verdammten Steine!«

Die Kuhnerten verschwand eben oben im Endlerhause. Die Schulkinder sangen ein frommes Lied. Dünn und nicht immer ganz richtig klang Gebhardts Fiedel dazwischen. Aber auch die Kinder trafen den Ton nicht immer genau, und so glich sich das ganz gut aus. Dieses Lied, das war der tägliche Schulschluß. Gleich mußten die Jungen und Mädels mit Geschrei und Gejage heraufgestürmt kommen, um sich schräg über die Lichtung in die Hütten zu zerstreuen, soweit sie nicht – und das war, wie schon mehrfach erwähnt, der größte Teil von ihnen – ins Schul- und Lehrerhaus gehörten, das im untersten Zipfel der Rodung lag.

Mit langen Schritten kam die Barbara über die Wiese herunter. Beim Schuppen raffte sie einen Armvoll Scheitholz auf.

»Sieh ock«, sagte der Endler-Vater und sah zur Sonne hinauf, die nicht sehr hoch über dem Bergscheitel stand, »es ist ja woll schon wieder Mittag.«

Aus der Rocktasche langte er die kurze Hängepfeife und schob sie in den Bart zwischen die Stummelzähne. Er nickte der Barbara zu, die in ihrer Tür noch einmal stehengeblieben war und heruntersah. »Ja, die Barbara«, meinte er, während die Streichholzflamme über dem Pfeifenkopf hüpfte, zwischen den Zähnen, »das wird einmal eine gute Bergbäuerin. Alles, was recht ist, die hält ihren Kram beisammen.« Er hatte den abgegriffenen Hut weit nach hinten geschoben und sah aus gekniffenen Augen ins Tal. Von weit her klang der Pfiff der Hirschberger Eisenbahn. Leise gab ihn das Echo noch einige Male zurück. Das Geläut des weidenden Viehs schwamm in der warmen Luft, die voller Heu- und Harzgeruch war und deren Süße durch den herben Holzrauch noch fühlbarer wurde. Nun mischten sich ferne Mittagsglocken darein, eine nach der anderen im weiten Talrund aufklingend. Der alte Bauer nahm den schweißigen Hut ab und faltete die Hände. In seinen dünnen Haaren wühlte der sachte Wind. Er betete nicht, er stand nur so da mit unbestimmt dankbaren Gedanken, es war lebenslange Gewohnheit für die Dauer des Geläutes. Schrill klang die Sirene der Schmiedeberger Teppichfabrik dazwischen, gleich darauf die dumpfere der Zillerthaler Spinnerei, trotz der Entfernung kaum gedämpft.

Franz spannte indessen die Kühe vom Pfluge und klaschte der braunen eine Bremse auf der Stirne tot. Er führte die Tiere an den Waldrand in den Schatten, wo sie grasen konnten. Dann stiegen die beiden Männer langsam bergan ihrem Hause zu.

Es war mittägig still auf der weiten Lichtung. Auch Hollmanns Webstuhl schwieg. Nur das Gebimmel und Gebommel der wenigen Kühe und der vielen Ziegen blieb. Und das Gesumm der Insekten und Singen der Vögel. Und ab und zu der helle Schrei der kreisenden Falken.

In diesem Jahr geschah mancherlei Erstaunliches in der Bergsiedlung; mehr als die alte Hollmann-Muhme, die fast hundertjährige Mutter des Hollmann-Bauern, sich entsinnen konnte, je erlebt zu haben. Sie sprach nicht mehr viel, die Uralte, zu der jeder, vom Kinde bis zum ältesten Bauern, ›Großmutter‹ sagte, sie hockte zusammengeschrumpft und mit fast kahlem Kopfe in ihrem verschlissenen Lehnstuhl zwischen Ofen und Wand, in den Fingern einen Rosenkranz, dessen Perlen manchmal leise klapperten, wenn gar kein anderes Geräusch in der niederen Stube war als das Summen der Fliegen. Es ging überhaupt im Hause schweigsam zu, wie es oft zwischen alten Leuten ist, wo der Tag mit seiner Arbeit in längst ausgelaufenen Geleisen geht und sich jedes Wort erübrigt. Worüber noch sprechen, wenn das Leben ohne Aussicht und Zukunft seinen Gang dem selbstverständlichen Ende zugeht und nur noch das kleine Feld, die Kuh und die drei Ziegen das Ihre verlangen? Sieben Kinder hatten die Hollmanns gehabt, keins von ihnen ist über das fünfzehnte Jahr hinausgekommen. Nur die drei Alten, die schien der Tod über seiner reichen Ernte in dem windschiefen Häusel vergessen zu haben. Stille kletterten der Bauer und die Bäuerin frühmorgens, wie sie es seit Jahrzehnten gewohnt waren, von dem breiten Ofen, wo hier oben in den Bergen die übliche Bettstatt war, herunter, gingen jeder seiner Arbeit nach, versorgten Feld, Vieh und die Fuchsienbäumchen im Fenster und zuletzt sich selber; saßen abends noch eine Weile, bevor es ganz dunkel wurde, vor sich hinstarrend am Tische und kletterten schließlich, sowie das letzte Licht über die Berge fiel, wie seit Jahrzehnten gewohnt wieder auf den Ofen hinauf. Früher, als die Kinder noch hier rumwuselten, war es nicht so still im Hollmann-Bauer-Hause, aber auch nicht so friedlich.

Nur selten, wenn die Muhme etwas vor sich hinmurmelte mit ihren eingefallenen Lippen – vom bevorstehenden Weltuntergang zur Jahrhundertwende etwa, von dem der Hollmann-Wenzel oft predigte, oder vom Tode eines Nachbarn, sie litt an Gesichten –, dann hielten sie für einen Augenblick in ihrer Arbeit inne, als dächten sie den kaum verständlichen Worten nach.

Freilich, die Welt ging nicht unter, das Jahr 1900 war wie alle vorherigen im Verrinnen, wenn es nicht noch zum Winter hin geschah. Der Hollmann-Weber betete und sang noch lauter, noch inbrünstiger als bisher, und immer öfter fanden sich Leute bei ihm ein zu den Andachtsübungen, denn keiner wollte gerne in den schwarzen Schlund hinunterfahren, in das das neue Jahrhundert gleich nach seiner Geburt stürzen sollte.

Aber anderes geschah genug, was diesem Dorfe eine rechte Zeitenwende brachte. Ja, es schien, als sollte das langsam sterbende Gemeinwesen dort oben an der breiten Brust des Berges, das sich so zähe gegen den Untergang wehrte, neues Leben erhalten. Aber vorher – –.

Zuerst geschah es, daß der Emil Buchberger wirklich ins Land zog, um drüben in Oberbuchwald beim Bau Arbeit zu finden. Vergebens hatte der alte Gebhardt versucht, ihn umzustimmen. »Wenn's die beiden Weiber mit der Arbeit nicht schaffen«, hatte der Hallodri erklärt, »dann sollen sie doch das Häusel Häusel sein lassen, es ist nicht schade drum, und mit mir ziehn; hier oben lohnt's doch nicht mehr, und dort unten wird sich schon ein Stübel für uns dreie finden. Mehr als arbeiten und mehr als hungern können sie dort unten auch nicht. Oder soll ich etwan warten, ob der Wilhelm wiederkommt, und dann sein Knecht sein?« Er war nicht zu halten, eines Tages zog er ab. Sein Singen war noch lange im Walde zu hören, bis es unterging im eintönigen Sausen des Windes. Viel Gepäck hatte er nicht, es paßte ins zusammengeknotete Schnupftüchel.

Die alte Buchbergersche und die Grete blieben. Der Endler-Franz erklärte seinem Vater, er wolle den beiden Frauen in der Wirtschaft helfen; doch der alte Endler, nicht etwa, weil er ihnen die Hilfe mißgönnte oder fürchtete, der Franz könnte sich übernehmen, schlug es ab: »Die werden sich schon selber zu helfen wissen in ihrer kleinen Stelle.«

Aber hindere einer die jungen Leute daran, zusammenzukommen, wenn der eine Teil jede Gelegenheit sucht und der andere sich zum mindesten nicht dagegen wehrt. Überall im Walde gab es stille, versteckte Plätzchen, und beim Holzmachen oder Beerensuchen konnte man sich ganz durch Zufall begegnen ohne andere Zeugen als die Eichkätzchen, die Wolken oder den Wind.

Von seinem Webstuhl aus konnte der Hollmann-Wenzel die ganze bewohnte Lehne überschauen; und wenn seine Augen müde waren vom Flirren der Kettenfäden, dann sah er gerne durch das niedere Fenster hinaus. Er sah jeden und er sah alles; und über jeden und über alles machte er sich so seine Gedanken. Nur sprach er sie selten aus. Wozu sprechen? Das Leben hatte ihm nichts geschenkt, und jammern wollte er nicht. War das Leben auf dieser Erde traurig und düster, dann mußte das jenseitige desto reicher sein.

Und darum lebte er recht eigentlich nur für das jenseitige

und kümmerte sich um das jetzige kaum so viel, wie es ihn unmittelbar betraf. Hätte er es seiner halbtauben Christine klagen sollen, daß er um seine Kinder trauerte, die ihn verlassen hatten und dunkle Wege gingen? Sie trauerte genau wie er. Seine Freunde, sein stiller Trost waren die Stieglitze und Kanarienvögel, die in den Bauern munter sprangen und pfiffen. Sie zauberten ihm jeden Tag Sonne und Frühling in die Stube. Er wollte ja keinen Menschen bekehren, solcherart war sein Glaube nicht; wer aber zu ihm kam, der ging getröstet und still von dannen.

Eines Tages sah er unten aus dem Walde eine Frau kommen. Er erkannte sie gleich, seine Lida, die im Buchwalder Schlosse diente, die kam nach Hause. Ein großes Bündel trug sie vor sich her, und sie trug schwer daran. Der Weber vergaß das Treten, und sogar die Stimme versagte ihm, als er nach der Christine rufen wollte. Ehe ein anderer es hätte sehen können, wußte er, was das Bündel bedeutete: Lida kam nicht allein, sie brachte ein Kind mit. Ihr Kind, das keinen Vater hatte.

So etwas war in der kleinen Gemeinde, die abgeschlossen von der Welt lebte, etwas so Unerhörtes, daß noch am selben Abend in jeder Hütte darüber gesprochen wurde. Denn jeder hatte die Lida kommen sehen, weil sie doch von unten her an allen Häuschen vorüber mußte, da gab es keinen Umweg und kein Verstecken; und schließlich waren diese vom Wald umgebenen Menschen eine große Familie, und was den einen traf, traf die anderen mit. Der alte Gebhardt entschied das Für und Wider: »Zwei Seelen mehr im Dorfe« – denn beim Endler am Walde hatte doch die alte Kuhnerten unlängst einem Kinde in die Welt verholfen –, »und eine weniger, seit der Buchberger-Emil fort ist. Bleibt eine Seele Gewinn.«

Der Wenzel Hollmann, jetzt Großvater, hatte sich schon entschieden, als er die Lida den Bergweg heraufkommen sah: Was Gott schickt, dachte er, mag es Plage oder Freude sein, ist nur Prüfung. Ein Unglück für ihn blieb es doch, denn er konnte seinen Webstuhl nicht doppelt schnell treten, und auch seine Ziegen gaben nicht doppelte Milch. Und wie sich herausstellte, war die Lida zur Arbeit nicht viel zu brauchen. Es sollte auch nicht die einzige Prüfung bleiben.

Mitte Juli fing es an zu regnen. Es regnete bis in den August hinein, drei Wochen lang. Das Tal mußte längst ertrunken sein, so fiel das Wasser vom Himmel. Über dem Dorfe hing vom Morgen bis zum Abend ein grauer Vorhang und schnitt alle Sicht in die Welt hinaus ab. Tag und Nacht lief das Wasser in dichten Schleiern von den Dächern, drang durch morsche Schindeln, sammelte sich zu Lachen auf den Dielen. Tag und Nacht heulte der Sturm und stöhnte und pfiff in den Essen. Im Walde ächzten die Bäume ein gespenstisches Konzert. Wer von einem zum anderen Hause mußte, watete durch einen gischtenden Sturzbach und tiefen Schlamm, wo eigentlich der Weg führte. Aus dem Walde oben sprangen die Fluten in breiten Rinnen über die Felder und Wiesen, rollten Steine über sie, trugen das armselige bißchen Erdkrume samt Halmen und Kraut weg, schwemmten es unten in den Wald hinein. Bei der Buchbergerschen riß es den alten, morschen Ziegenstall fort, kaum daß die Weiber mitten in der Nacht das wildgewordene Vieh hatten retten können. Zwei Ziegenlämmer ersoffen hilflos schreiend. Dem Hollmann-Bauern unterspülte es das Haus, daß das Dach noch schiefer hing als bisher und die Türen sich kaum mehr öffnen ließen in den verzogenen Rahmen. Und dem Zinnecker, der gleich ober der Schule am unteren Waldrand hauste, schmiß der Sturm eine ausgeschwemmte Fichte aufs

Dach, daß bald das ganze Häusel aus dem Leime ging. Jeder hatte so viel mit sich selber zu tun, daß keiner an den anderen denken oder ihm gar helfen konnte.

Es war ein böses Jahr, und der Hollmann-Bauer war so weit, daß er nun selber den Weltuntergangs-Prophezeiungen der Muhme glaubte.

Aber dann kam, ehe sie sich für die Wintermonate verabschiedete, die Sonne doch wieder durch die Wolken. In wenigen Stunden hatten die triefenden Wasser sich verlaufen, und der Wind trocknete die Erde rasch. Nur die bösen Spuren blieben, die aber waren trostlos. Auf den Feldern und Wiesen sah es schlimm aus. Die Ernte war dahin. Und nicht nur die Ernte; denn es gab, wo Wiesen und Felder gewesen waren, nur noch tief ausgewaschene, breite Rinnen, die sich bis zum felsigen Untergrund durchgefressen hatten, und Geröll. Die überbuschten Steinwälle an den Rändern hatten keinen Schutz geboten, im Gegenteil, sie selber hatten sich weit verstreut, und das verworrene Gestrüpp war zu ganzen Verhauen verfitzt.

Ratlos standen die Leute einen ganzen Tag lang und liefen wirr durcheinander. Aber dann machten sie sich mit zäher Verbissenheit daran, die Erde unten aus dem Walde Schaufel für Schaufel und Handvoll für Handvoll zusammenzukratzen und in Körben und Kiepen und Töpfen wieder heraufzutragen, während die Kinder die Steine beiseite rollten und aufschichteten. Schule gab es jetzt nicht, denn auch der alte Gebhardt war bei der Arbeit. Selbst die Kleinsten wie die Allerältesten konnten und mußten irgendwie helfen, damit wenigstens im nächsten Jahre wieder gesät werden konnte.

In dieser großen Not erhielt der Hollmann-Weber den zweiten Schlag. Auch sein Sohn, der seit Jahren verschollen war, der Wlasta, kam wieder, aber nur, um noch am gleichen Abend von den Grenzern geholt und, weil er sich wehrte, in Handschellen abgeführt zu werden. Er hatte zu einer gefährlichen Schmugglerbande gehört, der endlich das Handwerk gelegt worden war. Das war für den alten Weber zu viel, das riß ihn um. Die übermäßige Anstrengung beim Räumen seines Ackers hatte ihm den ersten Blutsturz gebracht, die Aufregung brachte ihm den letzten. Die Lida fand auf dem Gut Ruhberg, wo die Erna schon war, Arbeit und nahm Kind und Mutter mit. Das Häusel blieb leer, und jeder konnte ein Brett oder einen Balken für sein beschädigtes Haus gebrauchen. Bald war das Weberhaus nur noch eine ärmliche Ruine. Den Webstuhl hatte sich der Endler am Walde, die Vögel der Lehrer geholt.

Auch bei den Buchbergers meldete sich das Schicksal hart. Wilhelm, der Älteste, war bei einem Streit, den er in seiner hitzigen Art bei der Verteidigung seiner politischen Ideale auf die Spitze getrieben hatte, schwer zu Schaden gekommen. Um aber nicht Lohn und Arbeit zu verlieren, war er trotz seines geschienten Beines eingefahren; sei es nun, daß ihm aus Rache ein Streich gespielt worden war, sei es eigene Unachtsamkeit oder Ungeschicklichkeit wegen des gelähmten Gliedes gewesen – er war zwischen die kleinen, gefüllten Bergmannskarren, die Hunde, gestürzt und, ohne noch einmal zur Besinnung gekommen zu sein, im Neuroder Knappschaftslazarett gestorben. Als die Nachricht im Bergdorf ankam, lag er bereits unter der Erde.

Sein um eine Stunde jüngerer Bruder Fritz, der Berliner Bierkutscher, erfuhr seinen Tod nicht mehr; mit jener rätselvollen Doppelhaftigkeit, die das Leben von Geburt an Zwillingen manchmal auferlegt, war er ebenfalls hinübergegangen am gleichen Tage: Sein durchgehendes Gespann hatte ihn vom Wagen geschleudert. In dem polizeilichen Totenbericht stand allerlei dem Endler Unverständliches von mangelnder Zurechnungsfähigkeit infolge Vererbung und Alkohol. Sein Sturz in den Tod sollte in vollständiger Betrunkenheit geschehen sein.

»Da hat er wenigstens nichts mehr gemerkt«, sagte der alte Endler und gab das gesiegelte Schreiben der weinenden Grete zurück.

Nein, es war wenig Gutes, was die Welt da draußen dem einsamen Dorfe brachte. Alles schien sich verschworen zu haben.

Der Sommer ist kurz so hoch oben in den Bergen; im August schon gilben die Blätter, und Ebereschen- und Fliederbeeren leuchten wie Korallen im letzten Grün. Jede Nacht kann den ersten Schnee bringen. Der Reifträger und die Schneekoppe sind manchen Morgen schon weiß um diese Jahreszeit; die Sonne bringt es zwar zum Schmelzen untertags; aber wie lange noch?

Ein Mensch ist rasch auszulöschen, aber ein Gemeinwesen wie ein Dorf, mag es noch so klein und unbeachtet, noch so unbedeutend und abseitig sein, das stirbt nicht so schnell. Selbst wenn es schon ganz am Rande seines Bestehens scheint, fließt sein Leben weiter. Die Kraft kommt aus Quellen, die keiner kennt, die keiner vorhersagen oder bestimmen kann.

Nach dem bitteren Sommer schien der Herbst noch einmal gutmachen zu wollen, was gewesen. Warm wurde das Wetter, und die Sonne zog den Dunst in blauen Schleiern aus den Wäldern. Klar, wie auf Glas gemalt, war die Sicht bis in die fernste Ebene hinaus über das waldige Bober-Katzbach-Gebirge hinweg in die braunen Weiten der Oder-Niederung und die Nächte voller Grillengeschrill. Die arge Verwüstung der Felder, schien es, wollte sich noch einmal begrünen, und der alte, knorrige Birnbaum hinter dem Hause der Buchbergerin setzte zwischen den harten Früchten zum zweiten Male Blüten an. Doch sie brachten keinen Trost.

Eines Tages kam der Förster, der halbwegs nach Schmiedeberg hinunter sein Haus im Walde hatte, zum Endler herauf. Er brachte zwei städtisch gekleidete Damen mit, die sich auf die Bank neben der Haustür setzten, während der Förster mit dem alten Endler in der Stube sprach. Im Walde unten sangen die Kinder ihre Schullieder.

Es war ihnen, den beiden Breslauer Damen, alles so neu, was sie hier sahen, so fremdartig wie aus einer unbekannten Welt, und dennoch so rätselhaft heimlich und behaglich dieser Blick in die Tiefe wie von einem Kirchturm, wo das sonnige Land wie auf einer Karte ausgebreitet lag, daß sie meinen konnten, als Vögel hoch darüber hinwegzufliegen mit den wandernden Herbstwolkenschatten um die Wette; der weite Wald, der sich in kühner Welle zu ihnen heraufwarf und hinter ihnen als dunkle Mauer in den Himmel wuchs; die herbe, dünne Luft voll starken Geruches nach Harz, Heu und Holzrauch; der Weg, der in ständiger Steigung schrägher den Hang teilte, bald zwischen hohen Böschungen, bald über aufgeschüttete Rampen laufend, schmal, steinig und regenzerwaschen; die Häuser, dürftige Hütten nur, mit schief angebauten Ställen, die Balken und Schindeln grau und bemoost, alle sich nach hinten stemmend, als hätten sie Furcht, vornüber in die Tiefe zu stürzen, die niederen Dächer tief in die Stirne gezogen, aber aus hellen, kleinen Fensteraugen in die blaue Ferne blinzelnd; gerade, schräg und quer, wie der vielfach gebuckelte Hang es erlaubte, standen sie über die Lichtung gestreut, nirgends gab es einen ebenen Platz, die Haushinterseiten waren tief in den Berg hineingegraben, daß man von hinten mit einem Schritt aufs

Dach treten konnte, und zur Vordertür führten einige Stufen schief und ausgetreten hinauf. Holzscheite waren an den Wänden bis unters Dach geschichtet, der Vorrat für den Winter und gleichzeitig ein Schutz gegen Kälte und Sturm.

Die Verwüstungen des Unwetters waren noch sichtbar, und überall arbeiteten die Kinder, Frauen und Männer auf den zerstörten Feldstücken und Wiesenstreifen. Sie sahen unter der Arbeit häufig herüber, vor allem die Kinder; wer hier oben hatte solchen Staat schon gesehen: helle, fußlange Kleider mit bauschigen Ärmeln und enger Taille, Strohhüte, groß wie Wagenräder mit bunten Blumen darauf! So etwas gab es doch bloß auf den seltenen Bildern, die sich ab und an selbst in diese Abgeschiedenheit verirrten. Und Sonnenschirme trugen die beiden fremden Damen, helle, bunte Schirme mit Fransen dran – nein, so was!

»Hier willst du es drei Wochen aushalten?« fragte die ältere der beiden.

»Ja, warum denn nicht?« Die andere, ein Mädchen fast noch, schlug die großen blauen Augen voll zu ihr auf, nahm den Hut vom Kopfe, schüttelte das volle, hochgetürmte Haar zurecht und legte ihn samt Handschuhen neben sich.

»Bedenke doch, was kannst du in diesen Armenhütten für ein Zimmer bekommen! Willst du von den Leuten hier verlangen, daß sie dir überhaupt nur ein anständiges Eßbesteck geben? Dienstpersonal gibt es hier schon gar nicht. An Pferd und Wagen zu denken, wäre lächerlich. Sieh nur die Kinder, die schmutzigen, zerlumpten, an, die mit Ziegen und Ochsen zusammen aufwachsen, wie sie uns anstarren! Kein Mensch, mit dem man sich unterhalten kann, keine Freundin, keine Kavaliere! Keine Konditoreien, keine Musik! Wie willst du hier nur einen Schritt aus dem Hause tun, ohne dir die Schuhe zu beschmutzen?« Sie hob den Rocksaum bis über die Knöchel und betrachtete kopfschüttelnd ihre zierlichen Knöpfstiefel. »Hier ist ja das Ende der Welt! Nicht um ein Vermögen bliebe ich auch hier nur einen Tag.«

»Ja«, lachte die Junge, »du hast bestimmt in allem recht. Aber gerade deshalb ging ich hier herauf, weil ich einmal ausruhen will. Weil ich einmal tun und lassen möchte, wozu die Laune mich treibt, ohne tausend Rücksichten auf tausend Lächerlichkeiten, weil ich einmal natürlich unter natürlichen Menschen sein möchte und nicht immer hören: Das schickt sich nicht, das tut man nicht.« Sie sah sich lange um und holte tief Luft. Dann lachte sie die Freundin spöttisch an: »Laß doch den Rock herunter, bedenke, wenn dich ein Mann so sähe. Dein Ruf! – Du kommst eben nicht los von unserer Villa in Breslau-Kleinburg. Ich will mich erholen davon. Von den Kavalieren, von den Konditoreien. Ja, auch von Pferd und Wagen. Und wenn auch hier die Menschen mit den Fingern oder dem Messer essen mögen, dann brauche ich es ja nicht ebenso zu tun. Hier bin ich nun und hier bleibe ich. – Holla«, unterbrach sie sich, da Franz Endler eben aus der Tür trat, die Axt auf der Schulter, »da ist ja schon ein Kavalier! – Können Sie mir nicht sagen, junger Herr –«, sagte sie mit ihrer hellen Stimme, daß die ältere Freundin sie mahnte: »Aber Henny, du kannst doch nicht fremde Herren einfach auf der Straße ansprechen!!« Und entsetzt betrachtete sie die robuste Männlichkeit, die mit bloßen Armen ohne weiteres herantrat und durchaus keine Miene machte, sich vorzustellen, man denke! – er war offensichtlich zu verwirrt dazu.

Und wirklich war Franz ganz verwirrt, denn soviel Lieblichkeit in solch hellem, duftigem Kleide war er trotz seiner Breslauer Soldatenjahre in der Nähe nicht gewohnt. Seine Lisa war entschieden derber gewesen. Er nahm seine Zuflucht zu militärisch strammer Haltung, Axt bei Fuß.

»Sagen Sie mir«, lachte Henny zu ihm hinauf, ihre Freundin wurde für sie rot, »wo kann ich ein Zimmer mieten, ich möchte gerne drei Wochen hier oben wohnen.«

»Zimmer mieten?« stotterte Franz, »Zimmer mieten? Bei uns gibt es keine Zimmer zu vermieten, da müssen Sie nach Krummhübel hinübergehen oder nach Schmiedeberg in die ›Goldene Sonne‹. Hier können Sie«, setzte er mit dem Versuch zu einem Lächeln hinzu – darf man das vor so feinen Fräuleins? –, »höchstens ein ganzes Haus kaufen.«

»Das wäre mir zu viel«, lächelte das Mädchen, »euer Förster sagte mir doch –«

»Der spricht gerade mit dem Vater darüber, ich bin nämlich der Endler-Franz.«

»Das freut mich«, sagte Henny und hielt ihm die Hand hin, die er vorsichtig nahm, nachdem er sich seine, die Axt in die andere nehmend, an der Hose abgewischt hatte, »ich heiße Henny Meyer und bin aus Breslau. Kennen Sie Breslau?«

Die Freundin setzte eine mitleidig-spöttische Miene auf, die besagen sollte: Woher kann solch ein Urwaldbauer eine Stadt kennen?! Aber sie war recht erstaunt und zog die Augenbrauen hoch, als sie vernahm:

»Breslau? O ja, da hab' ich zwei Jahre gedient, bei den Einundfuffzigern.«

»Na also, da sind wir ja beinahe Bekannte! – Wir wollen gute Freunde sein, ja, Franz?« Henny lachte kokett mit schiefem Kopfe. Die Freundin seufzte im stillen: O, Henny, mit dir erlebt man nichts als Überraschungen, aber meist unangenehme bei deinen Einfällen! Und sie nahm sich vor, sie später tüchtig ins Gebet zu nehmen.

Franz hatte genau so vorsichtig die schmale, weiße Hand wieder losgelassen und sagte verlegen, er müsse nun aber ins Holz, und der Vater werde Bescheid sagen wegen des Zimmers, oder der Förster. Er verschwand hinterm Haus.

»Siehst du«, lachte Henny übermütig, noch ehe die andere ein Wort sagen konnte, »die erste Eroberung. Und – dir zur Beruhigung: Er hat sich sogar vorgestellt.«

»Aber mir nicht, der Flegel«, sagte die ältere.

Franz war nicht allein im Holze. »Was ist denn mit dir los?« fragte ihn Grete Buchberger.

»Was soll mit mir los sein?« fragte Franz mürrisch dagegen. Das Verhör, zu dem Grete offensichtlich ansetzte, paßte ihm nicht.

Das Mädchen sah ihm eine Weile von der Seite ins Gesicht: »Ist das wegen der Städtischen, die da vor eurem Hause auf der Bank gesessen hat? Ich habe dich nämlich gesehen mit ihr.«

»Ach, wegen der –«, machte Franz geringschätzig.

Grete fing an, vor sich hin zu pfeifen. Als Franz nach ihr griff, wirbelte sie herum und trat zurück. »Du«, sagte sie mit funkelnden Augen, »auf die Barbara bin ich nicht eifersüchtig, auf die nicht.« Und ließ den verblüfften Franz stehen.

Da fing auch Franz an, sich eins zu pfeifen, er konnte das viel lauter als die Grete, und schlug krachend die Axt ins Holz. Nach einigen Schlägen ließ er die Axt stecken und ging nach der Schneise hinüber, an der entlang er auf die Dorflichtung hinuntersehen konnte. Und er sah eben, wie dort unten die beiden fremden Damen mit ihren bunten Sonnenschirmen, wie seltsame Blumen anzusehen, vom Förster begleitet zum Schulhaus hinuntergingen.

Am Abend sagte der alte Endler, nachdem sie ihre Kartoffeln mit Ziegenkäse gegessen hatten: »Wir sollten nachsehen, daß wir in jedem Hause ein Zimmer einrichten täten.« Er mußte lange darüber nachgedacht haben.

»Wozu denn? Für wen denn?« fragte die Endlern erstaunt.

»Nu, für die Fremden, wenn welche kommen, damit wir was zu vermieten haben. Das Geld tut uns allen gut. Und Platz ist überall.«

»Hier rauf kommen doch keine«, widersprach die Alte mürrisch, »die gehn lieber auf Krummhübel nüber. Wir haben doch nischt zu bieten.«

»Ist erst einer gekommen, kommen auch mehrere«, meinte der alte Endler und legte das Messer weg.

Franz wollte nach den beiden Damen fragen, aber er traute sich nicht. Das eine Wort der Grete hatte ihn befangen gemacht. Aber sein Vater sagte schon: »Das Fräulein wird beim Gebhardt-Lehrer wohnen. Es ist freilich bei ihm auch nicht das Richtige, aber was Passenderes haben wir halt vorläufig nicht. Und die wollte partout hier bleiben. Da muß sie halt zufrieden sein. Nee, nee, was für Menschen gibt es heutzutage. Die einen wollen weg, die anderen wollen her. Nu, uns kann's ja bloß recht sein.«

Und tatsächlich, sie blieb! Am nächsten Tage brachten zwei Schmiedeberger Männer zwei gelbledern Koffer aus dem Tale herauf – noch mehr Grund zum Staunen, Koffer wie die Kommoden so groß! –, und das Fräulein Henny Meyer aus Breslau zog im Schulhaus ein. Nee, nee, so was!

Aber bald blieb keiner mehr deswegen stehen, und auch die Kinder glotzten nicht mehr. Der Alltag ging wie immer weiter. Henny Meyer saß mit dem alten Gebhardt stundenlang in der Sonne oder auch bei seinen Schulstunden und antwortete mit und fragte mit, manchmal fragte sie sogar mehr, als der weißhaarige Lehrer beantworten konnte, und darüber waren die Kinder geradezu beleidigt, denn ihr Lehrer wußte doch reineweg alles, gerade wie der liebe Gott; oder sie kam, den Franz zu holen, daß er sie in den Wald begleite; nach ein paar Tagen stieg sie schon allein umher, denn sie wollte keinen von seiner Arbeit abhalten. Und abends sehnte sie sich weder nach Geselligkeit noch nach Tanz, sie war rechtschaffen müde von der ungewohnten Höhenluft und den anstrengenden Wegen, sie ging wie alle anderen zeitig ins Bett und sparte das teure Petroleumlicht.

Mit der Barbara hatte sie sich bald angefreundet und wollte von ihr das Ziegenmelken lernen. Noch nie hatte so viel lustiges Gelächter zwischen den altersgrauen Hütten geklungen wie jetzt.

Sie stiftete in ihrem Übermut auch allerlei Unfug an: Sie brachte dem alten Lehrer die Kinderschar durcheinander, indem sie plötzlich mitten im Unterricht anfing, mit Fichtenzapfen zu werfen, bis statt der Rechenstunde eine laute Schlacht im Gange war; sie band, ohne allerdings zu wissen, was sie damit anrichtete, die Ziegen von den vermeintlich viel zu kurzen Stricken los; sie warf dem Franz den ganzen kunstvoll geschichteten Holzschober um, weil er großspurig meinte, das brächte sie nicht fertig. Franzens Verlegenheit ihr gegenüber war längst vorbei, nur wenn er Grete mit bösem Gesichte traf, bekam er schmale Augen.

Durch Henny kam er oft mit Barbara zusammen, und das war dem alten Endler nur recht, weshalb er durchaus nichts dagegen hatte, daß Franz des Fräuleins wegen manche Stunde feierte. Es machte Henny Freude, ein wenig zu kuppeln, und sie tat es bald mit allem Raffinement, weil sie bemerkt hatte, daß Barbara ihr dankbar dafür war. Wie sich später zeigte, tat sie es auch mit Erfolg.

Sie war bei den Endlers am Walde, um das Kind zu wiegen und sich am Webstuhl zu versuchen, und von der alten Kuhnerten ließ sie sich, nachdem sie ihr Mißtrauen überwunden hatte, die heilenden Kräuter zeigen und ihre Wirkung erklären, wenn sie auch über manche Vorschrift, die die Kräuteralte gab, innerlich lachte. Sie pflückte den Kleinsten Beeren und wischte ihnen die Nasen; in allen Hütten ging sie ein und aus, unbekümmert, fröhlich, als gehöre sie zum Dorfe. Nur mit der Grete, da wurde es nichts. Die kam ihr so schnippisch, daß Henny es mit ihr bald aufgab, ohne sich den Grund erklären zu können.

Henny versuchte sogar, bei der mageren Heuernte und auf den verwüsteten Feldern zu helfen. Und auch die Mißtrauischen sahen sie bald gern um sich, zurückhaltend sind die Bergmenschen alle; Henny hatte den rechten Ton am Leibe und war weder überheblich noch zaghaft.

In der Dämmerung saß sie meistens bei Barbara und sah ihrer spinnenden Mutter zu, oder sie unterhielt sich mit dem alten Gebhardt über die weite Welt, oder sie kam zum Karl Endler.

Sie war es, die ihm zuredete, als Gemeindevorsteher eine Eingabe an den Kreis um Unterstützung zu machen, damit wenigstens die ärgste Not nach der Mißernte gelindert und Saatgetreide für das nächste Jahr beschafft würde; sie schlug vor, noch mehr Webstühle im Dorfe aufzustellen, und erklärte sich bereit, in Breslau in ihrem großen Bekanntenkreise für den Absatz solcher handgewebter Sachen zu sorgen, sie entwarf auch gleich Muster dafür, Kissen und Decken und Vorhänge und Teppiche – kurz, sie war ein Wirbelwind, der überallhin frische Luft bringt. Sie tat es weniger aus Hilfsbedürfnis, gewiß; es war für sie ein Spiel, eine lustige Unterhaltung mit den schwerfälligen Menschen. Die leichte Luft, die klare Sicht übers weite Land schienen bei ihr immer neue Gedanken und Pläne zu wecken, und sie hatte ihre Freude daran, denn es waren gute Gedanken.

Ganz zuletzt, als ihre Ferien bereits zu Ende gingen, die Tage waren schon bedenklich kurz, und der Weg der Sonne über dem Berge zählte nur wenige Stunden um den Mittag, kam sie noch mit einem neuen Plane zum Endler. Dieser Plan erschien dem Alten, der bisher jeder Anregung gewissenhaft nachgegangen war, so ungeheuerlich, daß er, hätte ihn ein anderer ausgesprochen als dieses merkwürdige Mädel, jeden für verrückt erklärt hätte. Es waren sogar zwei verschiedene Pläne, und der zweite erschien ihm noch verstiegener als der erste.

Sie saßen wieder einmal auf der Bank vor dem Hause, als sie darauf zu sprechen kamen. Die Wälder des Tales in der vollen Sonne leuchteten schon mit bunteren Farben herauf, und kühl kam der Wind aus dem Walde. Der alte Endler saß gebückt mit eingezogenem Kopfe wie immer, müde von dem weiten Wege nach Hirschberg und zurück, wo er beim Landrat die Eingabe gemacht hatte und ihm genaue Untersuchung und Hilfe zugesagt worden war. Er war darum froh und gesprächig wie selten, denn jetzt erst spürte er, mit welcher Aussichtslosigkeit sie sich hier oben um das bißchen karge Leben mühten, und er hatte alle Bewunderung für das frische, ungestüme Mädchen, das ein helles Tor von der Welt her zu ihnen aufgestoßen hatte. Er konnte das freilich nicht so ausdrücken, und der unbeholfene Dank wurde schnell abgewehrt. Auch war in ihm immer noch das Unvertrauen gegen ein gutes Gelingen wach, ebenso das Bewußtsein, daß es ja nur eine vorläufige, keine dauernde

Abhilfe sein konnte, denn, sagte er sich bei seinem nüchternen Bauernverstande, nur das ist eine rechte Versicherung, was die eigenen Hände schaffen.

»Sie haben viel Glück gehabt mit dem Wetter heroben«, sagte er nach einem langen Schweigen. Henny antwortete nicht darauf, sie dachte angestrengt nach.

Es war einer jener leicht wehmütigen, klaren Frühherbsttage, die schon ein Abschiednehmen sind, wo die Luft wie bläuliches Glas über Nähe und Ferne steht, wo die Rauchsäulen aus jedem Dach still in die Höhe verwehen und im Dunkel der Fichten das Sterbelaub der Buchen wie Gold flammt. Stiller scheint der Himmel, denn ihm fehlen längst die Schwalben; nur Starenschwärme schwirren manchmal wie dunkle Wolken einher. Jeder Klang, das Läuten der Viehglocken wie das ferne Geläut aus dem Tale, ein Ruf, ja das Knarren eines Wagens weit drunten im Land, schwimmt harmonisch einher, getragen von den blauen Wellen, und die Seele möchte mitschwimmen einem unbekannten Ziele zu, sehnsüchtig vor lauter klarem Licht.

Henny holte tief Atem, als müsse sie sich noch einmal volltrinken mit dem kräftigen Ruch aus Harz, Heu und Holzrauch bis oben an: »Übermorgen bin ich wieder in Breslau, in dem lauten Leben – aber vorher möchte ich noch etwas mit Ihnen besprechen, Vater Endler.«

Nun kam das, was dem Alten so unverständlich war, daß er fast an Hennys gesundem Sinne zweifelte: »Was kostet das Grundstück dort oben am Walde mit dem verfallenen Hause?« fragte das Mädchen.

»Das vom Hollmann-Weber? – Nu«, meinte der Endler, und es klang mehr nach Scherz als nach Ernst, »ein paar Taler ist es noch wert.«

»Ich möchte es gerne genau wissen. – Gibt es noch Erben, mit denen man verhandeln kann?«

»Sie wollen doch nicht etwa Bäuerin werden?« fragte der Endler mit zwinkernden Augen. Er glaubte nicht an den Ernst der Frage. Henny wandte sich ihm zu: »Nein, Vater Endler, das will ich nicht, denn das könnte ich nicht. Aber ich möchte nächstes Jahr und übernächstes wieder herkommen. Und es könnte sein, daß ich nicht allein komme. Aber da möchte ich im Eigenen wohnen. Mein Vater soll das Grundstück kaufen.«

»Aber wozu denn gleich kaufen? Wer aus der Stadt kauft denn hier 'ne Stelle, Fräulein? Die trägt doch nischt.«

»Sie hören doch – mein Vater soll kaufen«, sagte sie etwas ungeduldig. »Und er wird das Haus wieder aufbauen. Als Sommerwohnung, sehen Sie denn das nicht ein?«

»Herrjehmersch, da hat's Ihnen also beim Lehrer nicht gefallen? Ich hatte's mir ja bald gedacht.« Endler konnte nicht begreifen, was das Mädchen wollte. Es war deutliches Mißtrauen, mit dem er Henny ansah.

»Aber nein doch, Vater Endler! Bloß, wenn ich die Eltern mitbringe, statt daß sie irgendwohin nach Tirol fahren, wo sollen die denn wohnen? Etwas Eigenes muß dasein.«

Das Eigene! Das war etwas, was der alte Bauer endlich verstand: das Eigene. Das ist immer das beste. Wer ein Eigenes hat, braucht sich nicht nach Fremden zu richten. »Und sie meinen, Fräulein, da können auch noch andere kommen, so über den Sommer? Zur Erholung?«

Soweit wieder hatte das Mädchen nicht gedacht. Aber jetzt entzündete sich ihr selbst dieser Gedanke: »Warum sollten nicht auch andere ein Sommerhaus hier bauen? Platz genügend ist doch da.«

»Platz? Nu freilich, freilich, an dem fehlt's nicht«, versicherte der Endler. Er rechnete schon: Das ist noch besser als Zimmer vermieten, denn das kostet nicht unser Geld, das trägt welches. Das Holz und die Hilfe beim Bau, und dann Milch und Butter und Kartoffeln und Wäsche waschen und Botengänge – das brächte neues Leben hierher. Schade nur, daß der Sommer so kurz ist!

Aber nun, noch ehe der Alte seine Gedanken fertig ausgemalt hatte, kam schon wieder ein neuer, noch größerer Plan!

»Wissen Sie, was hauptsächlich hier fehlt – ein Gasthaus! Mit einer hübschen, gemütlichen Stube und einer Veranda davor, und ein paar Zimmern, wo Wanderer, Touristen übernachten können.«

»Das wäre –!« staunte Endler. »Was Sie sich so alles ausdenken!«

»Ja, gerade hier oben!« sprudelte Henny heraus, als ob sie alles längst geplant und überlegt und berechnet hätte. »Hier auf dem halben Wege zwischen Buschvorwerk und den Grenzbauden, wo man eben so das erste Mal müde wird. Dafür muß ich meinen Vater herankriegen. Der macht das bestimmt. Wozu ist er der größte Hotelbesitzer in Breslau! Er muß es bauen, und dann soll es der Franz in Pacht nehmen.« Sie war schon mit allem fertig. Begeistert von den eigenen Plänen, schlug sie die Hände zusammen. »Passen Sie auf, Vater Endler, was für ein Leben Sie hierher bekommen! Vor allem im Winter zum Rodeln. Das ist doch jetzt so modern. Für die nötige Reklame will ich schon sorgen.«

»Nein, aber der Franz nicht!« widersprach der Bauer kopfschüttelnd, als sei der Vertrag schon zu machen; so sehr war er selber überwältigt von den kühnen Aussichten, die alles hier oben, was er ein Leben lang für unabänderlich gehalten, verändern mußten: »Der Franz nicht!« Und er ließ sich hinreißen, zum ersten Male von seinen eigenen Plänen zu reden: »Der soll die Barbara heiraten, daß die beiden Stellen zusammenkommen, nicht wahr?«

»Der Franz die Barbara?« Henny sah zu dem Nachbarhäusel hinüber und sagte sehr selbstbewußt und sicher: »Dafür will ich auch noch sorgen. Da wird eben ein anderer das Gasthaus übernehmen, Sie werden mir schon jemanden vorschlagen können, Vater Endler.« Sie tat, als habe sie bereits zu verfügen und zu bestimmen, und wußte doch noch nicht einmal, ob ihr Vater mitmacht. Immerhin aber kannte sie den Einfluß, den sie auf ihn hatte, und wie sie es anstellen mußte, auch hier ihren Wunsch durchzusetzen.

»Der Emil vielleicht, der Buchbergersche? Und die Grete könnte ihm dabei helfen?« fragte Endler-Vater vorsichtig.

»Die Grete? Die mir immer so böse Augen macht? – In der hätten wir eine fesche Kellnerin. Wer ist denn der Emil? Ihr Schatz?« lachte Henny. Sie wußte doch um Franzens geheime Liebe!

»Das ist ihr Bruder, der fortgezogen ist. Und dann könnte er hier bleiben, das wäre gut.« Nun aber erwachte der alte Bauer aus seinen Träumen: »Das ist ja alles ganz schön und ganz gut, Fräulein, aber ich glaube nicht dran. Das erlebe ich nicht mehr, daß es hier oben noch einmal lebendig wird in unserem Dorfe. Das erlebt keins mehr. Nee, nee.« Er wollte sich erheben.

Aber Henny zog ihn wieder auf die Bank nieder: »Vater Endler, verlassen Sie sich darauf. Ich bringe meinen Vater dazu, das können Sie mir glauben. Und mein Vater macht's. Mir ist's, als ob es schon fertig stünde.«

»Nee, nee – ich muß das erst sehn, ehe ich es glauben kann. Nehmen Sie es mir nicht übel, Fräulein. Und ich danke Ihnen

auch schön für den guten Willen, daß Sie und Sie wollen uns helfen. Das Leben hier oben ist sehr hart, sehr hart für uns alte Leute. Wir sind dankbar für jedes bissel Sonne, das eins uns bringt. Aber die Jungen, die wollen eben nicht hier bleiben, das ist es.«
»Vielleicht bleiben sie dann eher da – aber glauben müssen Sie schon dran, Vater Endler.«

Sollte von diesem Mädchen wirklich die Hilfe für das sterbende Dorf kommen? Der alte Endler dachte immer wieder daran; er konnte es schließlich nicht mehr für sich behalten, er sprach mit dem Lehrer davon, mit dem Zinnecker, mit dem Förster. Denn eins hatte das verflixte Mädel wirklich schon wahr gemacht: Am letzten Abend hatte es den Franz noch mal ins Gebet genommen und ihm zum Schlusse gesagt: »Wenn wir weiter gute Freunde bleiben wollen, Franz, dann muß ich nächstes Jahr Trauzeuge bei euch sein. Und übernächstes –«, wenn das ihre Breslauer Freundin gehört hätte!, »und übernächstes Taufpate.« Ja, das hatte sie fertiggebracht zu sagen, und der Franz war ganz rot geworden und die Barbara erst recht. Dann war die Henny kurzerhand einfach weggegangen und hatte sie allein gelassen. Und die beiden, nun ja, die beiden standen seitdem öfters zusammen und hatten zu tuscheln und zu reden und zu lachen, und die Grete lief lange mit verheulten Augen herum – ein Teufelsmädel, die Henny!

Um Weihnachten herum kam ein Brief von ihr: »Mein Vater kommt im Frühjahr, sich die Baustellen ansehen«, schrieb sie, als sei alles beredet, verbrieft und gesiegelt. Eine Reihe Pakete kam auch, daß der Franz ein paarmal mit dem Schlitten hinunter mußte nach Schmiedeberg, weil der Postbote es nicht schaffte. Anzüge und Kleider für die Kinder, gebraucht schon, aber so fein, wie sie es nicht einmal für Sonntag gewohnt waren, Zigarren und Tabak für die Alten, für die Hollmann-Muhme ein warmes Umschlagtuch, für den Franz richtige Bergschuhe mit klobigen Nägeln darunter, für die Barbara Stoff zu einem – Brautkleide. Sie traute sich gar nicht, ihn anzufassen mit den rauhen Händen. Und Wolle zum Stricken und Häkeln und tausenderlei Dinge, von deren manchem die lieben Leute gar nicht wußten, wozu es zu gebrauchen sei. –

An alle hatte Henny gedacht, keinen vergessen. Auch die Grete und ihr Bruder Emil waren unter den Beschenkten. Und außerdem bekam jedes Haus einen großen Stollen mit Rosinen und Mandeln und Zitronat, so fein und süß, wie sie ihn hier oben noch nie gegessen hatten. »Ja, die Städter«, sagte die alte Kuhnerten, die überall eine Scheibe abbekam, »ju, ju, die Städter, die sein a vaweentes Vulk.«

Kurz zuvor war auch die Bewilligung des Hilfe-Antrages vom Landrat gekommen. Der alte Endler hatte gleich überall bekanntgemacht, daß keiner mehr um das Saatgut für das nächste Jahr Sorge zu haben brauche. Nur die Felder mußte jeder selber in Ordnung bringen, soweit es nicht schon im Herbste geschehen war.

Das gab eine Christ-Einbescherung wie noch nie! Was Wunder, daß das »Fräulein« als Weihnachtsengel im ganzen Dorfe gesegnet wurde. Fast schrieb man ihr Wunderkraft zu. Oder war es kein Wunder, daß sogar die Alten seit Jahren zum ersten Male wieder nach Schmiedeberg zur Christmette gehen konnten? Zwar lag der Schnee wie alle Jahre fast mannshoch, und von Hütte zu Hütte waren tiefe Gänge gegraben, daß man von den Näherkommenden immer nur die Hüte sah, aber keine Wehen versperrten den Weg, und der Schnee lag fest und sicher, daß man mit leichter Mühe darauf gehen konnte.

Es kamen keine unmäßigen Wetterstürze, die die Ställe oder gar die Dachfirste eindrückten, kein Sturm, der die Bäume entwurzelte und die Hütten vergrub. Zwar war es dämmrig und dunkel tagaus und tagein wie alle Winter, wenn erst um die Mittagszeit über der Bergmitte ein rosiger Sonnenschimmer, nicht mehr, heraufwuchs, um bald wieder zu verblassen, denn der Berg war nicht niedriger geworden, und die Sonne stieg auch jetzt nicht höher als bisher, aber in den Menschen war es heller geblieben. Und sie sahen nicht so lichthungrig wie sonst nach dem Widerschein der Sonne, der aus dem tiefen Land heraufstrahlte. Lag das an der Christüberraschung oder an der neuen Hoffnung? Menschen vom Berge sind selten Idealisten, das Leben dort oben ist zu hart dazu. Aber Träumer werden es oft, denn die Träume sind ihr einziger Trost.

Die Alten freilich hatten die Wunderträume längst verlernt, und der Hollmann-Weber lebte nicht mehr, der ihnen ein besseres Leben nach diesem versprach; aber dennoch glaubten sie nach solch sichtbarlichen Zeichen an das, was der alte Endler mit ihnen als Möglichkeit besprochen hatte, und begannen zu rechnen, wie sie die Ställe erweitern und in den höheren Waldlichtungen Futter für mehr Milchvieh bekommen konnten; ebenso, wie sich die eine oder andere Stube herrichten ließe; aber das war schwierig, denn mehr Möbel als unbedingt nötig besaß kaum einer, außer da, wo das eine oder andere Familienmitglied abgewandert war. Wie war es denn schon mit dem Wichtigsten, was so ein Stadtmensch braucht, mit dem Bette? Wenn wirklich in einer Hütte ein Bett stand – das gewohnte Nachtlager war doch der Ofen! –, dann war es ein sehr hartes und einfaches, keins jedenfalls, das man einem

Gaste hätte anbieten können, und noch dazu einem zahlenden! Bargeld, das war es eben, das war selten hier oben. Bargeld aber lockte, bot sich jetzt nicht eine Aussicht?

Der alte Lehrer warnte vor übertriebenen Hoffnungen, nicht weil er dem Mädchen, dem Engel, nicht traute, sondern weil er der Meinung war, daß vieles Ungute mit heraufkommen werde aus der fremden Welt, daß die stille Beschaulichkeit verlorengehen müßte, aber, nun ja, hielt man ihm vor, er selbst hatte ja nicht viel zu erwarten von dem Segen, den eben jene fremde Welt herbringen sollte. Es gab Parteien und Streit, es entstanden Feindschaften, weil jeder mehr einzuheimsen hoffte als der Nachbar. Aber der Stein war augenscheinlich im Rollen – Vater Endler und dem alten Gebhardt graute jetzt manchmal davor –, und er war nicht mehr aufzuhalten.

Der eifrigste Verfechter des Neuen war Emil Buchberger, der zum Winter, als der Bau in Oberbuchwald eingestellt wurde, nach Hause gekommen war. Er sollte das neue Gasthaus in Pacht nehmen? Aber gewiß, er war dabei. Das nötige Geld für den Anfang werde er sich schon zusammensparen können im nächsten Sommer, prahlte er. Zum Bauern eignet er sich nun mal nicht.

Gegen den Plan des Gasthauses wehrte sich vor allem der Lehrer, und es gelang ihm, den alten Endler auf seine Seite zu ziehen. Grund genug wieder für Emil, es dem Endler-Franz zu verdenken, daß er die Grete ›hatte sitzenlassen‹. Denn, hatte er gerechnet, hätte der Franz die Grete geheiratet, so wäre sie auf den Endlerhof gekommen, und er hätte den eigenen zu einem anständigen Preise an die Städter losschlagen können. Heiratete aber der Franz die Barbara, dann behielt er die Grete im Hause und das Haus samt der Alten obendrein mit all seinen Plackereien. Denn daß das Gasthaus sie beide nicht erhalten könne, das sei ja wohl klar, behauptete er. Es blieb nicht beim Wortwechsel, es gab sogar Prügeleien, bei denen bald er, bald der Franz den kürzeren zog.

Aber selbst wenn es Mord und Totschlag gegeben hätte, an der raschen Entwicklung der Dinge hätte das kaum etwas ändern können. Soweit jedoch kam es nicht, dazu war der Schnee, in dem die Feinde meist sich wälzten, zu kühl, und er brachte sie rasch zur Besinnung.

Im Februar ereignete sich ein neues Wunder, das die Kinder mit offenen Mäulern anstarrten und vor dem die Alten sich ängstlich bekreuzigten.

Da kam eines Nachmittags, ehe noch die Sonne aus dem weiß und blauen Lande verschwunden war, oben aus dem Grenzbaudenweg etwas Dunkles angesaust, ganz stumm und lautlos kam es aus dem verschneiten Walde vorgeschossen, bog, daß der Schnee hoch aufstob, auf die Felder ab, sauste darüber hin wie der Wind, an der Hollmann-Hütte vorbei, beim Zinnecker zwischen Haus und Stall hindurch, ritt wie des Teufels Großmutter auf einem langen Stecken durch den spritzenden Schnee, riß dem Buchberger beinahe den Zaun weg, der eben noch aus der weißen Fläche vorsah; vor Karl Endlers Hause, dem einzigen steinernen, gab es eine Riesenschneewolke, und dann stand ein Mann da mit einem langen Stocke in der Hand und an jedem Fuß ein schmales Brett. Das Gesicht war mit Schal und Brille und Wollmütze dick vermummt.

Die Hollmann-Muhme, die das Gespenst an ihrem Fenster hatte vorbeirasen sehen, hatte das Kreuz über sich geschlagen und mummelte etwas vom Leibhaftigen; die Barbara hatte aufgeschrien, als es rauschend und zischend an ihr vorübergeflogen war, und der alte Endler war sprachlos vors Haus getreten und stand dem seltsamen Wesen, das so rätselhaft über den Dorfhang herabgeweht war, gegenüber.

Aber dieses Wesen benahm sich durchaus menschlich, klopfte sich den Schnee von dem dunklen Gewande und fragte mit höflichem Gruß: »Gibt's hier ein Gasthaus, wo man ein Glas Milch und was zum Essen bekommen kann?«

»Ein Gasthaus? Nee – das heißt, wir kriegen eins her, aber erst nächstes Jahr.« In diesem Augenblick stand es nämlich für den Endler fest, daß doch eins hermüsse. Und wenn es das Dorf aus eigenem einrichten sollte. Wenn die Menschen so verrückt sind, dachte er, daß sie mitten im Winter in die Berge fahren wollen, dann soll man es ihnen wenigstens leicht machen, für ihre Narrheit zu bezahlen!

»Soll ich vielleicht so lange warten?« fragte der Fremde.

»Kommen Sie derweil rein, Milch und Brot können Sie auch bei mir haben«, meinte der Endler und ließ sich seine Verwunderung nicht weiter anmerken. Der Fremde stellte seine Schneeschuhe, wie er die langen Bretter nannte, an die Wand und trat hinter dem Endler ins Haus.

Nicht lange danach kam Franz aus dem Haus und begann eine genaue Untersuchung des niegesehenen Gerätes. Er prüfte die aufgebogenen Spitzen und die Spannung des Holzes, betrachtete das Riemenzeug und versuchte sich vorzustellen, wie es wohl um den Fuß geschlungen wurde, maß Länge und Breite und Dicke; er faßte den verwegenen Plan, sich auch solche Bretter anzufertigen, weil er gesehen hatte, wie der Fremde damit rasch und leicht über den Schnee hinweglief, ohne zu versinken. Er war so mit seinem Studium beschäftigt, daß er es gar nicht bemerkte, als der Schiläufer nach einer geraumen Weile aus dem Hause trat und ihn belustigt beobachtete.

»Sie möchten wohl auch solche Schneeschuhe haben«, hörte er sich angesprochen und stellte die Bretter rasch wieder an die Wand.

»Ich werde mir welche machen«, sagte er, »nur müßten Sie mir zeigen, wie man sie an die Beine bindet.«

Und der Fremde, stolz auf seine Kunst, führte ihm eingehend nicht nur das vor, sondern zeigte ihm auch, wie man mit den langen Hölzern Schritte machte, wie man umkehrte, wie man lief, wie man sich mit dem Stocke abstieß und mit ihm bremste, wie man Kurven und Bogen beschrieb. Franz stand mit hochgezogener Stirne dabei und versuchte sich alles ganz genau zu merken. Er fragte immer wieder und lachte nicht einmal, wenn der Fremde sich ordentlich in den Schnee setzte. Auch das gehörte dazu und konnte nicht mehr schrecken.

Erst als es ganz finster war, zündete der Schneeläufer eine Laterne an, hängte sie sich vor die Brust und war im Nu in der blauen Dunkelheit verschwunden. Im Walde unten erschien noch einigemal sein rötliches Licht wie ein zuckender Stern.

Franz starrte ihm noch lange nach. Solche Dinger haben! Dann war man nicht mehr eingesperrt hier oben im Schnee. Der Fremde hatte erzählt, daß er an einem einzigen Tage von den Schneegruben her über den Spindlerpaß, die Wiesenbaude, die Schneekoppe und die Grenzbauden gekommen sei und für den Weg nach Schmiedeberg hinunter höchstens eine Viertelstunde brauche. Und sie mußten auch im Sommer, auch ohne Schnee, zwei Stunden laufen, ehe sie die Stadt erreichten. Sogar mit dem Schlitten brauchten sie eine halbe Stunde! Schneeschuhe müssen her!

Was an Schreinerarbeit im Hause nötig war, vom Holzlöffel bis zur Dachschindel und zum Tisch, das machte jeder selbst; darum war auch Handwerkszeug überall vorhanden. Mit Säge und Hobel verstand jeder umzugehen, man konnte nicht wegen jedes Schadens gleich nach der Stadt zum Tischler laufen. Passende Bretter fand Franz auch im Schuppen. Nach einigen Tagen hatten sie die rechte Form. Schwierigkeit machte die Aufbiegung der Spitzen, aber mit Hilfe kochenden Wassers gelang auch dies. Es war ja nicht viel anders als bei Schlittenkufen, nicht? Und nach einer Woche, in der er für nichts anderes zu gebrauchen und für keinen, nicht einmal für Barbara, zu sprechen war, hatte er sogar zwei Paar, roh freilich und plump, aber immerhin zweckdienlich: eins für sich und eins für seine Braut.

Alle Kinder standen um ihn herum, und die Erwachsenen traten lachend vor die Türen, als er es zum ersten Male versuchte. Das tobende Gelächter, als er nach dem ersten Schritte schon, kaum daß er auf der abschüssigen Bahn ins Gleiten geriet, armschlagend im Schnee verschwand! Aber er war zähe. Er gab nicht nach. Was der Fremde ihm nicht gezeigt hatte, das brachte ihm die wachsende Erfahrung bei. Es kostete manchen Tropfen Schweiß und müde Knochen, sogar Blut: Er holte sich eine mächtige Schmarre über die Stirn, als er kopfüber gegen den Holzstoß flog, denselben, den ihm Henny im Herbste umgerissen hatte. Diesmal war er standhafter gewesen, der Holzstoß.

Aber nach einer weiteren Woche sauste Franz stolz über den ganzen Hang hinunter und krachte unten in den Wald. Die Bretter waren zwar hin, aber das machte nicht viel aus. Barbara hatte sich auf die ihren sowieso noch nicht getraut.

Die Kinder nahmen diese neue Möglichkeit, im Schnee herumzutollen, mit Begeisterung auf; eines hatte irgendwo im Stalle ein altes, zerfallenes Kalkfaß entdeckt, und die Dauben ergaben, mit Bindfaden oder einem Ende Draht an die Füße geschnürt, gerade ideale Schneebretter. So wurden die »Bratlarutscher« und »Schniehupper« immer mehr, und mit Geschrei und Gejauchze tobten und purzelten sie herum, keine Beule, kein Schimpfen, kein Verbot hinderte sie daran.

Die Alten freilich schüttelten immer noch die Köpfe, und die Hollmann-Muhme und die Kuhnerten schlugen immer noch ein Kreuz, wenn von jenem Manne die Rede war, der vor Wochen als Gottseibeiuns aus dem Walde gekommen war und die Teufelsmode hergebracht hatte. Sie waren mehr denn je von der Schlechtigkeit der Welt überzeugt.

Aber zugeben mußten alle, daß noch kein Winter so voller Überraschungen und so hoffnungsfroh verlaufen war. Und daß ihnen noch keiner so kurz und milde erschien.

Spät im März, als die Tage schon länger und heller waren, als die Sonne um Mittag für zwei kurze Stunden mit weißlichem Scheine über dem Forstkamm durch die Nebel leuchtete und der Wald schon nach neuem Harze zu duften begann, da erschienen noch einmal zwei Schneeläufer im Dorfe. Sie waren baß erstaunt, als sie vor dem Endlerhause ein Paar Schier im Schnee stecken sahen und die Kinder bemerkten, wie sie flink und behende über den Schnee huschten. Denn der Schi war in Deutschland noch so gut wie unbekannt, und die wenigen, die die norwegische Kunst ausübten, fühlten sich als Pioniere, die eine neue Welt zu entdecken im Begriffe waren. Es wirkt immer enttäuschend, finden zu müssen, daß sie schon entdeckt ist.

Noch erstaunter aber waren sie, als sie hören mußten, daß es in diesem »fortgeschrittenen Dorfe«, wie sie es Vater Endler gegenüber bewundernd bezeichneten, kein Einkehrhaus gab. Während sie ihr Glas Milch tranken, dicke, gelbe Ziegenmilch, fett, wie sie es in Berlin, wo sie herkamen, nicht kannten, bat der eine den Franz als ›Schikameraden‹, seinen vorn angebrochenen Schi mit einem Stückchen Holz oder Blech zu reparieren. So hatte Franz Gelegenheit, sich noch einmal Form und Maße genau einzuprägen. Er tat das gewissenhaft mit Zollstock und Bleistift. Es war wirklich nicht zu übersehen: Dieser Winter, der nach der Vernichtung der Ernte mit Schrecken, ja mit Hunger begonnen hatte, brachte für das abseitige, weltverlorene Dorf die Wende. Nicht, daß es einen Aufschwung ohnegleichen erlebte mit Kur- und Logierhäusern und dicken Inseraten in allen Weltblättern, es blieb ein armes Bergdorf, schlicht, bieder und still, aber es blieb eben.

Die Schlehenbüsche standen gleich duftigen weißen Wölkchen zwischen den Feldern, und der Seidelbast zog seine rosa besternten, duftenden Zweige über die Steine; auf der Mittagseite der Hütten und Bäume sproßten Gras, Kräuter und Gänseblümchen, und auch auf den Nordseiten schwand der Schnee. Nur oben am Waldrande lag er noch in gelblichschmutzigen Haufen, und im Walde drin hielt er sich noch lange.

Im Mai, als die Wege trocken waren, die Wiesen und Felder grün, als überall die Primeln blühten, kam Henny mit ihrem Vater. Nicht lange nach ihnen erschienen Bau- und Zimmerleute, soweit das Dorf sie nicht selber stellen konnte – Franz und Emil arbeiteten einträchtig nebeneinander, sie hatten sich längst wieder ausgesöhnt –, und anstelle der Hollmann-Hütte entstand ein Häuschen mit bunten Fensterläden, spitzem Giebel nach dem Tal und einem kleinen Gärtchen auf flacher Terrasse; und weiter unten in einem Waldwinkel, der den Blick über das blühende Tal freigab, begann der Bau der Forstbaude.

Emil Buchberger führte als Polier und künftiger Pächter die Aufsicht. In seinem Bauernhäusel, wo nach dem Tode seiner Mutter Raum genug war, richtete er eine vorläufige Schankstube ein.

Freilich, das fremde Volk brachte viel Unruhe ins Dorf. Ein Glück, daß Barbara bereits Franzens Braut war – Henny hatte ihr diesbezügliches Verlangen durchgesetzt, ohne auf allzu großen Widerstand gestoßen zu sein –, sie hätte sich mancher Handgreiflichkeit nicht erwehren können. Grete aber tröstete sich über den treulosen Franz mit den lustigen Gesellen.

Franz baute einen neuen Schuppen an das Haus des Vaters; eine Hobelbank kam hinein und manches Gerät, mit dem er in Zukunft noch mehr Schier zu machen gedachte. Sein Vater hielt das zwar für eine brotlose Kunst, aber Franz meinte damit wenigstens für den Winter einen Zeitvertreib zu haben. Und Schlitten mußten ja auch sein, beruhigte er den Vater.

Hennys Vater erschien einige Male von Breslau her und brachte Bekannte mit. Im gleichen Sommer baute sich ein Maler am oberen Waldrand ein kleines, buntes Haus. Es war nun das zweite hier. Neues Leben kam über das Dorf. Freilich ein anderes, als es bisher hier oben war, ein unruhigeres, hastigeres, das den alten Leuten manches Unangenehme brachte. Aber es brachte tatsächlich Geld mit sich und weitere Hoffnungen, neue Möglichkeiten und Entwicklungen, an die sie sich eben gewöhnen mußten. Es war ja nicht etwa so, daß die neue Forstbaude, nachdem die lärmvolle Einweihung mit vielen Breslauer Gästen, von Hennys Vater aufgeboten und sogar im Breslauer Generalanzeiger lang und breit beschrieben, vorüber und das Haus dem Emil Buchberger übergeben war, nun ständig volle Tische und besetzte Zimmer, sechs an der Zahl, gehabt hätte: Wochenlang ließ sich kaum ein Wanderer sehen. Emil blieb Zeit genug, seine Felder zu bestellen, und das tat er wirklich und gewissenhaft. Es war ja durchaus nicht das Entscheidende, daß nun mit einem Male eine vollständige Wandlung mit fetten Jahren hätte eintreten sollen, als würde der Menschenstrom durch eine klug gestellte Schleuse plötzlich in das neue Bett geleitet. Wichtiger war, daß die Bergdorfleute wieder Mut und Zuversicht schöpften und zäher an ihrem Boden blieben. Erst mit den Jahren zeigte sich, daß Hennys Plan und des alten Endlers Rechnung stimmten und daß auch Franz mit seiner Sporttischlerei recht behielt.

Es war, als habe der alte Endler das eben noch abwarten wollen. Nicht lange nach der Einweihung, die gleichzeitig die Hochzeitsfeier seines Franz und der Barbara war, kaum daß er noch die Herbstsaat in die Erde gebracht hatte, war es mit ihm zu einem raschen Ende gekommen. Er saß vor dem Bänkchen vor seiner Tür, sah hinunter in das goldene Land und zog sachte Wölkchen aus seiner Hängepfeife. Dann nickte er ein paar Mal wie schlafend mit dem Kopfe und sank noch ein bißchen mehr in sich zusammen. Spielende Kinder waren die ersten, denen die Reglosigkeit des Alten auffiel, als die Sonne schon lange hinunter war. Franz und Barbara trugen ihn zusammen hinein. Drei Tage darauf wurde er selber als Saat der Erde übergeben. Und auch die Kuhnerten kam nicht mehr, sie war schon begraben.

Wenn auch die heranwachsende Jugend immer wieder in die bunte Welt hinauszog, um da und dort, bis Dresden, Berlin bis Hamburg und Köln Dienst zu nehmen, so kehrte sie, wenn ihr der Wind des weiten Landes genügend um die Nase geweht war, doch wieder in die Heimat zurück. Der Bestand des Dorfes blieb gesichert. Es war kein sterbendes Dorf mehr am Rande der Welt.

Die Schule allerdings war indessen aufgelöst worden, als auch der alte Gebhardt schließlich starb; eine Schwester von ihm, die in Zobten verheiratet war, holte die kleineren seiner Kinder zu sich in die Nähe des Berges, der bei sichtigem Wetter von hier aus als flaches, dunkelwaldiges Dreieck weit draußen im Lande zu sehen war; die beiden ältesten, der Junge und das Mädel, waren schon in Lehre und Dienst. Was jetzt noch an Dorfkindern da war, das lohnte eine Schule nicht mehr. Ein neuer Lehrer, der die Schülerzahl aus eigenem gehoben hätte, fand sich nicht; so mußten die Kinder eben doch bis Schmiedeberg zum Unterricht gehen, und im Winter erregten sie viel Aufsehen, wenn sie mit ihren Tonnenbrettern, manche auch schon mit richtigen Schneeschuhen aus Franzens Werkstatt, wie die Teufel angeflitzt kamen. Die Schmiedeberger machten ihnen ihre Kunst nicht so schnell nach.

In einer Zeit, in der noch im ganzen Vaterlande die Handweber in größter Armut und Not lebten, weil die großen Webereien ihnen den Verdienst nahmen, trug den Leuten von Forstlangwasser das Weben hübscher bunter Kissenbezüge, Decken und Stoffe manches gute Geld ins Haus. Denn Henny Meyer hatte auch darin Wort gehalten.

Und wenn die Tage kürzer und kürzer wurden, wenn die Sonne schließlich wieder für Monate hinterm Berge blieb und die Dämmerung sich nur um Mittag ein wenig lichtete, so war doch für die frühere Dumpfheit und Trostlosigkeit solcher Zeit kein Raum mehr geblieben. Die Endlers und Buchbergers, die Hollmanns und Zinneckers und was noch dazu gekommen sein mochte, die hatten sich in dem neuen Leben eingerichtet. Die Welt hatte den Weg zu dem Dorfe ohne Sonne wiedergefunden, von der sie sich einst in bösen Zeiten zurückgezogen hatte und ohne die es auf die Dauer eben doch nicht hatte leben können.

Und wenn am späten Winterabend der Endler-Franz noch einmal in die Bläue der Nacht hinaustrat, so sah er von den warmrötlichen Lichtvierecken, die die unterm Schnee tief geduckten Hütten vor ihre kleinen Fenster breiteten, hinunter zu den Lichtpunkten, Lichtketten und Lichthaufen des im Dunkel ertrunkenen Landes und wieder hinauf zu den Sternenheeren, die dicht an dicht den Himmel übersäten. Er war kein Träumer und Phantast, er war ein Bauer, noch dazu einer von den Bergen. Darum spann er an diesen Rundblick keine Grübeleien, sondern blieb bei seinem nüchternen Sinne.

Es mochte sein, daß für eine kurze Minute die Barbara, die Hände unter der Schürze verborgen, neben ihn trat. Sie hatten keine Worte für das, was sie fühlten, sie brauchten sie auch nicht. Darum gingen sie bald wieder ins Haus zurück und zündeten die Lampe unter der niederen Balkendecke an. Aber ehe sie auf den breiten Ofen stiegen, um sich zum Schlaf zu legen, wo die Alten und Voralten schon geruht hatten, da drückten sie sich noch einmal stumm die Hand.

Später ging der Franz daran, für sich und die Barbara Betten zu bauen, richtige Betten, wie sie in der Forstbaude standen. Und eine Wiege dazu.

Das Wunder

»Hunger«, schrien die Kinder, »Hunger«, wimmerten sie und starrten mit fieberglänzenden Augen auf die leeren Tische. Die Weiber wallfahrteten nach Albendorf zur wundertätigen Jungfrau und rutschten auf den bloßen Knien die breite Marmortreppe zu der mit allem Prunk des Barock überladenen Kirche hinauf. Kein Wunder geschah.

Die Männer standen Tag für Tag, die Kappe weit ins Genick geschoben, die Grubenlampe ohne Licht, die Fäuste in den Hosentaschen, vor dem geschlossenen Zechentor. Niemand öffnete es ihnen, niemand zündete die Feuer unter den Kesseln an, niemand stellte die Hebel der Förderkörbe auf »Fahrt«.

»Wartet ihr, daß ein Wunder geschieht?« schrie der rothaarige Wenzel. »Schlagt das Tor ein, macht die Maschinen kaputt, wie sie euch kaputt gemacht haben, holt die Direktoren, die feinen Herren, und hängt sie in die kalten Essen!«

Aber nur ein Murren, unbestimmbar anschwellend und wieder verebbend wie ein vorüberrauschender Wind, war die Antwort.

Die Maschinen zerschlagen? Damit war nichts gebessert. Und die Herren Direktoren waren längst verreist; nach Breslau, nach der Tschechei, nach der Schweiz, wo sie ihr Geld, ihre Ruhe, ihr Leben sicher hatten. Was sollen sie noch hier? Seit über zwei Jahren war die Grube stillgelegt, denn nach »dem Frieden von Versailles trug sie nicht mehr«. Und als das große Schlagwetter kam, das fast zweihundert Tote gekostet hatte, war es zu Ende mit der Geduld der Aktionäre, die ihr gutes Geld nicht dem schlechten nachwerfen wollten.

Seit zwei Jahren standen die Fördermaschinen, in den Stollen und Schächten stieg das Wasser an, Schienen, Hunde, Anlagen und Stempel fraßen Rost und Schimmel.

Seit zwei Jahren beteten die Weiber knierutschend um das Wunder, seit zwei Jahren hungerten die Kinder und mit ihnen die Steiger, Häuer und Arbeiter. Der eine oder andere hatte noch sein Stückchen Acker, seine ein, zwei Ziegen und schlug sich mühsam mit engem Hosenriemen durch in der trüben Hoffnung auf bessere Zeiten. Der eine oder andere packte Weib, Kinder und das bißchen Habe, das ihm der Gerichtsvollzieher noch gelassen, und ging in das Waldenburger Land, nach Oberschlesien, ins sächsische Revier oder an die Ruhr. Wenn er viel Glück hatte, fand er dort Arbeit. Aber sehr viel Glück gehörte dazu. Denn in Oberschlesien war der Pole der billigere Arbeiter, und an der Ruhr und Saar saßen die Franzosen.

»Wunder geschehen nicht mehr«, schrie der rothaarige Wenzel, auf den Prellstein am Zechentore steigend, »Wunder geschehen nur, wenn eure Fäuste sie schaffen.«

»Oder die Köppe!« rief ihm einer aus der Masse zu, die grau, kaum in einzelne Gesichter sich scheidend, den Platz füllte. »Aber nicht deiner!« rief ein anderer. Einiges Gelächter antwortete ihm, aber auch Flüche wurden laut.

»Genossen«, schrie der Wenzel wieder, ohne sich um die Zwischenrufe zu kehren, »ihr steht hier herum und starrt die kahlen Mauern an. Meint ihr, davon ändert sich was? Die großen Herren, die ihr Geld in der Tasche haben, die lachen sich eins! Die warten ja nur darauf, daß ihr kommt und sagt: Wir wollen Arbeit, Arbeit um jeden Preis. Und ihr? Ihr habt ja eure Unterstützung. Die Knappschaft ist pleite. Aber das Arbeitsamt zahlt. Woche für Woche kriegt ihr pünktlich das Geld. Vorigen Mittwoch waren es fünftausend Mark, diesen werden es vielleicht fünfzigtausend sein, den nächsten fünfhunderttausend. Habt ihr viel davon, daß jedesmal eine runde Null drangehängt wird? Am nächsten Tage könnt ihr euch für das Ganze gerade noch ein Brot kaufen! Was also habt ihr? Nichts. Gar nichts. Leere Taschen und Hunger! Mehr steht euch nicht zu. Die Herren dort oben aber sitzen im Warmen und lachen. Sie können's auch, denn sie sitzen auf ihrem Gelde. Ich sage euch, ihr bestes Kapital, das liegt hier hinter den Mauern. Das frißt kein Brot, das kann warten. Und das wartet, bis ihr mürbe seid.« Er machte eine Pause, während er immer noch mit der Hand nach den beiden Fördertürmen zeigte, die über der Mauer und dem Dach des Maschinenhauses teilnahmslos und still in den grauen Himmel standen.

Die Menge rückte hin und her, drängte näher heran, ballte sich immer mehr vor dem Tore. Sie warteten, denn der rote Wenzel war noch nicht fertig. Sein Hauptschluß mußte noch kommen. Sie wußten alle, was es sein würde, sie gaben ihm recht, die meisten wenigstens, aber sie waren viel zu stumpf und träge geworden, um sich hinreißen zu lassen. Es war für sie längst zur Gewohnheit geworden, um diese Zeit hier zu stehen und mal dem roten Wenzel zuzuhören, mal dem Konzok, mal dem Szepainsky oder dem Drescher. Die bliesen alle in dasselbe Horn, und wahrscheinlich waren sie sich sogar klar darüber, daß sie für die feiernden Bergleute nicht viel mehr waren als eine Unterhaltung, ein Mittel zum Hinbringen der müßigen Stunden.

Der Wenzel, dem die Spannung genügend erschien, riß die weisende Hand an sich, als reiße er an unsichtbaren Seilen alle

Gedanken, alles bißchen Wollen her, das noch in der Menge sein mochte: »Genossen«, schrie er, daß sich seine Stimme fast überschlug, »zerbrecht ihnen die Hoffnung, zündet die Grube an, die ihnen gehört.«

Einige, voran der Konzok, der Kesselschmied, der bei den Rettungsarbeiten vor zwei Jahren drei Finger an der rechten Hand und damit auch seine Stellung verloren hatte, drückten gegen das Tor, daß die eisernen Flügel zu ächzen begannen. »Vorwärts, Leute«, rief er, »wir wollen auch unser Fest feiern.«

Und wirklich kam, mehr um die Untätigkeit zu brechen als aus Überzeugung, dort vorne eine langsame Bewegung zustande, als er sich, unterstützt von seinen ständigen Begleitern Drescher und Szepainsky, mit seinen breiten Schultern gegen die Eisenstäbe warf. Der Wenzel stand auf seinem Prellstein und sah den Anstrengungen zu wie ein Feldherr, der den Sieg erwartet.

Da hob sich ein zweiter Mann aus der Menge und stieg auf den Stein auf der anderen Seite des Tores – Neumann, der Einarmige, auch ein Opfer der Schlagwetterkatastrophe, eines der wenigen, die damals haben gerettet werden können aus der Sohle IV. »Halt, Kameraden, Genossen«, rief er, und die Gesichter wandten sich ihm zu: »Was wollt ihr denn da drin? Die toten Maschinen zerschlagen? Das bringt uns nichts ein! Meint ihr, daß ihr deshalb ein einziges bissel Brot bekommt, einen einzigen Pfennig mehr zum Leben? Laßt euch doch nicht einreden, daß ihr damit den Bonzen was antut! Ihr nehmt euch nur selber die Möglichkeit zur Arbeit, nichts weiter!«

»Oho!« riefen einige. »Kriegst du bezahlt dafür?« fragten andere. »Ruhe!« schrie es von hinten, »der Neumann soll reden. Der Neumann hat recht.« Und vorne sagte einer zu dem

Kesselschmied, der sich immer wütender gegen das Tor warf: »Laßt die Hände davon, Kumpels, macht keine Zicken.«
»Der Wenzel soll reden!« schrie es, »hoch der Wenzel!« – »Ruhe für den Neumann!« und »Weg vom Tore!« ging es hin und her. Jetzt war wirklich Bewegung hier, die Jungen, denen das Ganze mal ein anderer Zeitvertreib war, drängten nach vorne, drängten um den Wenzel, die Älteren schoben sich mehr rechts auf den Neumann zu.
»Ihr Rotzlöffel, ihr wißt ja noch gar nicht, was Arbeit heißt!« rief es von links.
»Ihr Älteren, ihr habt ja Angst vor den Herren!« rief es von rechts.
Der Wenzel und der Neumann, zu beiden Seiten des Tores, sahen über die erregten Gesichter hin, sie hatten beide solchen Erfolg ihrer Worte nicht erwartet und wußten für eine Weile nicht, was sie sagen sollten. Und dann fingen sie beide zu gleicher Zeit an, verstummten jeder vor dem anderen, sahen sich verdutzt an und begannen mit roten Köpfen von neuem:
»Los, vorwärts«, schrie der Wenzel, »gleich ist das Tor offen. Laßt euch nicht einschüchtern – wir wollen unser Fest feiern!«
Und dazwischen schrie der Neumann, nicht weniger laut: »Wollt ihr euch von den Hitzköpfen hinreißen lassen? Hände weg vom Tore, sage ich! Hände weg von den Maschinen!«
Ein Stein flog und klirrte durch ein Fenster. Das hätte das Signal zum Sturm sein können, aber von dem Durcheinandergeschrei, das auch die Vordersten kaum verstehen konnten, wurde es, weil beiden Rednern zugleich die Luft ausging, für einen Augenblick Ruhe.
Und in diese Stille hinein, gar nicht laut, nicht einmal für

irgendein Ohr bestimmt, sondern wie ein Gedanke nur, der versehentlich zum Munde hinausgefahren ist, sagte eine Stimme:

»Unsere müßten sie sein, die Maschinen und die ganze Grube!«

Die Wirkung dieser Worte, die wie ein sehnsüchtiger Wunsch klangen, war erstaunlich. Der Konzak drehte sich mit offenem Munde um, der Wenzel kletterte, als fühle er, daß die Situation ihm hoffnungslos entglitten sei, von seinem Steine, und auch der andere Stein war leer, denn der Neumann war zu dem Sprecher getreten, seinem Hausnachbar, dem Häuer Rother.

Das Gemurmel und Gemurre ging wieder wie eine ziellose Welle über die Männer hin, weil die hinteren wissen wollten, was dort vorne gesagt worden war und wer es gesagt hatte, und dann verlor sich einer nach dem anderen schweigend vom Zechenplatz und ging wie jeden Tag hügelan oder hügelab seiner Hütte zu oder auch in Gruppen nach den Arbeiterhäusern weiter im Tale unten gegen Neurode. Es wurde über die Vorfälle nicht mehr viel gesprochen. Das bißchen Aufregung und Hin und Her, das war ja immer wieder das gleiche, das lohnt kein Streitgespräch. Daß heute einmal auch ein anderer aufgetreten war, der Neumann, den sie alle als still und zurückhaltend kannten, nun eine Sensation war das auch nicht. Aber das eine fühlten alle, nicht nur in den Gedanken, sondern in den Bäuchen und den schlapp gewordenen Gliedern, daß die Lage kaum noch erträglich war und daß bald etwas geschehen müsse, wenn sie nicht alle krepieren sollten und die Weiber und Kinder vornan.

Zwei Aussprüche, zusammenhanglos scheinbar, blieben den Leuten im Gedächtnis und wurden manchmal, auch in den folgenden Tagen und Wochen, wiederholt: »Die Wunder müssen wir uns mit den Fäusten selber schaffen« und: »Wenn doch die Grube uns gehörte«. Man erinnerte sich kaum noch, wer das eine oder das andere gesagt hatte, und das war ja auch nicht wichtig. Man stellte sich unter den beiden Worten nicht einmal etwas Rechtes vor, denn wie schließlich soll man denn ein Wunder mit den Fäusten schaffen? Oder gar, nicht auszudenken: Wie sollte das sein, wenn die Grube ihnen allein gehörte? So wurden die Worte bald zu bloßen Redensarten, von einem zum anderen berichtet als Witz oder als letzte Weisheit, je nachdem; aber sie blieben doch in den dumpfen Gehirnen haften wie ein Samenkorn, das unbeachtet liegt und seine Zeit abwarten muß, bis es keimen kann. Denn der Wenzel und seine Leute, die die Männer aufklären wollten über die Rechte des Proletariats – du meine Güte, sie kannten ja selbst nicht viel mehr als Schlagwörter, von denen nicht einmal sie selbst satt wurden!

Der Neumann und der Rother hatten den gleichen Weg. Sie wohnten ganz oben in dem langgestreckten Dorf, das sich vom Neuroder Tale an den Gruben vorbei bis zum Waldrande hinaufzog, immer in der Senke entlang, wo der schmale Bach lief und der Bergwind nicht gar so sehr an den kleinen Fenstern rüttelte.

»Was sagst denn du?« fragte der ehemalige Obersteiger, als sie, einen weiten Bogen des Dorfes abschneidend, den Feldweg entlang einer flachen Hügelkuppe entgegenstiegen.

»Was sollt' ich sagen?« meinte der Jüngere gedrückt. Fünf Kinder hatte er zu Hause, und die warteten auf Brot. »Eher müßte ich dich fragen, du hast doch geredet vorhin.«

»Du hast viel weniger gesagt, und es war doch viel mehr.«

»Nu mach's ock halbwege«, wehrte Rother ab. »Ich weiß selber nicht mehr, was ich da gemeint habe. Es ist mir halt bloß so rausgefahren. Aber ein Glück, daß du sie zur Vernunft gebracht hast, Neumann. Sieh ock«, er blieb auf der Kuppe stehen und zeigte über das Grubengelände hin, das mit seinen Dächern, Essen und Halden sich unter ihnen breitete. »Kein bissel Rauch, kein bissel Lärm – und wir haben nichts zu feuern und nichts zu fressen.«

»Freilich«, sagte Neumann langsam, wie es seine Art zu sprechen war, »solange sich dort nichts rührt –.«

»Und dabei hast du's noch ganz gut«, sagte Rother, ohne daß es bitter oder gar neidisch klang, »du hast immer noch dein bissel Rente. Und deine Kinder sind groß und verdienen ihr Geld in Breslau selber. Aber unsereins mit den fünf Würmern, geradezu das Herze tut's einem abdrücken, wenn man ihnen nicht mal 'ne Schüssel Kartoffeln hinsetzen kann: Da eßt euch satt.«

Neumann bewegte den Armstummel in dem leeren Ärmel: »Kannst mir glauben, mir wäre wohler, ich stünde wieder an der Seiltrommel.«

»Nu ja freilich, wenn man doch rüber könnte ins Tschechische rein, dort gilt doch's Geld wenigstens noch was.«

»Die haben selber Arbeitslose genug.«

»Nu freilich, freilich, die haben sie auch. Darum lassen sie uns ja nicht rein jetze.« Seine Stimme war ganz erloschen. »Nee, nee – Wunder gibt's keine mehr. Da können die Weiber noch so viel auf Albendorf gehen, das hilft nichts.«

Sie gingen langsam weiter.

Als sie sich verabschiedeten, meinte Rother: »Morgen gehe ich nicht zur Grube, was sollen wir denn da?«

»Morgen müssen wir nach Neurode runter nach'm Stempelgelde«, erinnerte Neumann. »Leb gesund bis morgen.«

Am Nachmittag machte sich Martin Rother mit der Sichel und einem Sacke auf, um im Walde oben Gras für seine Ziege zu holen. Sebastian und Florian, der zehn- und zwölfjährige, begleiteten ihn, der eine mit einem Korb für Pilze, der andere trug die Milchkanne, um Beeren zu suchen. Maria, die Älteste, schon vor zwei Jahren konfirmiert, hatte die beiden kleinsten schlafen gelegt. Sie wusch das wenige Geschirr ab und setzte sich dann strickend ans Fenster. Früher war sie beim Oberingenieur als Dienstmädchen in Stellung gewesen, und die dürftige Enge zu Hause gefiel ihr gar nicht mehr. Dort hatte sie ein richtiges Zimmerchen für sich gehabt, dort konnte sie in ihren freien Stunden tun und lassen, was sie wollte. Gewiß war sie am Abend oft nach Hause gelaufen, aber da war es doch eigentlich nur eine Art Besuch gewesen, bei dem man mit allerlei Erlebnissen und Herrlichkeiten prahlen konnte. Sie vertrug sich darum auch mit der Mutter schlecht, weil sie alles besser wissen wollte, weil sie stets daran erinnerte, wie es »bei Oberingenieurs« gewesen war, weil sie, so oft es nur ging, ihre kattunene Kittelschürze an den Haken hängte und in ihr grellfarbiges »Seidenfähnchen«, ein sehr billiges, fuhr. Gerade bis zum Knie reichte es nur, und wenn sie so dasaß, dann wetterte die Mutter oft genug über die Schamlosigkeit. Und die Zöpfe gar hatte sie sich abschneiden lassen und drehte jeden Abend ihr Haar in Löckchen.

»Als ob du was Besseres wärst als unsereins – du schämst dich wohl auch noch unsertwegen?« knurrte die Mutter.

»Laß sie doch«, pflegte der Vater zu besänftigen, »wenn's

ihr halt Freude macht.« – »Wenn's ihr halt Freude macht«, äffte die Alte nach, »so fängt's an, und keins weiß, wo es endet. Zu meiner Zeit, da hätt' sich ein Mädel in den Hals nein geschämt, so rumzulaufen. Eine Sünde ist das, sage ich, und eine Sünde bleibt's.«

Es stimmte, die Marie war eitel und putzsüchtig, immer hatte sie eine Kette aus bunten Steinen um den Hals, und wenn sie für sich allein war oder fortging, auch bloß ins Dorf hinunter, dann steckte sie den Ring an mit dem blutroten Steine, den sie sonst sorgfältig in der kleinen Ledertasche verbarg. Gab es einmal in Neurode oder in der Umgebung, im Wacholder-Kretscham etwa, Tanz, dann war die Marie bestimmt dabei, und da sie ein schmuckes Mädel war, gerne lachte und sang, blieb sie nirgends lange sitzen. Eine Sünde sollte es sein, wenn man sich ein wenig hübsch machte, gerne vor dem Spiegel stand und lustig war. Das Leben war doch wahrhaftig trübe genug und bot sonst nirgends etwas Freude. Da war der Krieg gewesen, der Vater war fort die ganzen Jahre; und als es nachher anfing, ein bißchen besser zu werden, da kam das Grubenunglück und die Arbeitslosigkeit – sollten sie doch alle froh sein, daß sie, die Marie, auch mit knurrendem Magen noch fröhlich sein konnte!

Und wenn man ihr zu Hause jedes Lachen abschnitt, dann suchte sie es eben woanders! Wegen eines Vergnügens ging sie auch über die Grenze, ja bis Trautenau hinunter, die Zollbeamten kannten sie alle und schmunzelten ihr zu, wenn sie spät in der Nacht oder am frühen Morgen erst heimkam. Es gab immer Krach und Zank deswegen, aber das änderte die Marie nicht. Sobald wieder irgendwo Tanzmusik war, zog sie los. Der Vater war der Verbote und Schläge müde geworden, er tat, als höre er es nicht mehr, wenn die Haustür gegen Morgen leise knarrte und der leichte Schritt über die Stiege zur Bodenkammer huschte; und die Worte der Mutter gingen in den Wind. Dabei war die Marie kein schlechtes Mädel, sie wußte wohl, was sie wert war, und verstand es, sich zudringliche Burschen vom Leibe zu halten. Gegen einen Kuß, ein bißchen Drücken und Knutschen hatte sie nichts, wer aber mehr verlangte, der mußte sich eine andere suchen.

Im kleinen, niederen Fenster blühten die Fuchsiensträucher, und der Kaktus, der mit seinen fleischigen, stachligen Blättern bis oben hin gewachsen war, trug viele Sterne wie aus braunem und gelbem Wachs geschnitten. Im Bauer pfiff Hans, der Stieglitz, und die beiden Katzen, die schwarze und die gelbgescheckte, schnurrten leise vor sich hin. Die Stricknadeln klapperten, Marie brauchte gar nicht hinzusehen. Mechanisch zählte sie die Maschen, ihre Augen gingen über den waldigen Höhenzug, der grenzwärts sich hinzog.

Vor Mitternacht konnte die Mutter nicht zurück sein von ihrer Wallfahrt, rechnete sie, und hoffentlich kam auch der Vater nicht allzu zeitig heim, denn in der Dämmerung brauchte sie noch etwas Zeit für sich. Heute wollte der Robert, der Sohn vom roten Wenzel, vorüberkommen, er war wieder einmal im Lande, und das ging weder Vater noch Mutter etwas an.

Indessen meldeten sich die kleinen Geschwister wieder; sie wollten hinaus, um mit den Kindern der Nachbarschaft zu spielen. Sie maulten ein wenig und wollten eine Schnitte Brot, aber als sie sie nicht bekamen, zogen sie auch so ab.

»Vater, Vater, die vielen Pilze!« schrie Florian begeistert. »Den Korb hab' ich schon voll, ich weiß gar nicht mehr, wo rein ich sie tun soll. Und lauter Maronen und Steinpilze. Gar keine anderen nicht.«

Der alte Rother, der am Wege drüben gerade in den Sack, ihn mit beiden Händen haltend, hineintrat, um ihn recht prall zu füllen, sagte: »Laß sie stehen bis morgen, nach der Schule könnt ihr sie holen. Ich bin auch gerade fertig, da wollen wir dem Bastian helfen, daß er seine Kanne auch voll kriegt. Das gibt dann ein feines Essen zum Sonntag, Pilze mit Klößen, und zum Abend die Beeren mit Milch, nicht, Kindersch? Den Zukker müssen wir uns halt dazudenken.«

»O ja, Vater, das wird uns schmecken«, meinte Florian altklug und ein bißchen sehnsüchtig, dem Vater den Korb hinhaltend, damit er sähe, daß er keine giftigen Schwämme darunter hatte.

Beeren wuchsen genug hier, Blaubeeren und Himbeeren und Erdbeeren. Bastian, klein und dick, aber von einer ungesunden Dicke, denn die Beine guckten krumm und dünn aus den bunt geflickten Hosenröhren, war beleidigt, daß die Großen ihm halfen; aber als die Kanne voll war, daß er sie kaum noch schleppen konnte, wurde er doch recht stolz darauf.

»Und was nu?« fragte er tatendurstig.

»Die Sonne ist noch nicht runter«, meinte der Vater, »da könnten wir noch a wing Holz zusammentragen, damit wir im Winter was zu brennen haben.«

»Werden wir denn keine Kohle haben zum Winter?« fragte Bastian.

»Wir gehen wieder nach den Halden sammeln wie im letzten«, erklärte Florian.

»Die Halden haben bloß noch Schlacke«, sagte der Alte und

bückte sich nach einem Ast. »Den Winter haben wir nichts mehr.«

»Aber in der Grube unten hat's doch noch Kohle?« fragte der Bastian wieder.

»Nu freilich, mein Junge, da unten hat's noch genug, das täte noch langen auf tausend Jahre.«

»Warum kriegen wir denn da keine?« Bastian war hartnäckig.

Der Alte streckte den krummen Rücken: »Du weißt doch, Junge, daß nimmer eingefahren wird. Du siehst doch, daß die Förderungen stille stehn. Siehst du es nicht, da gerade zwischen den Bäumen durch? Guck doch hin. Siehst du etwan, daß sich da ein einziges Rad drehen tut?« Das klang ungeduldig, anklagend und bitter.

Aber Bastian – was war nur heute in ihn gefahren? – ließ nicht locker: »Und warum arbeitet keiner, Vater? Wenn wir doch die Kohlen brauchen und wenn sie doch da sind?«

»Mein Junge, das kann ich dir nicht erklären, das verstehst du noch nicht. Such lieber Holz. Dort drüben scheint eine Menge zu sein.« Und unhörbar für den Jungen brummte er: ›Das verstehe ich selber nicht, daß es so sein muß, daß wir frieren tun, und da unten ist Kohle genug. Das versteht keiner, glaube ich.‹ Sie hatten einen Haufen dürres Holz zusammengeschleppt, die Jungen waren ganz außer Atem.

»So«, sagte der Vater, es war schon schummrig im Walde geworden, nur da und dort stieß noch ein roter Sonnenpfeil zwischen die Stämme, und ehe sie zu Hause waren, mußte es schon ganz finster sein, »und nun gehen wir. Morgen, wenn ihr aus der Schule seid, da borgen wir uns vom Nupper den kleinen Wagen und fahren das runter.«

»Und wenn uns der Förster sieht, Vater?« fragte Bastian.

Der kleine Flori, nebenher watschelnd und über der schweren Kanne keuchend, sagte prahlerisch: »Da fahren wir eben ganz schnell, noch viel schneller als der Wind, und da kann der alte Förster nicht hinterher.«

Aber noch ehe der Vater, tief gebückt unter dem schweren Sacke, eine Antwort fand, hatte Bastian seinen eigenen Einwand schon vergessen, weil ihn der alte Gedanke noch beherrschte. Er sagte: »Wenn ich groß bin, da fahre ich ganz allein ein und hole für uns Kohle. Dann werden wir genug zum Feuern haben, dann können wir den ganzen Tag heizen.«

»Das kannst du allein gar nicht, da gehören viele dazu, Häuer und Steiger und Maschinisten –«

»Das hat uns auch der Lehrer gesagt«, mischte sich Florian ein, die Kanne niedersetzend und damit auch die beiden anderen zur Rast zwingend, »alle zusammen sind stärker, hat er gesagt, und wenn's einer nicht schafft, sollen die anderen helfen. Ja, das hat er gesagt, der Herr Lehrer«, krähte er.

Der Vater lachte dünn: »Du Dummscheck, du – freilich sind viele zusammen stärker als einer allein.«

»Da ist noch ein Pilz, ein ganz schöner, großer, roter«, rief Florian aufgeregt und holte ihn, stolz mit beiden Fäusten den Stiel umspannend.

»Den schmeiß weg, Junge«, sagte der Vater, »das ist ein giftiger Fliegenpilz.« Und nachdenklich setzte er hinzu, auf Bastians Korb deutend: »So ein einziger hier zwischen, und da hätten wir alle unsere Ruhe.«

Bastian, nicht darauf achtend, sah den Vater nachdenklich an, daß der ganz plötzlich denken mußte: Was für Falten der Junge schon auf der Stirne hat, richtig ein altes Gesicht! Endlich kam der Gedanke heraus:

»Wenn ich es allein nicht kann, dann nehme ich eben alle

Schulkameraden mit – wenn ich größer sein werde«, setzte er einschränkend hinzu, weil er sah, daß der Vater anfing, ärgerlich zu werden.

»Nu hör schon endlich mit dem Gelabere auf, du kannst einen ja reine verrückt machen damite«, sagte der Alte und huckte sich den Sack wieder auf. »Los, weiter, ihr Perschla, 's wird finster. – Wie du dir das so denken tust, als ob bloß so ein paar lausige Rotzjungen kommen müßten, damit die Grube wieder läuft«, lachte er rauh und schüttelte den Kopf.

Die Sterne standen schon zwischen den Wolken, als sie zu den Häusern kamen, und aus den kleinen Fenstern fielen da und dort Lichtstreifen über den Weg. Sie mußten die Lasten noch einmal absetzen. »Spring schnell zum Nupper rein, Bastian, ob er uns den Handwagen morgen nachmittag borgen kann. Ich laß ihn bitten, sag, und klopf schön an, ehe du die Türe aufmachst.«

Die Lampe brannte über dem Tische an der niederen Balkendecke, und auf dem Herde kochte die Brotsuppe mit dicken Blasen, aber es war niemand in der Stube. Der Alte trug den Sack durch den Flur und zur schiefen Hintertür hinaus nach dem Ziegenstalle, da kam ihm Marie, offensichtlich erhitzt und aufgeregt, entgegengelaufen. Sie hielt etwas auf dem Rücken verborgen. Gottlob sah das der Vater nicht bei der Finsternis: »Wo kommst du her?« fragte er, »die Suppe kocht bald über.«

Sie wischte rasch an ihm vorbei ins Haus, rannte die Treppe hinauf in ihre Bodenkammer und warf ein ziemlich umfangreiches Paket aufs Bett. Sie lauschte mit schiefem Kopfe. Als sie hörte, daß die Jungen sich unten in der Küche stritten und der Vater noch im Stalle rumorte, konnte sie sich nicht enthalten, das Paket rasch aufzureißen. Einige Tüten waren darin, Zucker, Nudeln, Bonbons, Schokolade, und ganz unten zusammengerollt ein buntes Seidentuch und darin ein tschechischer Fünfkronen-Schein, ein Vermögen! Sie strich sich über das glühende Gesicht und das in Verwirrung geratene Haar und biß rasch in die Schokolade; aber ehe sie nach unten ging, mußte sie sich noch rasch das Tuch umtun, und sie drehte sich, die Kerze in der Hand haltend, vor dem kleinen zerbrochenen Wandspiegel. Dann wickelte sie, nach unten lauschend, hastig alles wieder zusammen und schob es unter das Bett. Ja, der Robert, das war schon ein feiner! Immer, wenn er »von drüben« kam, brachte er was mit.

Von dem Zucker hatte sie eine Handvoll genommen, blies die Kerze aus und war mit ein paar Sprüngen die Treppe hinunter. Es gelang ihr, ohne daß einer der Jungen es bemerkte, die sich mit den Pilzen und Beeren beschäftigten, den Zucker in den Topf zu werfen und den Rest in die Blechbüchse zu tun. In den Mund hatte sie auch etwas gesteckt und wischte ihn sorgfältig mit dem Handrücken ab, damit kein Körnchen sie verriete.

Die Backen brannten ihr, und noch immer spürte sie das Herz schlagen.

»Macht doch nicht so 'nen Krach, Jungens«, sagte sie, »seht lieber nach, wo die Kleinen stecken, die Suppe ist fertig.«

So ein schönes Tuch! Der Robert! Sie hatte oft Angst um ihn, wenn er unterwegs war. Ob sie ihn nicht doch einmal faßten?

»Du Dummes«, hatte er gelacht und sie fest an sich gedrückt, o, so sehr, sie fühlte es jetzt noch ganz warm in sich, »mich kriegen sie nicht. Sie sind hinter mir her wie die Teufel. Aber erst müssen sie mich haben, und dann sollen sie mir immer noch mal was nachweisen. Bis ock ruhig, Madel – mich kriegen sie nee – und wenn ein ganzes Regiment kommt, und wenn hinter jedem Baum ein Grenzer steht – den Robert fangen? Die nicht.«

Wenn das der Vater oder die Mutter wüßte, daß sie mit dem Robert, dem berüchtigsten und schlimmsten aller Schmuggler –! Aber die wußten es eben nicht. Oder sie glaubten es nicht, denn Gerüchte und Klatschweiber gab es genug.

Der Robert, der hatte immer Geld, die ganze Brieftasche voll Tschechenkronen und englischen Scheinen und sogar amerikanischen Dollars, was das höchste war. Ganz Hausdorf könnte der auf einmal kaufen mit allen Häusern und Feldern und die Grube dazu. Dann wäre sie wie eine Frau Baronin. Wenn der mal zum Tanze kam, da war was gefällig, da lud er alle ein, da gab's Würstel und süße Liköre und für die Männer Schnaps und Bier, soviel nur jeder essen und trinken wollte und konnte. Alles zahlte der Robert. Und sie, die Marie, saß den ganzen Abend neben ihm und tanzte nur mit ihm, und wehe dem, der sich etwa an sie herangewagt hätte an solch einem Abend! Oder wenn sich einer gegen ihn vermäulte wie neulich die Städter im Wacholder-Kretscham, dann schlug er sie in die Fresse, und sie flogen zum Haus raus. Und die Mädels waren alle hinter ihm her, daß er manchmal nicht wußte, wo er seine Augen zuerst haben sollte. Aber immer wieder versicherte er ihr, daß nur sie allein seine Liebste sei. Ja, der Robert! Das war ein Starker und ein Schlauer. So einen gab es sobald nicht wieder. Sie dachte an den roten Ring und an das neue Tuch.

Und wenn sie ihn einmal doch erwischten – oder ihn gar anschossen wie erst vor ein paar Wochen die Schmuggler bei Tscherbeney? Es gab doch unter den Grenzern einige, die waren mit dem Schießgewehr rasch bei der Hand. Aber nein, den Robert kriegten sie nicht. Und wieder mußte sie an so manches Päckel denken, das sie für ihn versteckt hatte unter ihrem Bette oder in den Dachsparren, und das er sich, wenn er wieder ein paar Tage im Lande war und alle ihn hier gesehen hatten, heimlich abholte bei ihr. Aber was hätte sie für ihren Robert nicht getan? Und wer sollte schon auf den Gedanken kommen, bei ihr zu suchen?

Sie stellte den Suppentopf unter die Lampe; nur die beiden Kleinen hatten eigene Holzteller. Die anderen langten mit ihren Holzlöffeln in den großen Topf. Wenn nur etwas drin war, dann schmeckte es auch. Fasttage gab es allzu viele in der Woche.

Die Kinder saßen schon alle, endlich kam der Vater. Er sprach das Tischgebet. Beim ersten Löffel sahen sich die großen Jungen überrascht an und probierten schnell den nächsten.

»Was habt ihr denn?« fragte der Alte.

»Die schmeckt aber gut«, brabbelte die kleine Erna.

»So süß –«, die kleinste, die Hilde.

»Nee, wirklich, richtig süß«, stellte der Vater fest. »Wo hast du denn den Zucker her?« fragte er Marie.

»Ich hab' welchen geschenkt gekriegt, die Martha war hier«, log das Mädchen. Martha war das Stubenmädchen bei »Oberingenieurs« gewesen, und auch sie war jetzt wieder bei ihren Eltern, seit die große Villa verschlossen stand. Ihre Eltern hatten einen Kramladen unten in Neurode.

»Mir hat noch keiner nichts geschenkt«, brummte der Vater. Aber er ließ es auf sich beruhen. Er sah nur unterm Löffel die Marie forschend an, die langsam rot wurde und mit den Kleinen zu schimpfen begann. Aber schließlich stand sie rasch auf. »Was ist denn heute mit dir, Mädel? Bist ja so aufgeregt?« fragte er. »Was soll schon sein?« fragte sie ein wenig schnippisch. »Wenn euch die Suppe nicht schmeckt, dann laßt sie doch stehen«, wandte sie sich an die beiden großen Jungen, die sie erstaunt ansahen.

»Ooch, die ist viel besser, als die Mutter sie kocht«, meinte Florian, den vollen Löffel einschiebend.

»Laßt für die Mutter was übrig, die ist hungrig, wenn sie von Albendorf kommt«, mahnte der Vater, da die Kinder den Topf schon fast leer hatten.

»Die Martha hat so viel erzählt«, sagte Marie noch, um ihr Verhalten zu erklären.

»Na ja, ist schon gut.«

Grau ist die Luft über den Revieren, grau und voller Ruß. Das ist im Waldenburger Land so, und so ist es auch in Oberschlesien. Warum sollte es in dem kleinen Neuroder Nebenrevier anders sein? Mögen auch die Zechen feiern – diese feine, dünne Staubwolke, die alles einhüllt, sich überall niederschlägt, die scheint viele Jahre zu brauchen, ehe der Wind sie ganz aus dem Lande fegen kann. Genau wie die stets entzündeten Augen, die rasselnden Lungen. Genau wie die Vorliebe für scharfe Schnäpse und die Randalier- und Rauflust der Jungen.

Das graueste aller grauen Gebäude aber ist das Arbeitsamt. Auch das scheint überall so sein zu müssen. Drei Tage in der Woche, jeden zweiten, liegt es stumm, leer, tot. An den übrigen dreien ist es voller Geschiebe, Gedränge, voller Murren und manchmal auch leidenschaftlichen Aufbegehrens. Das jedoch ist selten. Wie die Luft in den Revieren die Kraft der Lungen bricht, daß nur die stärksten es gesund überstehen, so bricht die Luft der Arbeitsämter den Mut, die Hoffnungen.

An einem dieser drei Tage aber ist sogar Lärm darin, verzweifelte Munterkeit, unzufriedene Hoffart und jähe Drohung. Das ist der Zahltag, der Tag, an dem der Vater Staat seinen arbeitslosen Stiefkindern ein kleines Almosen hinwirft, damit sie nicht gänzlich verhungern. Damit sie ihm treu bleiben, wenn etwa einmal »bessere Zeiten kommen sollten«. Oder damit sie wenigstens noch das Geld für den letzten Strick haben. Was er ihnen hier in ständig steigenden Zahlen achtlos hinwirft, nimmt er ihnen verdoppelt wieder durch den fallenden Wert. Daß das Betrug ist, das ist jedem klar. Aber wo sitzt der Betrüger? Wo kann man ihn fassen, ihn verantwortlich machen, ihn zwingen, seine Opfer loszulassen?

Über allen Tagen, den stummen wie den erregten, liegt das Grau, das Grauen der Lähmung, der Hoffnungslosigkeit, der Selbstaufgabe. Mag mancher auch nachher in den Kneipen lärmen und sich toll gebärden. Wer durch diese grauen Häuser gegangen ist, trägt den Kopf tiefer, ist gezeichnet.

Heute ist Zahltag. Die Hunderte der feiernden Grubenarbeiter holen ihre wöchentlichen Almosen: Die Schalterbeamten sind nervös. Das, was sich da vor ihren kleinen Fensterchen vorüberschiebt, das sind für sie längst keine Menschen mehr, unterscheidbar nach Gesicht und Charakter, sondern eine gestaltlose Masse, tückisch und voller böser Absichten.

Irgendeiner aus dieser Menge, eine Nummer nur, weiter nichts, macht Einwände.

»Beschweren Sie sich doch«, schreit der Mann hinter dem Schalter, »ich kann das nicht ändern!«

»Der Herr Vorsteher –«

»Der kann's auch nicht ändern.«

»Dann gehe ich zum Landesarbeitsamt.«

»Das kann dir ebensowenig helfen, Mann.«

»Und wenn ich bis zum Minister muß deswegen –.« Immer leiser, aber immer aufgeregter kommt Wort für Wort.

»Auch der kann nicht gegen das Gesetz. Mach weiter, Mensch.«

Irgendeiner aus dem wartenden, schiebenden, aufhorchenden Grau ruft: »Geh doch gleich zu Eberten, aber halte hier den Betrieb nicht auf.«

Das scheint selbst den Mann hinterm Schalter, dieses Rädchen in der Seelenlosigkeit einer gespenstischen Maschinerie, zu überwältigen, für einen Herzschlag nur. Ließe er sich länger hinreißen, dann wäre er ungeeignet, müßte den Krempel hinwerfen – um selber stempeln zu gehen. Er schiebt die Brille ein Stück herunter, und über sie hinwegschauend beugt er sich aus dem Fensterchen, ein trostloses, verbittertes, altes Gesicht in schmächtigem Rahmen: »Dem Gesetz ist das gleich – Gesetz ist Gesetz, für den Präsidenten wie für dich. Da könnte nicht einmal der Herrgott gegen an!« Und dann ist er wieder nur das Rädchen: »Weiter. Der nächste!«

Was ist das mit dem Gesetz?, denkt Martin Rother, seine siebenunddreißigtausend Mark in der Faust, und schiebt sich mit den anderen die Treppe hinunter. Von Menschen ist das Gesetz gemacht für die Menschen – und bringt sie doch um?

Im Ausgang trifft er wieder mit Neumann zusammen und fragt den.

»Weißt du«, sagt der Neumann nachdenklich, »das ist dasselbe wie die MGs, Kanonen und Minen oder das Giftgas von der Somme und Verdun. Das haben auch die Menschen gemacht, und es ist stärker als seine Erfinder.«

»Ja, aber«, beharrt Rother, »für uns ist es doch da, uns soll es nützen, uns soll es helfen?! Da stimmt doch irgend etwas nicht. Da ist doch irgend etwas nicht richtig.«

»Nützen uns denn die Kohlen etwas da unter unseren Füßen? Und doch haben wir keine Arbeit, und doch werden wir frieren. Da stimmt allerhand nicht, aber wer kann es ändern?«

Da bleibt der Rother auf einmal stehen und faßt den Einarmigen am Knopf. Er achtet nicht darauf, daß er von hinten gepufft und geschoben wird. Ein Gedanke ist ihm gekommen, ein ungeheuerlicher. Er muß schon in ihm gewürgt haben seit den quengelnden Fragen seines Bastian gestern abend: »Du, Neumann«, sagt er ganz aufgeregt, und seine Stimme hat keinen Klang, »die Grube – wir – die Grube, die müßten wir Arbeiter selber in die Hand nehmen«, keucht er.

Der Neumann sieht ihn an, schüttelt den Kopf, sieht ihn wieder an: »Bist woll tälsch, Martin! Wie soll denn das gehen?«

Dem Rother kommt es jetzt selber albern vor, und er schämt sich, daß er sich von so einem verrückten Gedanken hat fortreißen lassen wie ein Schuljunge. »Ist's ein Wunder, daß man und man wird mit sachtem verdreht im Koppe?« brummt er verlegen und geht weiter.

»Weißte was«, sagt der Neumann nach einigen Schritten, »heute woll'n wir mal dicke tun. Komm, wir gehen zum Kretscham und nehmen einen. 's wird uns nicht schaden. Die paar Pfennige –.«

»Ich glaube gar, dir kommt's auch bisweilen«, meint der Rother, aber er geht mit.

Es war Großbetrieb in der Schankstube wie immer an Zahltagen. Die paar Pfennige – das mochten sie sich wohl alle sagen. Aber meist war dann alles weg. Der Wirt war der einzige, der an den Zahltagen zufrieden war. Die Lockung war zu groß, und es tat doch, wenn auch nur für eine Stunde, gut, den grauen Staub hinunterzuspülen und die Hoffnungslosigkeit und das ganze Elend zu vergessen. Rother hatte ein schlechtes Gewissen, als er einen Wacholder und ein Bier bestellte.

»Prost, Martin!«

»Prost, Neumann – ah!«

»Sieh ock, der Rother und der Neumann!« Der rote Wenzel trat an den Tisch heran. Seine Augen glühten schon, die Nase war fast noch röter als seine wilden Haare. »Kommt ihr endlich auch zu uns Proletariern? Wollt ihr nicht einen ausgeben? Als Einstand sozusagen?« Er setzte sich dazu, sein Bier hatte er mitgebracht. »Du hast mir gestern den ganzen Spaß verdorben mit deinem Gequatsche, Neumann. Na, nischt für ungut.«

»Das ist doch kein Spaß, Wenzel. Das nähme uns die letzte Hoffnung.«

»Die Hoffnung, sagst du? Ja, hast du denn noch welche? So nicht, sage ich dir. Mit dem Zuwarten gewinnen wir keinen Blumentopf. Hoffnung, sagst du! Wie stellst du sie dir denn vor? Mit bunten Gardinen vor den Fenstern und zum Feierabend 'ne Pfeife und 'ne Flasche Schnaps und Pantoffel an die Füße und zum Schlusse vielleicht noch ein Staatsbegräbnis erster Klasse in der Albendorfer Gruft? Leck mich doch am Arsch!« Er sprach ganz ernst. »Das ist doch alles der gleiche Schwindel, dort in der Kirche mit Gold und Weihrauch und Seidenfransen und hier im Drecke. Der Herrgott etwa? Der ist dort ebensowenig wie hier. Dem ist es ganz egal, ob wir hier fluchen oder dort halleluja singen. Der ist immer bloß für die Reichen. Nicht für uns. Opium für das Volk! Verrecken tun wir so oder so, das hier«, er stieß mit dem Knöchel gegen Neumanns Schnapsglas, »das ist noch das einzige, was uns sicher ist, solange wir nicht ausgesteuert sind. Wenn uns erst die Wohlfahrt beim Wickel hat, dann ist auch das vorbei.« Nach einer Weile, während sie schweigend in die Gläser sahen, sagte er, und er glaubte, sehr laut reden zu müssen, um sich in dem allgemeinen Tumult verständlich zu machen: »Habt ihr gehört vorhin – die Hühnerleiter bis zum Ebert hinauf?«

»Die kannst du paarmal rauf- und runterrutschen, bis dir die Knochen lahm werden«, meinte Neumann, »und es wird doch nischt nich gebessert.«

»Nu warum auch?« sagte der Wenzel und stützte sich breit auf die Ellbogen. »Für die, die im Specke sitzen und in ihrem Amte, die ihr Gehalt haben und Tantieme und Pension, gilt ja das alles nicht, was hier unten passiert. Weißte, das sind nämlich die Herren Sozialisten dort oben. Beim Kaiser war das auch nicht anders. Da haben wir gedacht, nu haben wir die Revolution und nu muß alles besser werden, und bald kommt das Paradies – 'n Dreck haben wir. Revolution! Wir verstehen es eben nicht, 'ne richtige Revolution zu machen. Seht euch Rußland an. Da hieß es ›Köppe runter‹, und alles, was im Wege war, das wurde kaltgemacht. Eine Million, zehn Millionen, ganz egal. Dafür fleckt's dorten jetzt. Aber bei uns? Laß dir's sagen, bei uns wird das nie anders. Wir Deutschen sind viel zu dämlich dazu. Nee – zum Deibel, selber müssen wir uns helfen! Du und du und du! Das Gesetz – das Gesetz! Da kannst du hinfassen, wohin du willst«, schrie er, daß einige aufmerksam wurden, »und nirgends kriegst du einen Menschen in die Hand. Alle verstecken sich bloßig immer hinterm Gesetze. Kein Mensch und kein Gott und kein Teufel! Es hat kein Gesicht und kein Herze. Bloß einen Arsch. Es scheißt uns was. Das ist alles. Es ist wie's Kapital. Da kannst du auch keinen Menschen fassen. Aber dem Kapital, dem können wir wenigstens eins in die Fresse schlagen! Das können wir kaputtmachen. Dem können wir eins auswischen, daß es merkt, wir sind auch noch da. Und darum, da war das auch kein Spaß gestern. Das war Ernst, das war heiliger Ernst, Neumann.« Er legte ihm die Hand auf den Arm und sagte: »Und ich möchte dir raten, das nächste Mal nicht gegen mich zu reden, wenn wir Freunde bleiben wollen. Es könnte böse auslaufen für dich.«

»Wenn du nicht so viel reden tätst«, sagte einer der Umstehenden lachend, »könntest du mehr saufen, Wenzel.«

Der Wenzel fuhr mit rotem Gesichte herum: »Das eine sag' ich dir –« Aber der Neumann hatte ihn am Arme gefaßt und drehte ihn herum: »Nischte sagste, Wenzel, es wird bloß Unsinn. Trink lieber noch einen, auf meine Rechnung. Aber jetzt will ich dir was sagen: Wenn wir alle und wir täten uns zusammen und wir gingen hin zum Direktor«, er sah Martin Rother dabei an, denn dessen Gedanke war es ja, was er jetzt dem Aufgeregten klarmachen wollte, »und täten ihm sagen: Herr Direktor, wir wollen wieder einfahren und fördern, und wir verzichten auf den Schichtlohn, bloß daß wir wieder Kohle kriegen für uns, und Sie müssen auf ihre Tantieme verzichten und auf Ihr Gehalt –«

»Mensch, hör mit dem Quatsch auf! Der wird dir was erzählen! Aufs Gehalt verzichten!! Warum haben sie denn die Grube stillgelegt? Weshalb müssen wir denn stempeln gehen und haben nischt zu fressen und nischt zu heizen, he? Weil die Herren alle nicht verzichten wollen! Und meinst du, wenn du kämst und sagtest ihnen was von Verzichten! Rausschmeißen tun sie dich, einsperren! Nach Scheibe bringen sie dich in die Irrenanstalt. Hahaha! Verzichten! Die und verzichten!! Das wäre ja gerade gegen ihr Gesetz!«

Er wurde unterbrochen. An der Tür entstand neuer Tumult.

»Der Robert ist im Lande, der Robert ist da!« schrie es in den Tabaksqualm. Bewegung an der Theke. Über die Köpfe weg fegte ein Arm: »Einen Doppelten und einen Schnitt für alle!« rief eine helle Stimme. Gejohle antwortete.

Der Wenzel stemmte sich hoch: »Mein Junge! Was sagt ihr nun? Und zu Hause war der Feger noch gar nicht.« Er arbeitete sich durch das Gewühl. Volle Gläser wurden weitergereicht, von Hand zu Hand, von Tisch zu Tisch. Kellner und Schankmädchen trugen ganze Bretter voll.

»Ich mag keins«, sagten Rother und Neumann, »was ich trinke, bezahle ich selber.«

»Es ist schon bezahlt«, sagte der Kellner.

»Aber nicht für mich – nimm's wieder mit«, sagte Rother lauter.

»Meins auch«, sagte Neumann.

Einige sahen es, lachten und sagten es weiter. Aus dem Gewühl, in dem Wenzels roter Kopf manchmal auftauchte, schob sich eine breite, untersetzte Gestalt an den Tisch der beiden.

»Ihr wollt nicht saufen, weil ich's bezahle?« fragte Robert drohend.

»Versauf ock du dein Geld alleine«, meinte Rother ruhig.

»Ach, Ihr seid's, Vater Rother! Nischt für ungut, beleidigen wollte ich Euch nicht. Aber Ihr könnt's wirklich annehmen, ich habe mehr Geld hier in der Tasche, als die dort drüben im ganzen Jahre auszahlen.« Er schlug auf die Brusttasche.

Einige Burschen hatten sich herangedrängt, sie mochten wohl erwartet haben, daß der Robert in seinem schnell gereizten Jähzorn ihnen wegen der ausgeschlagenen Einladung ein gutes Schauspiel geben würde. Sie waren enttäuscht, ihn in friedlicher Unterhaltung zu sehen, die gar nichts versprach.

Die beiden Männer waren aufgestanden, zahlten eben und drängten sich durch die Menge. Martin hörte noch, wie einer sagte: »Ach so – weil er der Vater von der Maria ist –.« Das und das darauf folgende Gelächter blieb ihm im Ohre, ohne daß er es zunächst verstand.

Sie sprachen nicht viel auf dem Heimwege. Sie waren in Gedanken immer noch bei Wenzels Worten vom Gesetz und vom Kapital, diesen blinden, anonymen Mächten, die, selbst jedem Zugriff entzogen, keinen aus ihren Fängen ließen und unbezwingliche Herren, ja Despoten waren. Und zwischendurch ging ihnen immer wieder der abenteuerliche Plan durch den Kopf, der dem Rother plötzlich aufgestiegen war und den Neumann aufgenommen hatte. Sie fühlten, daß sie hier vor einem Wege standen, der – vielleicht! – in eine bessere Zukunft führte. Aber sie wußten nicht, wie den ersten Schritt tun. Sie wußten nur, daß der Wenzel recht hatte: So, wie der Neumann sich das vorstellte, so ging das nicht. Und weil sich jeder davor scheute, wieder damit anzufangen, sprachen sie nur ab und zu ein Wort über den Stand der Felder, über ihre Ziegen, über das Wetter.

Und dann fiel dem Rother die Anspielung auf seine Tochter ein.

Was hatte Maria mit dem Wenzel-Sohne zu tun? Nun ja, die Marie war öfters zerfahren und hatte ihre Heimlichkeiten, aber, herrjemensch, welches Mädel in diesen Jahren hatte keine? Das war sicher nicht ernst zu nehmen, die Marie hatte ja sein gutes Blut, dem er vertrauen konnte. Merkwürdig nur, daß ihm solche Kleinigkeiten wieder in den Sinn kamen wie der Zucker gestern abend in der Brotsuppe. Aber was hatte das damit zu tun? Machte es die Not, daß ihm manchmal so wunderliche Gedanken kamen? Freilich, er kam in die Jahre, er war nicht mehr der Jüngste, und durchgemacht hatte er in den letzten zehn Jahren seit 1914 wahrhaftig genug, daß einem allerhand im Kopfe umging.

Sie bogen zum Oberdorfe ein. Weit vor sich sahen sie zwei Gendarmen stehen, nichts Ungewöhnliches so nahe der Grenze. Als sie nach dem Abkürzungsweg über den Hügel wieder zwischen die Häuser kamen, gingen die beiden in ihren grünen Uniformen mit den neuartigen Tschakos dicht vor ihnen. Vor zehn Jahren hatte er, der Rother, als Hirschberger Jäger auch solchen Helm getragen.

Unwillkürlich hielten sie die Schritte zurück, um die beiden Beamten nicht einzuholen. Mit einem jähen kalten Gefühl sah Rother, daß sie an seine Tür klopften. War es etwa wegen dem Holze, das sie gestern gesammelt hatten? Aber da hätte doch der Förster erst kommen müssen! Ihm gleich die Gendarmen auf den Hals zu schicken, als wäre es ein Verbrechen! Oder konnte es etwas anderes sein? Er erforschte sein Gewissen, als müsse er vor den Beichtstuhl treten. Aber es fiel ihm nichts ein, was er angestellt haben könnte. Die Jungen vielleicht? Das Holz oder die Pilze oder die Beeren im Walde, das waren doch Kleinigkeiten! Oder die Handvoll Kohle auf der Halde – da müßten sie gleich das ganze Dorf einsperren. Na ja, das Gesetz – da war es wieder! Er wollte den beiden schon heimleuchten! Die spürten ja den Hunger nicht und die Kälte, diese Herren mit ihrem festen Gehalt und den mietefreien Dienstwohnungen.

Rasch verabschiedete er sich vom Neumann und trat zu den Gendarmen an der Tür.

»Zu wem wollt ihr denn?« fragte er mürrisch.

»Guten Tag auch, Rother! Mit Ihnen hat's vorläufig noch Zeit«, scherzte der eine, »Ihre Tochter wollen wir bloß besuchen, die Marie, das hübscheste Mädel im Dorfe.«

»Nanu?« erschrak Rother, »hat das Mädel was ausgefressen?« Der Zucker gestern, dachte er. Oder ist's doch etwas mit dem Robert? Mit einem unguten Gefühl ließ er die beiden voraus eintreten.

»Marie!« schrie er schon auf dem Flure. Zuerst erschien die Mutter in der Küchentür, dahinter das Mädchen. Wurde es nicht blaß, erschrak es nicht, als es die Beamten sah?

»Laß gut sein, Mutter«, sagte der alte Rother, »von uns wollen sie nichts, bloß von der da. – Was hast du denn angestellt, he?« fuhr er Marie an.

Es ging tatsächlich um den Robert, wie bei dem Verhör herauskam. Die tschechische Behörde hatte ihn als das Haupt einer großen Schmugglerbande bezeichnet, und nun versuchte man es auf beiden Seiten der Grenze zu beweisen.

»Und die Marie?« fragte die Mutter entsetzt. Sie stand mit gefalteten Händen im Winkel, wo das altersdunkle Bild der Muttergottes zwischen geweihten Palmkätzchen und künstlichen Blumen hing.

Nun, es ging das Gerede, daß der Robert und die Marie Rother, na ja, wie soll man sagen, ohne einer als ehrenhaft bekannten Familie nahezutreten – und außerdem ist es ja ein Gerede, noch durch nichts bewiesen, nicht wahr? –, nun also, daß die beiden sich ab und zu sähen.

In den Akten freilich stand etwas von »heimlicher Liebschaft und vermutlicher Hehlerei«, aber das trauten sich die Beamten nicht so ohne weiteres zu sagen.

Jedenfalls meinten sie, wäre es doch immerhin möglich, nicht wahr, Fräulein Marie, daß Sie und Sie wüßten was von dem Schmuggel. Der Robert sei hier gesehen worden, ob nicht etwa gestern abend –?

»Was soll gestern abend gewesen sein?« fragte Marie ganz ruhig. Sie war überhaupt die ruhigste von allen. Der Vater saß hinter dem Tische auf seinem gewohnten Platz und hielt die

Fäuste auf seinen Knien gekrampft. Den Hut hatte er gar nicht abgenommen.

Aber da sagte der jüngere der Beamten grob, er war noch neu hier in der Gegend und hatte kein Verständnis für die familiäre Art des vorgesetzten Kollegen: »Wir müssen hier die ganze Bude untersuchen. Da wird sich es ja zeigen. Führen Sie uns durch alle Räume, Rother.«

»Für Sie bin ich der *Herr* Rother, immer noch«, sagte der Alte, ohne sich zu rühren.

»Sei gemütlich, Vater Rother«, meinte der andere Beamte und legte ihm die Hand auf die Schulter, »wir tun ja auch bloß unsere Pflicht, und die ist nicht immer leicht, kannst mir's glauben.«

Auf der Straße draußen lärmte die Kinderhorde und versuchte, durch die Scheiben zu glotzen. Während die Uniformierten – der ältere, der dem Mädchen heimlich zublinkerte, was ihm aber nur einen trotzigen Blick eintrug, nur flüchtig, der jüngere dagegen mit peinlicher Genauigkeit – in die Schübe, in den Schrank, in die Büchsen sahen, platzten die beiden kleinen Mädchen herein und blieben in der offenen Tür stehen, hinter der sich die übrigen Kinder verstummend mit großen Augen drängten. Die Mutter ging und jagte sie hinaus.

Der jüngere der Beamten revidierte die Schlafstube der Eltern, er schlug sogar die ärmlichen Betten auseinander und fühlte die Strohsäcke ab, stocherte unter der Kommode und wollte den wackligen Schrank abrücken, ohne daß die Rothern, mit feindseligen Blicken dabeistehend, ihm auch nur im geringsten half; der andere ging mit dem Alten nach oben, um sich auf dem Boden umzusehen. Marie folgte ihnen. Sie trug immer noch ihr Lächeln zur Schau, aber die schnippischen Reden waren ihr vergangen.

Das Gesetz, dachte Rother, während er langsam Stufe für Stufe hinauftrat, hinter den Stiefeln her mit den blanken Sporen. Noch nie war ihm das Treppesteigen so schwer gefallen; ihm war, als führe sie bis in den Himmel hinauf, so endlos schien sie. Das Gesetz – auch hier ist es keiner, nicht der Wachtmeister, den er unter sich rumoren hörte, nicht der Oberwachtmeister, nicht der Polizeileutnant in Neurode, der Oberst in Glatz, der Polizeipräsident in Breslau oder ein Minister in Berlin. Keiner ist es, und doch sind es alle! Und wer da hineingerät in die verdammte Maschinerie, mit dem ist's alle. Wie wenn einer im Kesselhaus ins Schwungrad kommt, mit einem Jackenzipfel vielleicht bloß, schon hat's den ganzen Kerl reingerissen, wirbelt ihn herum und schmeißt ihn zerfetzt an die Wand. Aus. Aber die Maschine läuft weiter, sie fühlt das gar nicht, daß sie eben ein Leben zuschanden gemacht hat, sie muß weiterlaufen, weil ja nicht die ganze Grube stehenbleiben kann deswegen. Aber jetzt steht sie doch still, die Grube, und deshalb haben wir nichts zu fressen und müssen stehen und schmuggeln. Und die anderen, die untersuchen und verhaften und sperren ein, denen ist es egal, wie und warum und wovon wir leben. Sie haben das Recht, nicht wir. Warum? Das Gesetz. Das Gesetz, das irgendwie nicht stimmt.

Indessen hat der Gendarm die Tür des Verschlages geöffnet. »Aha, hier wohnt die Jungfer. Schmuck hat sie sich's eingerichtet. Darf man nähertreten?« Er strich sich den langen Schnauzbart und schob sich an Marie vorbei, die sich in den Türrahmen gelehnt hatte. Viel war nicht zu sehen, das schmale Bett, der Waschständer, ein Brett an der Wand mit Papierblumen und allerhand kleinem Kram, das buntseidene Kleid an einem Nagel an der Wand. Postkarten, mit Reißnägeln an die Brettwand geheftet, Rudolf Valentino, Gustav Fröhlich, Harry Piel in

Zylinder und weiß gefüttertem Frackmantel. Ein großes Marienbild unter Glas, an dessen Nagel ein paar Seidenbänder baumelten. Palmzweige hinter den Rahmen gesteckt. Alles sauber und tadellos aufgeräumt.

»Schmuck, schmuck«, sagte der Oberwachtmeister wieder und zwinkerte dem Mädchen zu, auf die Filmpostkarten zeigend: »Dagegen hat unsereins natürlich keine Chancen.« Er bemühte sich, leicht aufzutreten, da die Dielen erbärmlich knarrten. Der Ordnung halber schlug er das Deckbett zurück und strich über das hängende Kleid. »Hier also ist der Robert nicht versteckt«, scherzte er. Martin Rother stand wie teilnahmslos neben seiner Tochter an der Tür.

»Zu finden ist nichts, zu erfahren auch nichts, muß ich ins Protokoll aufnehmen.« Der Gendarm schüttelte allen die Hand und kniff Marie in die Backe.

»Nu he«, kicherte sie übermütig, sich zurückbiegend, »gehört das auch dazu?«

»Das nehme ich nicht zu Protokoll«, lachte sie der Beamte an. »Nun denn Gott befohlen, und seien Sie uns nicht böse, Vater Rother. Sie wissen ja, Befehl ist Befehl. Daß wir gerade bei Ihnen am Unrechten sind, das hab' ich bahle gewußt.«

Der jüngere salutierte nur stramm, und dann gingen sie.

Der alte Rother setzte sich stumm hinter den Tisch in seinen Winkel. Befehl ist Befehl, sann er schwerfällig. Gesetz ist Gesetz. Einer allein kann da nichts dagegen. Aber wenn sich alle zusammentun, wie der Junge, der Florian, gestern gesagt hatte. Ja, ja, die Kinder, die sprechen das so leicht hin. Und die treffen meist das Richtige. Bloß mit dem Ausführen, das ist eben die Sache. Der Wenzel, der macht's sich leichter. Der schimpft und will Revolution machen. Will zerschlagen, vernichten, was ihn ärgert. Aber was soll dann weiter werden? Das weiß der Wenzel selber nicht. Und deshalb ist es falsch, was er will. Bei mir ist es andersrum. Ich weiß den Anfang, aber nicht, wie es weitergehen soll. Es ist eben eine ganz verquergelte Sache.

Er griff hinauf zum Vogelbauer und tippte gegen die Stäbe. Hans, der Stieglitz, kam herangehüpft und pickte ihn in die harten Fingerkuppen.

»Ach ja!« seufzte er laut auf.

Die Mutter hantierte am Herde. Sie weinte leise vor sich hin. »Nee, Madel, daß de und du brengst uns so 'ne Schande ei's Haus.«

»Was für Schande?« trotzte Marie. »Es war ja nichts. Sie haben doch nichts gefunden.«

»Marie«, sagte plötzlich der Vater laut, »komm her, sieh mich an! Hier, mir in die Augen rein! Was hast du mit'm Robert?«

»Was sollt' ich haben? Nichts nicht«, sagte sie schnell und sicher.

»Du –«, es klang drohend, »laß dir's gesagt sein: Mit solchen Lumpen haben wir nichts zu tun. Und wenn ich dich erwische –!« Er hob die Hand. »Also, du weißt Bescheid.«

Und damit war für ihn die Sache erledigt. Er hatte andere Gedanken jetzt.

Während die Mutter beschloß, der Muttergottes dort im Winkel einen Wachsstock zu brennen um des Seelenheiles der Tochter willen – woher bloß die vier »Biehma« dafür nehmen? – und eine Wallfahrt nach Albendorf erwog, zu der das ungeratene Ding mitsollte, grübelte der Vater so vor sich hin. Aber er kam nicht zu Rande damit. Zum Neumann wollte er gehen. Vielleicht fanden sie zu zweien das, was er allein nicht herausbrachte.

Gleich nachdem die Kartoffelschüssel leer war, setzte er sich die Mütze auf und ging. Auf halbem Wege trafen sie sich. Der Neumann wollte ihn auch eben besuchen. Klarer und zielbewußter im Denken wie im Handeln, hatte auch er sich mit dem beschäftigt, was sie heute vormittag gesprochen hatten. Sie gingen ein Stück feldeinwärts, und der Rother erzählte, was es mit den Gendarmen auf sich gehabt hatte. »Dem Robert, wenn und ich treffe ihn noch einmal, die Knochen schlag' ich ihm kaputt«, sagte er, »von mir aus kann er machen, was er will, aber mein Mädel, das soll er mir zufriedenlassen.«

Auf einen hohen Feldrain setzten sie sich so recht bequem in die Sonne. So saßen sie, vornübergebeugt, die Ellbogen schwer auf den Knien, die Hände gefaltet. Vor ihnen lag das weite Tal mit den vielen Hügeln und Mulden, den Dörfern, die sich langhin gekrümmt in den Gründen dehnten, und dort drüben die Stadt. Aber gerade vor ihren Augen etwas Fremdes, nicht in diese milde Landschaft Gehöriges, wie ein Geschwür, das nie mehr verheilen kann, lag das Grubengelände. Mit seinen Turmgerüsten und Essen, den Dächern, Halden und Geleisen, unregelmäßig umschlossen von Mauer und Zaun, lag es wie ein böses, schlafendes Untier, eine tote Stadt von seltsam fremden Formen, deren Atem dennoch das ganze Land erfüllte samt allen Menschen, die darin lebten. Und hätte doch das schlagende Herz sein müssen, Leben und Segen tragend. In großen Gärten halb verborgen, schauten mit hohen roten Dächern, Glasveranden und Balkonen die Villen der Grubenherren her, auch sie leer und verlassen, die Kamine ohne Rauch.

Die beiden Männer sprachen nicht mehr als manchmal ein »Ja, ja« oder »Nein, nein«. Sie nickten ab und zu bedächtig oder schüttelten die Köpfe, eine stumme Unterhaltung, die jeder mit sich selber führte. Sie wußten jeder vom anderen, woran er dachte, worüber er grübelte.

»Asu giehts nee wetter«, sagte endlich der Einarmige. »Wie du's gesagt hast, Martin, so ist es: Wir müssen es selber in die Hand nehmen. Bloß wie anfangen, das weiß ich nicht, und das weißt du nicht.« Er stopfte sich, so gut es ging, mit der einen Hand die Pfeife und hielt dem Kameraden den Beutel hin: »Stopf dir auch eine, es wird schon langen. – Ja«, wiederholte er mit den ersten paffenden Zügen, »wir selber müssen es machen. Und nicht warten, bis einer kommt und was für uns tut. Da könnten wir warten, bis wir schwarz werden.«

»Nu ja, ja, aber wie bloßig?« Rother kratzte sich den grauen Schädel. »Einer muß die Leitung übernehmen.«

»Das ist klar, aber das kann keiner von uns. Ich wüßte ja einen. Den Scherschmidt, der, was vorm Kriege Ingenieur hier war. Der hätte das Zeug dazu. Wär der hiergeblieben, vielleicht wär's anders gekommen. Der hatte ein Herz für unsereins. Deswegen haben sie ihn ja rausgebissen, die Herren.«

»Weißt du denn, wo er jetzt ist? – Der Scherschmidt, nu ja, der wär' schon der Richtige, 's mag woll so sein.« Rother nickte. Er betrachtete den schon ganz verkohlten Kopf seiner Pfeife und schob sie wieder in den Mund.

»Im Waldenburger Land arbeitet er. Ich könnte genau erfahren durch meinen Schwestersohn, der wo Hauer dorten ist. Aber das wichtigste, du, das ist halt's Geld. Und wenn wir bloß die paar Kohlen für uns selber fördern wollen, braucht's eben Geld. So ohne geht's nicht. Ich hab's mir genau überlegt. Nee – verkaufen müssen wir.«

»Wir wollen doch nicht verdienen, Neumann!« meinte der Rother erstaunt und sah ihn an.

»Nee, ums Verdienen ist es ja gar nicht. Aber Kapital brauchen wir am Anfang doch. Nicht viel, wenn wir alles von Hand betreiben, aber eben ein bissel. Wir täten bloß den alten Dreißig-Meter-Schacht befahren; viel ist zwar mit dem nicht mehr los, aber der wird am wenigsten Wasser haben, und wir können ihn von Hand bewettern und fördern, wir brauchen dazu nicht das große Kesselhaus.« Er hatte über Nacht alles überlegt und entwickelte einen eingehenden Plan, der ausführbar schien. »Bloßig – gerade den alten Schacht kenne ich wenig, und du kennst ihn auch nicht. Da ist es halt schwer zu sagen: So oder so ist's richtig.«

»Dorten war doch der Wenzel Obersteiger«, warf Rother ein.

»Weißt du was?« sagte der Neumann nach einer Weile, »wir gehen runter zu ihm, zum Wenzel.« Er stand sofort auf.

»Gerade zu dem?« wehrte sich Rother. »Mit dem will ich nischte nich zu tun haben. Mit allen anderen, aber mit dem nicht.«

»Der Wenzel hat dir doch nichts getan?« fragte Neumann erstaunt.

»Nee, der nich, aber sein Junge. Wegen dem Lausigel kommt mir der Gendarm ins Haus. Nee also, du – zu dem bringen mich nicht zehn Pferde in die Stube. Damit du's bloß weißt.«

Bekümmert, aber auch belustigt schüttelte Neumann, vor dem Eifernden stehend, den Kopf. »Sachte mit den jungen Pferden«, sagte er, »tu dich doch nicht gleich so aufregen. Wir können es ja sein lassen, das mit der Grube.«

»Sein lassen? Das mit der Grube? Nischte wird! Das wird!«

Rother fuhrwerkte mit beiden Armen in der Luft herum. So hatte Neumann den stillen Kumpel noch nie gesehen.

»Ja also, was wird denn nu?« fragte er. »Geh'n wir oder geh'n wir nicht?«

»Zum Wenzel runter? Weißte, es fällt mir schwer, es fällt mir verpucht schwer – – meinst du nicht, daß er und er wird uns rausschmeißen? Wo er doch alles zerschlagen will!«

»Ich meine«, sagte Neumann und klopfte sich die Hosen ab, »wenn man und man red't vernünftig mit ihm, da wird er's auch einseh'n. Er war kein schlechter Steiger, früher einmal, ehe ihn seine Alte so rapplig gemacht hat.«

Sie gingen wieder zurück, und Rother rief in sein Haus: »Mutter, wir machen mal bloß auf Neurode runter, zum Dunkelwerden sein wer wieder zurücke.«

Bastian kam herausgerannt: »Wie wird das nu mit dem Holze, Vater? Sollen wir es allein holen, der Florian und ich? Wir schaffen es, Vater«, versicherte er.

»Nee, mein Junge, lassen wir es bis morgen. Es hat ja Zeit.« Er mußte daran denken, daß dieser Junge es war, der dem Gedanken die rechte Form gegeben hatte, und war ein bißchen stolz auf ihn. Bastian war etwas erstaunt, daß ihm der Vater mit seiner schweren Hand über den Kopf strich. Das war nicht geschehen, soweit er sich erinnern konnte. Er konnte sich gar nicht denken, warum es geschah.

»Bist ein guter Junge, Bastian. Und der Florian auch. Vielleicht bringt ihr's mal weiter im Leben als euer Vater. – Geht ock spielen.« Er fingerte in den Hosentaschen herum, ob er nicht doch noch einen Sechser finde, den er dem Jungen schenken konnte. Aber er hatte nichts. Bastian fand, daß sein Vater ganz komisch sei. Er hatte ein wenig ein unheimliches Gefühl.

Indessen war der Neumann wiedergekommen, und sie machten sich auf den Weg.

Sie kamen zu einer bösen Stunde in das große Arbeitermiethaus am Stadtrande. Oder vielleicht gerade zu einer guten, wie man es eben ansieht. Und ob man das Äußere wertet oder den Erfolg. Je nachdem.

Schon im Flure unten, wo ein ganzer Haufen recht verwahrloster Kinder lärmend spielte, hörten sie ein Gewisper und Geflüster aus dem Stiegenhause und dazwischen, offenbar durch Türen gedämpft, eine keifende Weiberstimme.

Solch ein Haus mit den düsteren, schmutzigen, ausgetretenen Treppen, dem ausgebröckelten Putz, den vielen Türen in jedem Stock, mit seinen Gerüchen von allerlei Küchen- und Wäschedünsten, dem aus dem Hofe herdringenden Gestank überlaufender Mülleimer und vor allem mit den vielen Menschenohren und Augen hinter jeder Wand war ihnen etwas Unheimliches.

Es beklemmte ihnen den Atem, und gewiß hätte nicht viel gefehlt, sie hätten ihren Gang aufgegeben so dicht am Ziele. Sie wohnten doch gewiß weder reicher noch bequemer. Bei ihnen gab es keine Wasserleitung auf jedem Flur und erst recht kein elektrisches Licht oder gar Gas in der Küche – aber unter ihren niederen Dächern hausten eben nur Menschen, die zueinander gehörten und die zum Hause gehörten wie das Haus zu ihnen, und darum war es bei ihnen trotz aller Dürftigkeit und Ärmlichkeit nie so abstoßend häßlich, so unheimisch wie hier. In solch einem Haus leben müssen –! Da war es wirklich beinahe kein Wunder, wenn einer wie der Wenzel ein Randalierer oder wie sein Sohn ein Lump wurde.

Im dritten Stock, vor Wenzels Wohnung, stießen sie auf eine ganze Weiberversammlung, die ihnen neugierig entgegensah. Eine Alte mit zotteligem Haar, die Röcke hochgeschürzt, daß die krummen, dürren Beine in den ausgeschlagenen Galoschen weit daraus hervorsahen, bückte sich mit vorquellenden Augen und lüsternem Froschmaul zum Schlüsselloch, und immer, wenn da drinnen ein besonders heftiges Wort fiel, dann nickte sie, als müsse sie es mit dem ganzen Körper bekräftigen. Ihre Arme verlangten mit kreisenden Bewegungen Ruhe, damit ihr ja nichts von dem Wortwechsel verlorenging, von dem Skandal, der aus Wenzels Wohnung kam.

Wieder wollten die beiden umkehren und sahen sich stehenbleibend an, aber der Neumann stieg doch entschlossen weiter und fragte die erste Frau, die einen rotznäsigen, halbnackten Säugling auf dem Arm trug: »Was ist denn hier los?«

Eine andere zeigte schadenfroh mit dem Daumen über die Schulter: »Der Teuwel ist los da drinne. Die sagt ihrem Alten wieder mal Bescheid, ick gloobe, die verkloppt ihn gar.«

Die Horcherin schlug wieder mit der Hand durch die Luft, sie sollten doch stille sein.

»Heute früh haben die Gendarmen den Robert abgeholt – ein sauberes Früchtel.«

»Laßt mich durch, ihr Weiber«, sagte Neumann gemütlich, »wir wollen rein zum Wenzel.«

»Ich tät' mich nicht reintrauen«, meinte eine halblaut. Eine andere: »Kommt ock lieber morgen wieder, wenn sie sich beruhigt hat.«

Neumann lachte breit: »Wir sind ja zweie, wir fürchten uns nicht, na gell.«

Auch hier waren die Gendarmen gewesen, dachte Rother, das Gesetz, jetzt, hatte den Robert gepackt. Aber hier hatte es recht, das Gesetz, hier stimmte es. Oder vielleicht auch hier nicht?, mußte er denken und verglich dieses Haus und das Leben darin mit dem, wie es eigentlich hätte sein können und sein müssen.

»Du versoffenes Luder«, klang es kreischend von drinnen, und irgend etwas bumste dumpf, »'s Geld haste immer durch die Gurgel gejagt und Kinder in die Welt gesetzt. Gekümmert haste dich nicht drum, da konnte ich mich quälen. Nu siehste's, wohin's führt –«

Neumann schlug an die Tür. Es wurde stille drin. Ein Schritt schlurfte heran. Die Weiber waren im Nu zerstoben.

»Wer ist denn da?« fragte die böse Stimme.

»Der Neumann und der Rother-Martin. Den Kumpel wollen wir besuchen.«

»Da kommt ihr ja zum Rechten«, brummte es, und die Tür wurde aufgerissen. Die Alte sah wirklich zum Fürchten aus mit dem wildsträhnigen Haar, dem zornroten Gesicht, eine Pfanne in der Hand, als wolle sie eben damit zuschlagen. Mit dem nackten Unterarm fuhr sie sich unter der Nase entlang. »Drinnen sitzt er, in der Küche.« Sie sah schnell über die Stiege hinunter, wo, ein Stockwerk tiefer, die Frauen standen, und drohte ihnen mit der pfannenbewehrten Faust.

Ermutigend war dieser Empfang nicht; Rother begriff Neumann nicht, daß er sich noch einen Erfolg von dem Besuche versprach. Solche Verelendung, wie sie das Haus und seine Menschen zeigten: Das ist die dritte ungreifbare Macht neben dem Kapital und neben dem Gesetz, kam ihm in den Sinn.

Verlegen und darum mit schallendem Lachen empfing sie der Wenzel. Es hätte ihm ja auch wirklich nichts Lieberes geschehen können als solche Unterbrechung nach stundenlangem Gekeife. Er umarmte die beiden Männer fast vor Rührung.

»Los, Alte«, spielte er sich jetzt auf, »gib die Schnapsflasche wieder her, die der Robert mitgebracht hat. Echt Trautenauer Slivovitz, sage ich euch. So seltenen Besuch muß man begießen. Kommt, setzt euch her. Hier auf das Sofa, es ist halt ein bissel krumm, ihr müßt euch den richtigen Platz zwischen den Sprungfedern suchen«, lachte er.

»Nischt wie egal das Gesaufe, suste nischt eim Kuppe«, knurrte das Weib. Rother hätte nicht gedacht, daß es gut ausgehen würde, aber wirklich, sie brachte die Flasche und vier Gläser. »Damit ihr nicht etwan denkt, ihr könnt's alleene verpicheln«, sagte sie und goß sich selber zuerst ein.

»Seht ihr, so ist meine Alte«, lärmte der Wenzel, »'n gudes Weib is se halt doch, wenn sie ooch und se hat Haare uff a Zähn'n.«

Er wollte ihren Arm tätscheln.

»Gieh weg, laß mich bloß zufrieden, du Saufaus!« schrie sie ihn an, daß er beinahe das Glas hätte fallen lassen. Dann nahm sie den Besen und fegte allerlei Scherben beiseite.

»Ja, der Robert«, sagte der Wenzel, halb geschlagen und halb stolz, »den haben sie abgeholt. Ihr habt es wohl schon gehört da draußen. Aber nichts werden sie ihm nachweisen, die Brüder! Der ist schlau! Sein Geld, das hat er gut versteckt, nichts haben sie gefunden. Ja, das ist einer!« Er wollte noch mehr schwadronieren, aber der Neumann unterbrach ihn, weil er sah, daß es Rother verdächtig um die Augen zuckte:

»Wenzel«, sagte er, »wir hätten was mit dir zu reden –«, und er machte eine Kopfbewegung nach der fegenden Alten, als wolle er sagen: Ohne die.

Wenzel verstand, o, das war ihm nur allzu recht: »Geh'n wir halt rüber in den Kretscham, um die Zeit ist's leer dort.«

»Nischte wird!« fuhr seine Frau herum, »du bleibst da! Das

tät' dir so passen. Reden könnt ihr auch hier. Ach sooo –«, machte sie gedehnt und stützte sich auf den Besenstiel, »alleine wollt ihr sein! Du red'st nischt, was ich nicht auch hören kann!«

Gegen das Kommando konnte der Wenzel nicht an. Also mußte, wollten die zwei den Weg nicht umsonst gemacht haben gegen alle inneren und äußeren Widerstände, eben so geredet werden.

Die Alte tat, als kümmere sie sich nicht darum, aber ihre Einwürfe, vor sich hin gemurmelt, bewiesen das Gegenteil: »Ihr seid ja tälsch«, sagte sie oder: »Das wären ja neue Moden« oder: »Wenn eins verrückt wird, dann zuerst im Koppe.« Aber nach und nach, je mehr sie begriff, um so mehr giftete sie: »Für wen soll's denn gutt sein? Ooch bloß für die noblen Herren«, und ähnliches. Nein, sie war mit solchen Firlefanzereien ganz und gar nicht einverstanden.

Umgekehrt ging's beim Wenzel: »Nu hört oock!« hatte er zuerst ausgerufen, »damit fallt ihr ja dem Arbeiter gerade in den Rücken!« und: »Dazu geb' ich meinen guten Namen nicht her«, aber allmählich ging's ihm auf, daß er hier seiner widerspenstigen Alten den größten Streich spielen und dazu sich selber ins rechte Licht setzen konnte.

»Der Dreißig-Meter-Schacht? Nu, viel ist mit dem nicht anzustellen. Wir müßten schon tiefer gehen.« Und schließlich, je mehr die Alte vor sich hinschimpfte, ging es ihm auf, von welcher Bedeutung diese Beratung sein könnte, wie wichtig er selber dabei war. Wie eine Generalversammlung ist es, dachte er stolz. Und die Aktionäre, die alles bestimmen, das sind wir drei. Ja, er, der Wenzel, den seine Alte Saufaus und Lüderjahn nannte, er war einer der Hauptmacher, ohne den es nicht ging. »Mensch, wenn das was wird, wie steh'n wir dann da!«

Und da zeigte sich's, daß er seinen Verstand zum mindesten noch nicht ganz versoffen hatte. Sie wurden sich aber erst richtig einig, und er nahm die ganze Sache erst wirklich von der ernsten Seite, als seine Alte plötzlich auf den Tisch schlug und schrie:

»Den Quatsch schlag dir aus dem Kopfe, den machst du nicht mit. Du willst mit den Arbeiterverrätern geh'n? Für wen tätet ihr denn schaffen und rackern? Den Karren aus dem Miste ziehn? Für euch doch nicht etwa? Wenn die beiden sich dazu hergeben tun – du nicht! Und nu ist es genug mit dem Schnapse –«, und sie griff nach der Flasche.

Da tat der Wenzel etwas, was er wahrscheinlich in seiner ganzen Ehe noch nicht gemacht hatte: Er schlug gleichfalls auf den Tisch und schrie: »Die Flasche bleibt hier, verstanden? Und damit du's bloß weißt: Gerade tu ich mit. Nu grade. Wegen dir. Kümmer' du dich um die Wirtschaft und um die Lumpen. Von Politik hast du keine Ahnung. So. Gutt is. Und ihr – also ich bin dabei. Was wir gestern im Kretscham und heute hier geredet haben, das bleibt vorläufig unter uns, bis alles soweit ist. Hast du gehört, Alte? Wenn ich und ich merke, daß unter den Leuten bloß nur ein einziges Wörtel davon ist, dann schlag' ich dir die Knochen kaputt. Nu weißt du's.«

Seine Frau stellte sich kampfbereit vor ihn hin. »Du bist woll tälsch im Kuppe? Soll iech der –«

Aber weiter kam sie nicht. Der Wenzel schrie: »Hahl deine Muppe! Ich zieh' jetzt andere Seiten auf. Sieh zu, daß hier Ordnung wird, damit ich mich nicht vor den Kameraden für dich schämen muß. Das andere ist meine Sache, verstanden?«

Rother hatte den Kopf eingezogen. Neumann konnte ein Lächeln nicht verbeißen. Die Alte aber war von dem neuen Tone so verblüfft, daß sie tatsächlich anfing, mit einem Lappen den Herd und die Töpfe abzureiben. Dabei heulte sie und zog durch die Nase hoch.

Der Wenzel kümmerte sich weiter nicht darum: »Plärr nicht so, Alte«, sagte er nur noch und wandte sich wieder den beiden zu: »Das Kapital für den Anfang, das brauch' euch nicht zu sorgen. Das haben wir. Das Geld vom Jungen! Es sind ein paar hundert Dollars und ein paar tausend Tschechen-Kronen, die Francs und Englischpfunde nicht gerechnet. Wenn das einer versteht, gibt das einen ganzen Haufen Mark. Wird sich schon einer finden, vielleicht der Scherschmidt. Fahr du nieber, Neumann, das ist richtig und gut. Das Geld dafür, das streck' ich vor.« Er stand da, die eine Hand in die Hosentasche geschoben, und bekräftigte mit der anderen jeden Satz auf dem Tische.

Sein Weib stand in der Ecke und wischte sich mit dem Rockzipfel die Augen. Sie war gänzlich verwandelt. Sie wimmerte, daß sie der Bock dabei stieß: »Mein Leben lang hab' ich immer bloßig das Beste gewollt und mich geschunden von früh bis spät, und nu red'st du aso mit mir, da müßte doch der Herrgott selber –.« Aber der Herrgott tat ihr den Gefallen nicht. Dem Wenzel jedenfalls schwoll unter dem Geflenne der Kamm immer mehr:

»Als Vertrauensmann der Knappschaft, als ehemaliger Arbeiter- und Soldatenrat der Mariahilf-Grube sage ich, der rote Wenzel: Ich werde, wenn wir und der Scherschmidt uns einig sind, mit meinen Leuten reden, und da könnt ihr sicher sein, daß sie alle werden mitmachen tun«, als spräche er vor Tausenden, die er mit einer Handbewegung dirigieren konnte. Und er sah dabei nicht seine Kumpels an, die sich gegenseitig anstießen, sondern, den Kopf hochgeworfen, die Brauen, die borstigen, zusammengezogen, nur das flennende Weib. Das, das war sein Tag, sein Triumph nach dreiundzwanzigjähriger Ehe!

Dann aber gingen ihm die hohen Worte aus, und er wurde wieder der rote Wenzel, der Kumpel: »Siehste, Neumann«, sagte er, sich setzend und befriedigt wieder einschenkend, und gab es ehrlich zu, »es war doch gut, daß du und du hast mir den Spaß verdorben neulich – komm, Alte, stoß mit uns an, auf die neue Kameradschaftsgrube«, meinte er, gutmütig ihr das vierte Glas über den Tisch zuschiebend.

»Nee, ich mag nicht, mit dir trinke ich nicht.«

»Saufen sollste, hab' ich gesagt!« schrie er, schon wieder mit rotem Kopfe. Und sie nahm gehorsam das Glas.

Der Rother hatte die ganze Zeit über kaum ein Wort gesprochen. Auch der Neumann hatte lieber den Wenzel reden lassen. Erst auf dem Heimweg sagte er nachdenklich: »Nun ist alles auf dem richtigen Wege. Und Geld haben wir auch zunächst.« Er fühlte behutsam nach der Brusttasche, über der er den Rock bis oben hin zugeknöpft hatte. Als er sie immer noch prall und dick unter dem fadenscheinigen Stoffe fühlte – wie war das fremd, bedrückend und beinahe unheimlich, in dieser Zeit des wertlosen Geldes so viele Scheine bei sich zu tragen, die sicher waren wie die Erde selbst!

»Und das alles verdanken wir eigentlich dem Wenzel seiner Alten«, meinte er schmunzelnd.

»Weißt du«, Rother sah den Einarmigen etwas scheu von der Seite an: »Das mit dem Gelde, das gefällt mir nicht. Es ist Sündengeld, und das ist gar nicht dem Wenzel seins. Wir müßten es doch abliefern.«

»Da müßten wir ja reine verrückt sein! Wo doch das Geld sein Gutes tun soll. Wir nehmen es, wo wir es kriegen, ist doch ganz klar. Mag's der Wenzel mit seinem Jungen selber ausmachen. Wir können es ja später zurückzahlen«, beschwichtigte er den Kumpel und auch sich selber. »Weißt du was, jetzt gehen wir erst noch mal in den Kretscham, komm.«

»Nee, nee!« wehrte Rother erschrocken ab, »ich vergreif' mich nicht an dem Gelde, Nee, nee!«

»Dummer Kerl, soviel hab' ich noch selber, daß es für uns beide auf einen Schoppen und einen Weißen langt«, redete ihm der Neumann zu.

Aber Rother beharrte: »Ich fühle mich nicht sicher, wenn wir soviel Geld bei uns haben. Laß uns erst zu Hause sein.« Und er schritt schneller aus.

Am nächsten Morgen frühzeitig machte sich Neumann auf den Weg nach Waldenburg. Er hatte Glück. Auch dort wurde die Arbeit eingeschränkt, und Scherschmidt als einer der jüngsten Ingenieure stand auf der ersten Entlassungsliste. Er war bereit, nach Neurode zu kommen; allerdings müsse er zunächst die jetzigen Verhältnisse prüfen, ehe er eine solche Verantwortung übernehme, sagte er. Er war ein ruhiger, besonnener Mensch, der sich auf kein aussichtsloses Abenteuer einließ. Das wußte Neumann, und deshalb fuhr er mit dieser halben Zusage zufrieden zurück. Das Geld hatten sie als Stock zu einer Kameradschaftskasse zur Bank getragen. Auch in diesen Dingen zeigte sich Scherschmidt als umsichtig und alle Vor- und Nachteile genau erwägend.

Vierzehn Tage später riefen der rote Wenzel und Neumann die Kumpels zusammen. Es war wieder am Zahltage. Aber sie gingen nicht in die Kneipe, sondern zogen in langen Reihen zum Zechentore. Der rote Wenzel verstand sich darauf, die Sache richtig aufzuziehen. Er hatte neben dem Tore ein Podest aus ein paar Brettern zusammenschlagen lassen, und darauf stand nun ein Tisch und dahinter vier Stühle. So bekam das Ganze ein ordentliches Gesicht. Mit viel Wasser hatte er seine Haare zu einem richtigen Scheitel geklebt. Er war kaum wiederzuerkennen. Und seine Rede hatte er einstudiert, eine Rede – sie sollten staunen, was alles in ihm steckte. Wenn auch die Idee vom Rother und vom Neumann kam, sie sollten dafür ja auch da oben sitzen, aber reden, das konnte er eben am besten. Das war seine Sache ganz allein, nu klar.

Er hatte auch Fahnen gewollt und eine Girlande um das Tor, das bei seinen letzten Worten, so hatte er sich das ausgemalt, feierlich aufgestoßen werden sollte, aber da hatte Neumann ganz entschieden protestiert. So weit war's ja noch lange nicht, erst mußte alles im reinen sein. Wenzel hatte sich bescheiden müssen. Die ganze Sache war ja zuletzt doch nicht unter ihnen dreien geblieben – ohne daß Wenzel seiner Alten hätte dafür die »Knochen kaputtschlagen« können. Und es hatte, ganz abgesehen von den amtlichen Auseinandersetzungen vom Landrat bis zum Oberbergamt und zu den Aktionären, viel Streit und Widerstreit, viel Spott und leidenschaftliches Dafüreintreten gegeben. Im Wacholder-Kretscham hatten sogar einige Stühle und eine ganze Reihe Gläser daran glauben müssen. Der Kretschmer war auch einer der wildesten Gegner des Planes. Erst die Zusage, daß künftig alle Beratungen der Bergmänner bei ihm stattfinden würden, hatte ihn für den voraussichtlichen Geschäftsausfall an den Zahltagen des Arbeitsamtes einigermaßen entschädigt und ausgesöhnt. Weniger leicht waren einige der Direktoren, die auf die Nachricht des Planes hin sofort erschienen waren, um ihre Rechte geltend zu machen, abzuwehren. Sie konnten und wollten nicht einsehen, daß es ohne sie gehen sollte. Sie beriefen sich auf Verträge und beschäftigten die Rechtsanwälte. Da war das Gesetz wieder, das keine Paragraphen für den neuen Fall besaß. Wie es auslaufen würde, mußte die Folgezeit zeigen. Der Stein war im Rollen und ließ sich nicht mehr aufhalten.

Die Sache ging also durchaus nicht so glatt; der Scherschmidt, alle Achtung, war zwar auf allen Ämtern gewesen, hatte gesprochen, geschrieben, verhandelt und gestritten, nachdem er bei einer eingehenden Besichtigung zu der Überzeugung gekommen war, daß das Ganze doch möglich sein müsse. Aber Amtswege sind lange Wege schon für längst gewohnte Eingaben, die ihre vorgeschriebenen Gleise von selber laufen. Wie lang aber sind sie erst, wie viele Stationen, Nebenstrecken, Weichen und tote Gleise haben sie erst für etwas so Außergewöhnliches wie den »Fall Neurode«, für dieses Niedagewesene, das in keiner Dienstanweisung steht, in keinem Gesetze vorgesehen ist! Deshalb konnte Scherschmidt nicht hier sein, und der vierte Stuhl blieb leer.

Der rote Wenzel hielt seine Rede. Rechts und links von ihm saßen der Neumann und der Rother, Rother verlegen auf seine Fäuste starrend, von denen er nicht wußte, wohin damit; Neumann aufmerksam die Gesichter prüfend, wie sie Wenzels Worte aufnahmen, ständig bereit, ihn zu unterbrechen, falls er Unsinn schwatzen sollte, denn der Wenzel hatte vorher mächtig einen genommen. Aber Neumann konnte zufrieden sein. Es war die beste Rede, die Wenzel jemals gehalten hatte und würde halten können. Die höhnischen oder auch scherzhaften Zurufe unterblieben bald. Neumann nahm die ärgsten Schreier lange mit Blicken aufs Korn, bis sie verstummten. Und zum Schluß, als der Wenzel auf die beiden Väter dieses einmaligen Gedankens, dieser wahren Notwende in der Geschichte der Arbeiterschaft, wie er es nannte, hinwies, da schrien erst einzelne, dann viele und zuletzt alle ihr »Hoch!« und »Richtig!« und »Bravo!«. Und viel hätte nicht gefehlt, dann hätten sie in ihrer Begeisterung die drei vom Podium gezerrt, um sie auf den Schultern nach Hause zu tragen. Aber der riesige Kesselschmied Konzok, der Pospischil, der Steidel und noch einige Kumpels, Szepainsky und Drescher, die ein ähnliches Format hatten, waren, dicht um das Podium gesammelt, eine gute Schutzwache. Dafür hatte der Wenzel gesorgt. Man konnte ja nicht wissen, wie es auslief.

Dann sprach der Neumann, ruhig, überlegen. Er verwies auf die Verhandlungen, die Scherschmidt führte, legte alle Schwierigkeiten, auch die, welche der Betrieb selbst noch bringen werde, dar, sprach auch so ungewohnte und unbeliebte Worte wie »Disziplin«, »Unterordnung unter die selbstgewählte Leitung« aus, wobei der rote Wenzel sich vernehmlich räusperte, aber ohne Beifall. Er erwähnte, daß die Arbeit wahrscheinlich bei weitem nicht den früheren Schichtlohn tragen werde und daß dies auch vorläufig gar nicht das Ziel sei; daß aber jeder, der sich zur Aufnahme der Arbeit bereit erkläre, unter allen Umständen dann bei der Stange bleiben müsse, denn jede Feierschicht gefährde nicht nur den Zweck, sondern unmittelbar die Sicherheit und das Leben der Kumpels. Er redete nicht zu und machte keinem Mut, er sprach in seinen einfachen Worten nüchtern und klar, und als er fertig war, da zögerte der Beifall erst eine Weile, daß der Wenzel wie der Rother sich bedenklich ansahen; aber dann schallten die »Bravo!« und »Richtig!« und »Wir wollen anfangen!« doppelt laut und ehrlich über das Tal und hinauf zu den schwarzen Gestängen der Fördertürme mit den stillen Rädern.

Es ging noch manche Woche ins Land; es wurde Herbst, die bunten Farben der Hecken und Bäume verschwanden; manche Hucke Holz wurde noch aus dem Walde geholt. Der erste Schlackerschnee fiel und legte sich schließlich als dichte Decke über Dorf und Stadt, über die Felder, den Platz vor der Zeche und die Halden. Die Kinder holten ihre Rodelschlitten, meist aus alten Kisten einfach zusammengenagelt, aus den Schuppen oder ihre »Tunnabratla«, die Tonnenbretter, die sie als Schneeschuhe unter die Füße banden. Schneemänner wurden gebaut und wilde Schneeballschlachten ausgefochten. Zu Abend gab es, wenn rötliches Licht aus den Fenstern in das Nachtblau fiel, Jungengelächter und Mädchengekreisch auf allen Hängen und Wegen.

Mit Gesinge und Gebet zog noch einmal eine Bittprozession der Weiber durch das Dorf und verschwand wie ein grauer Wurm über die Hügel nach Albendorf hin.

Die Männer lachten nicht, als die Weiber später behaupteten, Gott habe ihre Bitten erhört; aber sie schüttelten die Köpfe, denn ihre Kraft spürten sie in den Armen.

Es hatte sich äußerlich nichts geändert. Nur daß das graue Haus in Neurode unten, wo jeden zweiten Tag die Kumpels noch erscheinen mußten, um sich die grauen, längst schmierig gewordenen Karten abstempeln zu lassen und einmal in der Woche ihre Millionen abzuholen, nicht mehr so grau und lichtlos erschien und daß das Leben in den Schenken nicht mehr den verzweifelten oder verkrampft lärmenden Ton hatte. Es gab ja eigentlich überall nur ein Gespräch: die Hoffnung, die Zuversicht. Auch wer dagegen anstritt, wer die anderen hirnverbrannte Phantasten nannte, der unterlag diesem Banne.

Indessen liefen die Verhandlungen, die Prozesse und Vorbereitungen weiter. Aber auch die immer wieder neu auftauchenden Schwierigkeiten wurden überwunden oder umgangen.

Und der Schnee wurde alt und löchrig, der Dorfbach trug ihn schlammig ins Tal. Die Weidenkätzchen brachen silbern auf aus ihren braunglänzenden Hüllen, die Haselbüsche trugen gelbe Schwänzchen, und am Waldrande blühte zartgelb, wie ein Schleier nur anzusehen, die Kornelkirsche.

Die Not in den Hütten war nicht geringer als in den vergangenen Wintern, aber sie schmeckte nicht mehr so bitter.

Regen fiel aus grauem, niederem Himmel, wusch Dächer, tote Halden und Felder rein, plätscherte aus den Traufen und tropfte in manche Stube.

An solch einem grauen, verhangenen Tage, als die Nebel lange nicht aus den Gründen wollten und in Fetzen zwischen blühendem Schlehengebüsch und über kahlen Feldern klebten, öffneten sich, ohne Fahnen und Girlanden, ohne Ansprache und Hochgeschrei, die kreischenden Torflügel der Kameradschaftsgrube; und die Frauen, die hinter regenüberronnenen Fenstern standen und die Kinder eng um die Schultern hielten, sahen, wie eine der hohen Essen langsam anfing zu qualmen, eine zweite dann, die dritte. Erst war es ein bißchen Dampf, kaum zu sehen gegen den Nebel, wurde schwärzer, kam in Ballen heraus und wälzte sich schließlich als dicker grauer Wurm schwer unter den niederen Wolken. Und dann, nach langer, langer Weile, ruckte das Rad auf dem Förderturm an, bewegte langsam seine Speichen, drehte sich, als müsse es sich noch einmal besinnen, und lief schließlich, wie es einmal – wie lange schon war das her! – gelaufen war Tag und Nacht.

Und dann, und dann – darauf hatten sie alle gewartet, von Hausdorf angefangen bis hinunter nach Neurode und in alle Seitentäler wieder hinauf – stieß aus einem engen Rohre eine Dampfwolke pfeilgerade hinauf ins Grau, und aufheulend verkündete die Werksirene den Beginn der ersten Schicht.

Nun erst glaubte der letzte Zweifler an das Werk, nun erst ging wirklich das große Aufatmen durch das arme Land.

So war also doch ein Wunder geschehen. Es kam nicht vom Himmel, es war nicht erbetet und nicht erflucht worden.

Die Köpfe hatten es geordnet, die Fäuste geschaffen.

Arbeit hieß es, Brot gab es und Kohle. Leben bedeutete es und Freiheit.

»Es gibt noch Wunder, ihr Leute«, sagte der Wenzel, als er mit dem ersten Förderkorb auf dem Grunde der Sohle aufstieß.

Die letzte Tür

Sehen Sie, Herr, ich bin ein alter Mann; zweiundsiebzig Jahre trage ich mit mir herum. Zweiundsiebzig Jahre – das ist eine lange Zeit, in der viel geschehen ist. Wenn es Ihnen recht ist, dann will ich Ihnen erzählen, wie es damals in unserem Dorfe herging, als ich noch ein Junge war; Sie können bei dem Gewitter jetzt doch nicht weiter.

Ja, damals war das Leben noch einfacher hier, und auch die Menschen waren einfacher. Sie verlangten nicht so viel vom Leben, und deshalb gab ihnen das Leben auch reichlich, wenn's vielleicht auch nur ein ärmliches war. Elektrisches Licht kannten wir noch lange nicht, und wenn und es mußte einer nach der Stadt, dann machte er sich halt auf die Beine. Das war eine richtige Reise bis zur Kreisstadt Nimptsch – und jeder war froh, wenn er zum Abend wieder unter seinem Dache war. Aber denken Sie nicht, Herr, daß es darum eintöniger war ohne Kino und Fußball und solchen Kram und ohne Auto und alle modernen Sachen, die das Leben zu einer vorüberjagenden Hetze machen. Ist es nicht so? Auch wir hatten unsere Freuden und Feste, hatten unser Vergnügen und Kurzweil. Und ich meine sogar, wir waren bewußter dabei, und es blieb uns mehr von allem, was die Tage brachten. Ich meine, wir verstanden damals besser zu feiern und uns echter zu freuen, als es heutzutage möglich ist, denn wir hetzten uns nicht und ließen uns hübsch Zeit. Oder glauben Sie, daß die Menschen reicher wurden, weil sie jetzt in einem halben Tage in Breslau und in einem in Berlin sein können? Gewiß, sie bilden es sich ein; aber das ist eben die Krankheit, daß sie sich alle viel zu viel einbilden tun.

Wenn man so alt ist wie ich, wenn das Leben so vor dem Fenster vorüberjagt und die Menschen mit sich zerrt, daß einem schon vom Zusehen der Atem wegbleibt, wenn die Jahre immer schneller um einen versinken und man sachte der letzten Türe zugeht, dann macht man sich halt Gedanken darüber. Aber das wollte ich Ihnen nicht erzählen, das werden Sie ja selber noch erleben, Herr, und vielleicht ist es Ihnen, der Sie ja die Welt besser kennen als ich einfacher Mann, schon lange eingekommen. Von unserem Dorfe wollte ich Ihnen erzählen und von der alten Zeit. Und wie wir es getrieben haben, als wir noch jung waren.

Dreimal habe ich die Kinder aufwachsen sehen in unserem Dorfe, habe gesehen, wie sie selber Väter wurden. Von denen aus meiner Zeit ist einer vor Paris geblieben anno 1871, ich selber habe seither noch hier den steifen Arm. Und von dem letzten sind elfe nicht wiedergekommen aus dem großen Kriege, in Rußland liegen sie, in Frankreich, in den Alpen einer, einer gar in Jerusalem und einer in Deutsch-Ost. Was ist das für eine Zeit! Wie viele werden noch draußen bleiben müssen? Aber das weiß wohl nicht einmal der liebe Herrgott.

Ich selber bin seit '71 kaum noch mal aus unserem Dorfe fort gewesen. Ich war hier zufrieden, was sollte ich draußen? Mein kleiner Hof, die Felder am Windmühlberg drüben und am Horizont der Zobtenberg, der uns den Sonnenschein und Regen ansagt, das langt mir. Glauben Sie mir, Herr, wenn man in so einem Leben auch nicht weiter sehen lernt, als eben der Fuß und die Hände reichen, dann lernt man doch viel tiefer schauen. Tiefer als mancher, der dicke Bücher studiert und im Flugzeug die Welt umfliegt. Es gibt überall Unerklärliches genug.

Sehen Sie das Schloß dort zwischen den Bäumen? Es ist sehr, sehr alt, es steht schon viele hundert Jahre. Der Graf, dem es gehört, wohnt im Böhmischen drüben. Alle die Dörfer im Umkreise, alle Güter gehören zu seiner Herrschaft, eine Majoratsherrschaft war es, wie man es wohl nennt. Sie waren verpachtet, die Güter, und der Graf mit seiner Familie kam nur selten zu den großen Jagden her. Das Schloß aber war immer ganz instand, so daß er jederzeit von heute auf morgen hätte kommen können, um es zu beziehen. Dafür sorgte der Verwalter der Herrschaft, der Oberförster, und die alte Kastellanin, die alte Karoline. Die hatte ein Stübchen im Schlosse, gleich rechts, wenn man über die Brücke kommt. Aber seit die tot ist, traute sich keiner mehr, dort zu wohnen. Der Kastellan, der dann nach ihr kam, der hat in dem kleinen Häusel nebenbei gewohnt, auf der Insel im Wallgraben mit der langen Holzbrücke. Früher wohnte der Oberförster selber dort. Es war wegen der »weißen Frau«, daß keiner mehr im Schlosse wohnen wollte. Lachen Sie nicht, Herr. Sie gehört seit Menschengedenken zur gräflichen Familie. Ein österreichischer Dichter hat über sie sogar ein Theaterstück geschrieben, habe ich mir sagen lassen. ›Die Ahnfrau‹ heißt es – oder so ähnlich. Sie erscheint jedesmal, wenn der gräflichen Familie ein Unglück zustößt.

Sie lachen, Herr? Wir haben als Kinder auch gelacht – aber uns ist das Lachen vergangen. Es wird Ihnen, der Sie ja ein städtischer Herr sind, auch so gehen. Denn ich erzähle Ihnen hier, was wirklich passiert ist, und kein Märchen. Wir haben es miterlebt; aber erklären konnte es keiner. Auch Sie werden es nicht erklären können. Es gibt so Dinge, die man hinnehmen muß im Leben, solange man nicht die Augen hat, dahinter, auf die Innenseite nämlich, möchte ich sprechen, zu gucken. Wenn man aber und man hat endlich diese Augen, nun ja, dann kann man nicht mehr darüber reden. Und dann lohnt's wohl auch nicht mehr.

Auf dem Meierberge – er heißt heute noch so nach dem alten Meier, der zu meiner Jugend dort oben seinen Kaufmannsladen hatte, heute ist es ein modernes Kaufhaus, das irgendeiner Ge-em-be-Ha gehört –, da drängten sich schon damals die Häuser zusammen um die evangelische Kirche: die beiden Bäcker, der Barbier, der Fleischer, der Malermeister, der Klempner. Wir Bauern hier unten haben uns etwas behäbiger gebaut, es gab ja Platz genug zwischen dem Meierberg und dem Schlosse um den Dorfteich herum. Da freilich mußte die Kneipe hin.

Die Kirche dort oben, die mag Ihnen schon von weitem her aufgefallen sein, als Sie von Strehlen kamen, mit dem hohen Dache und dem breiten, flachen Turm, der bloß ein bissel höher ist. Gerade, daß er noch die Mauerkrone hat von dem früheren Umgang. Er soll ja mal eine hohe Spitze gehabt haben, der Turm, aber im Dreißigjährigen Krieg haben ihn die Schweden oder die Hussiten heruntergeschossen, sagt man. Sie können alte Grabplatten mit guten Namen dort eingemauert finden, denn unser Schloß, das war einmal eine richtige Ritterburg, und davon hat es noch heute den breiten, tiefen Wallgraben.

Ja, auf dem Meierberg, da haben wir manchen Rodel zerfahren, im Winter, wenn zum Abend alles still im Dorfe wurde und das blaue Dämmerlicht vom niedrigen Himmel herunter- und aus dem Schnee heraufstieg. Es hatte in den damaligen Jahren und auch noch lange hinterher viel mehr Schnee gegeben als heute, meine ich. Da waren die Häusel ganz darunter versteckt, und vor den Türen mußten wir tiefe Wege schaufeln. Ob da die Fabriken schuld sein können, daß die Winter jetzt sparsamer sind, oder sonst etwas, Herr? Mancher Winter hat gar keinen mehr, keinen Schnee! Ja, damals –.

Beim Meier im Laden roch es schon nach Weihnachten, wenn die Türe mal aufging; und in den kleinen Schaufenstern – nicht solche Riesendinger wie heute, wie die Stube so groß, und doch für uns aller Wunder voll! –, da glitzerten Lametta und Engelshaar, und die Nikolauslarven mit dem weißen Flachsbart, den frostroten Backen und der hohen rot-weißen Mütze, eine in die andere gestülpt, lagen wie ein Turm auf dem Kaufmannstisch, hinter dem der alte Meier mit seinem Spitzbauch und die wieselflinke Meiern standen. In den Regalen waren die bunten Schachteln mit den Spielen aufgestapelt, und ganze Kisten mit bunten Kugeln und farbigen Kerzen standen herum. Und Rosinen und Zitronat, Pfefferkuchen und Plätzel – was für Herrlichkeiten! Da haben wir uns an den kalten Scheiben die Nasen plattgedrückt, ehe wir uns mit ›Juhu!‹ und ›Joho!‹ bäuchlings auf unsere Schlitten, meistens aus Kisten einfach zusammengeschlagene ›Käsequetschen‹, warfen, stoßend und drängend, schleudernd und kurvend aus dem rötlichen Kaufmannslicht in die dunkle Bläue hinunterschossen und zwischen den Häusern hindurch noch ein ganzes Stück die finstere Straße entlang. Das Geschrei und Gekicher!

Ja, wir waren eine wilde Bande gewesen damals, wir Jungen von acht oder zehn Jahren. Die Mädels wurden unter uns manchmal mit protziger Ritterlichkeit geduldet und dann wieder als unpassende Gesellschaft überheblich abgetan. Jungen sind wohl immer so, in der Stadt nicht anders als auf dem Dorfe.

Oder das Pfingstpaschen, Herr! Karussell und Schaukel, Würfelbuden und Glücksräder! Heute ist das alles nicht mehr so, die heutigen Kinder sind viel zu verwöhnt. Was war uns damals eine Zuckerstange! Oder ein Knallfrosch. Sie dürfen nicht vergessen, Herr, Bargeld war noch teuer zu der damaligen Zeit. Und ein Pfennig war für unsere Eltern ein Stück Geld, das sie uns nicht so leicht anvertrauten. Heute sind schon tausend Mark nicht viel wert seit dem Kriege. Was sind das heute für Zeiten! Ach, Herr, und von der Kirmes, da wollen wir gar nicht reden, das können Sie heute doch nicht mehr begreifen.

Oder wenn eine Hochzeit war: na, der Polterabend! Berge von Scherben gab es da, das ganze Dorf machte mit, wir Kinder selbstverständlich vornedran. Wir waren ja alle einander Nachbarn. Wir haben immer und überall unseren Spaß gefunden, wir fünf: der Stellmacher-Franz und sein Bruder, der Ewald, der Schmiede-Karl, ich und der Walter vom Oberförster. Wir waren der Generalstab unserer Armee, die wilde Kriege mit den Nachbardörfern führte oder auch nur gegen Brennesseln und Disteln, wenn sich kein lebendiger Gegner fand. Der Walter, das war unser Feldmarschall. Seinetwegen drückte der Oberförster auch einmal ein Auge zu, wenn wir im Parke spielten, die Nußbäme dort plünderten, in der hohen Kastanie schaukelten oder uns in den hohlen Bäumen der zweihundertjährigen Lindenallee versteckten. Dort gab es ja überall so viel für uns. Vor allem auch an der Kleinen Lohe, die durch den Park fließt. In den Tümpeln haben wir Fische gefangen und in den sandigen Ufern nach Karnickeln gegraben, Feuerchen haben wir gemacht und uns darin Kartoffeln gebraten. Dabei durfte uns keiner erwischen, denn die Kartoffeln waren meist nicht auf dem eigenen Felde gewachsen. Und Heldentaten wurden vollführt, daß die ganze Welt staunen mußte. Aber nur mit dem Maule, freilich, nu he!

Aber ich habe ja von der Karoline erzählen wollen und dem Schlosse. Wenn man so über zwei Lebensalter zurückdenkt, da bleibt man halt nicht immer im selben Gleise. Sie dürfen es mir nicht verdenken, Herr. Soll ich Ihnen noch mal Milch eingießen? Sie ist ganz frisch. Das Brot hier, das backen wir noch immer selber, solches schmecken Sie in der Stadt nicht. Reichen Sie zu, es ist gerne gegeben.

Die Karoline also – aber ich muß andersrum anfangen. Erst muß ich vom Kuhnt-Karle sprechen.

Der Kuhnt-Karle, müssen Sie wissen, das war so ein richtiger Landstreicher, wie es sie heutzutage nicht mehr gibt. Weiß der Kuckuck, wo der her war. Er zog von Dorf zu Dorf, nirgends und überall zu Hause, kaufte und verkaufte Karnikkel- und Katzenfelle oder bettelte die paar Pfennige zusammen, die er für seinen Schnaps brauchte. Ein Stock, ein Strick und die Blechflasche, das war alles, was er außer den Lumpen, die er am Leibe trug, zu eigen hatte. Diese Lumpen trug er so lange, bis ihm eine mitleidige Seele was Besseres gab oder bis er noch zerlumpter war als die Vogelscheuchen auf dem Felde. Dann tauschte er eben um und schmiß das alte Zeug weg, mehr war's ja auch nicht wert. Ein Teller Suppe oder ein Raftel Brot fiel immer und überall für ihn ab. So arm war keiner, daß er das für den Kuhnt-Karle nicht übrig gehabt hätte. Denn wenn er auch nicht zu unserem Dorfe gehörte, genau so wenig wie nach Kniegnitz oder Ranchwitz oder Schmitzdorf oder Mallschau, so gehörte er doch zu uns Menschen. Ohne Kuhnt-Karle, nee, das wäre nicht gegangen. Aber einmal, da hat er einen richtigen Bratenrock angehabt. Das war, als er – ach nee, so weit bin ich noch nicht.

Vielleicht, so denke ich mir heute, wissen Sie, man simuliert sich eben manchmal so was zurecht, nicht? Vielleicht war der Kuhnt-Karle der glücklichste Mensch auf Gottes Erdboden, wenn auch manchmal einer die Hunde auf ihn hetzte, wenn auch wir Kinder hinter ihm her waren, wo wir ihn sahen. Und wenn er auch früh nie wußte, wo er sich abends hinlegen würde. Wer nichts hat und nichts braucht, der hat auch keine Sorgen. Ist's nicht so, Herr?

Wenn er ins Dorf kam mit seinen verschwiemelten Augen und der dicken, roten Nase, die weißen Bartstoppeln von Ohr zu Ohr, sommers wie winters die fast kahle Pudelmütze tief im Gesicht, daß er kaum darunter vorsehen konnte, da waren die Kinder alle da. Von Hausecke zu Hausecke, von Baum zu Baum drückten wir uns, denn er konnte fuchsteufelswild werden und schmiß mit Steinen, Dreckklumpen und Pferdekutteln, was er gerade erwischte, wenn wir unser »Kuhnt-Karle! Kuhnt-Karle!« hinter ihm her plärrten oder seinen Ruf nachmachten: »Kotzafalle! Karnickelfalla!« Und wenn er zum Neumann-Wirt reinging am Dorfteiche, um seine Buddel womöglich für ein »Gott bezahl's« füllen zu lassen, standen wir hinter den Pappeln an der Straße und lauerten, bis daß er wieder erschien und sich noch auf den Treppenstufen den Himmel erst mal durch die Flasche besah. Da schob sich sein Adamsapfel aus dem zerfusselten Halstuche hoch heraus und ging vor Wonne auf und nieder, und wir hörten andächtig dem Glukkern zu. Ihn dabei zu stören, so niederträchtig waren wir nicht. Ja, als er einmal in seiner Wut nichts anderes uns nachzufeuern fand als seinen eigenen Stock und der dabei weit in den Teich hineinflog, da hat der Stellmacher-Franz seine Jacke heruntergerissen, ist hineingesprungen und hat ihn wieder herausgeholt. Ich sehe ihn noch vor mir, den Kuhnt-Karle, wie ihm vor Rührung, Dankbarkeit und Schnaps die Tränen durch die Stoppeln liefen und wie er, da er nichts Wertvolleres hatte, dem Franze zögernd – wohl vor Besorgnis, er könne es wirklich annehmen! – die halbvolle Flasche hinhielt. Und als der Franz erschrocken das brennend-stinkige Zeug ablehnte, da strich er ihm mit der rissigen, gichtverkrümmten, dreckschwarzen Hand über den Kopf: »A guder Junge biste, viel Glicke sullste eim Laba hoan.« Und zu uns, die wir ihn im Kreise mit großen Augen umstanden, meinte er, immer noch die Augen voll Wasser: »Olle seid er gude Perschla, olle.«

Wenn wir Rangen auch einmal eine Katze ersäuften oder mit Pfeil und Bogen auf die Froschjagd gingen, bösartig waren wir nicht. Und der Kuhnt-Karle war's auch nicht. Ich täte lügen, wollte ich sagen, daß ich von ihm eine einzige Schlechtigkeit wüßte.

Den Franz hat der Oberförster-Walter noch am selben Abend zum Ober-General ernannt, aber Kuhnt-Karles Wunsch muß doch nicht die rechte Kraft gehabt haben: Acht Jahre später ist der Franz bei Spichern gefallen. Ja – vielleicht ist das gerade sein Glück gewesen, wer kann's wissen, nicht wahr, Herr?

Der Oberförster hat mal versucht, dem Kuhnt-Karle ein ruhigeres Leben zu verschaffen; er hat ihm ein kleines Stübel angewiesen dort im Türmel, unter dem die Straße in den Schloßhof führt, und ihm leichte Arbeit gegeben. Seine regelmäßigen Mahlzeiten bekam er von der Frau Oberförster – Gott hab' sie selig, es war eine gute Frau. Vierzehn Tage hat's der Alte ausgehalten. Dann hat er gesagt, ich weiß es vom Walter, der war dabei: »Sein S'ock nich biese, Herr Oberferschter«, hat er gesagt, »und iech dank ooch schien – aber iech muß hahle wieder wandern, 's Blutt werd mer suste dicke –.«

Und da ist er halt wieder weitergegangen in seinen alten Lumpen; die besseren Kleider, die ihm die Oberförsterin gegeben, hat er sauber zusammengelegt in der Kammer zurückgelassen. Und hat wieder in Kornpuppen, in Scheuern oder unterm Busch geschlafen, heute hier, morgen dort. Der Oberförster freilich, der gewohnt war, daß alles sich nach seinem Willen richtete, behielt eine großmächtige Wut auf ihn und wollte, hat er gesagt, ihn einsperren lassen, sobald er sich blicken ließe. Es war wohl die Enttäuschung über die fehlgeschlagene gute Absicht. Er hat ihn nicht eingesperrt, obschon sonst jeder Stromer bei uns sehr schnell im Loche saß.

Als wir fünf Jungen, eben der Generalstab, einmal eine Patrouille gegen die feindliche Groß-Kniegnitzer Armee machten und, um den Gegner zu beobachten, in aller Frühe in eine Scheuer kletterten, fanden wir den Kuhnt-Karle dort in friedlichem Schlafe. Er lag tief im Stroh, hatte die Hände über die Flasche auf den Bauch gefaltet, damit er sie beim Erwachen gleich fände, und blies trompetenhaft den Atem durch die leuchtende Nase. Ich weiß nicht mehr, wer auf den Gedanken kam, ihn mit einer langen Gerte vom Bansenbalken her zu kitzeln. Unser Krieg war unwichtig geworden, da mochte der Walter protestieren, soviel er wollte – aber wie da der Landstreicher hochfuhr, daß das Stroh nach allen Seiten flog, mit einem Gesichte, als sei er der Teufel selber, da kriegten wir es im Dunkel der Scheune allesamt mit der Angst und, was haste, was kannste, rannten wir wie die Hasen über die Stoppeln. »Wenn ich euch derwische, ihr verpuchtes Kroppzeug«, flog seine Stimme gleichzeitig mit Erdklumpen hinter uns her, »die Beene reiß' ich euch aus'm Leibe –!«

Um die Zeit herum kann's gewesen sein oder auch ein paar Jährla später – wenn man so weit zurückdenkt, was sind da zwei Jahre, nicht wahr, Herr? –, ja, später muß es gewesen sein, denn wir waren uns schon zu groß für das Kriegspielen, weil wir Dreiviertelhosen bis übers Knie hatten – jetzt weiß ich's, so war's: Der Oberförster-Walter war um die Zeit schon in Strehlen auf der hohen Schule und hatte eine grüne Samtmütze, aber stolz war er gar nicht, der Walter; wenn er zu den Ferien kam und auch alle Sonntage, da zogen wir wie früher mitsammen los. Jedenfalls hatten wir was Neues im Sinne – nicht die Mädels, Herr, wenn Sie etwan denken, dazu war's immer noch zu früh in der damaligen Zeit – nämlich wir gingen auf Entdeckung aus.

Im Parke, in den Drescherlöchern, den beiden vollgelaufenen Sandgruben oben gleich unter dem Friedhofe hinter den großen Pappeln, auf der Schwedenwiese bei Mallschau, wo die Massengräber aus dem Dreißigjährigen Kriege sind und die Pestgräber von später, und am Weinberge, dorten gab's Urnenscherben, glatte und auch schön verzierte, und einmal haben wir sogar einen großen grünspanigen Ring gefunden; aber was konnte uns mehr reizen als das alte Schloß? Freilich, in die Zimmer und in die Säle konnten wir nicht herein, zu denen hatte ja nicht einmal die Karoline die Schlüssel, bloß der Oberförster alleine, und der gab sie nicht aus seinem Kassenschranke. Nu he, uns Jungen vielleicht ins Schloß reinlassen, das wäre ihm ja nicht im Traume eingekommen! Nur wenn die Kastellanin zweimal im Jahre groß reinemachte, dann schloß er eigenhändig die Türen auf, jede einzelne war immer zugesperrt, auch die zwischen den Zimmern, das hat uns der Walter erzählt. Und der Oberförster paßte ganz genau auf, daß keiner außer den drei Weibern, die noch bestellt waren, reinkam, weil dort doch alles von Gold und Silber und Porzellan und Edelstein war und großmächtige Bilder und wunderschöne Teppiche. Da war sicher jedes Stück mehr wert als so ein ganzer Hof mit allem Vieh. Und mit dem Oberförster, da war nicht gut Kirschen essen, wie man so sagt. Er war ein großer, dicker Mann, stark, daß er mit einem Schlage einen Bullen umwerfen konnte, ich habe selber gesehen, wie er einen Ziegelstein mit der bloßen Faust zerhieb – so, mit der bloßen Faust, Herr!! –, und der fürchtete sich vor Tod und Teufel nicht. Aber alle fürchteten ihn. Auch wir Jungen, wir blieben ihm lieber aus dem Wege. Bloß eine fürchtete ihn nicht, eben die Karoline. Die war ihm über, mit dem Mundwerk nämlich. Vor der Alten machte selbst der Oberförster gerne einen Bogen und sprach nicht mehr mit ihr, als er unbedingt nötig hatte. Sie können mir's glauben, Herr, die Karoline war wirklich ein ungutes Frauenzimmer. Vielleicht, weil sie keinen Mann zur rechten Zeit gekriegt hatte. Und sie hatte keinen kriegen können, weil sie eben so war, wie sie war. Kann man's wissen, wie herum die Schraube ging, nicht wahr?

Wir Jungen trauten uns auch nicht an sie heran, seit sie einmal zweie, und der eine war größer als wir, am Genick gepackt und mit den Schädeln zusammengehauen hatte, daß die Sterne nur so tanzten.

Der andere war mein großer Bruder gewesen. Der ist nun auch schon lange tot. –

In die Zimmer also kamen wir nicht hinein. Aber es gab noch viel Schöneres, weil es gruseliger war: die Keller, die drei Stockwerke tief untereinander liegen. Von den untersten aus sollen Gänge bis weit in die Nachbardörfer gehen, nach Ranchwitz in das frühere Schloß, das hatte auch so einen Wallgraben wie unseres, aber es war schon damals nicht mehr zu sehen als eine Mauer; ein anderer führte nach Schmitzdorf, wo er zwischen vier alten Linden hochkommt. Bis dorthin ist über eine Stunde zu laufen.

Und in diese Keller hatte der Walter einen Weg ausgekundschaftet.

Eines Tages also zogen wir los. Es war ein richtiger heißer Sommertag. Kein Windhauch ging, und die Kastanien im Park ließen die Blätter hängen. Vom Dominium her roch es nach Pferden und Kuhmist, und wenn ein voller Erntewagen die Straße lang kam, dann blieb der Geruch vom Korn hinter ihm liegen und mischte sich mit dem Staube. Die Pferde glänzten vor Schweiß, und die Bremsen waren wie wild um sie herum. Wir hatten im Dorfteich gebadet und freuten uns schon darauf, abends wieder die Pferde in die Schwemme zu reiten. Das war der ›Sport‹ zu der damaligen Zeit. Blau und ganz nahe, als könnte man hinüberlaufen, hatte der Zobtenberg am Himmel gestanden. Das hieß Regen, und darum auch machten die Bauern und die Leute vom Dominium, daß sie noch viel von den Feldern reinbrachten. Auch wir Jungen mußten alle heran und turnten in den Bansen herum, um die Garben einzuschichten. Alles wartete auf das Gewitter, aber es war noch keine Wolke am Himmel, bloß so ein Dunst wie von ganz dünnem Silber, und die Luft lag wie eine dicke Glasglocke über dem Dorfe.

Es war ein unheimlicher Sommer damals, der Sommer 1865! Schon im zeitigen Frühjahr hatte die Wärme eingesetzt, die Lohe hatte ein Hochwasser, das uns bis hier im Hofe stand, und im Mai fing das Getreide an zu reifen. Die Tage waren drückend heiß, und jede zweite Nacht gab's Gewitter. Und was für Gewitter, Herr! Viermal hat uns das Feuerhorn aus den Betten geholt, wie unheimlich das klang, das Tuuut-tuuut, wenn der Donner krachte und vom Blitz die Stube hell wurde! Im Oberdorfe sind damals zwei Scheuern abgebrannt, und auch hier gleich nebenan beim Stellmacher hat's eingeschlagen. Es war aber ein kalter Schlag, in der Wand waren nur ein paar Löcher, und von dem Werkzeug ist allerhand zusammengeschmolzen gewesen. Wir haben jeder ein Stück von dem Blitzeisen noch lange in den Hosentaschen herumgetragen. Für uns Jungen war so ein Feuer in der Nacht, das das ganze Dorf hell machte und auf die Beine brachte, natürlich was Besonderes, man denkt ja in den Jahren nur an das, man was sieht und hört und fühlt, und jedes Außergewöhnliche ist ein Fest, eine Gelegenheit zu neuen Streichen. Der Schaden und der Jammer, was gilt einem das, nicht wahr? Deshalb war das Jahr damals für uns so voller Erlebnisse.

Als Treiber auf die Jagd beim Oberförster gingen wir ja auch noch immer gerne; das gab immer ein paar Böhm', für die wir uns beim Meier oder beim Jeß-Bäcker Zuckerstangen oder Gummi-Männdel kauften – die werden Sie ja nimmer kennen, Herr, die kleinen grünen und blauen und rosa Dinger, die man zwischen den Zähnen so schön langziehen konnte. Schmecken taten sie ja nicht besonders. Und seit der Walter schon selber eine Flinte tragen durfte und mit den Schützen ging, da machte es uns eine extra Freude, »Has' – Has'« zu schreien und »Tiroh« bei den Fasanen und Rebhühnern, damit er nur ja rechtzeitig merkte, was kam; und wenn er was geschossen hatte, dann waren wir mit ihm stolz, ja, ja!

Und einen großmächtigen Kometen hat es damals gegeben, und Sternschnuppen so viele, als fege einer glühenden Sand über den Himmel. Alle meinten, es würde wieder Krieg geben, und die Bauern fingen schon an, ihre besten Sachen zu vergraben. Ich habe meinem Vater dabei geholfen; unsere Familienbibel – dort auf dem Borte steht sie, zur rechten Hand, Herr! – hat auch über ein Jahr unter dem Acker gelegen. Denn im Sommer drauf war wirklich Krieg, gegen die Österreicher; und viel hat nicht gefehlt, da hätten wir hier auch Einquartierung gehabt. Drüben, im Schweidnitzschen, da sind sie durchmarschiert, der Kronprinz Friedrich mit seiner Armee. Für uns Jungen wär's 'ne Lust gewesen, das kannten wir noch von zwei Jahren früher, als der Herr Graf hier mit einer ganzen Kompanie und vielen Offizieren für den Dänenkrieg herkam und ein paar Tage lang im Dorf blieb, ich kann Ihnen sagen, da war was los! Aber für den Bauern ist es immer böse, ob es nun Freund oder Feind ist.

Wir Jungen haben damals von nichts anderem mehr gesprochen, als daß wir, die ganze Armee, wir Generale voneweg, der Walter als Feldmarschall an der Spitze, mitziehen wollten. Ja, ja, so dumme Kerle waren wir. Als ob der Krieg ein Vergnügen wäre! Sechs Jahre später mußten wir wirklich mit, nach Frankreich. Aber da war alles ganz anders, da war es ernst. Ich sagte es schon – hier, mein Arm!

Aber ich wollte ja von unserem Schlosse erzählen und von der Karoline. Nehmen Sie es mir nicht übel, Herr, daß ich immer wieder auf was anderes komme. Eigentlich gehört ja alles das mit dazu.

Die besten und schönsten Freuden sind es eben doch, und nicht bloß in der Jugend, haha, Sie werden es auch wissen, die es uns kalt am Rücken runterlaufen lassen. So richtig gruselige Sachen.

Also an einem Sommertage, wo wir vor Hitze nicht wußten wohin, so um die Vesper herum, da kam der Walter: »Wir wollen in die Schloßkeller.« Da waren wir aber alle munter, kann ich Ihnen sagen.

Einer hübsch sachte hinter dem anderen, damit es nicht so auffiel, marschierten wir über die lange Holzbrücke – das war doch direkt unter den Augen vom Oberförster! Er war im Walde, sonst hätten wir uns nicht trauen dürfen – und von da über den kleinen, schon vermorschten Steg nach dem schmalen Umgang, der dicht über dem Wasser um das ganze Schloß zieht. Dort unten waren wir ziemlich sicher; denn das andere Ufer des Schloßgrabens nach dem Dorfe zu wie auch die Wohnräume und das Zimmer der Karoline liegen ja ein ganzes Stockwerk höher.

Es war uns nicht so ganz heimlich dort; nicht so sehr wegen der möglichen Entdeckung und der Prügel, die wir gekriegt hätten, die waren wir als Ausgleich für unser Vergnügen sozusagen schon gewohnt, und man muß doch was riskieren, wenn man was gewinnen will. Aber das Wasser, in dem sich die weit darüber geneigten Bäume und der glühende Himmel spiegelten, lag so dunkel und träge, kaum daß sich die Algen darin bewegten, und es roch nach fauligem Laube und toten Fischen. Und die Mauern des Schlosses, von breiten, schrägen Pfeilern gestützt, die reichten bis in den Himmel hinein, das Moos daran war glatt und feucht. Und die drückende Luft, die Ahnung von einem schweren Gewitter taten das übrige.

Wir versuchten, in die kleinen, vergitterten Kellerfenster zu sehen, aber vor Aufregung und Staub und Spinnweben waren die Scheiben blind. Sie, Herr, werden als Junge auch manches getan haben, was Ihnen verboten war und von dem Sie sich wer weiß was erwarteten, und Sie werden sicher auch verstehen, daß wir uns möglichst nahe an unseren Führer, den Walter, hielten, der mit gemachter Gleichgültigkeit um die Pfeiler und Ecken bog, unter dem hohen, engen Bogen der Torbrücke durch bis zu der kleinen, rostigen, schwer beschlagenen Bohlentür, die tief in die Mauer eingelassen war. In Wirklichkeit war er genau so aufgeregt wie wir, wenn er auch schon eine Gymnasiastenmütze und ein Gewehr hatte. Verstehen Sie recht, Herr, an *dem* Tage hatte er beides nicht, da sah er nicht viel anders aus als wir Dorfjungen alle, bloß nicht so zerrissen und so dreckig. Ich meinte das mit dem Gewehr und der Mütze bloß so. –

Wir standen eine Weile eng in der Nische zusammengedrückt, als müßten wir nach langem Berglaufen erst wieder zu Atem kommen, und sprachen kein Wort. Nur unsere Augen glänzten vor Erwartung und – daß ich es nur sage, es ist ja lange genug her! – vor uneingestandener Angst vor dem Unheimlichen, das auf der Innenseite der Tür auf uns lauern mochte, durch die vielleicht seit Jahrhunderten keiner, und damals wer weiß warum und mit welchen Absichten!, gegangen war. Vom stinkenden Wasser prallte die Hitze zurück, und wenn aus dem Schlamm aufsteigend eine Blase platzte, so erschraken wir kalt von dem leisen Knall. Über die Parkbäume schob sich ein weißglühender Wolkenbalken herauf, die Luft war ganz stille, und keine Schwalben flogen mehr. Nur im Wasser dicht unter uns gluckste es manchmal, und dann stiegen neue Blasen, uns erschreckend, aus dem trüben Grunde.

»Na los doch!« sagte endlich der Schmiede-Karl und stemmte sich gegen die Bohlen. Wenn wir noch eine Weile so dagestanden hätten, ich glaube heute, wir wären auf einmal fortgerannt, als ob wilde Hunde hinter uns her gewesen wären. Denn schräg über uns war das Zimmer der Karoline, aber sie konnte nicht rausgucken, weil die Fenster ja vergittert waren.

Knarrend und knirschend gab die Tür Zoll um Zoll nach. Staub quoll aus allen Ritzen, und dürrbeinige Weberknechte stelzten eilig darüber hin ins Dunkle zurück. Wir starrten in den schwarzen gähnenden Spalt, der immer breiter wurde. Auf einmal gab die Tür ganz leicht nach, der Karl stürzte richtig hinein, aber er prallte wieder zurück. Keiner traute sich den ersten Schritt zu machen, wagte es nicht einmal, den anderen vorzuschubsen. Als sei die kalte, schwarze, muffige Luft dort drin zu dick, um einen einzulassen, oder als müßte man ersticken drin. Und der Franz, unser Obergeneral, murmelte: »Wollen wir's nicht lieber sein lassen?«

Aber da hätten Sie sehen sollen, wie ihn der Walter anblitzte! Er war eben schon Gymnasiast und fühlte sich, vielleicht hier zum ersten Male, uns überlegen. Aus unserer Angst wahrscheinlich kam ihm der Mut. Er holte eine vor Hitze krumm gebogene Kerze aus der Hosentasche und Zünder. Er hatte an alles gedacht, nicht nur daran, die Tür schon vorher, allein, aufzusperren. Wie wir ihn da bewunderten! Er drängte sich vor und war auch schon im Dunkeln verschwunden. Einer nach dem anderen krochen wir nach. Ich muß zugeben, daß ich der letzte war.

»Sind alle drin?« hörte ich Walters leise Stimme. Sie klang merkwürdig heiser, aber noch seltsamer schien sie gleichzeitig zu dröhnen, als käme sie von allen Seiten über uns und weckte allerlei in den toten Wänden: »Mach die Tür zu.«

Aber ganz zu bekam ich sie nicht; ich hatte ganz schnell noch einmal hinausgesehen, das grüne Wasser, die dunkle, hohe Brücke und das hochgemauerte Ufer, daran Wildweinranken hingen; darüber der blitzblaue Himmel mit der weißen Wolke, die wie ein Marmorturm in die Höhe gestiegen war; als müßte ich Abschied von dem allen nehmen. Nun war der schmale Streifen Licht, der wie aus einer anderen Welt über den unebenen Boden, über wölkenden Staub und zerbröckelte

Steine fiel, wie der Trost einer vielleicht noch immer möglichen Zuflucht.

Dann riß der Walter ein Zündholz an, ein zweites, ein drittes, weil sie in seinen zitternden Fingern zerbrachen, es war ein häßliches Geräusch, als fetzten ganze Bahnen Stoff auseinander, endlich brannte die Kerze. Wir schauten gebannt in dieses bißchen Licht, das noch dürftiger war als der Tagesstreifen zu unseren Füßen, wir schauten hinein, um nicht unsere huschenden, tanzenden Schatten sehen zu müssen, die überall in die Schwärze abzweigender Gänge und Winkel fielen und dann plötzlich wieder um uns an den nahen Wänden waren. Wir froren alle. Dicht über unseren Köpfen wölbte sich die schwere Steindecke, aus deren Fugen lange Zapfen bleich wie Leichenfinger niederhingen, an denen Tropfen glänzten wie böse Augen. Ab und zu fiel einer wie ein Funken nieder. »Tick«, sagte es, mal dicht vor uns, mal irgendwo im Dunkeln. »Tick« und dann wieder »tock«. Knöcheltief lag der Mulm, und wie Schleier hingen verstaubte Spinnweben an den Wänden. Manche glitzerten vor Feuchtigkeit, als wären sie aus Silber.

Glauben Sie mir, Herr, wenn ich so daran denke, ist mir's, als wäre ich noch der Junge von damals und als wär's erst gestern gewesen.

Der Walter ist dann mit der Kerze weitergegangen und wir, einer sich an den anderen haltend, hinterher. Es blieb uns ja nichts übrig, er hatte doch das Licht, das kleine Licht, das für uns der einzige schwache Schutz war gegen das Grauen. Die Luft haben wir angehalten, so lange es ging, und wenn wir sie nicht mehr halten konnten, dann stöhnte sie uns aus der Kehle, und von allen Seiten stöhnte das Echo zurück. Es war ein Echo, wo man richtig merkte, wie die dicke Luft Wellen schlug.

Wir wollten in die unteren Kellergeschosse, wo die unterirdischen Gänge sein sollten. Eigentlich wollten wir gar nicht, aber – werden Sie verstehen, wie ich das meine, Herr? – es wollte uns. Es trieb uns weiter in die Dunkelheit hinein, die sich vor unserem kleinen Licht ein bißchen öffnete und gleich hinter uns wieder schloß. Hätte man da noch einmal zurückgehen wollen? Und ist es nicht mit allen Dunkelheiten so, die um und in uns Menschen sind, daß wir sie trotz aller Mühe immer nur ein winzig kleines Stück aufhellen können? Gerade so viel, daß wir den nächsten Fuß ungefähr setzen können? Ich habe das in meinem Leben noch oft erfahren und dabei immer wieder an die Stunde und an uns Rangen im finsteren Schloßkeller denken müssen.

So war das damals, ja, Herr. Und in dem kleinen, hellen Kreise um uns, da taumelten unsere Schatten über die engen Wände, um sich gleich wieder im Schwarzen weiter Räume zu verlieren. Immer begleitete uns das Tick und Tock der Wassertropfen, das Rascheln unserer Schritte, das Keuchen unserer Atemzüge. Ach, ich glaube, uns allen wäre es lieber gewesen, auf einem hohen Erntewagen im knisternden Stroh zu sitzen und über die Felder zu sehen, die in der Sonnenglut zitterten! Mir jedenfalls war's so. Und den anderen gewiß auch.

Wie es dann alles miteinander geschah, weiß ich nicht mehr. Ich hätte es auch damals wohl nicht sagen können, nachher.

Das Licht war auf einmal aus, Ratten pfiffen, Spinnweben strichen uns über das Gesicht, um die Ohren fächelte etwas Fürchterliches, Dunkles, wir rannten, stolperten, stießen uns, rannten zurück und im Kreise, schrien, schlugen besinnungslos um uns, einer dem anderen sein Gespenst und sein Teufel, rannten gegen die Wände, daß uns Funken vor den Augen flogen, griffen klebrigen, kalten Stein, bekamen allerlei Widerliches zwischen die Finger und die nackten Zehen, sahen endlich den Lichtstrahl und warfen uns gegen die Tür, die wir nicht aufkriegten, weil wir uns alle dagegenstemmten, und heulten wie die kleinen Rotzjungen vor Angst, daß uns kalte Leichenhände ins Genick griffen. Ja, wahrhaftig, wir hatten die Gespenster gesehen, wir hätten es alle geschworen bei Ehr und Seligkeit. Und der Walter, der Gymnasiast, war ebenso bleich wie wir anderen.

Es war ja, meine ich, nichts anderes als unsere eigene Angst, die uns hinausgetrieben hatte. Wir hatten sie schon mit hineingebracht, und dann, wer weiß, durch ein Geräusch vielleicht, vielleicht auch nur, als einer unverhofft den anderen anfaßte, ist sie stärker geworden als unser kleines bißchen Trotz, und da hat es uns halt hinausgejagt. Mit dem Mute ist das eben nicht viel anders als mit so einem dürftigen Stückel Licht, wie wir es mithatten: Das ist schnelle aus, da gehört nicht viel dazu.

Als wir uns endlich hinausgedrängt hatten und den Umgang entlangliefen, brach eben aus dem schwarz gewordenen Himmel brausend das Gewitter nieder und peitschte ins Wasser, das im Widerschein der Blitze ganz blutig aussah. Zweige und Blätter und Tropfen, hart wie Hagelkörner, flogen uns um die Ohren. Aber schlimmer als das Gewitter und unsere Angst war die Karoline, die, von unserem Geschrei aufmerksam geworden, hoch oben auf der Schloßbrücke wie mitten aus dem feurigen Himmel erschienen war und mit dem Donner zusammen auf uns herunterschrie. Wie der Leibhaftige selber kam sie uns vor oder besser wie seine Großmutter, wie sie so mit Blitz und Donner auf uns losfuhr. Und noch ehe wir über den Steg und die lange Holzbrücke die Straße gewonnen hatten, war sie schon da und versperrte uns den schmalen Weg. Wir mußten an ihr vorbei und hielten heulend die Arme über den Kopf, um uns vor dem Regen, mehr aber noch vor den Schlägen zu schützen, die ebenso dicht auf uns einprasselten. Der Walter, der, statt gleich zu Hause zu bleiben, mit uns gerannt war, bekam sein Teil ebenso wie wir alle. Wie uns die Alte verheißen und was sie uns alles genannt hat, das weiß ich nicht – wir haben gemacht, daß wir fortkamen vor den Gespenstern, dem Gewitter und der Karoline. Auf den Balkenstapeln beim Stellmacher haben wir noch lange wie die verregneten Hühner gesessen und uns die Köpfe gehalten und leise vor uns hingeflucht und dem alten Weibe alles Schlimme an den Hals gewünscht.

Das heimtückische Frauenzimmer, wie wir sie nannten, hat die ganze Geschichte dem Oberförster gemeldet; wir seien ins Schloß eingebrochen, wer weiß mit welchen Absichten, und sein sauberes Früchtel sei natürlich vornedran gewesen. Die Folge davon war, daß wir in der Schule der Reihe nach über die Bank gelegt wurden, und unser Kantor, der verstand sein Handwerk, das können Sie mir glauben, nu he! Dem Walter hat's der Vater selber besorgt, mit dem hatte der Kantor ja nichts mehr zu tun. Uns allen erschien das ungerecht, denn den ausgestandenen Schrecken und die Prügel von der Karoline hielten wir für Strafe genug. So entstand in uns der Plan – auch wieder in der Stellmacherwerkstatt, wo es so gut nach Holz und Leim und Firnis roch und die staubigen Fensterscheiben von Spinnweben halb versponnen waren –, uns an dem alten Scheusal zu rächen, und zwar so, daß es ihr ein für allemal vergehen sollte, sich an uns zu vergreifen.

Zuerst, und das gehörte in unseren Plan, fingen wir an, sie genau zu beobachten. Wenn sie auf den Schloßhof kam, um an der Pumpe Wasser zu holen oder die Brücke zu fegen, einer von uns war in der Nähe; ging sie ins Dorf einkaufen, einer war hinter ihr; stand sie zu einem Schwatz auf der Straße, einer drückte sich um sie herum. Sie bemerkte die Verfolgung bald, und das sollte sie ja auch. Und so kam es, daß sie jedesmal, wenn sie einen von uns sah, auf ihn losfuhr wie eine wilde Krähe. Freilich, wenn sie einen erwischte, dann war es bestimmt ein falscher, denn wir waren auf der Hut, und der kriegte die uns zugedachten Kopfnüsse, Maulschellen und Abernamen. Die Leute schüttelten bald die Köpfe über die tälsche, alte Jungfer.

Sie werden fragen, Herr, was das alles mit dem alten Kuhnt-Karle zu tun hat. Warten Sie's ab, Sie werden es gleich erfahren.

Der Ewald, der Bruder von unserem Obergeneral, kam eines Nachmittags zu mir: »Du, Emil, der Kuhnt-Karle ies eim Schlusse.«

»Was? Der Landstreicher? Im Schlosse? Was hat er denn dort zu suchen?«

»Zu der Karoline ies er neigeganga, se hotte 'm vum Fenster zugewunka.«

Wir hatten alle schon unsere Arbeit und unsere Pflichten auf dem Hofe oder in der Werkstatt und konnten erst am Abend zur Beratung zusammenkommen. Wir schlichen, als es dunkel wurde, über den Schloßhof, am Geländer entlang, das ganz mit wildem Wein überwachsen ist, auf die Schloßbrücke. Von da konnten wir der Karoline ins Fenster sehen. Richtig, sie saß auf ihrem Tische, auf dem eine Kerze brannte, und ihr gegenüber – der Kuhnt-Karle. Was sie sprachen, konnten wir freilich nicht hören; wir sahen nur das breite, fette Gesicht der Alten, ihr straffgezogenes, graues Haar mit der kleinen Zwiebel hinten, und die taftene Bluse mit den Puffärmeln, aus denen rot die Arme quollen; von dem Manne sahen wir, weil er halb zwischen dem Lichte und dem Fenster saß, nur die dunkle Gestalt. Aber jetzt konnten wir erkennen, wie die Karoline sich vorbeugte – hinter ihr an der hellen Wand wuchs ihr Schatten mit kugligem Kopfe wie ein drohendes Gespenst bis über die Decke hinauf – und die Hand auf die des Alten legte, eine vertrauliche Gebärde, die uns so seltsam vorkam, daß wir uns ansahen; und dann flog, ich weiß nicht, von wem geworfen, ein Stein klirrend durch das Fenster – die zwei fuhren auf. Wir duckten uns und machten, daß wir fortkamen.

»Doas sein sicher wieder die verpuchta Junga«, hörten wir die Alte keifen.

Der alte Landstreicher kam nun die Karoline häufig besuchen. Und wir Jungen sorgten dafür, daß es überall bekannt wurde. Wir hatten unsere Rache. Der Oberförster soll sich lange gesträubt haben einzuschreiten, er mochte mit der streitbaren Alten nicht viel zu tun haben. Eines Tages aber, schließlich stand ja sein Ansehen auf dem Spiel, von der Sicherheit des Schlosses ganz zu schweigen, sahen wir ihn, das Gewehr umgehängt, mit seinen beiden Hunden ins Schloß gehen. Der Schmiede-Franz ist hinterhergeschlichen und hat uns berichtet.

»Ich dulde das nicht«, hat er den Oberförster sagen hören, »daß der Landstreicher ins Schloß kommt.«

Die Karoline drauf, die Fäuste in den breiten Hüften: »Zu mir kann kommen, wer will, das lasse ich mir nicht verbieten. Auch von Ihnen nicht, daß Sie es nur wissen.«

»Und wenn was passiert?« hatte der Oberförster gesagt, in der Tür stehend, die Hunde kurz an der Leine. Als Verwalter hatte er wohl an die Schätze im Schlosse gedacht. Er war ja der Vertreter der Herrschaft und stand für sie da.

»Mir wird schon nischte nich passieren.«

»Nein, dir sicher nicht, Karoline, der Teufel selber würde sich's überlegen, mit dir anzubinden«, hat er gelacht.

Aber das hätte er nicht sagen sollen. Die Karoline verstand keinen Spaß, die ist falsch geworden. »Das muß ich mir von Ihnen sagen lassen?« ist sie auf ihn losgefahren, daß sogar die Hunde die Ohren zurücknahmen, »von Ihnen gerade? Der hinter jedem jungen Mädel her ist, und die Frau sitzt zu Hause und weint sich die Augen aus? Ich soll mich beleidigen lassen. Weil Sie der Verwalter sind, der große Herr, und ich bloß 'ne arme, alte Frau? Wo noch nie auch nur das kleinste bissel –.«

Aber da ist der Oberförster mit rotem Kopfe herausgekommen, hat die Tür zugeschlagen, und der Franz hat verschwinden müssen.

Der Kuhnt-Karle ist jetzt noch öfters gekommen als vorher, wie zum Trotze, und die Karline ist mit ihm sogar am hellichten Tage durchs Dorf gegangen. Wer von den Leuten etwa gewagt hat, ihr was zu sagen oder nachzurufen, na, der erlebte was! Das war, als wenn gleich ein ganzer Schwarm Hornissen losgelassen würde. Aber alles, was recht ist, der Kuhnt-Karle hat angefangen, manierlicher auszusehen, er rasierte sich öfters, er wusch sich, die ärgsten Löcher an Jacke und Hose waren geflickt, und am Sonntag hatte er sogar einen Kragen um und einen feuerroten Schlips um den Hals. Der Schlips hatte lange beim Meier im Schaufenster gelegen und war an dem einen Ende schon etwas ausgeblaßt. Der Kuhnt-Karle sah freilich aus, als ob er drin erwürgen sollte. Und schließlich hat ihm die Karoline sogar bessere Kleider angeschafft, und die mußte er tragen. Bloß die Pudelmütze behielt er, und das war der Karoline gar nicht recht. Aber da blieb er eigensinnig. Darum haben sie sich manchmal sogar auf der Straße gestritten.

Zuerst war's ja wohl Mitleid gewesen, was sie, die vereinsamte alte Jungfer, zu dem Alten getrieben hatte, wie ein Hungriger eben einen Kanten Brot oder eine Suppe nimmt, wo er sie herkriegt; dann war's der Trotz gegen die Leute im Dorfe, die von uns aufgestachelt waren; und dann, nu ja, mag wohl in ihrem Herzen, ehe es ganz verdorrte und verstaubte, so was wie eine wunderliche Liebe zu dem heimatlosen bißchen Elend erwacht sein – wer kann's wissen, nicht wahr, Herr?

Jedenfalls, als der Winter herum war, der letzte unserer Kindheit, denn zu Ostern kamen wir aus der Schule und mußten mit anpacken wie jeder im Dorfe, da ging so ein Gemunkel unter den Leuten: Die Kastellanin und der Landstreicher, die hätten sich verlobt und wollten heiraten.

Zwischen ihr und dem Oberförster muß es noch einen mächtigen Krach gegeben haben. Die Karoline, allem hämischen Gerede zum Trotze, hat es jedem, der es hören wollte oder nicht, erzählt, daß sie ihm erklärt habe, sie ließe sich nicht aus dem Schlosse rausschmeißen, sie sei immer ein ordentliches, ehrbares Leut gewesen, und ihr Zukünftiger sei es auch, und sie bliebe im Schlosse, bis daß sie sterbe. Und wenn er etwan sie mit Gewalt rauskriegen wolle, dann solle er etwas erleben, daß er sich unter Menschen nicht mehr sehen lassen könne. Und da müsse schon der allergnädigste Herr Graf selber kommen und ihr sagen, daß sie kein Recht mehr habe, dort zu wohnen, bloß weil sie verheiratet sei, oder es müsse schon ganz was Besonderes passieren – ehnder ließe sie sich nicht verjagen.

Ja, Herr, und sie hat auch ihr Wort wahr gemacht und ist bis zu ihrem Tode dort geblieben: Und es ist mancherlei ganz Besonderes passiert, was man zwischen Himmel und Erde nicht für möglich halten sollte.

Das, was ich Ihnen, Herr, jetzt erzählen werde, das werden sie mir nicht glauben wollen. Sie kommen aus der Stadt, und da sind die Steine stumm, die Augen blind, und das Herz glaubt nur, was die Hände greifen können. Aber was ich Ihnen jetzt sage, ist die reine Wahrheit, wie ich sie selber erlebt habe und was uns der Walter berichtete. Und der hat uns nie beschwindelt, wenn er auch inzwischen ein Schriftsteller geworden sein soll, so einer, der Bücher schreibt, die die Leute lesen. Wozu hätte er uns damals auch anschwindeln sollen? Wie ich sagte, Herr, ich erzähle die reine Wahrheit, und nicht ein bissel mehr und nicht ein bissel weniger. Es ist jetzt über ein halbes hundert Jahre her und ist deshalb keine Lüge geworden.

Im Schlosse, müssen Sie wissen, wenn man zu ebener Erde über den Wallgraben weg hinsieht, ist linker Hand die Kapelle. Die ist gleichzeitig Kirche für die Katholischen in der ganzen Herrschaft. Schon die früheren Grafen hatten da die Messe für die Umgegend lesen lassen, weil es keine katholischen Kirchen weiter gibt, nur evangelische. Im Stockwerke darüber, da sind alles Zimmer, reine Säle sind das; und ganz hinten in der Ecke nach dem Parke zu, wo nie die Sonne hinkommt, da ist das Zimmer von der ›weißen Frau‹. Von ihr habe ich Ihnen ja schon erzählt. *Die* Tür, es ist eben die letzte von allen, die ist immer verschlossen, und zu der hatte noch nicht einmal der Oberförster den Schlüssel. Zu der gab's wohl schon längst keinen mehr. Schon mein Großvater, der als kleiner Junge noch den Alten Fritz gesehen hat, wie er in Strehlen an dem Steintische vorm Rathaus Gericht gehalten hat, schon der hat uns erzählt, daß nie jemand in das Zimmer reinkonnte und daß schon damals die Grafen nie versucht haben, es aufzumachen, damit kein Unglück rauskommt. Mein Großvater, der ist bald hundert Jahre alt gewesen, als er starb.

Wenn die Karoline groß reinemachte im Frühling und im Herbste und der Oberförster ihr dazu alle Türen aufschloß für zwei Tage, hier war's zu Ende mit dem Fegen und Wischen, mit Wasser und Eimerlärm. Der Alten war's freilich ein Greuel, daß gerade das eine Zimmer als einziges nie sauber gemacht werden sollte. Für das Gemähre von der ›weißen Frau‹ hatte sie bloß ein Naserümpfen übrig. Und wenn das Scheuern, Klopfen, Putzen vorbei war, dann schloß der Oberförster wieder eine Tür nach der andern ab, erst die zu jedem Zimmer von der Galerie her, dann die Zimmer untereinander und zuletzt das deckenhohe, schmiedeeiserne Tor vor dem Treppenhaus. Zu dem gehörte ein Schlüssel, bald so lang wie mein Unterarm, mit einem Barte wie mein Handteller. Man hätte einen Ochsen damit erschlagen können, und sogar der Oberförster brauchte beide Hände, um ihn in dem alten Schloß umdrehen zu können. Und die ganze Zeit, wo alles offen war, da lagen die beiden Hunde vor dem Tore. Da kam keiner rein, nicht mal wir Jungen, wenn wir auch sonst mit den Hunden gut Freund waren und der Walter selber mit uns ging. Da war nichts zu machen!

Dann blieb alles ruhig im Schlosse für ein halbes Jahr, außer in der Kirche natürlich. Da war jeden Sonntag und jeden Feiertag Gottesdienst. Aber von der aus konnte man auch nicht in die Zimmer hinein, da gab es keine Türen. Die Karoline konnte dann feiern, außer dem bißchen Brücke und Innenhof sauber halten.

So hatte die Alte eigentlich ein bequemes Leben. Vielleicht war ihr eben das zu Kopfe gestiegen in ihren alten Jahren, daß sie die Sache mit dem Kuhnt-Karle anfing. Keiner hat ihr's ausreden können, der Herr Pfarrer nicht und nicht der Zängler-Kantor. Was die Leute sagten, darauf pfiff sie.

Und am Palmsonntag '66, Ostern war sehr spät gefallen das Jahr, da passierte es dann. Den Tag vergesse ich nicht, und wenn ich noch hundert Jahre leben müßte. Keiner wird ihn vergessen, der ihn erlebt hat; nur, es sind nicht mehr allzu viele von uns Alten da.

Das erste Aufgebot der beiden sollte von der Kanzel verlesen werden.

In den Dörfern hatte es sich herumgesprochen; und alles, was Beine hatte, kam zur Kirche. Der ganze Schloßhof war schwarz von Menschen, die das miterleben wollten, mancher dabei, der sonst das ganze Jahr über nicht zur Kirche fand. Die meisten hatten es wohl nicht glauben wollen; alle warteten darauf, daß das verrückte Paar aus der Kastellanswohnung kommen sollte, damit sie es ganz von nahem sahen. Es waren auch eine Menge Fremder dazwischen, die nicht aus unserem Kirchspiele waren, denn da kannte ja jeder den anderen. Da war die ganze Verwandtschaft der Karoline, und sogar vom Kuhnt war welche dabei. Man hätt's nicht glauben sollen, aber auch der hatte Verwandte! So ganz alleine war auch der nicht auf der Welt.

Aber zunächst kam noch was, das stärker war als das Dorfereignis. Ich weiß nicht mehr, wer die Nachricht brachte: Wir hatten Krieg mit Österreich. Das war keine Überraschung, gesprochen wurde schon längst überall davon und manches vorbereitet, wie ich ja erzählte; der Komet hatte es auch vorausgesagt – lachen Sie nicht, Herr; 1912, vor zehn Jahren, war auch der Komet da –, und hat's vielleicht nicht gepaßt mit dem Kriege?

Nu ja, also damals: Wir sind hier bloß sieben Wegstunden von der Grenze, und da konnte immerhin allerlei geschehen, und es konnte sehr schnell dasein. Beim Alten Fritzen war's ja auch lange hin und her gegangen. Für uns Jungen war es mehr ein Spaß, weil wir neugierig waren, wie so ein Krieg von nahem eigentlich aussieht; denn '64, das war doch weit weg, das gehörte beinahe nicht mehr zu unserem Lande dort in Schleswig oben. Diesmal aber war's dichtebei, und es war schon da. Mitten hinein in das Hin und Her der Meinungen und Befürchtungen läutete die Glocke zum Hochamte, und alles drängte in die Kapelle. Die Karoline und der Kuhnt-Karle, die waren eben doch wichtiger als der Krieg. So viel Menschenvolk habe ich mein Leben lang nicht in den engen Bänken gesehen wie damals, nicht mal, wenn die gräfliche Herrschaft da war und in ihrem Chore saß hoch oben über uns, oder wenn der Herr Erzpriester kam! Und alles bloßig wegen dem Aufgebote, Herr. Wir Jungen, die wir schon konfirmiert waren und deswegen nicht mehr auf die Kinderbänkel vorm Hochaltar brauchten, wir mußten wieder aufstehen und im Mittelgang knien.

Und schließlich, ganz zuletzt, als eigentlich die Sakristeiklingel schon hätte zum Anfange läuten sollen, da kamen die beiden endlich, auf die alles wartete, Arm in Arm. Sie gingen zwischen uns durch, als sähen sie keinen und wären ganz allein in der Kirche, und setzten sich in die vorderste Bank, die alle für sie freigelassen hatten. Keiner wollte neben ihnen sitzen, so sehr sie sich auch drängen mußten.

Man hätte die beiden kaum wiedererkannt, Herr! Wenn wir nicht gewußt hätten, sie sind's und keine anderen, wir hätten es nicht geglaubt. Die Karoline hatte ein Kleid an ganz von Taffet bis hoch rauf zum Halse, steif und glänzend, wie die Frau Gräfin selber sah sie aus mit den Rüschen und Falten um die Taille, die zusammengezogen war, daß der Busen ganz hoch stand, und hinten herum so gerafft. Sie werden ja von Bildern wissen, wie damals oder eigentlich noch zwanzig Jahre früher die Mode war. Bloß daß der Stoff halt überall schon Risse hatte und Brüche in den Knittern und gestopft war oben und unten.

Und Löckchen hatte sie sich gedreht, lange Korkenzieher vor den Ohren aus dem dünnen, grauen Haar, das sie, vielleicht mit Schuhwichse, versucht hatte, schwarz zu färben. Und der Schweiß stand ihr in hellen Tropfen auf dem dicken, roten Gesicht. Wahrscheinlich hatte sie Angst, sie könnte herausplatzen aus ihrem Staatskleide. Wenn ich mir sie so vorstelle nach den langen Jahren, ich glaube, sie hatte einen richtigen schwarzen Schnurrbart. Ich weiß es nicht mehr genau, aber gepaßt hätte er zu ihr, haha, eher wie die Schmachtlocken.

Und auch dem Kuhnt-Karle lief der Schweiß von der Stirne, daß er sich mit dem speckigen Bratenrockärmel immer wieder darüberwischen mußte. Das machte wohl der enge, hohe Kragen, der ihm die Ohren richtig hochstellte. Ja, einen regelrechten Bratenrock hatte er an, bis zu den Kniekehlen runter, viel zu enge über Brust und Rücken, die Ärmel zu kurz und die Hosenbeine, die Schultern mußte er ganz nach vorne halten, damit die Knöpfe zublieben, und da zog's eben hinten die Mittelnaht auseinander, daß bei jedem Atemzuge ein schmaler Streifen Fleisch vorkam, er hatte kein Hemde an. Ich habe es ganz genau sehen können, denn ich kniete schräge hinter ihm, daß ich bloß den Arm auszustrecken brauchte, um ihn anzustoßen. Um den Kragen hatte er ein rot und gelb gestreiftes Tuch. Seine Schuhe mögen der Karoline nicht gut genug gewesen sein, und sie hatte ihm ein paar Latschen wohl von sich selber gegeben. Und weil die ihm zu sehr drücken taten, hatte er sie abgestreift, und ich sah, wie er im Dunkel der Betbank die nackten, verkrümmten Zehen bewegte – Strümpfe hatte er auch keine. Wo mag er bloß den Bratenrock her gehabt haben? Die Karoline ihr Kleid – nu, das hatte sie von früher her im Schranke, sie hatte ja jung gedient, und da mag sie es, vielleicht auch von der alten Gräfin, bekommen haben. Aber er –?

Ganz stolz saßen die beiden da vorne, der Kuhnt stierte, ohne sich zu rühren, bloß immer geradeaus mit seiner roten Kartoffelnase, und die Karoline, ganz steif sitzend, hatte ein Lächeln, das wie noch vom Tage vorher war.

Alle hatten Augen und Ohren nur für die zwei, die dort saßen wie die Holzbilder, keiner hörte das Sakristeiglöckel, keiner stand auf, als der Herr Pfarrer im Ornat kam. Er mußte sich erst räuspern, damit er durchkonnte zum Altar. Selbst als die heilige Handlung begann, blieb diese merkwürdige Unruhe in der Gemeinde, sie lag geradezu wie eine Staubschicht über uns. Unsere kleine Orgel klang noch dünner als sonst, und der Weihrauch stieg gar nicht zur Decke auf, sondern stand in trüben Schwaden um den Altar, daß er Pfarrer und Ministranten ganz verschleierte. Der Berg Weidenkätzel auf dem Nebenaltar, der geweiht werden sollte, der war in den Wolken ganz verschwunden.

Es war, als drücke sich etwas Schweres, Unsichtbares von der Decke herunter, nu, ich kann's nicht richtig beschreiben, so was Unheimliches, das uns kalt zum Nacken hineinblies. Durch die Fenster sah man, wie es die Bäume im Park hin und her riß, dabei war es vorhin noch ganz windstill gewesen, und irgendwo schlug eine Tür oder ein Fensterrahmen, der nicht festgemacht war.

Auch der geistliche Herr muß alles gespürt haben, dieses Unheilige, Gefährliche, denn als er das Credo anstimmte, setzte er erst ein paarmal an, und dann kam's noch ganz falsch heraus. Und dann war's trotz allem – trotz allem, sage ich, Herr, denn später wußten wir es alle, daß es nie, nie, sag' ich, dazu hätte kommen dürfen!, aber immer wird man ja erst hinterher gescheit –, dann war es soweit, daß der Herr Pfarrer das Meßbuch zu- und das Kirchenbuch aufschlug. Er kehrte sich zu uns herum und übersah die Gemeinde, damit endlich Stille wurde, und besonders scharf sah er zu uns hin, weil er dachte, wir trieben irgendeinen gottesschänderischen Unfug vor dem heiligen Altar; denn es war, während man ganz deutlich den Sturm draußen sausen hörte, ein Kichern in der Kapelle, es kam von ganz hinten unterm Orgelchore her oder auch von oben, wo an der Decke die blauen und gelben und roten Engel in den geöffneten Himmel hineinflogen, und ging über uns weg wie ein kalter Luftzug, von dem doch gar nichts zu spüren war, ein Kichern erst und dann wie ein Stöhnen ganz von weitem, während alles mit geduckten Köpfen dasaß und wartete, wartete – o Herr –, ich spürte, wie sich mir die Haare langsam aufstellten.

Bloßig die zweie, die Karoline und ihr Bräutigam, die saßen da, steif aufgerichtet die Braut mit dem gestrigen Lächeln, und er geradeaus am Altar vorbeistarrend, und die Zehen, die krummen, bewegte er, als müsse er eine unsichtbare Orgel spielen, zu der die Geisterstimmen den Wind machten.

Die Altarkerzen wehten hin und her, ganz klein, als hätten sie keine Luft zum Brennen, und der Herr Pfarrer sah hin und sah her, sah zur Decke hinauf und zu uns Jungen herunter, und schließlich machte er, unsicher und ratlos, ein großes Kreuzzeichen in die Luft, wie um den Gottseibeiuns abzuwehren. Und da starb der ganze Spektakel hin, und wie der Priester die Hand sinken ließ in dem heiligen Zeichen, da gab es noch ein letztes Seufzen, und dann war Stille. Eine Stille, sage ich Ihnen, wie sie im Grabe sein muß, ganz tot, ganz erstickt. Keiner wagte aufzuatmen. Bloß der Sturm sauste draußen in den Bäumen, die noch ganz kahl waren, und vor den Fenstern schrien die Sperlinge.

Der Herr Pfarrer wartete noch eine Weile, sich immer wieder

umsehend, dann hob er das Buch und fing an: »In den Stand der heiligen Ehe wollen treten und werden zum ersten Male aufgeboten –«

Aber da ging der Spuk von neuem los mit Gekicher in den Winkeln und Gelächter von der Decke her, und der Pfarrer hob die Stimme, um ihn zu überschreien, »– die Jungfrau Karoline Kästner und der, der –«

Man sah, wie er mit rotem Kopfe schreiend weitersprach, aber zu hören war kein Wort mehr in dem Gejohle, Gewimmer und Gepfeife, das aus allen Wänden brach, von den ausgetretenen Steinfliesen aufstand und über uns hinging wie ein ganzes unseliges Heer. Der Kantor griff mit aller Gewalt in die Orgel, aber der Bälgetreter – es war der Schmiede-Karl an dem Sonntag – hatte nicht aufgepaßt, und als sie endlich losbrausten, da hatte der Spieler alle Tasten, Bässe und Register durcheinandergebracht, und der Lärm wurde nur noch toller davon.

Alle Hände waren an steifen Armen in die Bänke gekrallt, und die hintersten Leute drängten nach der Tür, während die alten Weiber mit über den Kopf geworfenen Armen laut zu beten schienen; der Oberförster, der bisher, uns unsichtbar, in seiner Mauerloge seitlich vom Altar gesessen, trat vor und brüllte etwas, was nicht zu hören war, der Herr Pfarrer hob verzweifelt die Monstranz – aber der Spuk war übermächtig geworden und lachte über die geistliche und weltliche Obrigkeit, lachte, lachte, daß es uns in den Ohren gellte wie das Jüngste Gericht. Und wenn uns nicht allen die Knie so schlottrig gewesen wären und das Kreuz eiskalt, ich glaube, zu den Fenstern wären wir hinausgesprungen direkt in den Wallgraben hinein.

Nur die beiden, um die es sich drehte, die hörten nichts und sahen nichts – und das war das Gespenstischste an der ganzen

Sache. Die Karoline lächelte noch immer zwischen ihren rabenschwarzen Locken, und der Kuhnt-Karle wackelte mit den Zehen unter der dunklen Bank, als sei das alles ihnen zu Ehren und zu Liebe.

Herr, so wahr wie ich hier vor Ihnen sitze, so wahr der Regen immer noch an die Scheiben schlägt – ich flunkere Ihnen nichts vor. Und wenn ich Ihnen zu Ende erzählt haben werde, was an diesem Tage und in der Nacht geschah, dann werden auch Sie einsehen müssen, daß es eben doch Dinge waren, für die es eine ›vernünftige‹ Erklärung nicht gibt – was wir eben so Vernunft nennen.

Mit dem Gottesdienst war es vorbei den Palmsonntag. Die Kätzchen blieben vergessen, denn jeder machte, daß er fortkam. Nach den Verlobten hat sich keiner mehr umgekehrt.

Der Walter war nicht da an jenem Tage; er sollte erst zum Abend von Kurwitz herkommen, wo ihn ein Freund, der mit ihm zur hohen Schule ging, zum Geburtstag oder so eingeladen hatte.

Der Sturm hatte – es war Anfang Mai, und die Schneeglöckchen hatten längst abgeblüht, die Primeln waren schon auf den Wiesen! – vom Gebirge her noch einmal den Winter gebracht. Es war kalt geworden, und zum Abend fiel ein dünner wäßriger Schnee. Wir Jungen lungerten zur Dämmerung, die grau und naß dicht über den Dächern hing, auf dem Schloßhofe herum, denn unsere Neugierde war noch stärker als das Gruseln, das von den dunklen Schloßfenstern ausging. Das ganze Dorf saß erschreckt und, möchte ich sprechen, verschüchtert in den Stuben, und von der Obrigkeit wollte keiner mit der Sache zu tun haben, weder Pfarrer noch Kantor, weder Oberförster noch Dorfschulze. Vielleicht glaubten die es totschweigen zu können, wenn es dem Pfarrer nicht gelungen war, es totzusegnen. Wir

Jungen also waren die einzigen, die hinterher waren, und wir kamen uns sehr wichtig vor.

Auf dem ganzen Schloßhofe war es finster, nur hinter einem Fenster brannte ein Licht, bei der Karoline. Und wir sahen die beiden dort sitzen wie schon einmal, und über dem Weibe stand unheimlich ihr Schatten an der Wand. Links drüben im Kapellenfenster leuchtete als roter Punkt das Ewige Licht. Wir froren und hatten die Hände tief in die Hosentaschen gebohrt. Näher, gar bis auf die Brücke, trauten wir uns nicht, vielleicht weil auf ihr der Schnee in einer dünnen Schicht liegengeblieben war und wir Scheu hatten, unsere Spuren da hineinzutreten, vielleicht auch aus Angst vor etwas anderem, was wir nicht kannten.

Wir standen und warteten. Auf irgend etwas, was geschehen sollte. Oder auf die Nacht. Oder auf den Walter, der hier vorbeimußte, wenn er heimkam. Ich weiß es nicht mehr. Aber ich meine, wir wußten es damals auch nicht. Ist es Ihnen nicht auch schon so gegangen, Herr, daß Sie auf etwas warteten und nicht wußten worauf und warum? Meistens auf etwas Schreckliches, und es ließ Sie nicht los, und Sie mußten bleiben und warten, ob Sie auch Angst hatten und am liebsten weit, weit weg gewesen wären? Wie in einem Alptraum ist das, nicht wahr?

Endlich, es war schon schwarze Nacht, über uns im Dunkel riefen vorbeiziehende Wildenten, kam der Walter. Wir hörten ihn aus dem Park gerannt kommen, er keuchte. Erst im letzten Augenblick, als er schon fast vorüber war, sah er uns. Er ist vor uns genauso erschrocken wie wir vor ihm. Er war ganz aufgeregt, als sei etwas hinter ihm her gewesen. Er mußte sich erst verpusten, ehe er ein Wort herausbrachte. Er faßte mich am Ärmel: »Du, Emil«, sagte er und holte immer wieder laut Luft, »ich habe ein Licht gesehen.« Mir wurde gleich wieder so wie früh in der Kirche, so inwendig kalt. Aber der Schmiede-Karl sagte ganz behäbig: »Nu ja, da brennt's ja, bei der Karoline in der Stube.«

»Nein«, widersprach der Walter wild, wie wir ihn gar nicht kannten, unseren ehemaligen Feldmarschall, »nicht das; um die Ecke, in den oberen Kapellenfenstern war's erst, da, wo kein Mensch hinkann, er müßte höchstens unter der Decke laufen.«

»Nee, so was«, meinte der Karl, aber es klang nicht mehr so sicher.

»Ja«, stieß der Walter hervor, »zuerst war's hier hinter dem ersten Fenster gleich an der Ecke, und dann, als ich näher kam, am nächsten auf mich zu, dann am dritten, dann – wo doch keine Tür dazwischen ist!! – im Zimmer neben der Kapelle, und wieder am nächsten und immer weiter von Fenster zu Fenster mir entgegen und an mir vorbei, bis es an der anderen Ecke verschwand, dort, wo das Zimmer – das Zimmer –«, und jetzt sprach er ganz leise, als könnte wer Unrechtes zuhören, »– wo das Zimmer der *weißen Frau* ist.«

»Du träumst ja«, versuchte der Karl zu spotten, »ihr habt wohl Schnaps gesoffen zum Geburtstage.«

»Bist stille«, fuhr ihn der Franz an und riß uns herum: Bei der Karoline war es dunkel geworden. Jetzt leuchtete bloß noch das Ewige Licht in der Kapelle und schien böse und tückisch zu funkeln.

Schweigend, aber rasch machten wir, daß wir nach Hause kamen, ins Lichte, zu Menschen. Der Walter war schon weg, um gleich seinem Vater Bescheid zu sagen. Ich meine, viel geschlafen haben wir wohl keins von uns in der Nacht, und wir waren froh, als es wieder grau wurde vor den Scheiben. Die ganze Nacht über hatte es geschneit, und der Wind hatte im Schornstein geheult. Erst gegen Morgen war es stille geworden, so ganz stille, als wenn und die Welt wäre heimlich versunken. Alles ist anders geworden und fremd, und vor der Türe hörte man seine eigenen Schritte nicht mehr. Als ich das Vieh futtern ging, war alles weiß, aber es schneite nicht mehr.

Dem ganzen Dorfe mag es in dieser Nacht so gegangen sein wie mir; denn die Aufregung vom Sonntag vormittag wird keinen haben schlafen lassen. Und doch war das nicht mehr gewesen als bloß der Anfang, der Anfang vom Ende. Und das Ende, das zeigte sich, Herr, an diesem Montag morgen, in einer Frühe, wo Sie sich in der Stadt noch zweimal im Bette umdrehen mögen, weil es für Sie noch Nacht ist.

Wie eine Dunstwolke, wie eine Schar unsichtbarer Vögel kam's vom verschneiten Schloßhofe – es war Anfang Mai, vergessen Sie das nicht, Herr! – und zog sich's über das Dorf. Es machte das Vieh in den Ställen brüllen und machte uns Menschen unruhig bei der täglich gewohnten Arbeit. Und es machte, daß wir eiliger und unachtsamer als sonst die Streu aufwarfen und das Futter in die Krippen schütteten, daß wir ungeduldig dem gewiß unschuldigen Vieh einen Schlag mehr gaben als sonst, wenn es nicht rasch genug beiseite trat, daß wir den Karren mit dem Mist mitten im Hofe stehen ließen, um nach dem Schloßplatz zu laufen. Nach alledem, was sich gestern getan hatte, war es vielleicht verständliche Neugierde, sehen zu wollen, ob alles noch beim alten, seit je Gewohnten war; es hätte uns gewiß nicht aus der Fassung gebracht, wenn statt des breiten, schweren Schlosses ein tiefes Loch in der Erde gewesen wäre, in dem das Wasser schwarz gurgelte. Irgend so etwas mußte ich wohl heimlich erwartet haben; denn ich war enttäuscht, immer noch das große Gebäude mit den langen Fensterreihen im Morgengrauen zu sehen, hinter deren einem das Ewige Licht wie ein ferner Stern funkelte, dessen Dach sich mit seiner Schneeweiße deutlich von dem niederen, grauen Himmel abhob.

Und wie jetzt zögernd und ein wenig verlegen einer und wieder einer kam, den es genauso hergezogen hatte wie mich, da sah ich die gleiche Verwunderung in den Gesichtern. Immer mehr Leute kamen, eine Stallmagd mit den Wassereimern am Joch über den Schultern, Knechte vom Dominium, ein paar Weiber; jeder tat, als sei er nur zufällig vorübergekommen und bleibe stehen, weil andere hier schon standen. Und jeder starrte nach dem Schlosse, wie ich hinüberstarrte, nach dem geschlossenen Tore mit den Steinfiguren ringsherum und dem Doppelwappen oben darüber, nach der unbetretenen Schloßbrücke, dem Ewigen Licht und nach dem dunklen Fenster der Karoline. Immer mehr füllte sich der Platz, als seien sie alle von einer rätselhaften Stimme zusammengerufen worden in dieser frühen Morgenstunde, als wäre in der Nacht ein Geheimnisvoller von Haus zu Haus gegangen und hätte sie herbestellt, damit sie alle Zeugen würden von diesem Ende. Da und dort flüsterten sie mit unterdrückten Stimmen, die Weiber das Tuch eng um die Schultern gezogen, die Männer die Mützen im Genick und die Hände in den Taschen. Das Dorf schien die ganze Nacht darauf gewartet zu haben, sich hier in aller Herrgottsfrühe zu treffen, um über den Schnee zu sprechen, der in einzelnen Flocken wie weiße Schmetterlinge herunterwehte, vom Bismarck, dem König Wilhelm und dem Kronprinzen Fritz, über den Krieg, ob wir Soldaten herbekämen oder ob gar die Österreicher herkommen würden. Unser Herr Graf, der gehörte ja jetzt auch zu den Feinden, denn er war doch selber Österreicher. Ob wir, die wir zu seiner Herrschaft gehörten, nun etwa auch ›Feinde‹ waren? Ein paar von den ganz Alten erinnerten sich noch an die Kämpfe 1812, wie die Panduren und die

Russen, wenn auch als Verbündete gegen den Kaiser Napoleon, hier gehaust hatten. Mein Großvater, was hätte der erst erzählen können! Aber der lebte damals nicht mehr.

Bloß von dem einen traute sich keiner zu reden, was sie doch alle hergeholt hatte. Es war richtig eine Gespensterversammlung, und das Morgenlicht wurde und wurde nicht heller, weil die Wolken immer tiefer herunterdrückten.

Schließlich kam durch den schmalen Gang vom Dominium her der Inspektor mit seiner grünen Joppe, den Stock in die rechte Tasche eingehängt, und schnauzte die Hofleute an, weil sie hier herumstanden und das Vieh in den Ställen brüllen ließen. Alle drehten die Köpfe nach ihm um, wie er dastand und schrie, und da wurde er auch immer leiser und leiser, und zuletzt stand er genauso da wie alle anderen. Und der Karl kam und der Stellmacher-Franz, und sie drängten sich durch bis zu mir, den Kopf tief in die Schultern gezogen und die Hände in den Hosentaschen. Mit Ellbogenstößen und Kinnzeigen machten wir uns auf die Kellertür dort unten dicht über dem Wasser aufmerksam, wo ein paar Wildenten schwammen, die Köpfe unter den Flügeln.

Alles fuhr zusammen, als über uns, unsichtbar in den Wolken, Krähen schreiend vorüberzogen. Ein Wagen kam langsam die Straße entlang geknarrt, die Pferde blieben von selber stehen, die Plane wurde auseinandergeschlagen, und der Fuhrmann, der Händler aus Groß-Kniegnitz, dem übernächsten Dorfe, kletterte langsam herunter, als er die stille Versammlung sah. »Ist hier eins gestorben?« fragte er laut und wollte lachen. Aber er erschrak vor dem Echo, das von der Schloßfront zurückkam und das die Wolken nicht in die Höhe ließen: »– – storben – –«, klang es gespenstisch klar durch die milchgläserne Luft.

Stumm und stumpf standen wir und warteten. Die Männer knöpften ihre Jacken bis zum Halse zu, und die Weiber krochen enger zusammen. Wir warteten und wußten nicht worauf und nicht warum.

Wenn ich später, als Erwachsener, an die Tage zurückdachte – und ich simuliere noch oft darüber, Herr, vor allem jetzt, wo es wieder zum Kriege gekommen ist und der Frieden vor drei Jahren uns eine ganz neue Zeit gebracht hat, von der immer noch keiner weiß, ob sie besser sein wird oder schlechter, wo wir Alten uns gar nimmer zurechtfinden und wo die Herrlichkeit im Schlosse drüben vorbei ist –, ja, da habe ich mir in meinem beschränkten Verstande halt so zurechtgelegt, daß damals für das Dorf und überhaupt für alle Dörfer und alle Menschen auch eine Zeit vorbei war und eine neue kommen sollte, eben die, die jetzt zu Ende gegangen ist. Ich kann es nicht so ausdrücken und auch nicht wissen, ob es wirklich so ist, das könnte vielleicht der Walter mit seiner hohen Schule besser als ich: Aber, wenn ein Mensch geboren werden soll, dann kostet es die Mutter auch Schmerzen und Wehen, und es passiert manches dabei, woran keins gedacht hat. Das ist bei Menschen so und auch bei jedem Tier, wir sehen das ja alle Tage in unseren Ställen. Und so mag's halt mit einem ganzen Dorfe oder einem ganzen Land ebenso sein und mit einer Zeit. Sehen Sie, Herr, damals, da war an den Grenzen unseres Dorfes für uns die Welt zu Ende. Was dahinter war, das ging uns nicht viel an. Wer einmal über die Grenzen hinausging, der machte gleich eine ganze Reise und war was Besonderes. Und deshalb mag uns auch der Kuhnt-Karle, für den es eine solche Grenze nicht gegeben hatte sein ganzes Leben lang, immer wie eine ganz andere Sorte Mensch erschienen sein. Aber nun wurden die Eisenbahnen gebaut, und später kamen die Autos und die

Zeppeline und die Flugmaschinen, das Telefon kam und wer weiß was noch alles kommt, und nun gehört jeder zum andern und ist mehr zusammengerückt: Und da wurde eben vieles rausgequetscht und mußte verschwinden, was nicht mehr Platz hatte in der Welt, vieles, was man nicht sehen und nicht greifen kann und was nur im ganz Versteckten gelebt hatte und leben konnte. Sagen Sie selber, Herr, kann's nicht so sein?

Und ich meine jetzt, das ist es gewesen, worauf wir damals gewartet haben. Wir haben es bloß nicht wissen können. Wir wollten was *sehen*, und dabei gab's gar nichts zu sehen. Und das, was wir gesehen haben, das konnten wir nicht verstehen. Es war uns zu hoch, oder es war uns zu tief: Das ist ja alles eins, Herr!

Trinken Sie noch 'ne Tasse Milch? Es hat noch genug, und heutzutage kriegen Sie in der Stadt so was nicht, da ist auch nicht ein einziges bissel Wasser dran!

Da standen wir also und guckten und warteten. Sicher wäre es das einfachste gewesen, einer wäre ins Schloß gegangen und zur Karoline. Es war nicht, weil sie sich etwan gefürchtet hätten oder weil es verboten war – es war ganz was anderes, was man nicht nennen kann, daß es nicht einmal zu dem Gedanken daran kam. Aber einer oder eine war zum Oberförster gelaufen, und das war das vernünftigste, denn er war ja der Verwalter und hatte dafür zu sorgen, daß alles im Schlosse seine Ordnung behielt. Und endlich kam er auch über die lange Holzbrücke gepoltert, der große, starke Mann von über zwei Zentnern. Böse sah er uns alle an, weil man ihn in seiner Ruhe gestört hatte, und sagte nicht mal guten Morgen, wo doch alle die Mützen abnahmen. Der Walter kam mit ihm.

Mich, weil ich halt der Vorderste war an der Schloßbrücke, brummte er an: »Mitkommen.« Und dann drehte er sich um:

»Die anderen sollen machen, daß sie nach Hause kommen. Hier gibt's nichts zu gaffen.«

Aber es ging keiner, und der Oberförster kümmerte sich auch nicht weiter drum. Er klirrte mit dem großen Schlüsselbunde, und wir beide, der Walter und ich, wir gingen hinter ihm her ins Schloß. Wir hatten uns an den Händen genommen, wir zwei, wie die kleinen Kinder.

Die Tür von der Karoline stand sperrangelweit offen. Die Kerze auf dem Tisch war runtergebrannt. Es rührte sich nichts.

»Karoline!« rief der Oberförster, »Karoline!« Aber er bekam keine Antwort. Da ging er über die Schwelle, wir Jungen machten an der Tür lange Hälse. Die muffige, modrige Luft aus dem Zimmer verschlug uns den Atem. Die Alte war nicht da.

»Verdammt noch mal«, sagte der Oberförster, »was soll das heißen?« Er war wütend. Er schrie in den inneren Schloßhof hinein, daß es ganz grausig schallte, als liefe das Wort um alle Galerien und durch die hohen Gänge, und suchte nach dem Weibe. Dann ging er rasch nach dem Eisentore vor der Aufgangstreppe. Den schweren Schlüssel hatte er in der Faust. Aber er brauchte ihn nicht – das Tor stand weit offen. Da griff er in die Hosentasche und holte einen Revolver heraus. Wir hörten den Hahn knacken.

»Ich habe es gleich gesagt, das mit dem Strolche geht nicht gut«, brummte er, und zu uns sagte er: »Ihr zwei bleibt hier.« Aber wir konnten nicht, vor Neugier nicht und vor Angst, allein hier zu stehen oder wieder über den geschlossenen Hof gehen zu müssen, wo jeder Schritt so hallte. Wir schlichen hinter ihm die breite Steintreppe hinauf. Er sah sich nach uns nicht mehr um. Wir kamen in die obere Galerie. Die Haupttür in die Zimmer und Säle – die war auch offen!

»Karoline!« schrie der Oberförster wieder. Und wieder keine

Antwort. Er ging, die Hand mit dem Revolver hebend, hinein. Wir leise hinter ihm. Zum ersten Male sah ich die Räume, von denen man so Wunderbares im Dorfe erzählte, vom Golde und Silber und den herrlichen Bildern, Teppichen und Öfen ganz aus Porzellan – aber ich sah das alles nicht. Bloß nirgends anstoßen, bloß nicht laut atmen, auf den Zehen gehen, damit der spiegelnde Fußboden nicht quietscht von den Schuhzwekken! Ich hatte Angst vor jedem Laut, den ich machen konnte, und der Walter auch, ich sah es ihm an. Ganz blaß war er, und die Augen zuckten ihm.

Durch die Fenster sah ich die Leute draußen stehen auf dem Schloßhofe und über den Wallgraben zu uns heraufstarren. Man kann aber von unten aus nichts sehen, ich weiß es, die Fensterscheiben spiegeln den Himmel.

Eine ganze Reihe Türen hintereinander stand offen, man konnte durch alle Zimmer sehen. Bei jedem einzelnen hielt der Oberförster an, untersuchte das Schloß und fluchte leise. Denn alle diese Türen hatte er vor einer Woche erst selber verschlossen. Und die Schlüssel dazu hatte er in der Hand. Er sah sich auch genau um, ob irgend etwas fehlte, aber es schien alles sonst an seinem richtigen Platze zu stehen; denn ich hörte ihn leise sagen: »Es ist alles da, es ist nichts weggerückt.«

Jetzt waren wir im Eckzimmer und damit schon an der Kapelle. Wir mußten auf die Hofgalerie hinaus, weil es ja hier nicht weiterging. Die Tür nach draußen war richtig verschlossen.

Denken Sie daran, Herr: Wo wir bis jetzt gegangen waren, in den Zimmern der Vorderfront, da war nichts Besonderes zu entdecken gewesen, nichts hatte gefehlt, das hätte der Oberförster bestimmt gesehen. Jeder Stuhl stand genau auf seiner Stelle, nichts! Nur die Türen waren offen gewesen, als sei einer so eilig hindurchgegangen, daß er keine Zeit gehabt hatte, sie wieder zuzumachen. Aber jetzt die Ausgangstür nach der Galerie, die war zugesperrt, und es hatte doch keiner einen Schlüssel als der Oberförster, und der hatte ihn in der Hand und schloß jezt auf! Und alle die Schlösser, das war keine Dutzendware, die waren alle altmodisch und mit der Hand gearbeitet, da war mit Dietrichen und solchen Sachen nicht beizukommen.

Dem Oberförster war das Fluchen vergangen und uns vor lauter Staunen das Fürchten. Wir hätten am liebsten gepfiffen und laut gelacht. Aber gerade das war doch Angst und nichts weiter.

Als wir auf der zugigen Galerie zu der nächsten Tür kamen, die hinter der Kapelle zu den Zimmern auf der Parkseite führte, da kam uns das Frösteln wieder. Nicht, weil auf dieser Seite der Wind den ganzen Schnee auf die Galerie geweht hatte, daß wir fast bis zu den Knien drin standen – aber in diesen Zimmern hatte der Walter, wie er mir hinter der vorgehaltenen Hand, immer nach seinem Vater schielend, zuflüsterte, gestern abend das Licht an den Fenstern vorbeiwandern sehen. Von den Kapellenfenstern her war es durch die Wand gegangen und dann alle die Zimmer entlang, zu denen der Oberförster jetzt die Tür aufschloß.

Und wieder konnten wir die ganze Reihe langsehen durch die dämmerdunklen Räume, dunkler hier als die vorigen, vorderen, weil sich die Parkbäume, uralte Ulmen, weit über das Wasser bis an die Fenster neigten und weil hier die Tapeten, Vorhänge, Teppiche und Möbel dunkel waren. Diese Zimmer wurden vielleicht nie benutzt, auch wenn die gräfliche Herrschaft hier war, denn die Wände waren feucht, das sah man, und die Sonne kam nicht hierher.

Ja, durch alle Zimmer wieder konnten wir sehen bis, ja bis

zu der letzten Tür. Der Tür zu der Kammer der ›weißen Frau‹. Und diese Tür, das sahen wir deutlich, Herr, diese letzte Tür war zu.

Machte es die dumpfe, feuchte Luft, daß uns der Atem wegblieb? Das ungewisse Licht, das die angestrengten Augen schwimmen ließ? Sogar der Oberförster, dieser große, starke Mann, der bisher mit schnellen Schritten vor uns her gelaufen war, nur die Türschlösser betastend, ging jetzt auf den Zehen über die leise seufzenden Dielen, untersuchte hier einen Tisch, rückte dort an einem Bilde, gerade als ob auch er sich fürchte und diese Furcht nicht einmal vor sich selber zeigen wolle. Wir hatten uns längst wieder an den Händen gefaßt, der Walter und ich. Wie gerne hätten wir jetzt durch die Fenster die Menschen gesehen, wie gerne wären wir draußen gewesen in dem verschneiten Parke. Aber da war nichts vor den Fenstern als die kahlen Bäume, in den Astwinkeln und auf den Fensterkreuzen lag ein bissel Schnee, und manchmal glitt eine Flocke vor den Scheiben lautlos nieder. Nur ein paar Krähen strichen mit schwerem Flügelschlagen vorbei und schrien ihr heiseres »Krah – krah –«. Und das Holz unter unseren Schritten stöhnte, als sei es lebendig und spüre den Schmerz unseres Gewichtes.

Da war der schwere, zwei Zoll dicke Eichentisch zur Seite gerückt, ein Stuhl war umgefallen, der Teppich verschoben! Gerade so, als hätte ein Mensch sich in gräßlicher Angst daran geklammert und gegen eine Gewalt gewehrt, die ihn mit mehr Kraft, als Menschen haben, weitergezogen hatte. Dort war, dicht neben der offenen Tür, der Wandvorhang halb heruntergerissen – und dort – – dort an der Klinke der letzten Tür – Herr, ich sehe es vor mir, daß ich es gerade greifen könnte, das schreckliche Bild! –, an der Klinke der letzten Tür, mit beiden

Fäusten daran geklammert, halb auf der Erde lang ausgestreckt, halb hängend, lag die alte Karoline. Ein häßliches, altes Weib mit vorgequollenen Augen und verzerrtem Gesicht, als schrie es noch einen lautlosen Schrei; eine Locke am Ohr baumelnd, das übrige Haar wirr um den Kopf, die Nachtjacke von der Schulter gerissen, daß die eine Brust schlaff heraushing, und die Füße verdreht, wie wenn keine Knochen drin wären.

Tot, Herr, ja, tot.

Und an der Wand neben der Tür, da war ein großer dunkler Fleck wie von Feuchtigkeit, und der sah aus, als sei hier eines in die Mauer hineingegangen und hätte den Abdruck seines Körpers oder das, was es als Körper noch an sich trug, darangelassen als ein Zeichen, daß es dagewesen war.

Der Oberförster hatte einen Stuhl an der Lehne gepackt, und es schraubte ihm die Hände so, daß das dunkle Holz langsam dazwischen splitterte, und es war, als schreie es, schreie es heraus, was die tote Karoline nicht mehr aus dem aufgerissenen Munde brachte.

Was danach noch kam, ich will es kurz machen. Der Kuhnt-Karle war verschwunden. Keiner mehr hatte ihn gesehen. Einige Zeit später fand jemand an den Drescher-Löchern, den beiden Sandgruben überm Dorfe am Friedhof, von denen es heißt, daß ihr Wasser keinen Grund hat und nichts herausgibt, was einmal drinnen ist, einen alten, speckigen Bratenrock und ein gelb und rot gestreiftes Halstuch. Und vom gnädigen Herrn Grafen kam ein Schreiben, daß in der Schlacht bei Nachod, dem ersten Gefecht des Krieges, der einzige Sohn und Erbe der Majoratsherrschaft gefallen sei. Darum also ist die ›weiße Frau‹ erschienen, und es war kein Verbrechen und kein Unfall, an dem die alte Karoline zu Tode kam, denn der Verdacht hatte auf dem Kuhnt gelegen, der sein Leben lang keinem Huhn etwas hat zuleide tun können. Warum es hat die Karoline treffen müssen, wer kann das sagen? Vielleicht, weil sie die einzige war, die an die ›weiße Frau‹ nicht hat glauben wollen.

Kriminaler waren da bis aus Breslau und sogar bis aus Berlin, die haben gesucht und gemessen und verhört – wie oft habe ich alles erzählen müssen, was ich wußte! –, und die kleine Kammer hinter der letzten Tür, da ist kein Zentimeter an den Dielen, den Wänden und den Decken geblieben, wie er war. Wo die mit ihren klugen Fingern hingriffen, da zerbröckelte ihnen alles zu bloßem Staube. Das war das einzige, was sie greifen konnten und woran sie glaubten. Nichts ist gefunden worden und nichts aufgeklärt. Alles Rechnen und alles Messen, jedes Deuteln und Erklären verliert eben seinen Sinn an der letzten Türe, an dem, was sich hinter den Dingen versteckt und was für unsere Augen nicht bestimmt ist. Sie würden es nicht vertragen, die Augen, wenn sie es sehen müßten. Uns bleibt bloßig der Staub davon in den Händen, weiter nichts.

Der alte Graf ist auch schon lange tot, die gräfliche Familie ausgestorben. Ich kann mich noch entsinnen, daß damals die ›Schlesische Zeitung‹ in Breslau eine lange Geschichte von der ›weißen Frau‹ und von ihrer Familie gedruckt hat. Der Herr Kantor hat's uns vorgelesen.

Im Schlosse hat seit damals niemand mehr gewohnt. Und jetzt, hörte ich, soll die ganze Herrschaft aufgeteilt werden für Siedler. Sie würden, Herr, im Schlosse nicht mehr viel finden als nackte Mauern, denn im vorigen Jahr ist alles versteigert und verkauft worden. Viel ist nach Breslau ins Museum gekommen, das meiste haben Kunsthändler aufgekauft. Bis aus Paris und London sollen sie gekommen sein.

So verschwindet das letzte, was an die alte Zeit erinnert. Es ist um vieles schade. Aber ich meine, es ist doch gut so. Denn es wird neues Leben daraus, es macht Platz für das Neue. Daß es immer enger wird und immer eiliger, so daß uns Alten die Luft wegbleibt davon und wir nicht mehr mitkommen, daran ist das Leben selbst nicht schuld, meine ich. Wir sollten eben nicht so viel sehen wollen und wissen wollen und beweisen wollen. Wir sollten eben mehr glauben und horchen, Herr, horchen auf das, was hinter den Dingen allen ist und ganz, ganz leise bloß zu unseren Herzen redet. Da wüßten wir mehr und wären glücklicher. Denn das Leben, das wirkliche, das ist nicht oben drauf, das ist innen drin und unten drunter. Dort müßten wir es suchen, wenn wir es finden wollen, das richtige, wirkliche, lebendige Leben. Das andere, das, was wir alle Tage sehen, das immerfort vor unseren Augen ist und uns in den Ohren lärmt, das ist ja bloß ein Bild davon, und ein ganz schlechtes sogar.

Aber jetzt, Herr, hat's zu regnen aufgehört. Sehen Sie, da kommt schon die Sonne durch. Gleich werden Sie dort, zwischen den beiden Birnbäumen, an der Scheune vorbei den Zobtenberg sehen können. Und wenn Sie etwa, weil's bei Ihnen in der Stadt noch so wenig gibt, ein Stückel Butter und ein paar Eier wollen, dann sollen Sie es haben. Es wird Ihnen vielleicht wichtiger sein als die Geschichte, die ich Ihnen erzählt habe. Aber es kann ja sein, daß ich sie bloßig mir selber noch mal habe erzählen wollen, na gell?

Und denken Sie daran, wenn Sie jetzt am Schlosse vorbeikommen: Es sind bloß noch die Mauern da, die leeren Mauern. Und das, was wir Alten und die vor uns an ihnen erlebt haben.

Mehr nimmer, Herr. –